미셸 오베르(Michel Aubert, 1700-1757), 〈Saint Paul〉, 1726

John Pollock
Paul: The Apostle

믿음이란 한 알의 밀알이 땅에 떨어져 죽음으로 많은 열매를 맺음과 같이 진리의 열매를 위하여 스스로 죽는 것을 뜻합니다. 눈으로 볼 수 없으나 영원히 살아 있는 진리와 목숨을 맞바꾸는 자들을 우리는 믿는 이라고 부릅니다. 「믿음의 글들」은 평생, 혹은 가장 귀한 순간에 진리를 위하여 죽거나 죽기를 결단하는 참 믿는 이들의, 참 믿는 이들을 위한, 참 믿음의 글들입니다.

존 폴락의

사도 바울

존 폴락 지음 † 홍종락 옮김

홍성사.

머리말

사도 바울은 역사상 가장 많이 거론되는 인물 중 하나이며 매일
수백만 명이 그의 글을 읽고 있지만, 오늘날의 사람들은 정작
그가 어떤 사람인지 별로 아는 바가 없다. 그의 이름은 모든
그리스도인을 비롯해 대부분의 유대인과 무슬림에게 친숙하다.
사람들은 그의 말을 인용하고, 그를 둘러싼 논쟁을 벌이고, 그를
공격하고 옹호한다. 그러나 그의 글과 모험담을 쉬지 않고 꾸준히
읽는 사람들도 그가 어떤 사람인지는 잘 알지 못한다. 바울의
생애를 써 보라는 출판사의 제안을 받고 나서야 나 역시 그렇다는
사실을 알았다.

　바울에 관한 책으로 많은 사람이 기억하는 것은 한 권뿐이다.
모턴의 유명한 책《사도 바울의 발자취를 따라 In the Steps of St.
Paul》는 그 명성에 걸맞은 훌륭한 책이다. 하지만 전기가 아니라
여행기이며 오늘날과 상황이 전혀 다른 1930년대 중반에 쓰였다.
따라서 오늘날의 사람들은 성경을 읽는 사람이든 아니든, 바울
시대에 살았던 누구나 디모데나 사악한 엘루마가 알던 것처럼 그를
생생하게 알지 못한다.

　여러 인물의 전기를 쓰면서 그들을 더 잘 알게 되는 큰
만족감을 체험한 바 있으므로, 나는 같은 방식으로 바울에게
접근하는 것이 합당하리라 생각했다.

　나는 다른 사람들의 전기를 쓸 때 많은 편지와 글을 원재료로
삼는다. 바울에 관해서는 신약성경을 원재료로 받아들여 같은

방식으로 활용해 보고 어떤 결과가 나오는지 보기로 했다. 전기 작가로 일하면서 고유의 후각이랄까 일종의 직감을 갖추게 되었다.

사도행전과 바울의 서신서를 바탕으로 바울이라는 인물을 재구성한 지 얼마 안 되어 그에게서 참으로 믿을 만하고 진실한 모습을 발견하고 나도 모르게 깊은 감명을 받았다. 놀라울 만큼 특별하면서도 철저히 믿을 만한 사연을 지닌 설득력 있는 캐릭터가 나를 사로잡았다. 그의 심장에 다가갈수록 나는 더욱 흥분되었다. 어린 시절부터 성경에 친숙했으면서도 마치 바울을 처음 만나는 듯, 나는 작업을 하며 그의 삶의 동기와 목표와 우선순위를 깨달았다. 그가 무엇을 중요하게 여겼고, 어떤 것에 무관심했으며, 자신의 잘못을 깨달았을 때 어떤 태도를 취했는지 알 수 있었다. 그리고 그가 무엇을 위해 기꺼이 목숨을 걸었는지를 볼 수 있었다.

또 나는 동시대 사람들이 그를 어떻게 생각했는지 알 수 있었다. 바울에 대해서는 역사상 매우 다양한 견해가 있다. 니체는 그를 "누구 못지않게 야심만만했고 지독한 미신과 그에 필적하는 교활함에 사로잡혔으며 많은 괴로움을 겪은 불쌍하기 그지없는 사람, 본인에게나 다른 사람들에게나 지극히 불쾌한 사람"이라고 말했다. 빅토리아 시대의 사제 패러(1831~1903)는 바울을 평범한 열정은 물론 인간의 나약함을 모두 경멸하는, 차가운 대리석처럼 우월하고 고상한 성자聖者로 그려 냈다. 신앙 전기 작가인 배즐 매튜스(1879~1951)는 바울을 소년의 영웅, 근육질의 그리스도인으로 묘사했다. 하지만 그중 어떤 모습도 내가 아내와 폭스바겐에 몸을 싣고 2천 년 전 그가 거닐던 길을 다니며 신약성경 및 여러 다른 글을 연구하는 과정에서 만난 바울의 모습과 닮지 않았다.

바울과 그의 배경을 다룬 연구 결과는 엄청나게 많고 그 분량도 계속 늘고 있다. 바울에 대한 글을 준비하는 사람들이 으레 그렇듯, 나 역시 수많은 연구 결과를 탐독했다. 하지만 이 책은 일반 독자들을 위한 것이므로 내가 내린 결론에 대한 장황한 논거를 제시하며 이야기에 부담을 줄 생각은 없다. 바울 생애의 빈 부분에 대해서는 증거에서 끌어낼 수 없는 주장을 집어넣지 않으려 했고, 추측보다는 추론을 목표로 삼았다. 추론과 추측은 전혀 다른 것이며, 확실성을 추구해야 근거 없는 상상이 난무하지 않는다.

바울은 지금부터 2천 년 전에 살았던 인물이다. 하지만 오늘날 바울은 그 어느 때보다 관심을 끄는 인물이기도 하다. 최근 급진 신학자들이 흥미로운 주장을 펼쳐 언론의 관심을 끌었지만, 바울은 어떤 신학자보다도 흥미롭고 급진적이다. 나는 바울과 그의 놀라운 이야기를 모든 독자에게 신선하고 생동감 있게 전하고자 노력했다. 이 책이 그를 고린도전서 13장인 사랑장을 쓴 인물 정도로만 아는 사람들에게나, 개신교 신자, 가톨릭 신자, 정교회 신자 등 성경을 자주 읽는 사람들에게나, 그가 그토록 사랑했던 유대인들에게까지 동일한 감동으로 다가가기를 바란다.

책의 집필을 마치자 나는 높은 산의 정상 근처에 이른 느낌이었다. 그곳에 서니 거기까지 이르는 다른 길도 있음을 알 수 있었고, 내가 지형에 대해 얼마나 모르는지를 새삼 깨달았다. 하지만 산과 주변 풍경에 대해 넓은 시야를 갖게 된 것은 분명하다.

그러나 나는 정상에 이르지 못했다. 정상 바로 아래에 넘을 수 없는 험한 봉우리들이 솟아 있는 까닭이다.

존 폴락

차례

머리말   9

1부 충절에서 변절로

1. 검은 천막의 땅, 다소   19
2. 스데반   28
3. 다마스쿠스 도상에서   41
4. 깜짝 놀란 한 사람   50
5. 아라비아와 그 이후   57
6. 숨겨진 시기   69

2부 더 멀리 좀더 멀리

7. 새로운 시기   81
8. 아프로디테의 섬   91
9. 갈라디아로   98
10. 전진과 박해   109
11. 돌에 맞다   118
12. 내가 그를 대면하여 책망하였노라   131
13. 어리석은 갈라디아 사람들이여   139

14. 새 출발 149

15. 유럽으로 160

16. 빌립보에서 당한 매질 167

17. 데살로니가에서 내쫓기다 178

18. 도망자 190

19. 아테네에 울려 퍼진 웃음소리 195

3부 **겸손한 사도**

20. 거침없는 사랑의 도시 207

21. 가이오의 집 218

22. 갈리오의 판결 227

23. 에베소 공략 235

24. 그 이름 245

25. 가장 기쁨이 넘치는 편지 256

26. 그중의 제일은…… 266

27. 아시아에서 당한 환난 278

28. 로마를 위한 논문 292

4부 **오스티아 가도로^{街 道}**

29. 선택 311

30. 예루살렘의 소요 321

31. 고문실 334

32. 왕, 선왕비, 그리고 총독　　　345

33. 난파　　　358

34. 세계의 중심 도시　　　371

35. 자유로운 세월　　　387

36. 아주 특별한 죽음　　　399

옮긴이의 말　　　409

• 성경에 나오는 인명 · 지명 등의 고유 명사는 《표준새번역 성경》에 따랐다.

1부 충절에서 변절로

바울의 초기 전도 사역지

1. 검은 천막의 땅, 다소

재판관들은 분노에 차서 소리를 지르며 자리를 박차고 나왔다. 중대한 토론과 역사적인 재판이 벌어졌던 '깎은 돌로 만든 홀'에는 성난 군중의 외침이 울려 퍼졌다. 그들은 젊은 피고인에게 달려들어 그를 끌고 계단을 내려가 햇살이 강한 '제사장의 뜰'로 들어섰다. 스데반을 끌고 넓게 트인 '제사장의 뜰'을 지나 계단을 더 내려간 뒤 또 다른 뜰을 여러 개 지나면서 구경꾼, 예배자, 상인 등이 합류하여 성난 군중은 점점 불어났다. 그들은 스데반을 끌고 성전 구역에서 벗어나 예루살렘 거리로 나섰다.

　사형 선고가 내려진 것은 아니었다. 설혹 그렇다 해도 사형을 집행하려면 로마 당국의 승인이 필요했고, 그 이전에 공정한 재판의 보장을 위해 마련된 엄격한 절차를 따라야 했다. 그러나 재판관들도 군중도 그런 것에 전혀 개의치 않았다. 피고를 데리고 북문을 지나 사람 키 두 배 높이의 '처형의 바위'에 이르면, 피고의 옷을 반드시 벗기고 거기서 확실하게 떨어뜨려 목이 부러지거나 적어도 정신을 잃게 해야 한다. 돌에 맞아 죽는 일이 너무 고통스럽지 않게 하기 위해서였다. 하지만 그들은 스데반을 그냥 떠밀었고, 뒤엉킨 옷이 떨어질 때의 충격을 덜어 주는 바람에 그는 의식이 멀쩡한 상태로 비틀대며 일어섰다.

　군중은 그 모습에 깜짝 놀라 그제야 법 규정을 헤아렸다. 재판에 따른 돌팔매 형을 집행할 때는 고소인들이 먼저 돌을 던져야 했다. 그래서 증인들이 사람들을 밀치고 대열 맨 앞으로 나섰고, 겉옷을 벗어들고는 맡길 사람을 찾아 사방을 둘러보았다. 그때 거리를 달려온 한 젊은 율법사가 숨을 헐떡이며 앞으로 나왔다. 유대인들 사이에서는 사울로, 그리스인들과 로마인들 사이에서는 바울로 알려진, 소아시아(아나톨리아) 길리기아 출신의 바리새인이었다.

　증인들이 묵직하고 울퉁불퉁한 돌멩이를 한 개씩 집어 힘껏 내던졌다. 아래에 있는 스데반의 몸에서는 피가 솟고 상처가 생겼다. 고개를 끄덕이며 그 광경을 지켜보던 바울의 귀에 스데반의 목소리가 들려왔다. 고통에 찬, 그러나 또렷한 목소리였다. 보이지는 않지만 가까이 있는 누군가에게 말하는 것 같았다.

　"주 예수여, 제 영혼을 받으시옵소서."

　증인들이 시작한 일을 마무리하기 위해 이번엔 군중이 달려들었다. 돌멩이가 쏟아졌다. 스데반의 몸이 찢어지고 상처가 나면서 피가 솟구쳤다. 스데반은 고통을 견디며 기도하는 자세로 무릎을 꿇었다. 죽어 가는 그의 입에서 커다란 외침이 터져 나왔다. 바울은 그 소리를 들었다.

　"주여, 이 죄를 그들에게 돌리지 마옵소서."

　곧이어 날아온 돌에 스데반은 푹 고꾸라졌고 의식을 잃었다. 군중은 돌팔매질을 계속했다. 마침내 시신은 엉망이 되었다.

　바울은 산맥과 바다 사이에 있는 도시에서 태어났다. 출생 연도는 기원후 1년으로 추정되지만 그의 생애 초기에 대해 확실한 사실은 다음과 같은 그의 주장이 전부다.

"나는 유대인이라. 소읍이 아닌 길리기아 다소 시의 시민이며 이스라엘 족속이요, 베냐민 지파요, 히브리인 중의 히브리인이다."

다소(타르수스)는 소아시아 동남쪽 구석에 위치한 비옥한 평야지대로 길리기아의 주도主都였다. 다소에서 보이지 않지만 남쪽으로 20킬로미터를 내려가면 지중해가 있고, 내륙으로 40킬로미터쯤 들어가면 토로스 산맥(타우루스 산맥)이 커다란 아치형으로 펼쳐져 있다. 산맥은 서쪽으로 거의 지중해까지 뻗어 있고 북쪽으로는 깎아지른 급경사를 이루어 골짜기와 절벽을 만들어 냈다. 눈이라도 쌓이면 바위 요새와도 같은 장관을 이루는데, 어린 시절에는 그 광경이 더욱 놀랍게 느껴졌을 것이다. 눈 덮인 산봉우리들이 선명하게 보이는 맑은 겨울날이면 더욱 장관이었다.

다소 시의 한복판을 가로질러 흐르는 시드누스 강은 폭이 좁고 물살이 빨랐으며 대개는 더없이 맑았다. 강물은 고대 세계가 낳은 기술의 걸작인 인공 항구로 흘러들었다. 그곳은 바울이 태어나기 40여 년 전, 클레오파트라가 뭍에 올라 안토니우스를 만난 장소이기도 하다. 당시 다소 사람들은 모두 은으로 만든 노, 금을 펴서 씌운 고물, 바람의 마음을 사로잡을 정도로 진한 향기를 뿜어 대는 보랏빛 돛을 보고 감탄했다. 항해가 재개되고 고갯길이 녹는 봄이 되면 노예들이 그곳에 동방의 상품들을 부려 놓았다. 도시는 이내 소음과 냄새와 활기찬 혼잡함으로 가득 찼다. 대상隊商들은 로마길을 따라 정북으로 출발했고 마차가 다닐 수 있을 만큼 바위를 깎아 내어 만든 길리기아 문을 통과해 산맥을 지나갔다. 이 길리기아 문은 고대 다소 기술의 또 다른 걸작이다.

다소는 로마의 통치하에서 여러 문명권 사람들이 평화롭게 뒤섞여 사는 곳이었다. 토착민인 길리기아인, 조상들이 한때 소아시아를 지배했던 히타이트족, 피부가 하얀 그리스인, 아시리아인과 페르시아인, 알렉산더 대왕의 인도 원정 길에 따라나섰던 마케도니아인. 알렉산더 대왕의 제국이 분할되면서 다소는 시리아(시리아)를 다스렸던 셀레우코스 왕조의 영토가 되었고, 안티오코스 4세는 기원전 170년경 유대인들을 이곳으로 이주시켰다. 그들에겐 고유의 권리와 특권이 있었고, 신앙과 혈통이 다른 사람들을 싸잡아 '이방인' 혹은 '이교도' 내지 '그리스인들'이라 부르며 그들과 통혼하지 않았다. 바울의 조상은 그들 중 하나였을 것이고 갈릴리의 잘 알려지지 않은 마을인 기샬라 출신이었던 것 같다.

바울의 아버지는 천막을 만드는 장인이었고, 그가 부리는 기술자들은 가죽과 길리기움이라는 직물로 천막을 만들었다. 길리기움은 오늘날처럼 당시에도 토로스 산맥의 경사지에서 풀을 뜯던, 덩치 큰 흑염소들의 긴 털을 짜서 만든 직물이다. 소아시아와 시리아 전역의 대상, 유목민, 군인 들이 다소의 검은 천막을 사용했다. 바울의 어머니에 대해서는 알려진 바가 없다. 그는 어머니에 대해 한마디도 하지 않았다. 어릴 때 어머니를 여읜 탓인지, 어머니와 사이가 별로 안 좋았는지, 아니면 그저 어머니 얘기를 꺼낼 기회가 없었는지 정확한 이유는 모른다. 그는 여형제가 최소한 한 명 있었다. 아버지는 다소의 시민 또는 공민이었고, 부자였음이 분명하다. 15년 전에 시행한 개혁 조치로 상당한 재산이나 소유물이 없는 세대주는 모두 시민의 지위를 박탈당했기 때문이다. 더욱이 바울의 가문은 선망의 대상이던 로마시민권이 있었다. 당시 로마시민권은 로마를 위해 특별한 봉사를 했거나 상당한 비용을 지불한 사람만 받을 수 있었다. 처음 로마가 길리기아를 다스릴 당시 바울의 할아버지가 폼페이우스나 키케로를 도왔는지, 아니면 그의 아버지가 돈을 냈는지는 모를 일이다. 그러나 로마시민권 덕분에 바울의 가문은 지역의 명문가로 인정받았고, 가족은 로마 제국의 어느 곳에서든 내세울 수 있는 특권을 물려받았다.

로마시민권을 가진 바울은 세 개로 이루어진 라틴식 이름도 있었을 것이다. 예를 들면, 가이우스 율리우스 카이사르와 같은 식의 이름이다. 개인명과 일족명에 해당하는 앞의 두 이름, 예를 든 카이사르의 경우 '가이우스 율리우스'에 해당하는 바울의 이름이 무엇인지는 기록에 남아 있지 않다. 바울의 생애를 처음 기록한 사람이 그리스인 동료였고 그리스인들은 라틴식 이름을 이해하지 못했기 때문이다. 세 번째 이름, 즉 그의 가문명은 파울루스였다. 그는 생후 8일 만에 행하는 할례의식에서 유대식 이름도 받았다. '사울'이라는 이름은 '희망'이라는 뜻 때문에 붙인 것이거나, 베냐민 지파의 역사에서 가장 유명한 사울 왕을 기념한 것일 터이다.

집에서 '사울'로 불린 것을 보면 어린 시절 유대적 유산의 영향력이 매우 큰 환경에서 성장했음을 알 수 있다. 이방인이 주위에 가득했고 이교 신전이 시장을 장악하고 있었다. 다소는 아테네(아덴)와 로마, 바벨론과 니느웨(니네베)의 문화가 뒤섞여 있는 도시였다. 본인은 의식하지 못했지만 바울은 이 그리스-동방 세계의 아들이었다. 그는 젊은 시절 그곳에서 외떨어진 느낌을 받았다. 지중해 곳곳에 흩어진 많은 유대인이 그리스적 인생관의 영향을 받았다. 그러나 바울의 부모는 유대 민족주의적 열정이 매우 열렬했고 모세 율법을 아주 엄격히 지키던 바리새파였다. 그들은 자녀들에게 이방인 아이들을 멀리할 것을 권했다. 그리고 이방 문화의 영향을 받지 못하도록 후손들을 지키려고 애썼다. 그들에게 그리스 사상은 경멸의 대상이었다. 바울은 다소의 공통어인

그리스어를 어릴 때부터 할 줄 알았고 라틴어를 읽고 쓰는 데도
무리가 없었다. 하지만 집에서 가족과 함께 있을 때면 히브리어의
파생어이자 유대 지방의 언어인 아람어를 사용했다.

그들은 무슬림이 메카를 바라보듯 예루살렘을 바라보았다.
다소의 자유인이자 로마 시민으로서 갖는 특권은 살아 계신
하나님이 당신의 영광과 계획을 계시하신, 약속의 백성인 이스라엘
족속의 일원이라는 높은 명예에 비하면 아무것도 아니었다.

다소 유대인 회당 부속 학교는 신성한 율법의 히브리 본문만을
가르쳤다. 소년들은 회당 관리인 핫잔을 따라 율법 구절들의 모음과
강세와 리듬이 정확히 입에 익을 때까지 되풀이해서 합창한다.
바울은 히브리 문자들을 파피루스에 정확히 적는 법을 배운 후
서서히 자기만의 성경 두루마리를 갖게 되었다. 그의 아버지는
아들에게 양피지로 된 또 다른 두루마리 뭉치를 주었을 것이다.
그것은 《칠십인역Septuagint》이라 알려진 구약성경 그리스어
번역본이었다. 매주 안식일마다 회당에서는 정해진 시간에
《칠십인역》을 읽어 주었다. 열세 살이 된 바울은 유대 역사, 시편의
시, 예언자들의 장엄한 글에 통달하기에 이르렀다. 그의 귀는 가락을
대단히 정확하게 익히도록 훈련받았고, 그의 민첩한 두뇌는 사진기
같은 기억력을 가진 사람이 본 내용을 그대로 기억하듯 들은 내용을
즉시, 충실하게 기억했다. 그렇게 그는 고등교육을 받을 만한 준비를
갖추었다.

다소의 대학에는 아우구스투스 황제의 가정교사이자 막역한
친구인 아테노도로스와 그에 못지않은 명성을 자랑하는 네스토르
같은 학자들이 있어 유명했다. 두 학자 모두 노년에 다소로
돌아와 가장 유명한 시민의 자리를 지키고 있었다. 하지만 엄격한

바리새인이 아들을 이교 도덕 철학에 휩쓸리게 할 리 없었다.
아우구스투스가 죽은 기원후 14년 무렵, 사춘기의 바울은 배 편으로
팔레스타인 지방에 도착해 언덕을 올라 예루살렘으로 간 것으로
보인다.

이후 5~6년 동안 그는 가말리엘 문하에서 가르침을 받았다.
가말리엘의 할아버지는 몇 년 전에 100세가 넘는 나이로 죽은,
최고의 스승 힐렐이었다. 가말리엘은 라이벌인 샴마이 학파의
지도자들과 달리 유약하고 부드러웠다. 바울은 그에게서 본문을
분석하고 여러 세대에 걸쳐 랍비들이 제시한 견해들에 따라
본문의 수십 가지 가능한 의미를 드러내는 법을 배웠다. 랍비들은
이스라엘 사람들이 되도록 율법을 어기지 않게 보호하고자 했다.
그리고 불합리하게 들리겠지만 랍비들은 불편한 일이 생기지
않도록 돕고자 온갖 해석을 생각해 내었다. 그러나 그렇게 겹겹이
쌓인 전통이 오히려 원래 의미를 모호하게 만들어 버렸다. 바울은
'디아트리베'라고 알려진 고대의 질의응답 방식으로 토론하는
법과 해설하는 법을 배웠다. 랍비는 설교자이자 법률가이기도
했기 때문이다. 그들은 신성한 율법을 어긴 사람들을 기소하거나
변호하는 일을 맡았다.

바울은 동시대 사람들을 앞질렀다. 그는 뛰어난 지성에 힘입어
'깎은 돌로 만든 홀'인 산헤드린 공회에서 한자리를 차지할 수
있었고, 유대인들의 통치자 중 한 사람이 되었다. 이스라엘은 신정
정치를 하는 국가였기에 종교 지도자와 민족 지도자가 동일했고,
산헤드린의 구성원 71명은 재판관, 원로원, 영적 스승 들이기도
했다. 산헤드린 법정은 모든 종교적 결정과 로마인들이 자치를
허락한 몇몇 영역에서 최종 권위를 갖고 있었다. 산헤드린 의원들
중에는 제사장직과 함께 그 자리를 물려받은 사람들도 있었고

율법사들과 랍비들도 있었다.

이스라엘에서 랍비가 되기 위해 바울은 한 가지 기술을 완전히 익혀야 했다. 모든 유대인은 한 가지 직업에 종사하도록 교육받았고, 원칙적으로 랍비는 사례를 받지 않고 스스로 생계를 꾸려야 했다. 그래서 바울은 20대 초반에 예루살렘을 떠났다. 그가 만약 나사렛 예수의 사역 기간에 그곳에 있었다면, 다른 바리새인들처럼 예수와 논쟁을 벌인 일을 언급했을 것이다. 후년에 그는 예수의 십자가 죽음에 대해 자주 말했지만 그 광경을 직접 목격했다고 주장하지는 않았다.

바울은 다소로 돌아가 가업인 천막 제조업에 참여했다. 다소에서 겨울과 봄을 지낸 뒤, 평야에 안개가 깔리고 말라리아가 발생하는 시기로 접어들면 토로스 산맥 기슭에 있는 여름 도시로 갔다. 겨울이나 여름이면 그는 회당에서 사람들을 가르쳤을 것이다. 바울 서신 중 하나에는 그에게 선교의 열정이 있었음을 암시하는 구절이 있다. 유대인들이 예배를 드리는 곳에 이방인들 가운데 '하나님을 경외하는 자들'도 함께할 수 있었다. 바울과 같은 바리새인들은 하나님을 경외하는 자들에게 유대교로 개종하여 온전한 유대인이 되라고 권했다. 간단하지만 고통스러운 할례의식을 치르고 율법의 모든 의식법과 도덕법을 지키라는 것이었다. 만만치 않은 부담이긴 했지만 하나님의 호의라는 큰 보상이 뒤따를 것이었다. 바울의 아버지는 자신의 발자취를 따라 아들이 바리새인으로 살며, 뛰어난 지성으로 이스라엘의 최고 지위인 산헤드린의 일원이 된 사실이 무척 자랑스러웠을 것이다.

바울은 서른 번째 생일을 맞은 뒤 예루살렘으로 돌아갔는데, 그때 아내를 데리고 갔는지는 확실하지 않다. 하지만 바울이 결혼했음은 분명하다. 유대인들은 독신으로 남는 경우가 드물었고,

산헤드린 공회의 의원 후보가 되려면 자녀가 필수조건이었다. 하지만 아내에 대한 언급은 바울 서신에 한 번도 등장하지 않는다. 어쩌면 그는 아내와 사별하고 하나뿐인 아이까지 잃었을지 모른다. 후년에 여성 일반에 대해 성급한 태도를 보이긴 했지만, 바울은 만나는 여성들 개개인을 부드럽게 대했고 결혼을 혐오한다고 볼 수 없는 결혼관을 드러냈기 때문이다. 그리고 아들을 대신하기라도 하듯 젊은 디모데를 양아들로 삼은 사실도 그런 추측에 무게를 실어 준다.

바울은 아내를 비롯한 가족과 함께 돌아왔을 가능성이 높다. 예루살렘에서 그들은 율법 중에서도 보다 복잡하고 소중한 의무들을 이행하고, 남들이 알아주는 곳에서 열정을 발휘할 수 있었다. 바울은 나사렛 예수가 시작한 운동과도 싸웠다. 바울의 고향 다소에도 그 새로운 선지자의 가르침과 주장과 기적에 대한 신비한 이야기들이 퍼져 갔을 것이다. 그리고 그중에는 예수가 죽었다가 다시 살아났다는 이야기도 있었으리라.

2. 스데반

대리석과 황금 테라스로 이루어진 성전에 비해 길리기아 출신
유대인들이 다니는 예루살렘의 회당은 작고 간소했고 여름철의
태양 열기에도 시원했다. 남자들은 벽을 따라 놓인 돌 벤치에 앉아
있었고, 여자들은 위로 솟은 기둥들이 떠받치는 발코니에 있었다.
장로들은 회중을 바라보고 있었다. 그들 곁에 작은 단상이 있었고
그 옆에 일곱 개의 가지가 있는 촛대와 율법 두루마리를 담는 상자
또는 궤가 베일로 가려져 있었다. 장로들에게 초청받은 사람은
그곳에서 율법을 큰 소리로 읽고 해설했다. 바울은 그들의 초청을
당연하게 받아들였다.

　　예루살렘에서는 율법을 강론할 후보자가 부족하지 않았기에
바울은 말하기보다는 들어야 할 때가 더 많았다. 그날의 강론자는
스데반이라는 예수의 제자였다.

　　스데반과 바울은 같은 나이였을 가능성이 높다. 역사가 누가는
바울을 소개하면서 '청년'이라고 번역되는 그리스어 단어를 썼는데,
이 단어는 청년기부터 40세까지 두루 쓰이는 것이다. 이집트나
다른 곳에서 온 유대인들도 길리기아 출신의 유대인들과 같은
회당을 사용했으므로 스데반의 출생지는 알 수 없다. 하지만

스데반은 아람어 못지않게 그리스어를 유창하게 구사했다. 바울과 스데반 둘 다 머리 회전이 빠르고 지력이 뛰어난 데다 논쟁에도 능했다.

　스데반의 체격에 대해서는 남아 있는 전승이 없지만, 바울은 키가 작았던 것으로 보인다. 그러나 군중 속에서도 돋보일 정도로 체격은 좋았던 것 같다. 바울의 얼굴은 타원형에 눈썹이 진했고 유복한 가정에서 자란 덕분에 살집이 좋았다. 유대인들은 면도를 하는 로마인들의 취향을 경멸했기에 그도 검은 턱수염을 길렀다. 그리고 파란색 술이 달린 의복을 입고 터번처럼 생긴 머리 장식에 율법이 적힌 양피지를 넣은 가죽 상자인 경문을 달고 다녔다. 이것은 바리새인이라는 사실에 대한 그의 자부심을 보여 준다. 성전 뜰을 활보하는 그의 모습에서는 족보로 보나 행실로 보나 자신이 중요한 존재라고 느낄 수밖에 없는 사람의 오만함이 드러났다. 그는 접시와 잔과 몸을 깨끗이 하는, 끝없이 되풀이되는 의식을 충실히 행했다. 매주 2회 해가 떠서 질 때까지 금식을 했으며, 매일 정해진 순서에 맞게 정확한 횟수의 기도를 드렸다. 그는 그런 자신이 존경을 담은 인사를 받고, 어딜 가나 상석에 앉으며, 회당에서 중요한 자리를 받는 것이 합당하다고 생각했다.

　그의 하루하루는 율법사의 일을 감당하고 천국에 가기 위해 자신을 단장하는 것으로 채워졌다. 가난한 사람들, 장애인들, 소외된 사람들에게 낼 시간은 없었다. 그의 성품 깊은 곳에 타인을 향한 연민이 숨겨져 있었지만, 그는 선한 사람은 으레 악한 사람들과 거리를 두어야 한다고 믿었다. 한 바리새인은 예수님이 창녀가 눈물로 그의 발을 씻기고 향유를 바르도록 허락하는 모습을 보고 그가 선지자가 아니라는 결정적 증거로 받아들였는데, 바울도 그 바리새인의 판단에 동의했을 것이다. 예수님은 기도하러 성전에 올라간 바리새인과 세금 징수인인 세리에 대해 잊히지 않는 이야기를 하셨는데, 그중 바리새인의 모습이 바울에게 딱 들어맞았을 것이다. 그 바리새인처럼 바울은 자신이 하나님의 은총을 받을 자격이 있다고 확신했고 다른 사람들을 경멸했다. 그는 능히 이렇게 기도했을 것이다.

"하나님이여, 나는 다른 사람들 곧 토색, 불의, 간음을 하는 자들과 같지 아니하고 이 세리와도 같지 아니함을 감사하나이다. 나는 이레에 두 번씩 금식하고 또 소득의 십일조를 드리나이다."

반면 스데반은 과부들에게 음식과 생필품을 나누어 주는 데 시간을 대부분 사용했다.

예수가 처형된 지 2년 뒤, 거룩한 예루살렘 도성은 예수가 죽었다가 다시 살아났다고 믿는 사람들로 가득 찼다. 그들은 대부분 보잘것없고 가난한 사람이었고 공동체를 이루어 살면서 가진 것을 함께 나누었다. 그리스어를 쓰는 제자들 사이에서 과부들이 소외되고 있다는 불평이 일자, 스데반과 다른 여섯 명의 사람이 선출되어 매일 과부들에게 식량을 나누어 주는 임무를 맡게 되었다.

바울은 스데반 정도의 학식을 갖춘 사람이 품위 없이 사회 문제에 개입한다는 사실이 불편했고, 자기 일에만 몰두해 있는 자신과 달리 곳곳을 다니며 사람들을 행복하게 해 주는 스데반이 마뜩찮다. 사람들은 바울에게 존경과 두려움을 동시에 느끼는 반면, 스데반은 존경하면서도 사랑했다. 바울은 스데반의 설교를 들으면서 그와 자신의 커다란 차이를 인식했다. 스데반은 언제나 성경을 사용해서 나사렛 예수가 모든 유대인이 기다리던 구원자 또는 메시아(스데반이 사용하는 그리스어로는 그리스도)라고 주장했다. 그리고 시체가 다시 살아나서 무덤에서 나왔다는 목격자들의 믿기 어려운 증언들을 인용하여 자신의 주장을 뒷받침했다. 목격자들은 예수가

처형된 이후 6주 동안 다른 여러 장소에서 예수와 이야기를
나누었다고 했다. 스데반 자신이 직접 목격했다고 주장하지는
않았다. 그러나 그는 예수가 살아 있음을 확신했고 그를 안다고
말했다.

바울은 그런 스데반의 주장이 터무니없다고 생각했다.
그리스도는 아직 오지 않았으며 하나님께 가는 길은 영원히 정해져
있다고 생각했다. 그 길은 바로 하나님이 선택한 백성에 속해야
하고 율법을 빠짐없이 지키려 애쓰는 것이다. 사람이 죄지을 경우,
규례에 따라 성전에서 때맞춰 동물을 잡아야 용서받을 수 있었다.
수치스럽고 혐오스럽지만 흔한 처형법에 따라 사형이 집행된 한
젊은이의 죽음이 모든 사람의 죄를 씻어 준다는 스데반의 주장을
바울은 참을 수 없었다. 예수가 부활했다는 주장에 대해서는, 죽은
메시아를 따르는 데 인생을 바치는 사람들이 불쌍할 따름이었다.

바울은 자신이 선하다고 생각해 개인적으로 스데반의 주장에
아무런 관심도 보이지 않았지만 그 위험성은 인식하고 있었다.
과거에 그의 스승 가말리엘은 항상 관용을 조언했다. 시몬 베드로와
예수의 다른 제자들은 성전에서 예배를 드렸고 율법에 계속
순종했다. 하지만 바울은 스데반처럼 옛것과 새것이 공존할 수
없음을 알았다. 성전의 희생 제사와 율법을 지킴으로 받는 구원과,
예수를 믿음으로 받는 구원 가운데 하나만 존재할 수 있었다.
새것을 무너뜨리지 않으면 옛것이 오히려 무너질 터였다.

바울은 유서 깊은 공개 논쟁법으로 스데반의 주장을 깨뜨리려
전력을 다했다. 회당은 사람으로 가득 찼고 장로들은 진지하게 귀를
기울였다.

바울과 그의 지지자들은 율법을 근거로 제시하며 나무에

못박힌 예수는 하나님의 저주를 받았음이 분명하므로 그리스도가
아니라고 주장했다. 부활에 대해서는 당시 통용되던 설명을 활용해
처리했다. 제자들이 예수의 시체를 훔쳤다는 것이다. '부활'이
예수의 영적 생존과 승리를 표현하는, 상상력을 활용한 상징이거나
신화라는 주장은 그에게 대안이 되지 못했다. 무덤은 분명 비어
있었다. 예수의 시체가 무덤에서 썩어 가고 있었다면, 유대
당국자들이 당장 끄집어내어 사기 행각을 폭로했을 것이다.

　　스데반은 모세와 선지자들, 다윗과 시편 기자들의 글을 인용해
답변했다. 그는 그리스도가 오면 정복자로서 활보하는 것이 아니라
상처를 입고 조롱을 받고 죽임을 당할 것이며, 그 뒤 다시 살아날
것임을 예언한 대목을 보여 주었다. 스데반은 2년 전, 유월절에
있었던 예수의 죽음을 다시 이야기하였다. 그리고 예수가 죽었다가
살아난 것을 보았다는 목격자들의 증언을 인용하는 것으로 자신의
주장을 마무리했다.

　　스데반이 이겼다. 회중은 그에게 승리의 영광을 안겨 주었고
그중 몇몇은 어떻게 하면 예수를 믿을 수 있는지 물었다. 그때
바울과 그의 친구들은 처음으로 자신들이 스데반뿐 아니라 헤아릴
수 없는 어떤 힘과 맞서 싸운다는 느낌을 받았다. 누가는 그것을
가리켜 이렇게 표현했다.

　　"스데반이 지혜와 성령으로 말함을 그들이 능히 당하지
못하였다."

　　바울의 여러 편지에 흩어져 있는 회상이 말해 주듯, 그는
논쟁에서의 패배를 그냥 받아들이지 않았다. 노년에 이르러 그는
그리스도인들에게 이렇게 조언했다.

　　"주의 종은 다투지 말아야 하고 모든 사람에 대해 온유하며
가르치기를 잘하고 참을성이 있어야 하며 반대하는 사람들을

온유함으로 바로잡아 주어야 합니다."

그러나 바울은 이 당시에는 원한을 품고 스데반을 따라다니면서 적의와 불화와 질투를 자극했고, 예수를 모욕하고 조롱했으며 자신의 두드러진 특징인 불끈하는 성미나 냉소를 있는 그대로 드러냈다. 그래도 스데반은 보복하지 않았다. 사람들이 기억하는 그의 특성은 강인함과 선한 인품이었다. 그도 분개하고 비웃을 줄 아는 보통 사람이었지만 그런 힘들을 좀더 긍정적으로 썼다.

바울 무리는 모욕보다 더 강한 무기가 있었다. 스데반의 말을 왜곡하여 신성 모독이라는 인상을 준다면, 그들은 적법한 절차를 밟아 그의 입을 영원히 막아 버릴 수 있으리라 생각했던 것이다. 그들은 음흉하고 간접적인 방식으로 일을 벌이기 시작했다. 여러 해 뒤, 바울은 똑같은 방식으로 자주 모함을 받게 된다. 바울 무리는 대제사장의 집에 찾아가 스데반을 공식적으로 고소하는 대신, 예루살렘 아랫성내의 좁은 도로를 바쁘게 오갔다. 그로부터 얼마 뒤, 우연히 벌어진 몇 가지 사건으로 스데반의 활동이 세간의 관심을 끌게 된다. 그의 모임들이 강제로 중단되었고, 결국 그의 말을 들어 본 적조차 없던 서기관과 장로들마저 한시바삐 그를 제압해야 한다고 생각하게 되었다.

서기관과 장로들은 성전 호위대를 이끌고 가서 그를 체포한 뒤, 산헤드린 앞에서 간략하게 심문했다. 그 과정에서 바울과 그의 동료 길리기아인들은 전면에 나서지 않고 배후에 머물러 있었다.

'깎은 돌로 만든 홀'에는 71명의 재판관이 의장석을 중심으로 양쪽에 반원 형태로 설치된 긴 의자들에 나누어 앉아 있었다. 양편에 서기가 한 명씩 앉아 스데반의 말을 열심히 파피루스에 옮겨 적었다. 피고인 뒤쪽, 재판관들과 마주한 자리에는 법정 하인들, 율법학자들, 율법 교사들, 산헤드린 의원 후보자들이 있었다.

바울은 그들 사이에 앉아 적수의 말을 주목해서 들었다. 스데반은, 대제사장 의복을 입고 보석이 박힌 가슴판을 착용한 공의회 의장에서부터 가장 어린 율법학자에 이르기까지 법정에 있는 모든 사람의 넋을 빼놓았다. 목숨이 걸린 재판을 받는 사람에게서 보기 힘든 평온하고 권위 있는 표정과, 유대 역사에 대한 정확한 지식을 바탕으로 고소 내용에 대해 즉석에서 탁월한 분석을 제시하며 답변하는 능력이 그들을 사로잡고 있었다. 바울은 그 연설의 주제를 결코 잊지 못했고 나중에 먼 나라, 전혀 다른 상황에서 그 자신이 직접 사용하게 된다. 특히 다음 대목을 바울은 자신의 기억 속에 매우 깊이 새겼다.

"지극히 높으신 이는 손으로 지은 곳에 계시지 아니하십니다."

그랬기에 바울이 나중에 아테네의 파르테논 신전 아래에서 연설할 때 언급하게 된다.

그러나 스데반의 말이 이어지면서 분위기는 달라졌다. 흠모는 짜증으로 바뀌었다. 2년 전 같은 홀에서 벌어진 또 다른 재판과 그 재판으로 처형된 시체가 감쪽같이 사라졌다는 거북한 기억이 솟아올랐다. 문득 스데반은 재판관들이 자기 말을 끝까지 들어 주지 않을 것임을 직감한 듯, 신중한 태도를 내버리더니 그들이 메시아를 배반하고 살해한 완고한 위선자들이라고 면전에 대놓고 일갈했다.

학식 있는 재판관들이 분노로 고함을 질러 댔다. 그러나 피고인의 반응은 그들 못지않게 놀라웠다. 그는 그들의 분노를 무시했다. 그리고 고개를 들어 그들 너머 위쪽을 바라보았다. 재판관들은 신성 모독으로 단죄당할 처지에 놓인 이 젊은 광신자가 외치는 소리를 듣고 자신들의 귀를 의심했다. 그는 하나님을

보았으며 하나님 우편右便의 영광스러운 자리에 '인자'가 서 계시다고
말했다. '인자'가 죽은 나사렛 예수를 가리킨다는 것을 모두 알고
있었다.

그렇게 해서 맹렬한 돌격이 시작되었고 결국 처형의 바위 아래
짓이겨진 시체 한 구가 핏물 속에 남게 되었다. 증인들이 자신들의
옷을 사울이라는 청년의 발 앞에 둔 것은 우연이 아니었다. 그들은
그에게 어떤 책임이 있는지를 알고 있었다. 바울은 돌을 던지지는
않았지만 모든 광경을 지켜보며 승인했다. 그리고 스데반의 외침을
들었다.

"주 예수여, 제 영혼을 받으시옵소서. 주여, 이 죄를 그들에게
돌리지 마옵소서."

바울의 예리한 지성은 그 기도의 본질을 꿰뚫어 보았지만
거부했다. 스데반의 가르침에 따르면, 죄를 그들에게 돌리지 말아
달라는 기도의 뜻은 다음과 같다.

'주여, 당신이 그들의 죄를 친히 담당하셨나이다. 그들이 당신을
믿고, 당신을 알고, 당신을 사랑하게 하소서.'

기원후 31년경, 스데반이 죽은 그 여름부터 겨울까지 유대
당국자들은 바울을 행동대장으로 삼아 나사렛 예수를 따르는
사람들에 대한 체계적인 진압을 벌였다.

그는 먹이를 포획하는 동물처럼 달려들었다. 마음에 들지 않는
명령을 마지못해 수행하는 서글픈 처지의 장교가 아니었다. 그는
반역자를 색출하는 검찰관의 철저함을 발휘하여 전심전력으로 그
일을 감당했다. 바울의 작전으로 도시 전체에 걸쳐 활발히 활동하던,
예수를 따르는 무리들이 괴멸된 것처럼 보였다. 그리고 그 무리의
지도자들은 달아나거나 숨어 버렸다. 그는 집집마다 뒤지고 다녔고
회중이 모이는 회당에서 공식 심문을 벌였다. 남녀 상관없이

혐의자는 장로들 앞에 서야 했고, 대제사장의 대리인인 바울은 그
자리에서 그들에게 예수를 저주하라고 요구했다. 그 요구를 거절할
경우, 그들은 공식적인 고발을 당하기에 앞서 유서 깊은 다음의
문구를 읊을 수 있었다.

　"제 석방을 위해 내세울 주장이 있습니다."

　따라서 바울은 예수를 '주'라 부르는 사람들의 이야기와 믿음의
단면을 듣게 되었다. 많은 사람이 예루살렘에서 그를 만났거나
갈릴리로 가서 그를 만났다고 말했고 그에게 들은 말을 되풀이했다.
사람들이 잡혀 올 때마다 회당 법정에는 같은 구절과 같은 비유가
거듭 울려 퍼졌다. 바울은 이런 광경에 놀라지 않았다. 당시 모든
랍비는 자신의 말을 제자들이 토씨 하나까지 다 암기하여 목소리의
어조까지 그대로 다시 말할 수 있어야 한다고 주장했기 때문이다.
그러나 바울의 뜻과 상관없이 예수를 따르는 이들의 말은, 뛰어난
기억력을 힘입어 그의 머릿속에 차곡차곡 쌓여 갔다.

　나사렛 예수를 따르는 사람들 중 일부는 자신의 신앙을
변호하면서 예수님이 자신의 몸을 어떻게 낫게 해 주었는지를
자세히 설명했다. 나면서 눈이 멀었으나 예수님 덕분에 시력을
되찾게 된 사람은, 기적을 겪은 당시 분개하는 바리새인들 앞에서
그랬던 것처럼 당당하게 응수했을 것이다. 일부는 예수님이
비틀거리며 골고다로 가는 모습을 보았거나, 그가 죽는 모습을
지켜본 사람들이었다. 또 그중 몇몇은 예수님이 죽은 후에 다시
살아난 것을, 그것도 앙상한 모습이 아니라 원기 왕성한 모습으로
살아난 것을 보았다고 주장했다. 채찍질로 예수님의 피부가 찢겨
등의 근육이 훤하게 드러났고, 로마식 십자가 처형이 주는 충격
때문에 기진맥진한 상태로 매달려 있었으며, 오래 버텼다 해도 결국
질식사를 피할 수 없었을 거라는 사실은 그들에게 그다지 중요하지

않은 듯했다. 그러나 피고들은 대부분 예수님과 직접 접촉하지는 못한 이들이었다. 그들은 예수님의 증인들, 특히 '반석'이라 불리는 시몬 베드로의 말을 듣고 개종한 사람들이었다.

그런데 이들이 법정에 나올 때마다 같은 상황이 벌어졌다. 교육도 제대로 받지 못한 투박하고 소극적인, 이름 모를 예수의 제자가 법정에 끌려와 소심한 태도로 몇 마디 우물거린다. 그러고 나서 갑자기 사람이 완전히 달라져 당당하게 또박또박 확신을 선포한다. 마치 누군가 옆에서 대사를 불러 주는 듯했다. 그들 중 몇 사람은 자신이 정말 듣는 대로 말한다고 주장했다. 바울의 분노에도 아랑곳없이, 그들은 예수님이 남긴 수많은 말 중에서 외워 둔 적절한 구절을 인용했다.

"사람들이 너희를 공회에 넘겨주겠고…… 너희가 권력자들과 임금들 앞에 서리니…… 무슨 말을 할까 미리 염려하지 말고 무엇이든지 그때에 너희에게 주시는 그 말을 하라. 말하는 이는 너희가 아니요, 성령이시니라."

"이 일이 도리어 너희에게 증거의 기회가 되리라. 내가 너희의 모든 대적이 능히 대항하거나 변박할 수 없는 구변과 지혜를 너희에게 주리라."

바울은 그들의 주장을 비웃었고 상당수를 지하 감옥에 보냈다. 한두 명은 돌에 맞아 죽었을지도 모른다. 바울은 이를 암시하는 듯한 말을 했다.

"많은 성도를…… 죽일 때에 내가 찬성 투표를 하였다."

그러나 유대인들의 사형권은 로마인들에 의해 엄격하게 제한되어 있었다. 대다수는 공개 태형의 형벌을 당했는데, 사십에서 하나 감한 매는 보통 사람이 차마 눈뜨고 볼 수 없는 장면이었다. 그것 앞에서 몇 사람의 용기가 꺾였다. 매질을 당하기 직전이나

몇 대를 맞은 뒤, 또는 아내나 남편의 고문을 강제로 지켜봐야
할 처지에 놓이면, 그들은 바울의 요구에 따라 예수님께 저주를
퍼부었다.

바울은 등에 채찍 자국과 핏자국이 가득한 채로 비틀거리며
물러나는 그들의 모습에 동요하지 않았다. 이웃 사람들 앞에서
매 맞는 모욕을 당하기를 거부하는 모습에도 동요하지 않았다.
회당에서 매질을 당한 유대인들은 수치심에 거의 죽고 만다는
소문이 돌았지만, 사실상 그들은 되레 기뻐하는 듯했다. 심지어
몇몇은 자신들에게 악담을 퍼붓고 박해하는 사람들을 향해 이렇게
외쳤다.

"당신들을 위해 기도하겠소."

겨울이 막바지에 이르자, 예루살렘에서 달아난 예수의
추종자들이 위축되지 않고 가는 곳마다 자신들의 교리를
전파한다는 소식이 들려왔다. 그들은 특히 사마리아에서 성공을
거두었고 북쪽으로는 다마스쿠스(다메섹)와 레바논 지경을 넘어서는
베니게(페니키아) 지방까지, 심지어 해외까지 이른 자들도 있다고 했다.
바울은 분개하여 대제사장을 찾아갔다. 그의 첫 번째 전기를 쓴
작가의 묘사에 따르면, 바울은 위협과 살기가 등등하여 여러 회당에
가져갈 공문을 청했다. 예수의 도를 따르는 사람을 만나면 남녀
상관없이 체포하여 밧줄이나 쇠사슬에 묶어 예루살렘으로 잡아 올
권한을 요청한 것이었다.

그가 제안한 첫 번째 목적지는 다마스쿠스였다. 산헤드린의
규율은 모든 지역의 유대인에게 해당되었지만, 로마인들은 소동을
싫어했다. 하지만 다마스쿠스가 로마의 지배하에 있기는 했지만
그곳에는 상당히 폭넓은 자치권을 누리는 큰 공동체가 두 개

있었다. 하나는 나바테아 왕국의 바위로 둘러싸인 수도 페트라에
있는 왕을 섬기는 아랍인들이었고, 또 하나는 유대인들이었다.
바울은 다마스쿠스에 이어 베니게로, 그리고 로마인들이 세운
시리아의 수도 안디옥(안티오크)까지 예수의 추종자들을 추적해서
처벌할 생각이었을 것이다. 그렇게 그의 앞에는 평생의 과업이
있었다.

여행이 가능한 봄이 되자마자 그는 동트기가 무섭게 길을
떠났다. 위도가 높은 지역의 활기 없는 새벽빛이 아니라 유대
언덕의 강한 광채를 받으며 나선 것이다. 그는 나귀나, 미켈란젤로가
상상한 것처럼 말을 탔을 수 있지만 터벅거리며 걷는 낙타를 타지는
않았을 것이다. 물론 동행 중에 짐을 실은 낙타와 낙타를 부리는
사람이 있었을 수 있다. 아마도 그들은 스데반이 살해된 장소
근처를 지나갔을 것이다. 사마리아를 가로질러 곧장 가는 길을
택했다면 봄꽃이 화사하게 핀 돌 많은 언덕을 지나갔을 것이고,
둘째 날 이른 시간에는 멀리서 눈 덮인 헤르몬 산을 잠깐 보았을
것이다. 다마스쿠스로 가는 길에는 헤르몬 산이 가장 눈에 띄는
경관이었으리라. 넷째 날이나 다섯째 날 그들은 갈릴리 호수에
이르렀고 그곳에선 언덕 사면의 돌들조차 그냥 돌로만 보이지
않았다. 곳곳에 예수에 대한 기억이 생생하게 살아 있어 어떤
사람도 그 길을 무심하게 지나칠 수 없었다. 바울은, 손과 발의
상처를 지닌 채 다시 살아난 예수님을 봤다고 말하는 사람들을
예루살렘에 있을 때보다 그곳에서 더 많이 만났을 것이다.

바울은 로마식 다리를 지나 요단 강 상류를 건넜고 민둥언덕을
올라갔다. 오랜 세월 후 시리아 군의 대포가 그곳에서 이스라엘의
키부츠를 공격하려다 '6일 전쟁'에서 완전히 밀려나게 된다. 그
즈음 바울은 자신보다 겨우 몇 살 많은 예수가 살아생전 어떤 일을

했고 무슨 말을 했는지 어조까지 정확히 알고 있었다. 그리고 그가 어떻게 생겼는지 어떤 사람이었는지도 파악하고 있었다.

바울은 자신이 이끄는 적은 무리가 헤르몬 산이 완전히 보이는 곳에 이를 때까지 예수에 대한 찬반 요인을 따져 보았다. 물론 아무에게도 그런 말을 하지는 않았다. 예수는 사기꾼이었고 신성 모독을 일삼다가 죽은 사람이었으니까.

3. 다마스쿠스 도상에서

여행의 마지막 날이 되자 헤르몬 산이 조금씩 뒤로 물러났다.
갈색의 산기슭 언덕에선 들꽃이 하얗게 피어 있었지만 헤르몬
산의 봉우리는 아직 눈에 덮여 있었다. 그러나 이제 산은 그리 높아
보이지 않았다. 바울 일행이 산 아래에 가까이 있어 정상이 보이지
않는 데다 다마스쿠스 평야가 해발 600미터가 넘는 고지대였기
때문이다. 저 멀리 바위투성이 민둥언덕 아래로 보이는 오아시스의
푸른빛이, 다른 날들처럼 정오 이전에는 발걸음을 멈추지 말고
여행을 계속하라고 그들을 재촉했다.

바울과 그의 일행은 걸어갔고 한 사람이 줄줄이 묶은 나귀들을
이끌고 조금 뒤에서 따라왔을 것이다. 시골 사람들이 시장에 나간
시간이라 길은 한산했다. 가끔 양 떼나 염소 떼를 지키며 무릿매를
돌리는 어린 소년이나, 투박한 쟁기 뒤에서 밭을 갈면서 긴
막대기나 끝에다 쇠붙이를 붙인 지팡이로 황소의 방향을 잡아 주는
남자가 보였다.

하늘은 맑고 푸르렀다. 바울은 당시 뇌우나 강한 바람이 전혀
없었다고 분명히 기억하고 있다. 그 다음에 벌어진 일이 자연
현상이라고 설명할 수 없다는 뜻이다. 그는 신경쇠약 직전의 환자도

아니었고 간질 발작이 일어날 만한 상황도 아니었다. 하다못해
발걸음을 재촉하지도 않았다.

"오정쯤 되어 홀연히 하늘로부터 큰 빛이 나를 둘러 비치매……
해보다 더 밝은 빛이 나와 내 동행들을 둘러 비추는지라."

바울과 다른 동행들이 다 땅에 엎드렸다. 그들은 이상한 현상에
소스라치게 놀랐다. 단순한 번뜩임이 아니라 무시무시하고 설명할
수 없는 빛이 있었다. 이후 동행들은 비틀거리며 일어선 듯한데,
바울은 계속 엎드려 있었다. 빛은 그에게만 점점 더 강해졌다.

그는 차분하면서도 권위 있는 음성이 아람어로 하는 말을
들었다.

"사울아, 사울아, 네가 어찌하여 나를 핍박하느냐?"

그는 고개를 들었다. 빛 때문에 주위는 보이지 않았으나 빛
한가운데 자기 또래의 한 남자가 서 있는 모습이 보였다. 바울은
자기가 보고 듣는 바를 믿을 수 없었다. 그의 모든 확신, 지성과
훈련, 명성과 자존심이 예수는 다시 살아날 수 없다고 말하고
있었다. 그는 잠시 뜸을 들인 후 이렇게 대답했다.

"주님, 누구시나이까?"

그는 상대방에게 '왕'을 대하는 듯한 호칭을 사용했다.

"나는 네가 핍박하는 예수다. 가시 돋친 채찍을 발길로 차면
너만 아플 뿐이다."

그때 바울은 알았다. 영원처럼 느껴진 한순간에 그는 예수의
손발에 있는 상처와 그 얼굴을 보았다. 그리고 자신이 주님을 보고
있으며 스데반과 다른 사람들의 말처럼 예수님이 살아 계시고,
자신이 핍박했던 사람들뿐 아니라 바울 자신도 사랑함을 깨달았다.

"가시 돋친 채찍을 발길로 차면 너만 아플 뿐이다."

한마디의 꾸짖음도 없었다.

이전까지 바울은 자신이 스데반과 그의 제자들에게 분노할 때 가시 채찍에 찔리는 아픔을 느꼈다는 사실을 인정한 적이 없었다. 하지만 이제 순식간에 그는 자신이 예수님과 싸우고 있었음을 뼈저리게 깨달았다. 자기 자신과, 자신의 양심과, 자신의 무력함과, 영혼의 암흑과 혼란에 맞서 싸우고 있었던 것이다. 하나님은 이 혼란 속에 임하여 그를 새 창조의 순간으로 이끄셨다. 그에게 필요한 것은 '예'라는 대답뿐이었다.

바울은 무너져 내렸다. 그는 부들부들 떨었다. 손익 계산을 따질 만한 처지가 아니었다. 하지만 한 가지만은 분명했다. 그는 한 음성을 들었고 주님을 보았다. 이제 그분의 뜻을 발견하고 거기 순종하는 것만이 중요할 뿐이었다.

"주님, 무엇을 하리이까?"

그는 방금 전과 똑같은 호칭을 사용했지만, 이번에는 '주님'이라는 그 한마디에 하늘과 땅 사이의 모든 순종과 경배와 사랑이 깃들어 있었다. 바로 그 순간, 그는 자신이 철저한 용서와 지극한 사랑을 받고 있음을 알았다. 그의 말을 빌려 이렇게 표현할 수 있다.

어두운 데에 빛이 비치라 말씀하셨던 그 하나님이 예수 그리스도의 얼굴에 있는 하나님의 영광을 아는 빛을 우리 마음에 비추셨느니라.

바울에게 이런 말씀이 들려왔다.

"일어나 너의 발로 서라. 일어나 다마스쿠스로 들어가라. 네가 해야 할 모든 것을 거기서 누가 이르리라."

일단 믿었으니 이제 순종할 차례였다. 하찮게 여겨질 만큼 대수롭지 않아 보이는 첫 번째 명령에 그는 순종하고자 했다.

그러나 마침내 일어섰을 때 바울은 앞이 보이지 않았다. 그는
손을 내밀어 더듬었다. 자신들은 들리지 않는 무엇인가에 바울이
대답하는 소리를 듣고 잔뜩 겁을 먹은 동행들이 그를 이끌어
주었다. 사람과 짐을 실은 동물들이 바로 뒤까지 왔고, 작은 행렬은
경외심에 사로잡힌 채 침묵 속에 다마스쿠스를 향해 걸어갔다.

바울은 눈이 먼 채 미지의 세계로 들어갔지만, 어둠이 아니라
빛 속에 있었다. 그는 그 빛의 광채로 말미암아 보지 못했다. 파란
하늘과 도로의 누런 먼지와 다가오는 오아시스의 푸른빛을 모두 볼
수 없었지만 아쉽지 않았다. 멀어 버린 그의 두 눈, 그의 정신을 빛이
가득 채웠다. 새로운 주인의 첫 명령에 순종하여 걸어가면서 그는
첫 번째 놀라운 발견을 했다. 예수님이 그의 곁에 머물러 계셨던
것이다. 십자가에 못박혔다가 부활한 몸의 형체로는 아니지만,
보이지 않되 분명히 거기 있는 존재로서 곁에 계셨다.

이른 오후, 그들은 악취를 풍기는 조용한 여관들을 지나 성문
아래를 통과했다. 그러자 다마스쿠스를 양분하는 가로수가 늘어선
넓은 비아 렉타, 즉 직가直街라는 거리가 나왔다. 이곳도 상당히
조용했다. 낮잠 시간이 지났지만 상점과 노점들이 아직 문을 열지
않았고 가정집들은 태양 볕을 막으려고 덧문을 닫아 놓아 조용했다.
그들은 다마스쿠스 사람인 유다의 집에 도착했다. 유다는 상당한
재력을 가진 유대인 상인으로, 산헤드린에서 보낸 대리인에게
숙식을 제공하기에 적합한 인물이었을 것이다. 나사렛 예수를
따르는 사람들조차도 바울이 자신들을 박해하러 오고 있음을
알았으니, 회당 장로들은 분명 바울을 기다리고 있었을 것이다.
그런데 양측 모두 그의 행적을 놓쳤다. 호송자들은 그를 유다에게
인도한 뒤 사라져 버렸다. 바울은 유다에게 아무런 요청도 하지

않았고 객실로 들어가 식사도 거부한 채 혼자 있었다.

바울에게 더 이상 시간은 의미가 없었다. 바울의 귀로
저녁 나팔소리, 다음 날 새벽이 오는 소리, 도로 위로 수레들이
덜커덩거리며 지나가는 소리, 상인들이 물건을 사라고 외치는
소리, 멀리서 웅얼웅얼 들려오는 흥정 소리, 가끔 울어 대는 당나귀
소리가 들렸다. 그러다 한낮의 정적이 찾아왔다. 바울은 한두 시간
잠을 잔 것 외에는 내내 말똥말똥한 상태로 침대에 누워 있거나,
침대 곁에서 오랫동안 무릎을 꿇고 있다가 다시 누웠다. 그는 다른
사람과 함께 있고 싶지 않았다. 오직 주 예수님과 있고 싶었다. 그의
인격 전체가 바뀌었다. 예수님이 그의 영혼을 구석구석 비추심에
따라 그의 존재가 완전히 달라지고 있었다.

"사울아, 사울아, 네가 어찌하여 나를 핍박하느냐?"

그는 이제 다윗의 시편에 나오는 고백으로 대답할 수 있었다.

"오 하나님이여, 주의 신실하신 사랑으로 저를 불쌍히
여기소서. 주의 크신 자비로 제 죄를 지워 주소서. ……제가 주께,
오직 주께만 죄를 지었나이다."

바울은 자신을 더럽고 혐오스럽게 느꼈다. 아우구스티누스의
《고백록Confessions》의 다음 구절이 그의 심정을 잘 대변해 준다.

당신께서 제가 얼마나 사악하고, 뒤틀려 있고, 불결하고,
흠투성이고, 부패했는지 똑바로 볼 수 있는 자리에 저를
세우셨나이다. 저는 저 자신을 보았고 혐오감을 느꼈나이다.

유대의 두 차례 반역에 대한 로마군의 잔혹한 진압이나 로마의
대화재 이후 네로의 지시로 이루어진 그리스도인 대학살이나

히틀러의 '최종 해결책'과 같은 극악하고 반인류적인 범죄들에 비하면, 바울의 박해는 사소하다고 할 수 있다. 그러나 양심이 깨어난 살인자에게 살인은 언제나 절대 악일 뿐이다. 그의 죄는 살인과 잔혹함만이 아니었다. 그는 주님을 모독하고 모욕하고 핍박했다. 그런데도 주님은 그런 그를 찾아내어 그가 이전에 도무지 알지 못한 놀라운 사랑을 보여 주셨다. 그는 눈먼 상태로 시간을 보내며 그 사랑에 깊이 잠겼고, 그럴수록 자신이 그동안 저지른 일들의 끔찍함을 깨달아 주체할 수 없는 눈물을 쏟았다.

과거의 그는 자신이 하나님을 섬긴다고 생각했다. 자신의 노력으로 하나님의 은총을 얻을 수 있으리라 상상했다. 자기 멋대로 선함의 기준을 세워 놓고 다른 사람들과 비교할 때 자신이 선하다고 생각했다. 하지만 이제 예수의 영에 사로잡혀 그분 앞에 선 바울은 자신의 깨끗함이 형언할 수 없는 깨끗함의 모조품일 뿐이고, 자신의 선행은 지선至善의 패러디에 불과함을 깨달았다. 그는 입으로 하나님께 영광을 돌렸지만 마음과 영으로 그분을 적대했고, 종교의식을 정확하게 지켰지만 실제로는 악을 행하기 바빴으며, 눈부시게 밝은 빛이신 하나님에게서 멀어져 갔을 뿐이다. 사실상 바울은 그분과 전혀 관계없는 자였다.

하지만 예수님은 그를 붙잡으셨다. 이후 바울은 이 사건을 부활의 확고한 증거 중 하나로 인용한다. 그리고 사람들에게 아무리 조롱당하고 거짓말쟁이 취급을 당해도 개의치 않게 된다. 참으로 놀랍게도 하나님이 만신창이가 된 예수님의 시신을 무덤에서 일으키신 것은, 그분이 부활한 몸으로 바울을 직접 만나게 하기 위함이었다. 바울을 뭉개 버리고 파괴하거나 박해받는 자들의 피를 되갚기 위해서가 아니라, 박해자를 구원하고 사랑과 용서로 그의 마음을 얻기 위함이었다. 바울은 예수님이 메시아, 그리스도,

구세주임을 마음 깊은 곳에서 깨달았다. 그것은 차가운 논리의 결론이 아니었다. 물론 논리도 뒤따라 왔지만, 그것은 지성을 초월한 지식이었고 예수님을 앎과 동시에 깨친 지식이었다. 예수님을 알게 되면서 바울은 십자가 위에서 무슨 일이 벌어졌는지도 이해할 수 있었다.

이전에 그는 자신의 교만과 지혜에 빠져 예수님을 거절했다. 저주를 받지 않았다면 나무에 매달릴 리가 없다고 생각했던 것이다. 그러나 이제 자신의 죄를 바라본 바울은, 예수님이 십자가에서 저주를 짊어졌으되 본인의 저주가 아니라 자신을 비롯한 모든 사람에게 내린 저주를 대신 짊어졌음을 깨달았다. 그 사실은 피할 수 없는 직관으로 다가왔다. 눈이 먼 채 유다의 집에서 보낸 시간을 시작으로 그는 남은 평생 하루하루를 살아가면서 복음의 넓이와 길이, 높이와 깊이를 더욱 깨달아 간다. 하지만 복음의 핵심은, 그때는 물론 영원토록 변함이 없다. 그것은 우리를 사랑하사 우리를 위하여 당신의 몸을 버리신 하나님의 아들이신 그리스도의 사랑이다.

바울은 한 번도 죄를 짓지 않은 자처럼 하나님께 대접받았고 자신에게 주어지는 사랑과 신뢰를 느꼈다. 멀어 버린 눈으로 그 밝은 빛을 보면 볼수록, 다마스쿠스 길에서 순식간에 드러난 사실이 더욱 분명해졌다. 죄 용서는 전적으로 완벽하며 완전한 선물이라는 사실이었다. 죄 용서는 곧 그리스도 자신이기 때문이다. 인간의 노력으로 용서를 얻을 수도, 인간의 공로로 인간의 죄를 이길 수도 없다. 그러나 바울은 그리스도를 가짐으로 모든 것을 가졌다.

그는 오랜 세월이 지나서 글로 적게 될 깨달음을 유다의 집에서 큰 소리로 외쳤을지도 모른다.

"하나님이 그 아들의 영을 우리 마음 가운데 보내셨다!"

"이 비밀은 만세와 만대로부터 감추어졌던 것인데 이제는 나타났고…… 이 비밀은 너희 안에 계신 그리스도시니라!"

"내게 사는 것이 그리스도라!"

그는 기도하고 싶은 충동을 느꼈다. 영광스러운 유대교 전례에 따른 형식적인 기도문이 아니라, 아들로서 하늘 아버지와 대화를 나누고 싶었다. 예수님과 대화함으로써 그는 하나님 아버지와 대화를 나누었고, 아버지를 예배하며 그 아들 예수님과도 대화를 나누었다. 그는 마음속에 있는 모든 것을 주님 앞에 꺼내 놓았다. 자신이 핍박했던 사람들과 특히 자기 때문에 믿음을 부인하고 주님을 모독했던 사람들을 위해 기도했다. 그리고 두려워 떨며 자기를 기다리고 있을 다마스쿠스의 나사렛 예수를 따르는 사람들과 자신의 유대인 친구들과 상사들을 위해 간절히 기도했다.

기도와 더불어 허기가 찾아왔다. 예수님의 말씀에 대한 허기였다. 태어나자마자, 일어서기도 전에 본능적으로 어미의 젖꼭지를 찾는 어린양처럼, 바울은 예수님이 행한 일과 전한 말씀을 모두 알고 싶은 허기를 느꼈다. 회심하기 전, 그는 예수님의 말에 무관심했다. 하지만 "주님, 무엇을 하리이까?"라고 말한 순간부터 그는 예수님의 권위를 받아들였다. 이제 그에겐 그분이 무엇을 명령하고, 약속하고, 경고하고, 예언했는지를 아는 것이 더없이 중요한 일이었다. 그분이 당신을 미워한 사람들과 사랑한 사람들을 어떻게 대했고, 아버지와 당신에 대해 무엇을 가르쳤는지 궁금했다. 인간의 행동과 운명과 관련된 모든 문제에 어떤 평가를 내렸는지도 알고 싶었다.

이 외에 바울의 마음 한편에선 또 다른 충동이 일었다. 자신의 위대한 발견을 널리 전하고 싶은 충동이었다. 하지만 그는 기다려야 했다. 주인의 명령은 분명했다.

"다마스쿠스로 들어가라. 네가 해야 할 모든 것을 거기서 누가 이르리라."

그는 기다리면서 저녁 나팔소리, 새벽이 오는 소리, 시골 수레 소리, 그리고 다시 저녁 나팔소리를 들었다. 마침내 그는 기도하는 중에 다음에 벌어질 일을 알 수 있었다.

4. 깜짝 놀란 한 사람

직가直街에서 벗어난 한 작은 집 침실에 중년의 유대인이 비몽사몽
간에 누워 있었다. 아나니아는 다마스쿠스 유대인들 사이에서
존경받는 사람이었다. 그는 예수 그리스도를 따르는 사람이기에
자신을 부르는 음성을 듣고 놀라거나 주저하지 않았다.

"아나니아야."

"주여, 제가 여기 있나이다."

"일어나 직가로 가서 유다의 집에서 다소 사람 사울을 찾으라.
그가 기도하는 중이니라. 그가 아나니아라 하는 사람, 즉 네가
들어와서 자기에게 안수하여 다시 보게 하는 것을 보았느니라."

아나니아는 기겁을 했다. 주님이 실수를 하신 것이 분명했다.
아나니아는 나사렛 예수를 따르는 사람들의 작은 모임들에
참석했을 것이다. 그리고 그 자리에서 박해자 사울이 다마스쿠스로
온다는 소식을 접하고 주님께 구해 달라고 기도했을 것이다. 그러나
그들의 기도가 응답되리라는 기대는 없었던 듯하다.

아나니아가 대답했다.

"주여, 이 사람에 대하여 제가 여러 사람에게 듣사온즉, 그가
예루살렘에서 주의 성도에게 적지 않은 해를 끼쳤다 하더니

여기서도 주의 이름을 부르는 모든 사람을 결박할 권한을
대제사장들에게서 받았나이다."

그 음성이 말했다.

"가라. 이 사람은 내가 택한 그릇이다."

주님은 명령을 다시 한 번 확인해 주고 부연 설명하셨다.

그 말씀에 아나니아는 침구를 걷어 젖히고 옷을 입었다.

떠오르는 해가 북쪽 바위산에 걸려 있었다. 좁은 길을 따라
서둘러 내려가다 보니 강으로 물을 뜨러 간 사람들이 벌써 돌아오고
있었다. 아나니아는 하마터면 '할렐루야!'라고 외칠 뻔했다. 주님의
손이 짧아진 것이 아님을 깨달았기 때문이다. 주님은 치료하기
위해 손을 내미셨고, 고대의 예언처럼 늑대와 어린양이 함께 누울
것이었다.

이 대목 외에 성경에 전혀 이름이 나오지 않는 무명의 인물
아나니아가 사울에게 세례를 주는 사람으로 뽑혔다. 그것은
참으로 준비가 잘된 그리스도의 위대한 대사大使들이 보잘것없는
사람들에게 이끌려 소명을 받게 된다는, 역사 속에서 되풀이되는
패턴의 첫 번째 본보기였다. 아우구스티누스는 아이의 음성이
반복해서 "집어서 읽어라!"라고 말하는 것을 듣고, 존 웨슬리는
이름 모를 모라비안 교도가 루터의 글을 읽는 것을 듣고 회심했다.
그리고 D. L. 무디는 가게에서 신발을 싸다가 잠시 멈춰 주일학교
교사의 몇 마디를 듣고, 찰스 해든 스펄전은 눈보라를 피해 어느
교회에 갔다가 날씨 때문에 오지 못한 목사를 대신해 강단에 선 한
노동자의 설교를 듣고 회심했다.

아나니아는 곧장 바울의 숙소로 들어가 그의 침대 곁에 섰다.

아나니아는 깊은 고통을 지나 평안에 이른 사람의 얼굴을
보았다. 보기 좋던 바리새인의 피부는 며칠의 금식으로 처져

있었다. 무자비함으로 깊게 패였던 주름의 흔적이 여전히 남아
있었고 턱수염이 헝클어진 채 눈을 동그랗게 뜨고 있었다. 하지만
긴장이 풀린 얼굴이었다. 바울은 최악의 것을 본 뒤 그것을 더는
두려워하지 않는 사람, 최고의 것을 본 뒤 그에 따라 자신이 새롭게
빚어지고 있음을 아는 사람 같았다.

아나니아는 바울의 머리에 양손을 얹으며 "사울 형제여"라고
말문을 열었다. 친구들을 죽게 한 사람을 '형제'라 부를 때 그가
몇 번 마른침을 삼켰을지도 모른다. 그랬다면 그것은 기쁨의
마른침이었을 것이다.

"그대가 이리로 오는 길에 나타나신 주 예수님이 나를
보내셨습니다. 예수님이 나를 보내신 것은 그대의 시력을 회복하게
하고, 성령으로 충만하게 하려는 것입니다."

그 순간, 비늘 혹은 껍질 같은 것이 바울의 눈에서 벗겨졌다.
그는 아나니아를 보았다. 아주 또렷이 보았다. 스코틀랜드의 맹인
설교자이자 찬송가 작사가인 조지 매티슨(1842~1906)은, 바울이
3일간 경험한 시력 상실의 영향에서 완전히 벗어나지 못하고
평생을 반쯤 눈먼 상태로 살았을 거라고 즐겨 상상했다. 하지만
성경에는 바울이 적수의 눈을 뚫어지게 쳐다보거나 눈빛으로
청중의 시선을 사로잡는 장면이 기록되어 있다. 반쯤 눈먼
상태에서는 둘 다 불가능한 일이다. 따라서 바울이 즉시 시력을
완전히 되찾았음을 알 수 있다.

아나니아는 나머지 명령도 수행했다.

"우리 조상의 하나님이 오래전에 당신을 택하여 그분의 뜻을
알게 하셨고, 그 의로운 분을 보게 하시며 그분의 입에서 나오는
말씀을 듣게 하셨습니다. 당신은 모든 사람에게 당신이 보고 들은
것을 전하는 그분의 증인이 될 것입니다."

바울 자신은 주 예수님께 직접 더 많은 말씀을 들었다고
했다. 예수님은 바울이 이스라엘 민족뿐 아니라 이방인들, 그가
바리새인이었을 때 경멸하고 거부한 모든 사람에게 과감히
다가가게 될 것이고 그 일로 어떤 고통과 어려움을 겪게 될지
엿보게 해 주셨다.

그 다음 아나니아는 예수님께 직접 전해 들은 몇 마디 말을
더했다.

"내가 너를 그들에게 보내어 그 눈을 뜨게 하여 어둠에서
빛으로, 사탄의 권세에서 하나님께로 돌아오게 하고 죄 사함과 나를
믿어 거룩하게 된 무리 가운데서 기업을 얻게 하리라."

엄청나게 크고 중요한 이 사명 앞에서 바울은 할 말을 잃었다.
아나니아가 말했다.

"이제 무엇을 더 기다리겠습니까? 일어나 세례를 받으십시오.
그리고 그분의 이름을 부르십시오. 그러면 죄 사함을 얻게 될
것입니다."

아나니아는 그가 침대에서 일어나도록 도왔다. 예수의 도를
따르는 자들은 대개 세례 요한이 베푼 것처럼 강이나 시냇물에
잠겨 세례를 받았지만 바울은 오랜 금식을 한 후라 몸이 약해져
있었다. 그들은 유다의 집 정원에 해당하는 아트리움으로 천천히
나왔을 테고, 그곳에는 못이 있었을 것이다. 혹은 바울이 강철 같은
의지로 한사코 우겨서 아나니아에게 기댄 채로 800미터가량을
걸어가 아바나 강으로 갔을 수도 있다. 아바나 강은 도시의 북쪽 벽
외곽으로 흘렀다.

다마스쿠스의 살구나무와 복숭아나무는 어떤 나무보다
신선했고 아바나 강물은 어떤 물보다 맑았다. 성벽의 크림색 돌과

성문들은 햇살을 반사했고 하늘은 푸르렀다. 바울은 곧 폭풍이 닥칠 것임을 분명히 알고 있었다. 그런데도 그는 시편 19편을 노래하고 싶었다.

'하늘이 하나님의 영광을 선포하고…… 해는 씩씩하게 달리는 용사와도 같습니다.'

바울은 몸에 힘이 솟고, 긴장이 풀리고, 감각이 또렷해지고, 마음이 편안해졌다. 그는 직가를 지나면서 모든 사람과 사랑에 빠졌다. 동방의 모든 도로가 그렇듯 그곳은 온갖 색깔과 소음과 움직임이 뒤죽박죽 섞여 있고 향신료를 파는 상인들이나 금속 세공사들로 북적거렸을 것이다. 국경 도시인 다마스쿠스에는 아라비아인과 유대인, 원뿔모자를 쓴 파르티아인, 갑옷을 쨍그랑거리는 로마 군인 등 다양한 사람이 모여들었다. 바울은 자신이 그들 모두에게 보냄 받았음을 알았다. 같은 민족인 유대인들도 예외는 아니었다. 예수님을 본 사람들을 제외하고는 그들도 하나님이 어떤 분인지 거의 알지 못했기 때문이다.

그날 저녁, 바울은 아나니아와 함께 나사렛 예수를 따르는 사람들을 몇몇 만났다. 예루살렘에서 피해 온 이들도 틀림없이 그중에 있었을 것이다. 바울의 명령에 따라 채찍질을 받은 사람들도 그에게 평화의 입맞춤을 했을 것이다. 그리고 예수님이 잡힌 밤에 가르쳐 주신 대로, 예수님과의 연합의 표시로 그분의 찢긴 살과 십자가에서 흘린 피를 기념하며 서로 떡과 포도주를 나누면서 격한 마음의 동요와 감동을 느꼈을 것이다.

그 다음 주 안식일, 다마스쿠스의 여러 회당 중 가장 중요한 회당에서 더 특별한 사건이 벌어졌다. 장로들과 회중은 바울의 회심에 대해 알지 못했다. 바울은 유다에게조차 그 사실을 밝히지 않았다. 그들은 그가 질병에서 회복되어 회당으로 온다는 연락을 받았다. 그때부터 그들은 자기들끼리 수군거리던 일을 준비하기 시작했다. 교리적으로 엄격한 사람들은 자리에 앉으면서 이단이 말살될 거라는 기대에 부풀어 벌써부터 만족해했다. 잔인한 부류들은 유혈 사태를 기대하고 들떠 있었다. 하지만 사정이 다르게 전개될 것임을 아는 나사렛 예수를 따르는 사람들은 바울을 위해 기도하고 있었다. 핫잔은, 여느 바리새인처럼 파란 술이 달린 의복을 입고 가죽 경문이 달린 터번을 쓴 바울을 연단으로 데려가 율법 두루마리를 건넸다.

바울은 해당 본문을 정확한 억양으로 크게 읽은 뒤 두루마리를 돌려주었다. 그는 설교의 시작을 앞두고 잠시 멈춰 수백 년 동안 많은 이방 도시에 회당을 세우신 하나님의 전략에 감탄했다. 그 회당들은 예수 그리스도를 위해 바울이 주도할 위대한 성전聖戰의 예비 첨병들이 아니겠는가! 그가 진리를 보았다면 그들도 틀림없이 보게 될 터였다. 그와 그들은 이방인들 사이에서 예수 그리스도의 복음을 전하기 위해 구별된 자들이 분명했다. 다마스쿠스는 복음 전파의 출발지가 될 것이었다.

이윽고 바울은 이렇게 선포했다.

"예수님은 하나님의 아들입니다."

그는 나사렛 예수를 따르는 사람들을 핍박할 때처럼 맹렬하고 거침없이 달려들었다. 그는 주님이 자신을 만나 주신 과정과 주님이 다시 살아나셨고 그들을 사랑하신다는 말을 쏟아 놓았다. 그런데 사람들의 반응은 그의 예상과 전혀 달랐다. 예배하러 온 사람들은 충격을 받아 소스라치게 놀랐다. 그들은 설득당하기는커녕 분노했다. 대제사장의 대리인으로 영접받던 이가 이제 와서 자신이 예수의 대리인이라고 선언한 것이다.

바울은 당황했다. 이후 며칠 동안 그의 심정은 비슷한 처지에 놓였던 모세와 같았을 것이다. 모세는 자신의 동족이 자기 손을 통하여 하나님이 구원해 주시는 것을 깨달으리라고 생각했지만 그들은 깨닫지 못했다. 더욱이 바울은 나사렛 예수를 따르는 사람들에 대해서도 조바심이 나기 시작했다. 그는 매일 저녁 그들의 모임에 참석했지만 예수님을 기억하는 사람이 거의 없었다. 그들은 예수님을 알던 사람들이 되풀이해서 전해 준 그분의 말씀만 상당 부분 알고 있었다. 그러나 바울은 그 정도로 만족할 수 없었다. 그는 직접적인 증거를 원했다. 더욱이 바울은 예루살렘으로 돌아갈 수도 없는 상황이었다. 예수님을 다른 누구보다 잘 알고 있는 사도들이 곧바로 자신을 믿어 준다 해도, 격분한 대제사장의 손아귀에 붙들릴 위험까지 감수할 수는 없었다. 혹시라도 붙들리면 쥐도 새도 모르게 교살 혹은 종신 억류를 당할 게 분명했다.

유다의 집, 어쩌면 아나니아의 집에서 그는 매일 밤 좌절감에 시달리며 침대에서 뒤척였을지도 모른다. 눈먼 며칠 동안 누린 영광은 서서히 사라졌다. 마침내 그는 이 문제를 주님의 손에 맡겨 드리겠다고 기도했다. 그랬더니 평안이 되돌아왔다. 어떻게 해야 할지 알려 주는 음성이나 빛은 없었지만, 율법 두루마리만 가지고 혼자 떠나야 한다는 확신이 점점 강해졌다. 바울은 사도들이 아니라 예수님 한 분만 필요했다. 그러므로 이제 그가 가야 할 곳은 도시가 아니라 광야였다.

그 다음 할 일은 간단했다. 다마스쿠스는 아라비아 남부와 아프리카 북동부의 몰약과 유향 산지에서 올라오는 장구한 향료길(바닷길)들 중 하나의 종착지였다. 낙타 대상들이 로마 각지의 화폐와 물자를 싣고 돌아오는 곳이기도 했다. 주요 상인 가문의 아들인 그가 교통 편을 마련하기는 그리 어렵지 않았다.

5. 아라비아와 그 이후

아라비아 어딘가, 바울의 전도로 회심한 첫 번째 사람이 살았을지도 모른다. 아마도 시내 산과 거대한 모래사막 사이, 절벽과 와디(우기 외에 물이 없는 강)로 이루어진 광야에 사는 젊은 베두인 족이었을 것이다. 바울이 세상을 향한 하나님의 사랑을 깨닫고 혼자만 알고 있었을 리 없다. 그는 낮에 묵상한 바를 밤마다 화톳불 가에서 나누면서, 낙타를 기르는 무지한 사람들을 위해 단순하게 복음을 전하는 법을 배웠을 것이다.

설교는 그의 주된 목적에 비하면 부차적이었다. 바울은 부활하신 주님께 직접 배우기 위해 아라비아로 갔다. 그는 다마스쿠스 길에서 주님을 만난 것처럼 언제나 주님께 직접 배웠다고 말했고 이렇게 주장했다.

"하나님이 계시로 그 비밀을 나에게 알려 주셨습니다."

그리고 하나님이 모든 성도 중에서도 가장 낮은 자보다 더 못한, 성도들을 핍박하던 자신을 택하여 이런 계시를 주신 것을 언제나 놀랍게 여겼다. 그것은 귀에나 마음에 들려오는 음성을 듣는 일이었을 뿐 아니라 지성을 열심히 사용하는 일이기도 했다. 다마스쿠스 길에서 바울의 의지와 감정이 그리스도께

사로잡혔다면, 아라비아에서는 그의 생각까지 사로잡혔다.

몇 달이 흐르고 몇 년이 지났다. 겨울의 폭풍, 사막에 꽃향기가 풍기는 봄, 한여름의 열기가 몇 차례 지나갔다. 그의 몸은 마르고 단단해졌고, 얼굴은 햇볕에 검게 탔다. 회심한 지 3년 뒤 그는 비로소 준비가 되었다.

그 다음 일은 확실하지 않지만, 아마도 그는 20세기의 여행자들에게 친숙한 좁은 골짜기를 지나 아라비아 나바테아 왕국의 수도 페트라로 들어갔을 것이다. 그리고 기회가 생기는 대로 그곳 유대인 부락의 회당에서 그리스도를 전파했을 것이다. 그로 인해 소란이 일자 유대인을 미워한 아레다(아레타스) 왕은 말썽을 일으킨 자를 체포하라고 명령했다. 바울은 목에 현상금이 걸린 채 페트라에서 달아났다. 그는 그 일을 아라비아를 떠나라는 신호로 받아들였다. 모세는 하나님의 명령을 받고 사막에서 나와 파라오와 대면해야 했다. 주님도 친히 광야에서 나와 회당에 들어가 다음의 말씀을 전하셨다.

"때가 찼고 하나님 나라가 가까이 왔으니 회개하고 복음을 믿으라."

마찬가지로 바울도 주류 세계로 돌아가야 했다.

이제 30대 중반이 된 바울은 유대인 회당들이 선봉이 되어 그리스도를 전파하는 위대한 운동을 일으키고자 북쪽으로 출발했다. 예루살렘은 여전히 그에게 막혀 있었다. 우선 그가 자신을 입증해 보이기 전까지 사도들의 신임을 기대할 수 없었고, 유대인들뿐만 아니라 이방인들에게도 그리스도를 전해야 함을 그들이 깨달았는지도 확신할 수 없었다. 그래서 그는 향료와 황금을 실은 대상들과 합류해 다시 북쪽으로 갔다. 다마스쿠스에 도착하기 며칠 전, 황량한 고원 너머의 헤르몬 산이 예수님이 길에서 그에게 나타나셨던 장소로 그를 부르고 있었다.

다마스쿠스에서 보여 준 바울의 회심은 좀처럼 잊기 어려운 사건이었다. 하지만 많은 사람이 그것을 일시적인 현상으로 무시했을 것이다. 바울이 워낙 혜성처럼 나타났다 사라졌고, 아나니아가 신경이 쓰이지만 부드러운 평화공존 정책을 다시 받아들인 터였기 때문이다. 예수의 도를 따르는 이들은 돌아온 바울을 환영했다. 그 다음 안식일에 그는 회당으로 들어가 성경을 강해할 권리를 행사했다. 그리고 스데반처럼 예수가 그리스도라는 증거들을 제시하여 유대인들을 혼란에 빠뜨렸다. 예전의 그의 모습을 기억하는 사람들은 그의 이해와 확신이 더욱 깊어지고 커진 데 놀랐다.

누가는 바울이 점점 더 힘을 얻어 말씀을 전했다고 말한다. 그는 예수를 믿지 않는 유대인들을 공격하지 않았고, 개종을 거부하는 옛 친구들에게 개종자 특유의 가혹한 태도도 보이지 않았다. 다만, 그의 설교에 이전에 볼 수 없던 새로운 요소가 있었다.

내가 사람의 방언과 천사의 말을 할지라도 사랑이 없으면 소리 나는 구리와 울리는 꽹과리가 되고, 내가 예언하는 능력이 있어 모든 비밀과 모든 지식을 알고 또 산을 옮길 만한 모든 믿음이 있을지라도 사랑이 없으면 내가 아무것도 아니요…….

20년 후, 그가 쓴 이 글은 어쩌면 상당 부분 그의 경험이 배어 있는 육성일 수 있다.

그 과정에서 바울은 제자들을 얻었다. 바로 이들이 유대인들의 살해 음모에서 그를 구해 주었다. 그 음모에는 동양적 교묘함이 서려 있었다. 매우 교묘한 계획이 필요했던 이유는, 지역의 장로들이 성내에서 살인을 꾀하다 발각될 경우 십자가 처형을 당할 위험이 있었기 때문이다. 페트라에서 온 어느 여행자로부터 바울에게 체포령이 내려졌다는 소식을 전해 들은 장로들은 해결책을 생각해 냈다. 아레다 왕이 임명한 총독은 다마스쿠스의 아라비아인들을 보호하거나 처벌하기 위해 로마인들과 맺은 조약에 따라, 살인 혐의가 아닌 한 지명 수배자를 인도하지 않았고 국경 바깥에서 죄를 저지른 사람도 체포하지 않았다. 다만 그의 기병들이 성문 바깥을 순찰하며 성문을 드나드는 아라비아 왕의 백성을 감시했을 뿐이다. 그러나 뇌물을 받은 그는 바울을 체포하여 숨통을 끊어 놓으라고 명령했다.

유대인이나 아랍인 동조자가 알려 줬는지, 아니면 다마스쿠스가 원래 비밀이 통하지 않는 곳인지 정확하진 않지만, 바울도 그 소문을 들었다. 그의 제자들은 밤에 몰래 그를 어느 친절한 가족의 집에 데려갔다. 그들은 성벽에 딸린 개인 집에 살고 있었고, 그 집의 창문은 바닥에서 2.5~3미터쯤 떨어진 높이의 성벽에 나 있었다. 그들은 혹시 어둠 속에서 누군가 보더라도 사람인지 알 수 없게 바울의 몸을 푹 감쌀 마대 자루 같은 커다란 생선 광주리를 찾아냈다. 그리고 깊은 밤을 틈타 그를 광주리에 태워 바닥에 내려 주었다.

바울은 채소밭과 과일나무들을 헤치며 성문의 기마대가 보이지 않는 길로 나왔다. 더없이 굴욕스러운 상황이었다. 참으로 영광스럽게 일으킨 운동이 금세 중단되었고 그 지도자인 자신은 이미 도망자 신세가 되었다. 하지만 이내 그는 자신이 혼자가 아님을 인식했다. 고난과 거절이 있으리라는 경고는 이미 받은 바 있었고, 경고대로 닥쳐온 위험을 그는 쉽사리 피한 것이었다. 그는 예수께서 언제나 함께하시겠다는 약속도 받았다. 교향곡의

주선율처럼 그의 생애 전반에 걸쳐 거듭 울려 퍼지는 한 구절을
이날 밤 바울의 이야기에서 들을 수 있다.

"핍박을 당해도 버림을 받지 아니하고."

바울은 다시 기운이 났다. 대제사장의 대리인 자격으로
위풍당당하게 다마스쿠스로 가던 위대한 바울이 아니었던가. 그런
바울이 이제 자신이 해치려던 사람들의 도움을 받아 생선 광주리를
타고 그곳을 빠져나가게 되다니 참으로 아이러니가 아닐 수 없었다.

바울은 베드로와 친구가 되어 그가 예수님에 대해 알고 있는
모든 것을 배우기로 마음먹었다. 그는 이전에 왔던 길을 거슬러
시리아, 갈릴리, 유대를 지나 마침내 스코푸스 산에 이르렀다.
그리고 그곳에서 다시 한 번 아래를 굽어보고 예루살렘으로
들어갔다.

그는 곧장 사도들에게 다가가 말을 거는 대신 그리스도의
제자들 모임을 찾아갔다. 그런 겸손한 모습은 이전에 예루살렘에서
보여 준 오만한 태도와 달랐고 이후에도 늘 볼 수 있는 것은
아니었다. 그러나 그들은 바울을 냉대했고, 그는 소스라치게 놀랐다.
누가는 이렇게 말한다.

"그들은 사울이 예수 그리스도의 제자라는 사실을 믿을 수
없어, 모두들 그를 두려워하였다."

그들 중엔 바울 때문에 끔찍한 고통을 당한 사람들도 있었는데,
설령 그들이 그를 용서했다 해도(그래야 했을 것이다) 연락도 없이 불쑥
나타난 그를 보고 불안할 수밖에 없었다. 그의 회심 소식 이후
오랫동안 예루살렘에는 그에 대한 아무 얘기가 없었다. 최근
다마스쿠스에서 그가 벌인 일들은 예루살렘까지 소식이 전해지기엔
그의 활동 기간이 매우 짧았다. 그리고 그는 서둘러 떠나오느라

추천장 한 장 받질 못했다. 그는 첩자일지 모른다는 의심까지 받고 있었다.

몇 시간 혹은 며칠 동안, 이전의 친구들과 적들이 모두 그를 거절하는 듯했다. 바울은 그리스도의 약속과 영적 임재 외엔 아무것도 갖지 못한, 버림받고 외로운 사람이었다.

그를 구해 준 사람은 나중에 한동안 그의 가장 가까운 동반자가 되는 키프로스(구브로) 출신의 요셉 바나바였다. 지파는 달랐지만 두 사람은 부유한 가문 출신이라 전부터 아는 사이였을 수도 있다. 관대한 바나바는 많은 사랑을 받았고 온유하면서도 위풍당당한 사람이었다. 그는 말씀을 전하는 것보다 상담에 더 많은 은사가 있었고, 진실한 믿음을 분별하고 굳건하게 해 주는 데 능숙했다. 그래서 사도들은 그를 '위로의 아들'이라는 뜻의 아람어 별명 '바나바'로 불렀다. 바나바는 바울을 데려다가 그의 이야기를 모두 들었고 그것이 사실임을 알 수 있었다.

바나바는 요한 마가의 삼촌 내지 사촌이었고, 마가는 시몬 베드로의 신앙적 도제 혹은 조수로 특별한 관계였다. 평소 베드로는 마가와 그의 어머니 마리아의 친척이자 귀한 자질까지 갖춘 바나바의 의견을 높이 샀다. 베드로는 바울에 대한 바나바의 의견을 듣고 주저 없이 그의 말에 따랐다. 베드로는 그답게 아내와 더불어 즉석에서 바울에게 자기 집에 머물 것을 열렬히 청했다. 그리고 그날 바로 바울에게 마음을 열고 예수님에 대해 기억하고 있는 것들을 들려주었다. 베드로는 바울과 비슷한 나이였지만 성장 환경과 성격은 전혀 달랐다. 갈릴리의 시골 억양이 강한 무뚝뚝한 어부 베드로는, 당시 시골 지역 유대인 대부분이 그렇듯 글을 읽을 줄 알았다. 또 그는 예수님과 3년을 보낸 터라 구약성경도 잘 알고 있었다. 하지만 그는 고등교육을 받지 못했고 바울처럼 머리가 비상한 사람도 아니었다.

바울은 그리스도의 제자들 안에 있는 예수님을 박해한 적이
있었지만, 베드로도 그분을 부인한 적이 있어 우월감 따윈 없었다.
그는 이미 그리스도를 위해 매 맞은 상처가 있었지만, 바울은
그때까지 그런 상처가 없었던 듯하다. 두 사람 모두 부활하신
그리스도에 의해 변화되었다. 그것이야말로 두 사람의 차이점과
앞으로 여러 해가 지난 뒤 닥쳐올 다툼의 긴장을 이겨 내게 할 연결
고리였다.

바울은 이후 15일 동안 대부분의 시간을 베드로의 말을 듣고
그에게 질문을 하면서 보냈다. 그가 어떤 자세로 배웠는지는 비슷한
상황을 겪은, 바울 다음 세기의 신학자 이레나이우스를 통해 짐작할
수 있다. 그는 젊은 시절 노년의 폴리캅에게 가르침을 받았는데,
폴리캅은 사도 요한을 실제로 알던 사람이다. 이레나이우스는
이렇게 전했다.

"폴리캅은 요한을 포함하여 주님을 본 사람들과 나눈 대화와
그들이 한 말을 전해 주었다. 그리고 폴리캅은 주님과 그분의
기적과 가르침에 대해 그들에게 들은 바를, 생명이신 말씀의
목격자들의 증언으로 받아 간직하여 전해 주었는데, 그 내용이
성경에 온전히 부합하는 것이었다. 나는 자비로운 하나님이
허락하신 집중력으로 이 이야기를 경청했고, 종이가 아니라
마음속에 새겨 놓았다. 그리고 하나님의 은혜로 그 내용들을
끊임없이 충실히 되새기고 있다."

이레나이우스가 암시한 바와 같이, 초대 교회에는 예수
그리스도의 이름으로 선포되는 가르침의 진위를 분별하는 엄격한
검사법이 있었다. 첫째, '생명의 말씀을 들은 목격자' 즉 예수님을
개인적으로 아는 사람들에게서 나온 정확한 것이어야 했다. 둘째,

'성경의 내용과 완전히 부합'해야 했다. 바울과 베드로에게 성경은 구약성경을 의미했다. 바울은 고린도(코린트, 코린토스) 교인들에게 보낸 편지에 이 검사법을 소개했다.

> 내가 받은 가장 중요한 것을 여러분에게 전해 주었습니다.
> 그리스도께서 성경에 기록된 대로 우리 죄를 위해 죽으신
> 것과 장사지낸 바 되었다가 성경에 기록된 대로 3일 만에 다시
> 살아나셨다는 것과 그리고는 베드로에게 나타나시고, 그 후에
> 열두 제자에게 나타나시고, 그 후에 한 번에 500명이 넘는
> 사람들에게도 나타나셨다는 사실입니다. 그 사람들 중에는 이미
> 죽은 사람들도 있지만, 대부분은 아직 살아 있습니다. 그 후에
> 야고보에게 나타나시고, 맨 마지막으로 조산아와 같은 나에게도
> 나타나셨습니다.

바울은 아라비아에서 성경을 깊이 연구했고, 다마스쿠스 도상에서 예수님을 만난 이후 자신이 부활의 목격자이므로 사도로 권위가 있다고 주장했다. 그러나 앞서 소개한 것처럼 베드로와 15일을 보낸 것이 '생명의 말씀'에 대한 그의 지식의 근본 토대가 되었다. 베드로는 예수님이 친히 밝히시기 오래전부터 그분의 인격과 행하심과 말씀을 통해 그분이 누구신지 확신하게 된 사람이다. 바울은 예수님이 정말 죄 없는 삶을 살았다는 증거를 원했고, 하나님의 유일하게 온전한 계시이신 이분의 삶에서 사랑과 순결함이 어떻게 드러났는지를 듣고 싶었다. 그는 예수님의 말씀을 가능한 한 많이 듣고 싶었다.

초대 교회는 그리스도의 언행에 대해 바울이 보름 만에 도저히 다 들을 수 없는 엄청난 분량을 기억하고 있었다. 이 사실은 사도

요한의 복음서 결론 부분에 드러나 있다.

"예수께서 행하신 일이 이외에도 많으니 만일 낱낱이 기록된다면 이 세상이라도 이 기록된 책을 두기에 부족할 줄 아노라."

바울은 베드로가 전해 준 모든 내용의 정확성을 믿을 수 있었다. 헬레니즘 문명권 나라들의 작가나 웅변가들은 다른 사람의 말을 바꿔 쓰고 바꿔 말하고 자기 의견을 보태 좀더 진전시키는 기법을 발전시킨 반면, 유대인들은 충실한 인용의 신성함을 믿고 전통에 함부로 손대는 위험을 엄격히 경계하고 있었다. 제자는 스승의 사상을 전수하면서 자기 생각을 섞을 수 없었다.

바울은 주님을 아는 사람들에게서 들은 내용을 다른 이들에게 그대로 전했을 것이다. 그는 안디옥, 고린도, 에베소(에페소스) 등 가는 곳마다 오래 머물며 지역 사람들에게 말씀을 전했다. 그가 그리스도의 말씀을 인용한 것은 사도행전 20장 35절, 에베소 교회의 장로들에게 하는 말에 딱 한 번 등장한다. 그의 편지들이 그리스도의 말씀을 직접 인용하지 않는다는 사실은 그의 무지를 보여 주는 것이 아니다. 그는 편지를 쓰게 한 구체적인 상황들을 얘기하는 데 파피루스 두루마리의 제한된 지면을 다 써야 했다. 게다가 그의 독자들은 과거에 전해 들은 가르침으로 그리스도의 말씀을 이미 알고 있었는데, 바울은 이 사실을 몇 번 간접적으로 암시했다.

그의 편지들은 읽는 이들에게 복음서의 내용을 떠올리게 해 준다. 바울은 회심자들에게 말씀을 가르칠 때 주님의 생애와 죽음, 부활 등의 기본 사실을 알려 주었을 것이다. 그뿐만 아니라 하나님이 자라게 하심에 대해 고린도전서 3장 5-7절에 반영하고 있는 '좋은 씨앗' 비유와 누가복음 6장 46-49절에 있는 '반석 위에 세운 집' 비유 등도 들려주었을 것이다. 서신서 한 편에서 그는 사람의 마음에서 악한 것이 나온다는, 더러움에 대한 주님의 말씀을 거의 그대로 옮겨 놓았다.* 세상에 빛으로 나타나 생명의 말씀을 밝히 비추라고 쓴 그의 글 앞에서 빌립보의 그리스도인들은 "너희는 세상의 빛이라, 너희 빛을 세상에 비춰게 하라"는 주님의 말씀을 기억했을 것이다.** 바울은 네 이웃을 사랑하라는 그리스도의 말씀과 충성된 청지기에 대한 말씀, 일한 자가 급료를 받을 자격이 있다는 얘기, 거듭남, 그리스도의 온유와 관용과 친절과 겸손 등에 대해 말했다.

이 모든 내용은 상당 부분 베드로와의 대화를 통해 배웠을 것이고 바울이 준비를 갖추는 데 핵심 요소가 되었을 것이다. 세월이 흘러 그는 복음이 세상 끝 날까지 모든 사람이 받아들여야 할 진리라는 절대적인 확신을 갖고 말씀을 전하게 되는데, 듣는 사람 중에는 이렇게 묻는 이도 있었을 것이다.

"바울, 당신은 어떻게 그렇게 확신할 수 있지요?"

그는 다마스쿠스 길에서의 체험, 아라비아에서의 계시, 구약성경, 성령께서 마음을 지켜 주시는 신자의 개인적 증거에 더해 예수님의 행적과 인격을 대답으로 제시했을 것이다. 그리고 그들에게 다음과 같이 간청했으리라.

"주님을 본받는 이가 되라. 너희 안에 그리스도와 같은 마음을 품으라, 주께 합당하게 행하라, 그리스도를 본받아 사랑으로 행하라."

*
로마서 14장 14절, 갈라디아서 5장 19-23절과 마가복음 7장 14-23절을 비교하라.

**
마태복음 5장 14-16절, 누가복음 8장 16절을 빌립보서 2장 16절과 비교하라.

이 방문에 대해 바울이 회상한 바에 따르면, 그는 '주님의 형제 야고보 외에는' 다른 사도들을 만나지 않았다. 야고보는 열두 사도 중 한 명이 아니었다. 그는 예수님을 늦게 믿었지만 예루살렘 교회의 지도자로 서 있었다. 바울은 회당 예배에 참석하지 않는 사람들까지 포함해 모든 곳의 이방인에게 복음을 전해야 하는 자신의 특별한 임무를 베드로와 야고보에게 말하지 않은 듯하다. 베드로는 모든 족속으로 제자를 삼으라는 예수님의 명령을 절반도 이해하지 못한 사람이다. 그는 훗날 욥바의 지붕에서 환상을 보고 주님의 말씀에 대들다가 나중에야 유대교 개종자인 이탈리아 부대(이달리야 대) 백부장에게 세례를 주게 된다.

야고보는 예수 그리스도에 대한 믿음과 더불어 모세 율법을 확고히 지지하는 사람이었다. 바울은 자신과 야고보 사이에 존재하는 다툼의 씨앗을 미리 간파하고 신중하게 처신했을 수 있다. 어쩌면 당분간 어색한 질문을 제기하지 않는 게 좋으리라 생각했을 수도 있다. 이 시기에 그는 먼저 해외의 회당들을 다니면서 사람들의 마음을 그리스도께 돌려놓은 뒤, 그들이 이방인들에게 그리스도를 전하게 하려고 했다. 게다가 그가 예루살렘에 온 것은 듣기 위함이지, 자기보다 먼저 그리스도 안에 있는 사람들을 가르치기 위함이 아니었다.

바울은 베드로의 시원한 집에 머물면서 대화를 나누고 함께 감람산이나 성전 뜰을 거닐었다. 그러다 예수님이 말씀을 전하시거나 기적을 베푸신 장소가 나오면 그에 대한 인용이나 설명을 듣는 데 많은 시간을 들였다. 그러나 그 와중에도 말씀을 전하는 일을 중단하지 않았다. 바울은 그런 사람이었다. 그 즈음 제자들에게 완전히 받아들여진 그는 제자들과 예루살렘에 출입하며 주 예수의 이름으로 담대히 말했다. 그가 유대 시골 마을에 흩어져 있는 제자들을 만날 기회는 없었다. 하지만 제자들은 전에 자신들을 박해하던 자가 멸하려던 그 믿음을 지금 전한다 함을 듣고 하나님께 영광을 돌렸다.

바울은 부끄러운 과거가 없는 곳만을 찾아다니지 않았다. 그는 예전에 자신이 다니던, 그리스어를 쓰는 유대인 회당들로 나아가 스데반이 떠난 바로 그 자리에 섰다. 그리고 4년 전 스데반이 한 것과 같은 방법으로 복음을 전했다. 그는 예전의 자신과 같은 제2, 제3의 박해자가 듣고 있을지 모른다는 사실도 잘 알고 있었다. 그러나 그는 계속 말하며 논쟁을 벌였고, 다시 한 번 분쟁을 촉발했다. 화해의 사도로 살기를 갈망했지만 그가 어디를 가건 과격한 논쟁이 벌어졌다.

그런 분쟁은 제자들을 당황케 했을 것이다. 위협적이고 살기등등하던 바울이 그곳을 떠난 뒤부터 다시 돌아와 주님의 이름으로 담대히 말하기 전까지, 그들은 다시 찾아온 평화를 누렸고 믿는 이도 점차 늘고 있었다. 예루살렘이 바울에게 너무 위험한 곳이 되어 그가 더 이상 머물 수 없게 되자, 그들은 거의 안도의 한숨을 내쉬었다.

또다시 살해 음모가 있었다. 그러나 음모는 또 한 번 사전에 누설되었고 바울은 제때 위험에서 벗어났다. 그는 예루살렘을 떠나면서도 자신이 잊히지 않으리라 확신했다. 바나바는 이방인에게 복음을 전하려는 바울의 헌신을 잘 알고 있었다. 때가 무르익으면, 바나바가 그를 다시 찾게 된다.*

---

*
많은 학자의 견해와 달리, 나는 윌리엄 램지 경Sir William Ramsay의 주장대로 사도행전 22장에서 말한 바울의 성전에서의 환상이 더 이후에 일어났다고 본다. 8장을 보라.

6. 숨겨진 시기

바울 생애의 황금기가 토로스 산맥과 지중해 사이에서 하릴없이
흘러가고 있었다. 모든 곳의 모든 사람이 복음을 듣고 믿어야
한다는 부담을 온 마음으로 느꼈기에 바울은 그 시기가 매우 견디기
어려웠다. 하지만 인생의 절정인 30대 후반부터 40대 초반까지의
바울은 역사에서 빠져 있다. 그의 생애 중 커다란 빈 부분인 이때의
이야기는 확실하게 끼워 맞출 수가 없다. 파편적인 증거로 대략
윤곽은 파악할 수 있지만 그래도 '아마'나 '어쩌면' 같은 단서가
붙어야 한다.

　바울은 다소의 가족과 합류했다. 그의 부모는 양심에 부끄럽지
않게 하나님을 섬겼다. 그들이 아는 하나님을 섬기는 유일한
방식은 율법을 지키는 것이었다. 그는 부모에게 예수 그리스도에
대해 말하기 시작했다. 아들은 예수 그리스도가 율법을 성취하신
분이라고 말했지만 부모는 그 말을 받아들이지 않았다.

　바울이 바리새파 랍비로서의 장래를 완전히 망치고 돌아왔을
때 아버지와의 관계에 갈등이 생긴 것은 충분히 이해할 수 있다.
그러나 부자간의 갈등은 이후 더욱 커지는데, 바울이 바리새인의
복장을 하지 않고 의식 규정도 지키지 않았기 때문이다. 바울은

성경에 간직된 근본 도덕법은 어느 때보다 더욱 절대적이지만 모세의 의식법은 그렇지 않음을 깨달은 것이다.

바울이 이 자유를 과시한 것 같지는 않다. 그는 원칙을 분명히 세운 뒤 자신의 최고 목적을 이루는 데 도움이 되는 선에서 가족과 이웃 사람들에게 맞추었다.

"유대인들에게 내가 유대인과 같이 된 것은 유대인들을 얻고자 함이요, 율법 아래에 있는 자들에게는 내가 율법 아래에 있지 아니하나 율법 아래에 있는 자같이 된 것은 율법 아래에 있는 자들을 얻고자 함이요, 율법 없는 자에게는 내가 하나님께는 율법 없는 자가 아니요 도리어 그리스도의 율법 아래에 있는 자이나 율법 없는 자와 같이 된 것은 율법 없는 자들을 얻고자 함이라."

그가 여러 사람에게 여러 모습이 된 이유는 아무쪼록 몇 사람이라도 구원하고자 함이었고, 그는 복음을 위하여 모든 것을 행했다.

그의 가족을 가장 분노하게 한 것은, 바로 이방인들을 얻겠다는 그의 결심이었다. 무엇보다 그는 유대인들의 영적 게토에서 벗어나 이방인들의 방식을 실험했다.

젊은 시절, 그의 마음은 닫혀 있었고 성장 과정에서 비롯된 선입견은 이교사상에 맞서는 살균제 역할을 했다. 그러나 이제 그는 수수께끼와도 같은 인간의 수고와 운명에 대해 더 만족스러운 답을 갖고 있었다. '세상의 빛'이신 분을 따르는 그에겐 철학적으로 최고 경지에 이른 이교사상조차 태양 아래 꺼져 가는 촛불에 불과했고, 방종과 뒤섞인 우상 숭배에 지나지 않았다. 특히 다소의 악명 높은 동성애 풍습은 지역 종교와 관련성이 있었다.

20세기 일부 학자들은 바울이 이교사상에 큰 영향을 받았다고 주장했다. 특히 동양에서 온 비교秘敎와 겨울을 보내고 봄을 불러오기 위해 '죽었다가 살아나는' 신들을 섬기는 풍작 숭배의 영향을 많이 받았다고 했다. 하지만 그들은 바울이 이교사상을 차용했음을 후대의 기록들을 증거로 제시하면서도, 이후의 이교사상이 기독교의 특징을 모방했다는 증거는 일부러 무시했다. 아테네에서 최고의 고등교육을 받은 청중에게 바울이 복음을 전했을 때, 그의 설교와 이교사상 간에 어떤 유사성이 존재했다면 그들이 틀림없이 알아챘을 것이다. 하지만 그가 정말 죽었다가 다시 살아난 사람에 대해 이야기하자 그들은 웃었다.

그가 우상 숭배에 대해 회심자들에게 제시한 조언은, 우상 숭배를 피하라는 것이었다. 하지만 우상들을 미워할수록 우상 숭배하는 '사람들'에 대한 그의 사랑은 오히려 더욱 깊어졌다. 그리고 이방인 이웃들을 가까이하지 않던 그가 이제 그들의 문제, 두려움, 유혹 들을 경청하게 되었다. 그는 그들의 경기를 즐겨 관람했다. 선수로 직접 뛰기에는 나이가 너무 많았지만, 강변에서 보통 나체로 이루어지는 체조에는 참여했을 것이다. 앞길에 놓인 임무들을 감당하기 위해 복싱으로 몸을 단련하고 친구들을 사귀었을지도 모른다.

그는 그리스 문학도 연구했는데, 엄격한 바리새인 가정에서 그것은 경멸과 혐오의 대상이었다. 그의 서신서에 그리스 문헌을 직접 언급한 경우는 드물지만, 그리스의 희곡 작가 메난드로스(기원전 342~292)("악한 동무는 선한 행실을 더럽히나니." 고전 15:33), 그리스의 시인 아라투스(기원전 315~240)("우리가 그의 소생이라." 행 17:28), 그리고 크레타(그레데)의 시인 에피메니데스(기원전 6세기)("크레타인들은 항상 거짓말쟁이며 악한 짐승이며 배만 위하는 게으름뱅이라." 딛 1:12)를 인용한 부분은 찾아볼 수 있다. 아테네의 지성인들 앞에서 행한 연설에서는 아이스킬로스(기원전 525~456, 그리스의 비극 시인)의

〈에우메니데스Eumenides〉와 플라톤의 〈파에돈Phaedon〉의 내용을
적절히 언급했고, 플라톤의 《국가론Republic》을 솜씨 좋게 풀어
쓰고 있다.* 바울이 말로 전한 가르침이 기록으로 좀더 많이 남아
있다면 이런 사례를 더 많이 찾아볼 수 있을 것이다. 이런 사례들은
그가 그리스 문학을 많이 읽었음을 보여 준다.

이방인에 대한 관심으로 그는 다소 회당의 장로들과 마찰을
빚었다. 그들이 어떤 혐의로 그를 고소했는지는 알려져 있지
않다. 이방인 집에 들어가는 것만으로 징계당하던 시절이었다.
유대인에게 금지된 음식을 먹을 경우 채찍질을 당하기도 했다.
이방인 친구들과 저녁식사를 할 때, 아마도 바울은 그런 음식을
먹었을 것이다. 종교 지도자들의 명령에 순종하지 않을 때도 벌을
받았다. 베드로와 요한은 그와 같은 혐의로 예루살렘에서 채찍질을
당했다.

56년에 쓴 편지에 바울은 유대인들에게 사십에 하나 감한
매질을 다섯 번 이상 당했다고 적고 있다. 하지만 사도행전에는
이 중 어느 것도 기록되어 있지 않다. 따라서 그는 다소에 머문
숨겨진 시기에 한 번 이상의 채찍질을 당했을 가능성이 높다.
당시 유대인들은 채찍질이 죄를 범한 형제의 죄를 씻고 바로잡아
회당의 가족으로서 자리를 되찾게 해 준다고 여겼다. 채찍질을
피하려면 이스라엘에서 쫓겨나는 출교를 선택해야 했는데, 회당을
그리스도를 전하는 일의 잠재적 선봉으로 여긴 바울은 그것만은
피하려 했다.

그는 장로들과 형제들 앞에서 재판을 받으며 자신이 한때
박해자로서 조롱했던 그리스도의 약속을 자신을 위한 것으로

*
19장을 보라.

주장했다.

"염려하지 말고 무엇이든지 그때에 너희에게 주시는 그 말을
하라."

그는 그 시간을 활용해 복음을 전하고 판결을 기다렸다.
그리스도께서는 이미 아나니아를 통해 바울이 고난 당할 것임을
말씀하셨다.

최고 서른아홉 대까지 부과할 수 있는 태형에서 범죄자가 몇
대까지 감당할 수 있을지 판단하는 것이 재판관들의 임무였다.
바울은 체격이 튼튼했기 때문에 서른아홉 대가 선고되었다.

회중이 지켜보는 가운데 사람들이 그의 허리를 굽히게 하고
양 기둥에 묶었다. 그의 옷을 찢어 상반신이 다 드러나게 한 사람은
아마도 어린 시절 그를 가르친 핫잔이었을 것이다.

핫잔은 네 가닥의 송아지 가죽과 두 가닥의 나귀 가죽을 꼬아
만든 채찍을 집어 들었다. 죄인의 뒤쪽에서 휘둘러도 어깨와 허리
너머로 배꼽까지 충분히 닿는 채찍은 길고 묵직했다. 그가 돌 위에
서서 한손으로 '온 힘을 다해' 바울의 어깨를 내려치자 채찍이
감기면서 그의 가슴을 찢어 놓았다. 열세 대를 헤아리는 동안
낭독자가 율법의 저주들을 읊조렸다.

"네가 만일 이 책에 기록한 이 율법의 모든 말씀을 지켜
행하지 아니하고 네 하나님 여호와라 하는 영화롭고 두려운 이름을
경외하지 아니하면 여호와께서 네 재앙과 네 자손의 재앙을
극렬하게 하시리라."

가슴을 열세 번 친 후 채찍질은 뒤쪽으로 넘어가 한쪽 어깨에
열세 대, 다른 쪽 어깨에 열세 대를 강타하여 이미 채찍 자국으로
피투성이가 된 살갗을 다시 할퀴었다. 제임스 터커의 자전적 소설인
《어느 유배자의 일생Ralph Rashleigh》에 나오는 오스트레일리아

초기의 채찍질에 대한 묘사를 통해 당시 바울의 고통을 가늠할 수 있다.

첫 번째 열두 대는 뾰족한 철사로 살에다 골을 파는 것 같았고, 그 다음 열두 대는 그렇게 패인 골을 녹은 납으로 채우는 것처럼 느껴졌다. ……견딜 수 없는 극심한 고통이 찾아왔다.

죄수가 채찍질을 당하다 쓰러지거나 배변을 조절하지 못하면 회당의 수장로가 형벌을 멈추게 할 수 있지만, 그런 자비를 베푸는 경우는 거의 없었다. 설령 채찍질을 당하다가 죄인이 죽는다 해도 아무도 책임질 필요가 없었기 때문이다. 바울은 끝까지 견디면서 자신이 다른 사람들에게 가했던 고통을 직접 맛보았고 예수님과 그 고통을 함께했다.

아무리 수치스럽다 해도 가족은 그를 아들로 대할 의무가 있었으므로, 그는 몸이 낫기를 기다리며 집에 누워 있었을 것이다. 그는 그렇게 누워 있거나 뻣뻣한 몸을 이끌고 천막 만드는 일을 하면서 자신의 입장을 계속 고집해야 하는지를 다시금 생각해 보았을 것이다. 체제에 순응하고, 이방인 친구들과 의절하고, 믿음을 통한 구원을 가르치기를 그쳐야 할지 고심했다. 그의 결론은 몇 년 뒤 이 문제가 더 이상 개인 문제가 아니게 되는 상황에서 다음과 같이 확실해진다.
"그리스도께서 우리를 자유롭게 하려고 자유를 주셨으니 그러므로 굳건하게 서서 다시는 종의 멍에를 메지 말라."
장로들은 그를 처벌할 새로운 구실을 찾았다. 이번에는 범죄자가 두 가지 금지 규정을 어겨 각각의 죄목에 대해 선고를

받도록 유도했다. 첫 번째 죄목에 대해 먼저 벌을 받고 몸이
회복되면, 두 번째 죄목에 따른 채찍질을 당해야 한다는 회당법의
악랄한 규정을 이용한 것 같다. 바울은 두 번 더 기둥 사이에 웃옷을
벗고 섰으며, 채찍질을 당할 때마다 제자들에게 주신 다음과 같은
그리스도의 경고가 참됨을 절감했다.

"너희가 내 이름 때문에 미움을 받으리라."

이렇게 해서 그가 말한 다섯 번의 태형 중 세 번이 집행되었다.

잔인한 형벌이 통상 행해지던 시대였기에, 바울은 상당한
심리적 내상內傷을 면할 수 있었을 것이다. 그는 박해를 주 그리스도
예수를 알고 섬기는 명예에 따르는 사소한 대가로 여겼기에 더욱
그러했을 것이다. 그의 몸에는 평생 지워지지 않는 상처가 남았다.
그가 다소에서 심한 매질을 당했을 가능성을 보여 주는 흥미로운
증거가 있다.

《바울과 테클라 행전The Acts of Paul and Thecla》이라
불리는 소아시아에서 나온 2세기 문헌은 어떤 개종자가 지어 낸
위작으로, 저자는 자신의 글을 진짜인 것처럼 통용시키려다 사기
행각이 밝혀져 제명당했다. 이 책에 1차 전도여행에 나선 바울의
모습에 대한 기록이 있는데, 이는 목격자들의 기억이 담긴 전승일
가능성이 높다. 그 기록에 따르면, 그는 중키에 머리숱이 적고
코가 길고 튀어나온 이마에 안짱다리였다고 한다. 스데반이 돌에
맞기 전에 거리를 달려가서 군중 사이에 우뚝 섰던 사울이라는
청년이 안짱다리였을 리는 없지만, 이것은 심한 채찍질을 당한
사람들에게서 흔히 나타나는 후유증이었다.

장로들이 다시 태형을 부과했는지는 모르지만, 바울은 결국
다소 회당에서 출교당하고 가족과의 갈등도 함께 폭발해 버렸을
가능성이 높다.

"아버지들이여, 여러분의 자녀들을 노엽게 하지 말고."

에베소 교인들을 향한 바울의 이 충고에는 그리스도의 온유와
관용으로도 인내하지 못하고 결국 분노를 터뜨려 버린, 아버지와의
마지막 말다툼에 대한 기억이 담겨 있는지 모른다. 격렬한 말다툼
때문인지 아버지의 무자비한 결정 때문인지, 그는 집에서 쫓겨나
상속권을 박탈당했고 무일푼 신세가 되었다.

그의 아내가 죽지 않았다면 그녀는 어떻게 되었을까?
고린도전서에서 그는 주의 명령이 아니라 자신의 권위로 이렇게
말한다.

"어떤 형제에게 믿지 않는 아내가 있는데, 그 여자가 남편과
같이 살기를 원하면, 그 여자와 이혼하지 말아야 합니다. ……그러나
믿지 않는 사람 쪽에서 헤어지려고 하면, 헤어지게 하십시오. 이런
경우에는 형제나 자매가 얽매일 것이 없습니다. 하나님은 여러분을
평화롭게 살게 하려고 부르셨습니다."

이 말이 혹시 그리스도를 거부하고, 다마스쿠스에서 남편과
합류하기를 거부하고, 다소로 돌아가 마침내 그를 버린 사랑하는
아내에 대한 기억에서 나온 것은 아닐까? 아무도 알 수 없는 일이다.

바울은 날 때부터 주어진 모든 이점에 대해 이렇게 말했다.

"내게 유익하던 것들을 나는 그리스도 때문에 다 해로운 것으로
여깁니다. 내가 참으로 모든 것을 해로 여기는 것은, 내 주 그리스도
예수를 아는 지식이 가장 고상하기 때문입니다. 그분으로 인해
내가 모든 것을 잃어버리고 심지어 배설물로 여기는 것은 내가
그리스도를 얻기 위함입니다."

집에서 쫓겨나 안락함과 지위를 모두 잃은 바울은 토로스
산맥 기슭의 황량한 지역으로 사라졌다. 41년이나 42년 무렵 '사도

바울의 동굴'이라고 소개되곤 하는 곳에서 주의 환상과 계시를 보았을 것이다. 얼마나 거룩한 환상과 계시였던지 그는 이후 14년이 넘도록 그것에 대해 아무 말도 하지 않다가 이후 조심스럽게 3인칭으로 이렇게 말했다.

"내가 그리스도 안에 있는 한 사람을 압니다. 그는 14년 전에 셋째 하늘에까지 이끌려 올라갔던 사람입니다. 나는 그가 몸 안에 있었는지 몸 밖에 있었는지 알지 못하지만 하나님은 아십니다."

본 내용을 그대로 적으라는 명시적인 명령을 받은 밧모 섬의 사도 요한과 달리, 바울은 말로 표현할 수 없는 말을 들었으니 사람이 가히 이르지 못할 말이었다. 이후 모욕과 고통의 세월 속에서 낙담하고 일시적으로 패배했을 때도, 영원을 엿본 그때의 기억은 사라지지 않았다. 그는 자신의 전도로 그리스도를 믿게 된 사람들을 이렇게 격려했다.

"하나님이 당신을 사랑하는 이들을 위하여 예비하신 모든 것은 눈으로 보지도, 귀로 듣지도 못하며 사람의 마음으로 생각하지도 못합니다."

이사야서 말씀을 인용한 것이었다. 그러나 그는 선지자의 말에 담긴 진실을 직접 체험했기에 인간이나 자연이 만들어 내는 어떤 일에도 당황하지 않았다. 그가 생각하기에 눈앞의 고난은 장차 자신에게 나타날 영광과 비교할 수 없었다.

그렇지만 그는 기쁨이 지나쳐 균형을 잃지 말아야 했다.

"내가 받은 굉장한 계시들 때문에 교만해지는 것을 막기 위하여 하나님은 내 몸에 사탄의 사신인 가시를 주셨습니다. 그것은 줄곧 나를 괴롭혀 왔습니다. 나는 이것을 제거해 달라고 주님께 세 번이나 간청하였습니다. 그러나 주님은 나에게 '내 은혜가 네게 족하다. 내 능력이 약한 데서 온전해진다'고 말씀하셨습니다."

바울의 가시 또는 문자 그대로 '육신의 말뚝'이 무엇인지를
놓고 2천 년 동안 온갖 추측이 난무했다. 어떤 사람들은 극심한 성적
유혹일 것이라고 추측하지만 바울은 그런 생각을 비웃을 것이다.
그리스도의 영이 분명 그런 의미에서의 육신의 일을 다스렸을
것이다. 또 어떤 사람들은 극심한 반대를 뜻하는 것이라고 생각한다.
좀더 흔하고 그럴 듯한 견해는 몸의 격심한 고통, 즉 '신체장애'라
생각하지만 그것이 정확히 무엇인지는 확실하지 않다. 바울의
견해와 환상을 환각으로 치부하는 사람들은 그가 간질 환자였다고
주장한다. 기록으로 추론할 수 있는 질병을 단서로 삼은 사람들은,
머리가 쪼개질 듯한 두통을 근거로 말라리아 내지 눈병일 것이라고
추측한다. 어쩌면 매질로 찢어진 피부와 신경 손상일 수도 있다.

만성적인 것이건 간헐적인 것이건, 그 가시 때문에 바울은
그리스도를 더욱 온전히 의지하게 되었다. 그리하여 머리가 반쯤
벗겨진 안짱다리의 이 40대 남자는 약하지만 강인함을 갖추었다.
그리고 홀로 이름도 없이 가벼운 마음으로, 동굴을 떠나 그리스도를
전하고자 나섰다.

2부 더 멀리 좀더 멀리

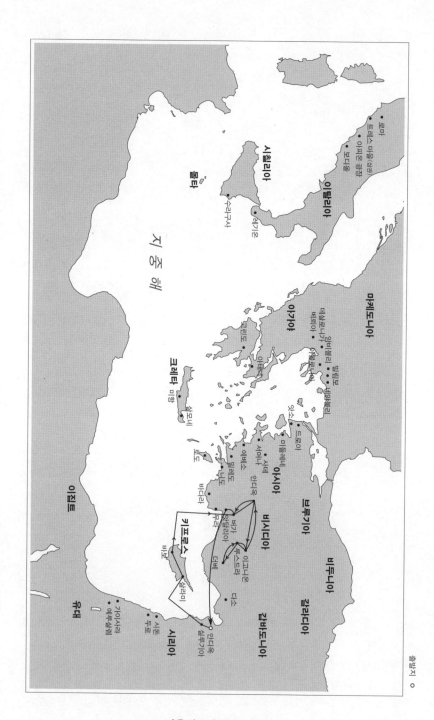

로마
트레스 마을(삼관)
이파오 광장
보디올
시칠리아
몰타
수라구사
레기온
지 중 해
미케도니아
마케도니아
베뢰아
데살로니가
암비볼리
이고니온
두라기온
루기옴
이기아
고린도
아덴
겐그레아
드로아
앗소
미둘레네
도르마
이집트
크레타
미항
실루몬네
굳
니도
밀레도
에베소
서머나
사데
서마아
인디옥
바다라
구브로
무라
앗달리아
버가
실루기온
밤빌리아
이고니온
루스드라
더베
비시디아
앙디옥
다소
버루니아
갈라디아
갑바도기아
유대
가이사랴
예루살렘
시돈
두로
안디옥
실루기아
시리아

키프로스
바보
살라미

바울의 1차 전도 여행

7. 새로운 시기

바울은 산길을 따라가며 전나무 숲과 물푸레나무 숲을 지났다. 눈 덮인 토로스 산맥까지 이어지는 높은 산등성이를 오르면서 산골 마을이나 외떨어진 농가를 만나면 그곳에서 복음을 전했고, 그 와중에 소수의 제자들 몇 무리가 생겨났다. 그들은 몇 넌 뒤 바울이 돌아올 때까지도 여전히 그곳에서 활동하고 있었다. 육로가 여의치 않은 곳이면 바울은 해안선을 따라 배를 탔을 것이다. 그는 56년에 쓴 서신에서 세 번의 파선을 언급하고 있는데, 모두 숨겨진 시기에 있었던 것으로 보인다. 그중 한번은 이렇게 말하고 있다.

"밤낮 꼬박 하루를 망망한 바다를 떠다녔다."

이즈음 그는 무소속 전도자였다. 후에 어디를 가건 교회들 사이의 유대, 순회 복음 전도자들과 후원자들 간의 연합의 중요성을 늘 강조한다. 그러나 당시 그는 예루살렘 사도들의 활동이나 기독교 신앙이 퍼져 나가는 주요 흐름과 동떨어져 있었다. 그는 혼자였다. 동행이 있을 때 가장 사역을 잘하는 그였지만, 이 지역들을 다닐 때에는 함께 일할 사람이 없었던 듯하다. 다소에서 회심자들이 생겼는지는 모르지만 사도행전에서는 별다른 언급이 없다. 그리스도께서 친히 말씀하신 바와 같은 상황이었다.

"선지자가 자기 고향과 자기 친척과 자기 집 외에서는 존경을 받지 못함이 없느니라."

그러던 중 바울은 시리아에서 온 사람이 자기를 찾아다닌다는 말을 들었고 마침내 그를 만나게 된다. 누가는 바나바가 바울을 상당히 오래 찾아다녔음을 암시한다.

"바나바가 사울을 찾으러 다소에 가서 만나매⋯⋯."

바나바는 중요한 소식을 가져왔다. 시리아의 수도 안디옥에 신앙이 뿌리 내렸다는 사실이었다. 한편 베드로는 가이사랴에 있는 이탈리아 부대 백부장의 집에서 놀라운 체험을 했다. 베드로는 주님의 명령을 받고 조심스럽게 그 집에 갔는데, 그가 설교할 때 그 집 사람들에게 성령이 임했던 것이다. 그는 이방인의 집에 들어간 사실로 자신을 비판하는 예루살렘 형제들에게 이렇게 말했다.

"하나님이 우리가 주 예수 그리스도를 믿었을 때에 주신 것과 똑같은 선물을 그들에게도 주셨는데, 내가 누구이기에 감히 하나님이 하시는 일을 막을 수 있겠습니까?"

안디옥의 많은 이방인이 신자가 되었다는 소식이 사도들에게 이르자, 그들은 바나바를 뽑아 상황을 파악하러 보냈다. 그는 그곳의 상황을 보고 기뻐했으며 모든 사람에게 굳건한 마음으로 주와 함께 머물러 있으라고 권했다.

미혼이던 바나바는 안디옥에 자리를 잡았다. 그의 지도하에서 교회는 빠르게 성장했고 그는 바울의 도움을 받기 원했다.

로마제국에서 세 번째로 큰 도시 안디옥은 오론테스 강에서 북쪽으로 26킬로미터 지점에 있었다. 오론테스 강은 높은 구릉지 사이를 가로질러 지중해로 흘러들었다. 안디옥의 동쪽에는 시리아 고원으로 이어지는 좁은 평원이 있고, 남쪽으로는 실피우스 산의 험한 바위들이 방어막 역할을 하고 있었다. 실피우스 산 정상에는 요새가 있고 그 아래 얼굴 없는 인간의 두상을 새긴 거대한 바위가 있는데, 죽은 영혼을 지하세계로 보내는 카론의 머리로 알려져 있었다. 안디옥은 도시 계획과 건축의 뛰어난 본보기이자, 로마의 평화로 향상된 그리스 문명의 우월성을 보여 주는 증거였다. 당대 모든 수도가 그랬듯, 안디옥은 호화로움과 빈곤이 뒤섞여 있었다. 가도街道, 로마 총독 관저, 신전들, 소설《벤허Ben Hur》에서 전차 경주의 무대로 등장하는 경기장이 있는가 하면, 사람으로 가득한 뒷골목이 몇 평방킬로미터씩 이어져 있었다.

안디옥 사람들은 아주 유명했다. 재치 있는 풍자와 생생한 유머 감각 때문이기도 했지만 무엇보다 고대 로마에서도 지나치다 여길 정도로 문란한 성생활 때문이었다. 남쪽 언덕으로 가는 고갯길을 8킬로미터쯤 오르면 신성한 다프네 숲이 넓게 펼쳐졌다. 거대한 아폴로 신상이 우뚝 솟아 있는 그곳에서 수백 명의 창녀들이 사랑의 여신을 경배하기 원하는 모든 남자에게 몸을 주었다. 그곳 숲과 신전 사이에는 도망 노예들, 범죄자들, 채무자들 그리고 은신처를 구하는 온갖 사람들이 살았다.

뒷길과 다프네 숲은 비옥한 땅이었다. 바울이 도착했을 무렵, 안디옥 교회는 동양의 십자로라 할 만하게 인종적·사회적 다양성을 그대로 드러내고 있었다. 그는 현장으로 곧장 뛰어들었다. 시장, 집, 공중 목욕탕, 체육관, 경기장의 탈의실에서 이방인들에게 복음을 직간접적으로 전했다. 회심자들을 환영할 따뜻하고 활발한 교회가 이미 세워져 있었기 때문이다.

이후 6세기 문헌에 인용된 당시 권위자의 말에 따르면, 신자들은 카론의 두상을 조각한 바위 아래에서 멀지 않은 판테온 근처, 에피파니아 구역의 신곤 거리에서 만났다고 한다. 매주 일요일, 그들이 '주의 날'이라 부르던 부활의 날이면 부유한 형제의 집으로 몰려갔을 것이다. 그들 중 유대인들은 이미 토요일에 회당을 다녀왔을 것이다. 일요일의 예배는 하루 종일 계속되었을 것이다. 노예들과 가난한 사람들은 바쁘게 일하는 틈틈이 시간을 짜내어 예배를 드려야 했기 때문이다. 이미 수십 가지의 이교가 퍼져 있던 안디옥에서는 나름의 '에클레시아', 즉 모임을 이루고 끊임없이 예수 그리스도를 전하는 이들이 있었다. 안디옥 사람들은 이들을 유대교의 새로운 종파가 아니라 판단하고 그리스어와 라틴어를 섞어 '크리스티아니'라는 새로운 이름으로 불렀다.

안디옥 교회에는 지도자가 많았다. 요셉 바나바와 바울, 알려진 바 없는 구레네 사람 루기오와 나이 든 귀족 마나엔이 있었다. 마나엔은 세례 요한을 처형하고 주 예수님을 조롱하고 얼마 전 통치권을 빼앗긴 분봉왕 헤롯의 젖동생이다. '니게르'라 하는 시므온 또는 시몬은 흑인이었을 것이다. 증거를 검토해 볼 때 그가 '알렉산더와 루포의 아버지 구레네 사람 시몬'인 듯하다. 예루살렘에 왔다가 로마인들의 명령으로 할 수 없이 예수님의 십자가를 진 구레네 사람 말이다. 그는 바울이 교회를 파괴할 때 안디옥으로 달아났고 그의 아들 루포는 다시 로마로 이주했다. 오랜 세월이 지나 바울은 로마서에서 주 안에서 택하심을 입은 루포와, 친어머니처럼 친밀하던 그의 어머니께 문안인사를 전한다. 이 대목에서 우리는 바울이 예루살렘에서 상처를 주었던 사람들과 안디옥에서 가족의 정을 나누었음을 알 수 있다.

바울은 안디옥에서 외로웠던 지난 10년 동안의 상처와 부담을 치유해 줄 가정, 친구들, 일거리를 얻었다. 그리고 기독교회의 주류로 복귀했다. 하지만 그는 거기서 멈출 수 없었다. 안디옥 교회가 급속히 성장하고 있긴 했지만 그는 안정된 기독교 공동체에서 섬기는 이가 아니라, 그리스도의 이름이 알려지지

않은 곳을 찾아 복음을 선포하는 사도로 자신이 보냄을 받았다고
확신하고 있었다.

전 세계가 그를 기다리고 있었다. 오랜 실습 기간을 마친
바울은 장인 건축가로 출발하고 싶어 몸이 근질거렸다.

예루살렘 교회에서 온 한 무리의 사람들이 안디옥을 방문했다.
그들은 특별한 환대를 받았다. 구약시대의 선지자들처럼 그들은
현재 혹은 미래에 대한 하나님의 뜻을 드러내었기 때문이다. 그중
한 명인 아가보에게 성령이 임하여 앞으로 밀 흉년이 크게 들
거라고 엄중히 경고했다. 안디옥 그리스도인들은 그것을 하나님이
주신 계시로 받아들였다. 그래서 밀 가격이 정상일 때 밀을 사 모아,
척박한 구릉지 땅으로 이루어져 가뭄의 심각한 타격을 받게 될
예루살렘으로 구호품을 보낼 준비를 하기로 했다.

신자들은 대부분 가난했지만 각 사람이 매주 할 수 있는 대로
기근 지원 헌금을 했고, 사람들을 뽑아 안디옥 근방의 큰 호수
주위와 오론테스 강 상류의 비옥한 땅을 다니며 저장된 곡물을
사들이게 했다. 이 일이 바울의 마음을 끌었다. 바울의 주된 사역은
복음을 전하고 가르치는 일이었지만, 그는 사회 문제에도 늘 깊은
관심이 있었다. 안디옥 교회와 예루살렘의 유대를 깊게 하는 일
또한 적극 지지했다.

추수철이 되었지만 농사는 흉작이었다. 타키투스,
수에토니우스, 요세푸스 등 당대 직후의 역사가들이 이 시기의 식량
부족을 기록하고 있다. 요세푸스의 기록에 따르면, 당시 유대 지방의
기근이 매우 심하여 로마제국 너머에 있는 어느 이교도 왕의 유대인
어머니 헬레나 대비가 이집트의 곡물과 키프로스의 무화과 열매를
사들여 예루살렘에 구호품으로 보내 주었다고 한다.

46년 8월경 바나바와 바울은 교회의 임명을 받고 곡물을 전하는 임무를 맡았다. 이 중요한 여행을 위해 바울은 자신이 전도한 젊은 디도를 조수로 뽑았다. 그것은 상당히 의도적인 선택이었다. 디도는 순수 혈통의 그리스인이기에 할례를 받지 않았다. 바울이 그를 데리고 유대교 심장부를 활보할 수 있다면, 유대인이 아닌 이방인도 그리스도인이 될 수 있다는 원리를 확립하게 될 터였다.

그들은 곡물을 배에 싣고 욥바까지 갔고, 거기서부터는 노새 행렬을 이용했을 것이다. 그리하여 바울은 마침내 마지막 방문 후 11년, 회심 후 14년 만에 예루살렘에 들어서며 시편 기자처럼 이렇게 외칠 수 있었다.

"예루살렘아, 우리 발이 네 성문 안에 섰도다."

그러나 예루살렘 성문들은 예전과 달랐다. 로마인들은 유대의 통치를 다시 한 번 헤롯 가문의 손에 맡겼다. 세례 요한을 살해한 자의 조카인 헤롯 아그립바 1세가 유대를 다스리며 북쪽으로 새로운 성벽을 쌓고 있었다. 그에 따라 예수님의 십자가 처형 장소와 스데반의 순교 현장이 예루살렘 성내로 들어왔다. 헤롯 아그립바 1세는 얼마 전 베드로와 요한의 형제 야고보를 체포했다. 야고보는 처형되었고, 베드로는 기도의 응답으로 기적적으로 풀려났다. 이후 헤롯 아그립바 1세는 가이사랴에서 갑자기 비참하게 죽었다. 그 직후 바나바와 바울이 예루살렘에 도착했다.

두 사람은 싣고 온 곡물을 교회 장로들에게 전했다. 사도들은 스데반 시절에 확립한 원칙에 따라 실무 행정에 개입하지 않았기 때문이다. 안디옥에서 온 일행은 서둘러 돌아갈 필요가 없었으므로 예루살렘 시민들에게 곡물을 나눠 주는 일에 참여했다. 그리스도인뿐 아니라 그리스도인이 아닌 유대인들에게도 나누어 주었고, 점점 더 많은 사람이 예수를 메시아로 영접했다.

그러나 바울에겐 예루살렘에서 개인적으로 해야 할 일이 있었다. 그는 베드로 및 여러 지도자를 찾아가 자신이 이방인들에게 전하는 복음을 제시하고 싶었다. 그것은 그 자신이 전에 한 일이나 지금 하고 있는 일이 헛되지 않기를 바라기 때문이었다. 이방인 회심자들은 유대인이 될 필요가 없다는 확신을 포함해, 그는 자신이 받은 계시 중 어느 한 부분이라도 예수님의 말씀과 그분이 하신 일에 대한 확증된 이야기들과 충돌하는지를 알기 원했다. 만약 충돌한다면, 그것은 하나님의 영이 주신 것이 아닌 잘못된 가르침일 것이 분명했다. 모든 초기 그리스도인이 이와 동일한 확신을 갖고 있었을 것이다.

바울은 바나바를 데리고 베드로를 찾아가 비밀 모임을 가졌다. 또 다른 주요 인물인 요한과 주님의 동생 야고보도 자리를 함께했다.

바울은 자신의 신분이 다소 신경 쓰였다. 그는 자신도 사도의 자격이 있다고 생각했다. 그들과 마찬가지로 부활하신 그리스도를 목격했고, 본 바를 말하고 복음을 전하라는 사명을 직접 받았으며, 그들이 갈릴리와 유대에서 그리스도께 직접 배운 것처럼 아라비아에서 주님의 가르침을 받았던 것이다.

그는 지상의 어떤 지도자도 자신과 주 예수님 사이를 가로막지 못하게 하리라 다짐했다. 세 사람은 바울의 요점을 받아들였고 그에게 이런저런 지시를 내리려 하지 않았다. 바울은 그런 그들의 태도에 안도했다. 참으로 그들은 그를 더없이 따뜻하게 맞아 주었고, 바울의 말에서 주님이 그들 곁에 사실 때 듣고 본 가르침과 행하심에 어긋나는 부분을 전혀 발견하지 못했다. 그들은 바울을 통해 하나님이 하신 일을 듣더니 그 자체가 명백한 증거이고,

베드로가 유대인들에게 복음을 전할 임무를 맡은 것처럼 바울은 이방인들에게 전할 임무를 맡았다고 말했다. 그리고 그들은 젊은 디도에게 할례를 권하지 않았다. 바울은 할례 받지 않은 그리스인은 예수님의 반쪽짜리 제자라고 투덜대는 몇몇 유대인 그리스도인들과 이미 한차례 입씨름을 했다. 바울은 그들이 회심한 신자인지 의심스러웠고 디도가 옷을 벗고 있을 때 훔쳐본 것이 아니냐고 암시했다. 이제는 야고보조차 할례를 고집하지 않았다.

모임은 악수와 함께 좋은 분위기로 끝났다. 바울과 바나바는 이방인 지역에서, 나머지 사도들은 팔레스타인 지역에서 일한다는 계획에 모두 합의했다. 예루살렘의 세 지도자들의 유일한 요청은, 바울과 바나바와 그들의 이방인 친구들이 예루살렘의 가난한 사람들을 늘 기억해 달라는 것이었다. 그것은 바울이 본래 힘써 해 오던 일이었다. 이로써 바울의 수습 기간은 끝났다. 그는 사도로 받아들여졌다.

그는 자리를 떠나 성전에서 기도했다. 그곳에서 연로한 시므온은 어린 예수님을 보았고 찬송시 〈눈크 디미티스Nunc Dimittis〉를 바쳤다.

내 눈이 주의 구원을 보았사오니 이는 만민 앞에 예비하신 것이요 이방을 비추는 빛이요 주의 백성 이스라엘의 영광이니이다.

이 예언을 성취하는 도구로 선택받은 바울이 이제 사도들에게 그 사실을 인정받은 것이다. 그의 마음과 영혼은 찬양과 기도로 가득 찼다. 마흔넷에 내놓을 것이라곤 없는 그였기에 실패자처럼 보일 수 있었지만, 그의 앞에는 고되고 영광스러운 시간이 기다리고 있었다.

회심 직후, 그는 로마제국 전역에 흩어져 있는 유대교 회당들의 토대 위에 전 세계를 위한 교회가 세워질 거라고 설교했다. 당시 그는 정말 그렇게 믿었고, 각 회당이 지중해 전역의 이방 나라들에 그리스도의 빛을 비추게 될 것이라는 신념은 변함이 없었다. 그 일은 그리스어를 사용하는 예루살렘의 회당들에 출석하는 사람들의 마음을 얻는 데서 시작될 것이었다. 이 회당들을 그리스도께로 이끌 수 있다면, 해외의 나머지 회당들도 따라올 것이라고 바울은 확신했다.

10여 년 전, 그가 복음을 전하려 했을 때 예루살렘의 유대인들은 그를 변절자로 여기고 귀를 기울이지 않았다. 하지만 이제 기근이 그들의 눈과 귀를 열어 놓았다. 그리스도를 따르는 이들을 박해하던 그의 과거를 아는 사람들은, 이제 그가 동포를 위해 원조 식량을 가져오는 명예롭고 사랑이 많은 사람으로 변한 것을 보았다. 그것은 그가 본 부활한 예수, 그를 회심시킨 예수가 길과 진리라는 분명한 증거가 아니겠는가. 회당 사람들은 과거의 판단을 번복하고 예수님을 전하는 그의 말을 받아들이고 믿었을 것이다. 과거 그가 신앙을 박해한 사실을 그들이 안다는 것이야말로 그의 주장에 힘을 실어 주는 가장 확고한 논거였다.

바울은 그리스어를 쓰는 유대인들과 이방인 개종자들을 이끌고 예루살렘에서 로마제국의 구석구석까지 이를 것이다. 그들 무리에 이방인 회심자들까지 더해지면 그리스도의 복음이 더욱 멀리 전파될 것이다. 한 양 무리와 한 목자가 있게 될 것이다.

그는 묵상하고 기도하면서 예배자 무리와 바깥뜰에서 들려오는 소음과 돈 바꾸는 사람들과 희생 제물용 집비둘기와 산비둘기를 파는 상인들을 잊었다. 오랜 시간 서 있는 데서 오는 피로도 잊은 채 몇 시간이 지나갔다. 그는 예수님의 영만을 의식했다. 결코

그를 떠나지 않으셨으나 바울의 마음이 정돈되어 있을 때면 특히
실감나게 느껴지는 주 예수님의 임재가 시시각각 더욱 분명해졌다.
그의 마음은 불이 붙었다. 주위의 모든 것이 희미해지고 하나님의
사랑, 귀하디귀한 그리스도의 사랑의 열기가 그의 영혼 안에서 믿기
어려울 만큼 거세게 타올랐다.

그때 어떤 일이 일어났다. 주님이 그 앞에 나타나신 것이다.

수년 후, 바울은 거의 같은 장소에서 적대적인 청중을 앞에
두고 이 일을 회상한다.

"주님을 보았습니다. 그분은 제게 '서둘러 예루살렘을 떠나라.
예루살렘 사람들이 나를 두고 한 네 증언을 받아들이지 않을
것이다'라고 말씀하셨습니다."

바울은 아나니아와 베드로가 그랬던 것처럼 예수님의 말씀을
순순히 받아들이지 않았다. 바울은 자신이 예루살렘에 머물러야
하며, 그들이 회심한 박해자의 말을 받아들일 거라고 주장했다.

"주님, 제가 가는 곳마다 주님을 믿는 사람들을 잡아 가두고
때린 사실을 저들이 잘 알고 있습니다. 주의 증언자인 스데반이 피
흘리고 죽임을 당할 때, 저도 곁에 서서 그 일에 찬동하면서 그를
죽이는 사람들의 옷을 지키고 있었……."

"가거라. 내가 너를 멀리 이방 사람들에게로 보내겠다."

8. 아프로디테의 섬

예루살렘 지원단이 돌아온 뒤, 임박한 새 출발에 대한 기대감이
겨울 내내 안디옥 교회를 사로잡았다. 그리고 예배하고 금식하는
중에 성령의 뜻임이 분명한 심오한 확신이 마침내 찾아왔다.

"내가 불러 시키는 일을 위하여 바나바와 사울을 따로 세우라."

장로들은 바로 교회가 보는 앞에서 그들에게 엄숙하게
안수했다. 이제 사도들은 무소속 전도자가 아니라 안디옥
그리스도인들의 대표자가 되었다. 가장 비천한 노예, 가장 최근에
회심한 사람까지도 그들의 전도 사역에 동참하여 그들을 위해
주님께 기도할 것이었다. 그리고 그들의 활동에 관심을 가지며,
우연히 그들과 마주치는 여행자들을 통해 흘러들 단편적인
소식까지 열심히 귀 기울일 것이었다.

바나바와 바울은 지역 교회의 사역에서 공식적으로 벗어났다.
그들은 깊고 꼬불꼬불한 골짜기를 지나는 오론테스 강을 따라 배를
타고 26킬로미터를 내려가 바다로 들어섰고, 절벽을 돌아 안디옥의
실루기아(셀레우키아) 항구에 이르렀다. 그들은 하나님이 친히
자신들에게 임무를 맡기셨고, 복음을 전하라는 예수님의 명령에
순종할 때 다음과 같은 약속이 이루어질 것임을 확신했다.

"내가······ 너희와 항상 함께 있으리라."

그들은 예수님의 말씀을 기억하고 있었고, 그 내용을 적은
파피루스도 갖고 있었을 것이다. 그들 곁에는 바나바의 친척인
요한 마가가 있었기 때문이다. 그들은 예루살렘에서 안디옥으로
돌아올 때 땅딸막한 체격에 말투가 간결한 젊은이 마가를 데리고
왔다. 마가는 그들의 조수였지만 팀의 핵심 구성원이기도 했다.
그의 직책을 묘사하는 누가의 용어는 로마제국의 '문서 담당자'에
해당한다. 마가는 베드로의 요청에 따라 예수님의 권위 있는
언행록을 이미 완성했을 것이다. 그리고 바울과 바나바가 이방인들
사이에서 사역해야 하므로 그 내용을 공개 낭독하여 그들을 돕기
위해 예루살렘 교회의 파송을 받았을 것이다. 또 일반적인 추측대로,
그가 겟세마네 동산에서 예수님을 뒤따라가다 체포될 위기에
처하자 발가벗고 달아난 바로 그 청년이라면 예수님의 수난에 대한
목격자로 더없이 값진 증언을 할 수도 있을 것이었다.

47년 3월 항해 철이 시작된 지 며칠 만에, 세 명의 선교사를
태운 배는 실루기아를 떠나 키프로스까지 수월하게 갔다. 바나바가
그곳 사람이고 유대인이 상당히 많이 살고 있어 일단 키프로스에
들른 듯하다. 그곳 유대인은 50년 뒤 위험한 반란을 일으켰다.
그것은 유대인이 많았기 때문에 가능했다. 키프로스의 부의
원천이던 구리 채석을 담당하는 이교도 노예도 많이 살고 있었다.
사도들은 동반구의 상업 중심지 살라미(살라미스, 오늘날의 파마구스타 근처)에
상륙하여 하나님의 말씀을 유대인의 여러 회당에서 전했다. 그
다음 그들은 섬의 남부 해안을 다니며 각 마을에 잠깐씩 머물렀다.
바울은 이 방법을 최선이라고 생각하지 않았을지도 모르는데, 그럴
경우 자신의 입장을 분명히 말하지 않았거나 리더인 바나바의 뜻을
존중했다는 뜻이 된다.

사도 바울

바울에게 키프로스는 서막에 불과했다. 키프로스는 15년 전, 그가 주도한 박해를 피해 그리스도인들이 도착한 이래 복음이 잘 알려진 곳이었다. 바울은 그리스도의 이름을 부르지 않는 곳에 가기로 결심한 터였다. 그는 주께서 펼쳐 주실 전략을 믿고 기대했다. 그의 행동이 보여 주듯, 그는 선교 활동 전체가 주 예수님의 손 안에 있음을 분명히 인식하고 있었다. 그분은 수동적인 구경꾼이 아니었다. 기회를 포착하고, 실패를 만회하고, 그분의 깃발 아래 모여든 군대를 적절한 곳에 배치하는, 보이지 않는 사령관이셨다.

바나바는 이교도들이 말씀을 받아들일지 의심했을 가능성이 있다. 안디옥이 특별한 경우일지 모를 일이었다. 하지만 바울은 의심하지 않았다. 여하튼 두 사람 다 징조를 기다렸다.

그들은 숲이 우거진 낮은 언덕을 지나, 호메로스의 시에 따르면 사랑의 여신 아프로디테가 장성한 모습으로 거품에서 생겨났다는 만灣을 따라갔다. 그들은 유명한 아프로디테 신전을 피해 갔다. 그곳도 다프네 신전처럼 매춘을 종교적 경배 행위로 간주하고 있었다. 그들은 수도이자 남서부 해안 최고의 항구인 로마식 도시 신新바보(파포스)에 도착했다. 그리고 얼마 뒤 놀랍게도 그들은 키프로스의 총독 서기오 바울, 즉 세르기우스 파울루스 앞에서 강연을 하게 부름받는다.

총독 관저는 도시 약간 위쪽에 있었다. 어느 늦은 봄날, 바나바와 바울도 행렬 길을 따라 올라가면서 대리석 정문 위에 세워진 금박 입힌 신상들이 태양빛에 번쩍이는 모습을 보았다. 명예로운 손님들에게 창을 들어 경례를 하는 군인들의 투구에도 햇빛이 번뜩였다.

서기오 바울은 로마에서 테베레 강의 관리 책임자로 있었고, 누가는 총독Proconsul(전집정관)이라는 단어로 그를 꼼꼼하고 정확하게 묘사했다. 로마법에 따르면 키프로스는 황제가 아니라 원로원에게 속한 지역이었기 때문이다. 황제가 임명하는 속주 총독들의 명칭은 공식특사였다.*

　　서기오 바울은 과학적인 사고방식의 소유자였다. 그와 동시대 인물로 작가이자 행정관인 플리니우스는 《박물지Natural History》에서 어떤 분야의 전문가로 그의 말을 인용했다. 그는 사색과 미신에도 관심이 있었는데, 바나바와 바울은 그의 측근 중에 '구세주의 아들'을 뜻하는 '바예수'라는 터무니없는 이름을 가진 악명 높은 배교자 유대인이 있음을 보고 그 사실을 깨달았다. 바예수는 살아 계신 하나님의 선지자로 자처했으나 점성술사에다 신비 현상인 오컬트에도 손을 대는 동방의 마술사였다. 그리고 그는 '능숙한'이나 '현인'을 뜻하는 '엘루마'라는 또 다른 이름을 뽐냈다.

　　넓은 알현실의 총독 자리에는 대리석 기둥 사이로 부드러운 미풍이 불어왔고, 아래로 눈이 시리도록 파란 만과 하얀 시내가 내려다보였다. 서기오 바울은 앉은 채로 사도들에게 가르침을 들려 달라고 청했다. 내용이 다소 덧붙여진 초기의 '서방본문'(사본이 수천 개에 이르는 신약성경은 크게 고대알렉산드리아 본문, 서방본문, 가이사랴 본문, 비잔틴 본문 유형으로 나뉜다.) 사도행전에 따르면, 총독은 곧 그들의 말에 상당히 즐겁게 귀를 기울였다고 한다.

　　두 사람이 서로 말을 보충해 가며 힘차게 복음을 전하는데 갑자기 의전儀典을 무시하고 엘루마가 끼어들었다. 그는 그들과

*

《킹제임스 성경》은 누가가 사용한 용어를, 1611년 당시 잉글랜드의 유일한 주요 식민지였던 아일랜드에서 쓰이던 직함 대리인Deputy으로 번역했다.

사도 바울

그들이 전하는 복음에 악의에 찬 공격을 가했다. 그는 자신의 영향력이 사라져 버릴지도 모른다는 위기감을 느꼈다. 그래서 총독이 복음을 믿지 못하게 하려고 전력을 다했다.

바울은 얼마간 그의 행동을 참았다. 분노가 솟구쳤지만 자신을 다스리려 애쓰며 속으로 기도했다. 그러다 그는 마음을 가득 채우는 평안과 솟아오르는 불길을 동시에 느꼈다. 그는 성령께서 자신을 사로잡으셨다는 분명한 확신이 들었다.

바울은 쉽게 흥분하는 사람이었고, 격분했을 때 분통을 터뜨리기도 했다. 하지만 그 순간, 그는 차분했고 그의 말은 노기에서 나온 것이 아니어서 더욱 무서웠다. 그는 엘루마를 꿰뚫어 보고 그의 실체를 파악했다. 그리고 상황이 얼마나 급박한지를 알았다. 서기오 바울의 영혼을 놓고 싸움이 벌어지고 있었다. 총독 휘하 로마 관리들은 사람이 신을 몇이나 섬기건 개의치 않은 터라 하품을 간신히 참고 있다가 갑작스럽게 긴장이 흐르자 그제야 관심을 보였다.

바울은 서기오 바울이 예수님을 믿는 것이 무엇보다 중요했다. 진리는 하나뿐인데 엘루마 바예수가 그것을 왜곡했으니 심판받아 마땅했다. 사기꾼의 강력한 보호자가 듣는 자리에서 '구세주의 아들'의 정체를 폭로하는 것은 목숨을 건 위험한 일이었지만 바울은 개의치 않았다.

바울은 엘루마의 눈을 똑바로 쳐다보았다.

"너, 속임수와 악행으로 가득 찬 악마의 자식아, 모든 정의의 원수야, 너는 주님의 바른 길을 굽게 하는 일을 그치지 못하겠느냐?"

엘루마는 움찔했다. 온 우주의 주님의 뜻과 온전히 하나가 된 바울은 앞으로 벌어질 일을 정확히 알고 있었다. 그는 선지자로서 곧 일어날 일을 예언할 수 있었다. 엘루마를 벌하는 주체는 바울이 아니라 하나님이셨다.

"보아라! 이제 주의 손이 너를 내리치실 것이니, 눈이 멀어서 얼마 동안 햇빛을 보지 못할 것이다!"

그러자 즉시 엘루마의 눈이 흐려지더니 곧 아무것도 보지 못하게 되었다. 다마스쿠스 도상의 바울처럼, 엘루마는 자기 손을 잡아 이끌어 줄 사람을 더듬어 찾았다.

의학적 원인을 제시하자면, 그는 아마도 망막중심정맥 폐쇄 증상을 겪었을 것이다. 주님이 눈먼 사람들의 눈을 뜨게 하실 때에는 망막중심정맥을 만지실 것이다. 당신의 말씀을 전하는 사람들을 대적하는 자를 좌절시키고자 주님이 친히 개입하신 일은 드물다. 그러나 누가가 사용한 정확한 용어로 미루어 볼 때, 이 사건이 궁극에는 엘루마에게 유익을 주었으리라고 짐작할 수 있다. 누가는 이렇게 전한다.

"안개와 어둠이 그를 덮어."

누가는 단어를 허투루 쓰는 사람이 아니다. 그는 엘루마의 눈이 순식간에 완전히 멀어 버린 것이 아님을 분명히 밝히고 있다. 먼저 빛이 흐려지다가 마침내 완전한 어둠이 찾아온 것이다. 이런 자세한 내용은 당사자인 엘루마의 입을 통해서만 들을 수 있는 얘기다. 엘루마가 시력을 회복한 뒤, 최소한 그리스도인 역사가 누가에게 호의적으로 자신의 얘기를 털어놓았으리라고 추측할 수 있다.

서기오 바울은 이 일로 큰 충격을 받았다. 권위에 익숙한 학식 있는 로마인에게 그 자신이 들은 내용이 쓸데없는 사색이 아니라, 유일한 진리와 능력이라는 확신을 주기에 이보다 더 확실한 사건은 없었다. 그는 이 모습을 보고 주를 믿게 되었고 주님에 관한 가르침에 깊은 감명을 받았다.

이후 그의 이야기는 사도행전에 더 이상 나오지 않는다.

누가는 기독교가 퍼져 나간 자세한 과정을 적고 있는 게 아니었기 때문이다. 하지만 1912년 고고학자 윌리엄 램지 경이 소아시아에서 비문 하나를 발굴했다. 램지 경의 숙련된 지식으로 밝혀 낸 바에 따르면, 서기오 바울의 딸은 아버지의 영향으로 그리스도인이 되었다. 그리고 아버지가 키프로스의 총독으로 있을 때 로마에서 교육을 받고 있던 아들은, 한 세대 후 갈라디아(갈라티아, 갈리아)의 지사가 되었지만 복음을 받아들이지는 않았다.

바울과 바나바에게 이 사건은 하나님이 이방인들에게 가는 문을 열어 주실 거라는 징조였다. 이제 바나바는 바울의 지도력을 흔쾌히 인정했다. 그는 성령께서 성장 환경과 훈련을 통해 바울을 미지의 세계로 그들을 이끌 사람으로 만드셨음을 깨달았다.

9. 갈라디아로

바울과 그의 동행들은 다시 배를 타고 북서쪽으로 가서 소아시아 본토 밤빌리아 해안에 도착했다. 마침내 그들은 진정한 복음의 개척자로 나선 것이다. 밤빌리아는 바울이 공식 기록에 남아 있지 않은 숨겨진 시기에 가 봤음직한 지역들보다 서쪽으로 훨씬 더 멀리 떨어져 있었다. 그때까지 그리스도인들은 그곳이나 그 너머에 이른 적이 없었다.

　보통 사람들은 편안한 생활에 안주하면서 확고한 터전을 추구하는 40대 후반에, 바울은 가장 힘든 여행을 시작한 것이다. 임무는 막중했다. 그의 앞에는 당대의 사고 풍토와 위대한 철학들, 세계의 주요 종교가 버티고 있었다. 진리와 안전을 추구하는 인간의 유구하고도 끝없는 갈망이 그의 동맹군이었다. 20세기와 마찬가지로 1세기에도 경건한 사람들과 미신적인 사람들이 공존했다. 그리고 오늘날의 인도처럼 말로는 신을 섬긴다고 하면서도 철저하게 유물론적인 사람들이 있는가 하면, 종교를 경멸하고 인간만을 믿는 사람들도 있었다. 하지만 가면이 찢어지고 방어막이 깨어지면, 그들의 마음 한복판에 똑같이 자리 잡은 불안과 소망이 드러났다.

배는 앗달리아 만으로 들어갔다. 큰 산을 좌측에 두고 폭포수가 바다로 흘러드는 절벽 아래의 앗달리아 항구를 지나서 배는 세스트루스 강 상류로 몇 킬로미터 올라가 규모가 좀더 작은 항구에 도착했다. 근처에 있는 성벽 도시 버가는 성채 아래 자리 잡은 고온다습한 내륙의 중심지였다. 바울은 거기서 멈출 생각이 없었다. 그는 계속 가고자 했다. 사역지는 좁은 평야를 건너, 다소 동쪽의 토로스 산맥보다 더 가파르고 험하며 키프로스 출신 바나바나 유대 출신 요한 마가가 아는 어떤 언덕보다 훨씬, 끔찍하게 높은 산맥 너머에 있었다.

여기서 마가는 예루살렘으로 돌아갔다.

바울은 그것을 탈영으로 여겼다. 마가가 돌아간 이유에 대해서는 여러 가지 추측이 있다. 바울이 말라리아에 걸렸고, 체계적인 전략에 따라서가 아니라 시원한 공기를 찾느라 산으로 갔으며, 그 모습에 마가가 덜컥 겁을 집어먹었다는 설이 있다. 하지만 마가는 낯선 땅에서 병약한 사람을 친척에게만 맡겨 두고 떠날 사람이 아니다. 그들이 이방인들에게 가는 것이 본연의 임무를 넘어서는 일이라고 여겼다는 또 다른 추측도 있다. 그런데 마가복음이 주로 로마인들을 겨냥해 쓰였다는 사실을 고려할 때, 그런 추측은 설득력이 없다. 그는 바나바가 바울에게 지도력을 넘겨주는 모습에 분개했을 수도, 단순히 겁쟁이거나 향수병이 났거나 상사병에 걸렸을 수도 있다. 이유가 무엇이든 마가의 이탈은 바울에게 상처를 남겼고, 그 상처가 낫기까지 여러 해가 걸렸다.

바울과 바나바는 로마길에서 이는 자욱한 먼지를 뒤집어쓰며 평원을 가로질러 갔다. 다음 날, 열기를 뿜어 대는 회색 바위의 가파른 골짜기를 지나 산맥으로 접어들었다. 그 길은 애초부터 전차와 수레를 위해 만든 것이 아니었다. 현대의 도로는 U자형 커브

길로 만들지만 로마인들은 가파른 산길을 그냥 포장해 버려, 나이가 많든 적든 그 길을 걷는 보행자들은 땀을 비 오듯 쏟아야 했다.

이윽고 표석과 키 작은 소나무가 가득한 황량한 경치가 바울과 바나바를 맞았다. 당시는 아우구스투스(아구스도)의 평화와 네로의 혼란 중간 시기였다. 로마의 도로들은 이전 어느 때보다, 그리고 이후 천 년 동안 존재한 어느 길보다 안전했다. 그러나 그가 지금 들어선 곳은 로마제국의 손에 완전히 들어오지 않은 몇 안 되는 지역들 중 하나였다. 혼자 다니는 여행자는 산적이나 미개 부족의 표적이 되기 십상이었다. 그래서 사도들은 대상의 무리에 합류해야 했다.

그들은 매일 밤 커다란 불을 피워 놓고 발을 불쪽으로 한 채 그 주위에 빙 둘러 잠을 잤다. 아마 바울도 양가죽을 뒤집어쓰고 불침번을 섰을 것이다. 그들은 동트기 전 천막을 걷어올리고 아침식사로 올리브 열매와 염소 치즈를 먹은 뒤, 날씨가 추우면 멀드 와인도 한 잔 마셨을 것이다. 당시에는 아직 차가 중국에서 수입되지 않았고, 아랍인들이 커피를 발견하기도 전이었다. 그들은 시원할 때 움직이기 위해 동트기 전 출발했다. 속도는 꾸준히 터벅터벅 걷는 정도였고 가끔씩 쉬면서 정오가 될 때까지 줄곧 걸어 24킬로미터쯤* 전진했다. 그러다 점심을 해먹고, 그늘에서 잠을 잤다. 씻기보다는 그냥 몸에 오일만 발랐고 그밖에 별다른 일은 하지 않았다.

여행 속도는 느렸다. 매일매일 맛없는 음식을 먹으며 고지대를 걸어야 했던 여행자들은 발걸음을 빨리하거나, 하루의 걷는 거리를 늘리거나, 말 탄 사람들처럼 저녁에 좀더 가거나 할 의욕이 나지

*
램지 경이 추정한 1세기 도보 여행자의 하루 여행 거리는 23~29킬로미터쯤이었다.

사도 바울

않았다. 낮의 열기, 갑작스럽게 쏟아져 모두를 흠뻑 적시고 골짜기를 가득 채워 버리는 폭우, 사지를 뻣뻣하게 만들고 묵은 상처를 들쑤시는 밤의 추위, 갑작스런 습격의 위험 등으로 가득했던 이 첫 번째 여행은 가장 힘든 여행 중 하나였다. 바울은 고린도후서에서 자신의 고난을 회상할 때, 이때의 기억을 떠올렸을 것이다. 그리스어 원문처럼 운율이 맞는 《킹제임스 성경KJV》의 번역은 당시 여행의 리듬을 그대로 반영하는 듯하다.

강물의 위험과 강도의 위험 …… 수고와 곤고, 수많은 불면의 밤, 배고픔과 목마름, 잦은 굶주림, 추위와 헐벗음.

바울은 노년에 이렇게 말했다.
"어떠한 형편에든지 나는 자족하기를 배웠노니…… 나는 모든 일 곧 배부름과 배고픔과 풍부와 궁핍에도 처할 줄 아는 일체의 비결을 배웠노라. 내게 능력 주시는 이 안에서 내가 모든 것을 할 수 있느니라."
이 말은 다음 한 문장으로 압축할 수 있다.

내 안에 거하시는 분의 능력으로 무슨 일이든 겪을 준비가 되어 있다.

이 비결은 단번에 배운 것이 아니었다. 첫 번째 여행 기간에 그의 인내심은 한계점에 도달했을 것이고, 후에 욕심 많은 여인숙 주인에게 치밀어 오르는 분노를 간신히 참은 적도 있었을 것이다. 그러나 온화한 바나바와 다니면서 그는 금세 훌륭한 인품의 여행자로 변했고, 동행 가운데 약한 사람과 겁 많은 사람을 격려하고 어려움을 웃어넘겼다. 빅토리아 시대 전기 작가인 하우슨은 바울에게 유머 감각이 없다고 했다. 1세기 유대인들은 유머 감각을 타고나진 않은 것 같다. 그러나 쾌활함에 대해 그토록 많은 글을 쓴 바울이 침울한 사람이었을 리 없다.

주님 안에서 항상 기뻐하십시오.
사랑과 희락과 화평.
마음으로 주님께 노래하고 찬송하십시오.
우리에게 모든 것을 후히 주사 누리게 하시는 하나님.

바울의 회심은 기쁨으로 드러났다. 그것은 거침없이 등을 두드리는 빅토리아식의 짓궂은 유머와는 다르다. 그리고 20세기 대중매체의 냉소적인 풍자나 경박함과도 다른, 본인이나 본인이 처한 역경을 너무 심각하게 받아들이지 않는 재능이었다.
그도 때로 우울해졌을 것이고 우울증에 쉽게 빠지는 성향이었을지도 모른다. 그러나 그가 삶에서 많은 즐거움을 얻은 것은 분명하다.
이제 그들은 산맥 높은 곳까지 이르렀고, 소아시아 중부 대부분에 걸쳐 있는 거대한 갈라디아 속주로 접어들었다. 줄지어 내려가자 거주민이 좀더 많은 고원지대가 나왔고 대상들은 흩어졌다. 바울과 바나바는 그들과 떨어져 계속 걸었다. 그러자 세계에서 손꼽히는 아름다운 호수가 나타났다. 당시 '림나이 호'라 불렀고 오늘날 '에그리디르 호'라 부르는 곳이다. 사방이 구릉지였고 왼쪽으로 눈 덮인 산이 솟아 있었다. 그리고 멀리 보이는 올림포스 산이 영롱한 청록색 호수와 절묘한 조화를 이루고 있었다.
그들은 사흘 동안 호숫가 길을 따라 계속 걸었다. 곶이나 만이 나오고 언덕들이 호수에서 멀어진다 싶으면 강변의 갈대로 지붕을 이은 오두막과 농가가 드문드문 눈에 들어왔다. 사도들은 어렵지 않게 숙소를 구했고, 자신들의 사명에 대해 이야기했을 것이다. 지나가는 여행자들에게는 그 이야기를 하지 않았다. 바울은 길가에 씨를 뿌리는 것이 아니라, 정해진 밭에 씨앗을 뿌리고 싶었다. 하지만 숙소를 제공한 노예나 소규모 소작농의 친절함과 굶주린 영혼 앞에서는 복음을 전하기도 했을 것이다. 또 앞으로 다가올 놀라운 상황의 전조를 엿보았으리라.

마침내 그들은 저 멀리 서해안에서 뻗어 나온 대로에서 갈리진 한 길에 들어섰다. 호수의 모퉁이를 돌아서자 구릉지에 가려 호수는 더 이상 보이지 않았다. 안식일 전에 목적지에 도달하기 위해 발걸음을 재촉하며 마지막으로 낮은 고갯길을 지나고 보니 가이사랴 안디옥(카이사레아 안티오키아)의 식민도시가 보였다. 비시디아 안디옥(피시디아 안티오크)이라 부르던 그곳은 산맥 때문에 상대적으로 작아 보이긴 했지만 신전들과 성문들을 자랑하고 있었다.

비시디아 안디옥은 아우구스투스 황제가 구릉지대의 평화를 유지하기 위해 로마 식민지로 재건한 도시였다. 그곳엔 아직 국경지대의 기운이 남아 있었다. 말하자면 영국령 인도(영국령이었던 인도의 17주로, 1947년 인도와 파키스탄으로 독립) 시절, 인도 북서쪽 국경에 위치했던 페샤와르(파키스탄 북부, 카이바르 고개 입구에 있는 도시)의 분위기가 흐르고 있었다. 하지만 비시디아 안디옥은 페샤와르보다 지형적으로 방비에 유리했다. 인접 부족의 공격을 가장 심하게 받았을 남동쪽 성벽 아래에는 안티오스 강이 흐르는 험준하고 깊은 골짜기가 있었다.

아우구스투스 황제가 이곳에 배치한 강인한 노군인들은 이제 거의 남아 있지 않았고, 그 후손들이 갈라디아 남부의 행정관들과 함께 로마시민권을 소지한 귀족층을 이루고 있었다. 그들은 좀더 이른 시기에 이주해 중산 계급을 형성하고 있는 그리스인들과 중노동을 감당하는 원주민인 브루기아인들을 경멸했다. 비시디아 안디옥은 그 이름과 달리 브루기아 지역에 있었다. 브루기아인들은 머리는 없고 완력만 있었다. 그들은 노예로 로마제국 전역에 수출되었기에 '브루기아인'과 '노예'는 동의어에 가까웠다.

바울과 바나바는 도시를 둘러보며 육해상에서 거둔 아우구스투스 황제의 승전을 기념하여 세운 거대한 아치들 사이로 난 계단을 따라 올라갔다. 이어 그들은 황제에게 경의를 표하기 위해 그의 이름을 붙인 아우구스투스 광장으로 들어섰다. 그곳에서도 가장 두드러진 건물은 故 아우구스투스 황제가 지역 신과 함께 경배를 받고 있는 하얀 대리석 신전이었다. 그들은 로마의 오만함과, 불과 한 세대 전에 정복된 자부심 강한 부족들의 원한을 동시에 느낄 수 있었다.

안디옥에도 유대인들이 살았는데, 로마 당국은 그들의 부유함과 근면함 때문에 일주일에 하루 일을 멈추어 경제를 교란하는 행위는 참아 주었다. 안식일 오전, 바울과 바나바는 그곳에 있는 회당으로 들어가 방문 랍비들을 위한 좌석에 앉았다. 기도와 율법 낭독이 끝난 뒤, 회당 지도자들은 핫잔을 통해 정중한 전갈을 보내 왔다.

"형제들이여, 이 사람들에게 권면해 주고 싶은 말이 있으면 하시오."

바울이 일어섰다. 그는 회중 가운데 유대교로 개종한 지역 주민들뿐 아니라 유대교에 관심이 있는 이방인들, 즉 '하나님을 경외하는 자들'도 상당수 있음을 한눈에 알아보았다. 기대에 찬 웅성거림을 손짓으로 잠재우고 그는 비범한 도입으로 모든 사람을

사로잡았다. 대개 율법을 강론할 때, 하나님을 경외하는 이방인들의
존재를 무시하는 것이 관례였다. 그러나 그는 여는 말에 그들도
함께 불렀다.

"이스라엘 사람들 그리고 하나님을 경외하는 이방인 여러분, 제
말에 귀 기울여 주십시오!"

그는 먼저 스데반의 잊을 수 없는 최후 변론과 상당히
비슷한 방식으로 이스라엘 역사를 요약했다. 스데반의 경우, 다윗
왕까지 이르렀을 때 법정 분위기가 너무 험악해져 하던 말을 끊고
재판관들을 정죄하기에 이르렀다. 하지만 바울의 청중은 주의를
집중해 그의 말을 들었다.

그는 말을 이었다.

"하나님은 다윗의 자손 가운데서 한 분을 구세주로 삼아
이스라엘에게 보내 주셨는데, 그분이 바로 예수님이십니다."

그들은 여전히 경청했다. 기록에 나와 있는 한 회당에서
처음으로, 청중이 공감하며 바울의 말을 듣고 있었다. 그는 말을
계속 이었다.

"아브라함의 자손과 하나님을 경외하는 이방인 형제
여러분, 하나님이 이 구원의 소식을 우리에게 전해 주셨습니다.
예루살렘에 사는 사람들과 그 지도자들은 예수님을 알아보지
못했으며, 안식일마다 읽는 예언자들의 글을 깨닫지 못했습니다.
그들은 오히려 예수님을 죄인 취급하여 예언자의 말씀을
그대로 이루었습니다. 예수님을 죽여야 할 정당한 구실을 찾지
못했으면서도 그들은 빌라도를 졸라 예수님을 죽게 했습니다."

그는 잠시 말을 멈추고 얼마나 끔찍한 일이 저질러졌는지
생각할 수 있는 시간을 주었다.

그 다음, 그는 우렁찬 목소리로 매우 멋진 복음을 선포하였다.

"그러나 하나님은 죽은 사람들 가운데서 예수님을 살리셨습니다!"

그는 예수님의 부활, 그 증인들, 그리고 그것이 어떻게 예언되었는지를 이야기했다. 절정에 이르자 그는 이제 유대인과 이방인 사이의 장벽이 허물어졌고 모든 사람이 하나님이 거저 주시는 죄 용서를 받을 수 있게 되었다고 말했다.

"그러므로 형제 여러분!"

하나님을 경외하는 이방인들이 '형제 여러분'이라 불린 적은 이제까지 한 번도 없었다.

"여러분에게 알려 드리고 싶은 사실이 있습니다. 예수님으로 말미암는 죄 용서의 복음이 여러분에게 전파되었다는 것입니다. 모세 율법으로는 여러분이 의를 얻을 수 없지만, 예수님을 믿는 사람은 누구나 의롭다 함을 얻습니다."

바울은 이방인, 순수 유대인, 유대교 개종자 등 회당 곳곳에서 사람들의 얼굴이 환해지는 것을 보았다. 그는 회개하고 예수님을 믿어야 한다고 촉구한 뒤 이렇게 말을 맺었다.

"그러므로 예언자들이 다음과 같이 말한 것이 여러분에게 일어나지 않도록 조심하십시오. '보아라, 너희 비웃는 사람들아. 너희는 놀라고 망하여라. 너희가 사는 날 동안, 내가 한 가지 일을 하겠다. 누군가 그 일을 너희에게 일러 주어도 너희는 믿지 않을 것이다.'"

바울과 바나바가 회당에서 나갈 때 사람들이 몰려와 다음 안식일에도 이런 말씀을 더 해 달라고 부탁했다. 그들의 뒤에서 회당 문이 다소 신경질적으로 닫혔다. 유대인들과 유대교로 개종한 사람들이 바울과 바나바를 뒤따라와서 그들의 숙소로 들어갔다.

그날 하루 종일, 그리고 그 주 내내 사도들은 여러 개인 및 집단과 이야기를 나누었고, 그들에게 항상 하나님의 은혜 가운데 있으라고 권했다.

하나님을 경외하는 이방인들은 각자 집으로 흩어졌다. 그들은 예수님을 믿으면 즉시 죄 용서와 함께 행복을 얻고, 할례를 받거나 유대교 율법이 요구하는 엄격한 규정을 지킬 필요가 없다는 소식을 감히 믿을 수가 없었다. 사도들이 전하는 이 소식은 들불처럼 퍼져 나갔다. 이들 순회 설교자들이 인생의 의미를 밝혀 주는 메시지를 전한다는 소식이 시장으로, 법정으로, 행정관 관저의 노예 막사로 전해졌다.

그 다음 안식일에 바울과 바나바가 회당에 가 보니 엄청난 군중이 모여 있었다. 유대인보다 이방인이 더 많았다. 모든 좌석이 가득 차 있었다. 퇴역 군인들과 그 가족, 그리스인 상인들, 브루기아 노예들이 문 근처와 좁은 도로, 그리고 아우구스투스 광장까지 빽빽이 들어차 있었다. 이교 신전의 사제들은 군중의 규모와 고요함과 진지함을 보고 놀랐으나, 군중은 그들을 무시했다. 그들은 두 그리스도인이 하는 말을 잘 듣는 데만 관심이 있었다. 두 사람의 메시지에 무관심한 이들은 고위 귀족들과 그들의 여인들뿐이었다.

회당에서는 예배가 시작되지 못했다. 랍비, 장로, 유대인 지도자들은 전례 없이 많이 모인 회중을 따뜻하게 환영하기는커녕 분통을 터뜨렸다. 그들은 바울의 메시지에 대한 열렬한 반응에 분개했다. 그들은 지난주에 받은 내용을 이제 철저히 거부했고, 예수의 능력과 사랑에 대해 배우려고 모여든 사람들 앞에서 그의 주장을 부정했다. 그리고 바울의 인격을 비방하고, 그의 메시지를 전하는 사람들을 모욕했다.

바울은 놀라지 않았다. 그들은 바울 자신이 한때 했던 말을

되풀이하는 것일 뿐이었다. 그는 욕설을 뒤집어쓰는 것도 개의치
않았다. 주님을 향해 쏟아지는 신성 모독까지 참아 낼 수 있었다.
하지만 입을 다물고 있을 생각은 없었다. 이방인들과 유대인들이
복음의 메시지를 듣기 원하는데 자기만족에 빠진 유대교 장로
따위가 그것을 방해하도록 내버려 둘 수는 없었다. 두 선교사는
담대하게 일어섰다. 분명 그들은 합법적인 권위자들에게
반대한다는 이유로 채찍질당할 위험이 있었다. 그러나 그들은
권위자들에게 이렇게 응수했다.

"우리는 하나님의 말씀을 여러분에게 먼저 전해야만 했습니다.
그러나 여러분은 그 말씀을 배척하고 스스로 영원한 생명을
누리기에 합당하지 않은 사람이라고 인정해 버리니, 이제 우리는
이방인들에게 갑니다. 주님이 이와 같이 우리에게 명령하셨기
때문입니다."

그리고 바울은 시므온이 찬송시 〈눈크 디미티스〉에 사용한
이사야의 예언을 인용했다.

"내가 너를 이방의 빛으로 삼았으니, 이는 너를 땅 끝까지
이르러 구원하기 위해서다."

사도들은 회당에서 당당하게 걸어 나왔고, 모든 이방인과
많은 유대인이 더없이 기뻐하며 따라 나왔다. 문간에 있던 군중이
그들에게 길을 내어 주었다. 그들은 광장으로 걸어가 동상 아래
섰다. 그리고 그 자리에서 바울은 엄청나게 모인 갈라디아
사람들에게 복음을 전했다.

그는 갈라디아인들에게 편지를 쓸 때 그때 일을 상기시키며
이렇게 말한다.

"예수 그리스도가 십자가에 달리신 모습을 여러분의 눈앞에서
선하게 설명했습니다."

사도 바울

10. 전진과 박해

얼마 뒤, 바울의 몸에 이상이 생긴 것으로 보인다. 그는 갈라디아서*에 이렇게 썼다.

"여러분이 아시는 바 같이 내가 여러분에게 처음으로 복음을 전하게 된 것은, 내 육체가 병든 것이 그 계기입니다. 내 몸에는 여러분에게 시험이 될 만한 것이 있는데도 여러분은 나를 멸시하지도, 외면하지도 않았습니다. 여러분은 나를 하나님의 천사와 같이, 그리스도 예수와 같이 영접해 주었습니다."

여기서 바울이 말하는 내용이 회당에서의 첫 번째 설교일 리 없다. 그때 그의 몸 상태가 좋지 않았다면 회당 장로들이 설교를 허락했을 리 없기 때문이다. 그들은 질병을 하나님의 심판이라 여겼다. 바울이 버가에서 병들어 안디옥으로 왔다는 뜻으로도 생각할 수 없다. 그가 안디옥에 도착했을 때 몸 상태가 조롱이나

*

라이트푸트Lightfoot는 바울이 갈라디아서를 보낸 대상이, 북부의 주도 안키라(앙카라) 주위 갈리아의 갈라디아 부족이라고 가르쳤다. 그리고 갈라디아 속주라는 이름도 그들의 이름을 따서 로마인들이 지은 것이라고 했다. 하지만 나는 권위 있는 다른 많은 학자의 주장에 따라, 갈라디아서의 수신자가 남부 갈라디아의 그리스도인들이라고 가정했다. 바울이 북부 갈라디아인들을 방문했는지도 확실하지 않거니와, 전기를 기록하는 입장에서 볼 때 편지가 남부 갈라디아로 보내졌다고 봐야 앞뒤가 잘 들어맞기 때문이다.

혐오의 대상이 아니었다는 말은 이미 했다. 버가에서 비시디아 안디옥으로 오는 길은 병든 몸으로 감당할 수 없는 죽기 아니면 살기의 강행군이었다. 버가에서 병이 들었을 리 없다는 뜻이다. 그러므로 그가 말하는 내용은, 몸에 병이 들어 원래 의도보다 비시디아 안디옥에 훨씬 오래 머물렀고 그 덕분에 그곳 사람들이 대부분 복음을 듣게 되었다는 뜻일 것이다.

이전까지 바울의 전략은 본질적으로 계속 움직이는 것이었다. 키프로스에서 그와 바나바는 한 지역에 잠깐씩 머물면서 말씀을 전하고 떠나는 식으로 많은 곳에서 복음을 전했다. 그런데 비시디아 안디옥에서는 멈추지 않을 수 없었다. 바울이 몸져누워 있는 동안 한여름 몇 주가 지나갔다. 이 부분은 사도행전에 등장하지 않는다. 로마인들에게 복음을 전할 목적으로 사도행전을 기록한 누가로서는, 바울의 질병 같은 부수적인 문제들을 끌어들여 로마인 독자에게 거부감을 줄 이유가 없다고 봤을 것이다. 그러나 갈라디아 교인들은 거부감을 느끼지 않았다. 그곳의 새신자들은 병든 바울에게 전혀 로마적이지 않은 관심을 보여 주었다. 그들은 아낌없는 사랑으로 그를 정성껏 보살폈다. 할 수만 있다면 자신의 눈을 빼, 분비물과 고통이 끊이지 않는 그의 눈과 바꾸고 싶어 했다. 그 와중에 복음은 계속 퍼져 나갔다.

아우구스투스 광장에서 바울이 전하는 복음을 들은 군중 가운데 많은 사람이 믿었다. 그들은 자신들이 발견한 진리를 나누고 싶어 했다. 그리스도에 대한 신앙은 마치 전염되듯이 이 사람 저 사람에게 퍼져 나갔다. 하지만 질병이 아니라 영혼의 건강이 퍼져 나가는 것이었다. 바나바는 그 퍼져 나가는 속도를 따라가느라 사력을 다했다. 바울이 움직일 수 있을 만큼 회복되었을 무렵, 지역 곳곳에 기회가 매우 많이 열려 안디옥을 떠날 수 없었다. 그렇게 해서 바울은 이후 복음 전도의 전략이 되는 방안을 택하게 된다. 지역의 중심지에 자리 잡고 회심자들을 얻고 그들을 통해 지역 전체에 다가가는 것이었다.

바울의 몸이 회복되기 전부터 회심자들은 친구들을 데리고 그의 침대를 찾아왔다. 갈라디아서에 나오는 바울의 회상을 통해 당시 그가 어떤 말을 했는지를 엿볼 수 있다. 스펄전과 동시대 사람이 그를 가리켜 한 말이 바울에게도 해당된다.

"그에게 주 예수님은 매우 강렬하고 생생하게 살아 계신 분이었다. 그분의 가까이 계심과 우리를 향한 놀라운 사랑을 확신하는 그의 말을 듣고 있노라면 자신이 겪은 생생한 체험을 전하고 있다는 느낌이 절로 들었다."

바울은 최근 벌어진 경이로운 사건, 즉 인간들의 죄를 위해 그리스도가 십자가 처형을 당했고 하나님이 그리스도를 죽은 자들 가운데서 살리셨다는 놀라운 사실을 매우 분명하게 전했다. 그는 회당에서 설교할 때, 다음 구절을 거듭 사용했을 것이다.

"하나님이 그를 죽은 자들 가운데서 살리셨다."

이 말을 바울은 갈라디아서에서 교인들에게 친숙한 것처럼 사용하고 있다.

그들은 바울의 말을 듣고 믿었다. 바울이 상기시킨 것처럼 성령께서 그 말씀을 그들의 마음에 새겨 주셨기 때문이다. 사실 이교도들은 신이 아닌 신들의 지배력에서 벗어났고, 유대인들은 율법의 지배력과 자기 의를 추구하는 데서 벗어났다. 그들이 이방인인지 유대인인지는 중요하지 않았다. 바울은 그리스도 안에서는 할례를 받든, 받지 않든 아무것도 아니며 오직 새롭게 창조되는 게 중요하다고 촉구했다.

바울은 엄청난 부담을 짊어져야 했다. 여기 그의 영적 자녀들이 있었다. 그는 그들을 위한 관심과 기도와 정신적 수고를 마취제가 없던 시절의 산고에 비유했다.

나이가 많건 적건 인격이 거듭난 표시가 나타나면, 바울 자신이 회심한 지 사흘 만에 아나니아에게 세례를 받은 것처럼 그에게 세례를 베풀 준비가 되어 있었다. 바울은 인격의 변화가 순전한 회심의 증거라고 확신했다. 그리스도의 영이 한 사람에게 임하시면, 사랑과 희락과 화평과 오래 참음과 자비와 양선과 충성과 온유와 절제라는 성령의 열매가 나타나게 된다. 이런 덕목은 그동안 안디옥에서는 알려진 바가 거의 없었다. 기껏해야 고위층 가운데 스토아적인 절제가 있었을 뿐이다. 노예가 더 이상 거짓말을 하거나 속여서는 안 된다고 배우는 것은 혁명적인 일이었다. 더욱 놀라운 사실은 그 노예가 이제 거짓말을 하거나 누군가를 속이려 하지 않고, 미움과 두려움의 대상이던 주인을 사랑하게 되었다는 점이다.

바울은 모든 새신자가 나름의 갈등을 겪는다는 것과 새 본성이 옛 본성을 단번에 없애 주지 못한다는 것을 잘 알았다. 그의 서신은 육체의 일, 곧 음행과 더러운 것과 호색과 우상 숭배와 주술과 원수 맺는 것과 분쟁과 시기와 분냄과 당 짓는 것과 분열함과 이단과 투기와 술 취함과 방탕함과 또 그와 같은 것들에 대해 상기시키며 경고했다. 그런 행동은 주위에 도사린 채 그들을 다시 진창으로 끌어당기려 하지만, 성령을 따라 행하면 육체의 욕심을 채우지 아니하게 된다고 했다. 그래서 바울은 그들을 그리스도 안에 굳게 세우려고 열심히 일했다. 새로 태어난 아기가 울음을 터뜨리듯 자연스럽게 그들은 주님께 기도하고자 했고, 바울은 그들에게 기도하는 법을 가르쳐 주었다. 주 예수님을 알고자 하는 그들의 갈망은, 바울이 처음 회심했을 때 못지않게 강했다. 그는 자신이 아는 바를 모두 설명했고, 모든 이방인과 유대인에게 유대인들의 성경을 그리스도를 통해 그 의미가 온전히 드러난 하나님의 말씀으로 가르쳤다.

이 중 어떤 일도 고립적으로 이루어지지 않았다. 그들은 한 가족의 일원으로 태어났다. 각 사람은 동등한 가치의 소유자였다. 바울의 말은 듣는 사람들에게 급진적인 교리였다.

고대 세계에는 계급 간의 증오와 경멸이 끊이지 않았다. 한 사람의 피부색, 인종, 종교(유대인을 제외하고)보다 더 중요한 것은 그의 현재 지위였다. 니그로나 대초원 지대 출신의 스키타이인들은 부, 권력, 로마시민권을 얻을 수 있는 반면, 정복당한 왕의 아들은 비록 피부가 하얗고 기품 있게 자랐어도 노예로 전락해 소지품 취급을 받았다. 주인이 홧김에 그의 두개골을 부숴 버려도, 살갗이 다 벗겨지도록 채찍질을 해도 국가나 이웃은 개의치 않았다.

그에 반해 바울은 그리스도 예수 안에서는 유대인이나 그리스인이나 종이나 자유인이나 남자나 여자나 차별이 없고 모두 하나라고 가르쳤고, 성령님은 그것이 사실임을 체험하게 해 주셨다. 바나바와 몸이 회복 중인 바울은 함께 이 집단 저 집단을 다녔다. 때로는 도시에 있는 부유한 유대인의 집에서, 때로는 로마 퇴역 군인의 시골 저택에서, 때로는 브루기아인의 농가에서 주인과 노예, 할머니와 청년, 상점 주인과 군인이 축복의 잔과 빵을 나누는 모습을 보았다.

이후 몇 년 동안 갈라디아 교인들은 실패하고 넘어지며 바울의 마음을 크게 아프게도 했다. 그러나 그들은 그리스도를 처음 믿은 이 시기에 자신들 안에서, 자신들을 통해 일하시는 그리스도의 실재와 활동, 그분의 임재를 분명하게 느꼈다. 각 사람이 이웃을 구세주께 인도하여 이웃과 구세주를 모두 섬기려는 열정으로 가득했다. 주 예수에 대한 믿음이 온전한 삶으로 들어가는 유일한 입구이며, 그 온전한 삶은 그분을 믿는 즉시 시작되어 죽음과 함께 완전해진다고 확신했기 때문이다. 그래서 새신자들은 두 사도들에게 배우는 가운데에도 사방으로 퍼져 나갔다. 그에 따라 누가는 이렇게 전한다.

"주의 말씀이 그 지방에 두루 퍼지니라."

바울은 그들을 격려했다. 그는 수동적이고 아직 배우는 과정에 있는 '제자들'을 성령께서 이끄셔서 복음을 적극적으로 선포하는 '사도들'로 바꾸시기를 기대했다. 그는 참된 회심자들을 가르쳐 그들의 신앙 수준을 지적으로는 놀랄 만큼 빨리 동료의 수준까지 끌어올렸다. 그러다 보니 그중 하나라도 기대를 저버릴 때면 지나치다 싶을 만큼 슬퍼하고 낙심했다.

노예처럼 매인 몸이 아닌 회심자들은 구릉지나, 큰 호수 주변의 여러 만에 흩어져 있는 초가지붕 오두막들, 중앙 고원으로부터 안디옥 지역을 갈라놓는 높은 산맥에 이르기까지 들어갔다. 그들은 각처에서 하나님의 은혜를 전했고 예수님이 자신들과 함께 일하심을 체험했다. 말씀을 듣던 사람들의 얼굴에 가끔 광채가 떠오르는 것을 보면 알 수 있었다.

불과 몇 주 만에 교회가 생겨나 계속 번성하였다. 대개 가족이 모두 함께 교회에 들어오기 때문에 믿음의 깊이가 있는 사람과 없는 사람, 즉 밀과 가라지가 섞여 있을 수 있었지만 이 시절은 영혼의 봄철과도 같았다. 새끼 염소들을 돌보는 두 명의 염소치기는 예수님에 대해 거침없이 이야기했다. 물고기를 잡아 일찍 돌아오는 림나이 호수의 고깃배들 사이에서 선원들이 노를 내려놓고 머리 숙여 기도하는 모습을 볼 수 있었다. 시장에서 아는 사람을 만난 어느 여성은 상대방도 신자가 되었음을 발견하고 기뻐했다.

대토지에서 일하는 노예는 그리스도가 함께하셔서 해지기 전 마지막 한 시간, 가장 힘든 그때가 훨씬 견딜 만하고 짧게 느껴지는 것을 체험했다. 밤에 골짜기 위 성벽에서 근무를 서는 군인은 새 노래를 흥얼거렸다.

바울과 바나바는 교회가 자립할 수 있을 때까지 머물고 싶었다. 하지만 그들이 그곳에 머문 지 두 달쯤 지나 한여름의 열기로 안디옥이 후끈 달아오르고 먼지 때문에 사람과 짐승의 신경이 모두 날카로워진 8월이 되자, 그들의 머리 위에 폭풍이 일었다.

그리스도를 믿기 거부하던 유대인들은 지금까지 그냥 사태를 관망하고 있었다. 사도들이 더 이상 회당에 출입하지 않았기 때문에 그들을 직접 공격할 수 없었다. 그리고 식민시 행정관들은 법을 잘 지키는 외국인들에 대한 고소에 귀 기울이지 않았다. 하지만 기독교의 영향력이 점점 커지자 유대인들은 더 이상 참지 못했다. 그들은 유대교 개종자 귀부인들 몇 명을 선동하여 기독교로 인해 하층민들 사이에서 사회적 불만이 확대될 가능성이 높다는 불안감을 고조시켰다. 마침내 이 불안감은 바울의 가르침에 대한 혐오감 못지않게 강해졌다.

다른 소아시아의 경우처럼, 이름이 다양한 여러 모신母神에 대한 이교 신앙 덕분에 안디옥 여자들은 지역에서 두드러진 영향력을 행사하고 있었다. 유대교 개종자 귀부인들의 남편들에게 황제에 대한 충성은 종교나 다름없었다. 그런 그들은 부인의 말을 경청했으며, 새로운 설교자들이 참으로 못된 짓을 꾸미고 있는 부랑자들이라고 판단하게 되었다.

그 다음 벌어진 일은 누가의 짤막하고 조심스러운 구절과 바울이 노년에 쓴 편지로 추론해 볼 수 있다.

도시의 지도층 인사들이 로마 식민지의 지역 문제들에 대해
권한이 없는 속주 관리들이 아니라 행정관들을 찾아가 사도들을
고발했다. 그들의 목적은 바울과 바나바를 쫓아내는 것이었지만
거기에는 언제나 즉결 형벌이 뒤따랐다. 감옥에 갇힌 두 사람은
앞으로 닥칠 일을 알고 있었다. 하지만 바울은 로마 시민이었다.
그는 시민권을 증명해 주는 기록판을 소지하고 있었을 것이다. 그는
이렇게 주장할 수 있었다.

"키비스 로마누스 숨(나는 로마 시민이오)."

그렇게 되면 설령 쫓겨나더라도 태형이나 그 밖의 수모는 피할
수 있었다. 반면 바나바는 로마 시민이 아니었으니 법이 정한 벌을
다 받아야 할 상황이었다. 그러나 바울은 바나바만 두고 어려움을
피할 생각이 없었고, 자신의 로마시민권에 대해 아무 말도 하지
않았다.

다음 날 아침, 사도들은 좀도둑과 도망갔다 붙들려 온 노예의
혼잡한 무리와 함께 시내 광장의 우리로 끌려갔다. 행정관들은
재판석인 베마 위의 자리에 앉아 있었다. 그들 뒤에는 어깨가
넓은 수행관인 릭토르들이 권표인 파스케스를 하나씩 들고 서
있었다. 파스케스는 둘레에 막대기 다발을 묶어 놓은 도끼로, 로마
식민지에서 행정관의 권위를 상징하고 처형 수단으로도 쓰였다.

공개 재판이 진행되었다. 많은 그리스도인이 군중 속에서 슬픈
마음으로 사도들을 지켜보고 있었다. 바울과 바나바는 묶인 채로
행정관들 아래의 공간으로 끌려 나갔다. 고소 내용이 발표되고
이윽고 판결이 내려졌다. 릭토르 한 명이 연단에서 내려왔다. 바울과
바나바가 차례로 허리 높이의 채찍 기둥으로 끌려갔다. 그들의 옷이
찢겨져 바닥에 떨어졌다. 그들은 벌거벗긴 채 기둥에 몸이 묶였다.
릭토르는 파스케스에서 자작나무 막대기를 꺼내 형벌을 가했다.

이후 피투성이로 풀려난 사도들은 찢어진 옷을 간신히 걸쳤고 몸을 추스를 여유도 없이 도시 경계까지 2~3킬로미터쯤 끌려가 내쳐졌다. 그리스도인들이 뒤따랐고, 예수님을 믿지 않는 유대인들도 따라와서 책략이 성공한 것을 흡족해했다. 바울과 바나바는 몸을 일으켜 주 예수님이 첫 번째로 전도를 보낸 사람들에게 가르치신 행동을 엄숙하게 실행했는데, 이는 아마도 이 유대인들 때문이었을 것이다.

주 예수님은 이렇게 가르치셨다.

"어느 곳에서든지 너희를 영접하지 아니하고 너희 말을 듣지도 아니하거든, 거기서 나갈 때 발아래 먼지를 떨어 버려 그들에게 증거를 삼으라."

11. 돌에 맞다

바울과 바나바의 태형을 목격한 그리스도인 회심자들 중에는 나이
든 유대인 여성 로이스와 그리스인과 결혼한 그녀의 딸 유니게
그리고 유니게의 아들 디모데가 있었다. 로이스가 먼저 그리스도를
믿었고 딸 유니게가 그 다음 믿었다. 열일고여덟이던 디모데는
바울에게 믿음 안에서 참 아들이었다. 그를 거듭나게 하려고 바울이
'산고'를 겪으면서 두 사람 사이에는 서로 결코 잊지 못할 유대가
생겼다.

　로이스 가족은 안디옥에서 동쪽으로 200킬로미터쯤 떨어진
로마의 식민도시 루스드라의 시민들이었다. 그들은 사도들과
고향으로 돌아갈 계획을 세운 것으로 보인다. 디모데가 볼 때
사도들은 육체의 고통 속에서도 놀랄 만큼 유쾌했다. 안디옥에서
쫓겨나긴 했지만 인근 지역 너머를 다니는 데는 아무런 제약이
없었다.

　바울과 바나바는 도시 동쪽의 낮은 구릉지로 곧게 뻗은,
포플러 나무가 늘어선 아우구스투스 대로를 지나면서 근처에
살던 그리스도인들의 집을 방문해 하루나 이틀 묵었을 것이다.
그리고 그곳에서 태형으로 상한 몸을 좀 회복하고 신자들에게

마지막 가르침을 주었을 것이다. 사도들은 회심자들이 낙심하거나 두려워하기는커녕 오히려 즐거워하는 모습을 보고 기뻐했다. 신자들은 성령의 전령들이 떠나야 하는 상황을 아쉬워했다. 바울이 받은 처벌이 박해의 전조라면 자신들 역시 같은 어려움을 겪어야 할 줄 알면서도, 그들은 성령이 자신들을 버리지 않을 것임을 굳게 믿었다. 주님이 곁에 계시므로 사람이 저지를 일을 두려워하지 않은 것이다.

그렇게 해서 소수의 무리가 아우구스투스 대로를 타고 다시 길을 떠났다. 유니게와 로이스는 사도들의 상처가 덜 나았다며 다소 소란을 떨었고, 디모데는 그들의 생필품을 짊어졌다. 이틀 동안 길을 걸어가 북쪽 산맥 아래의 벽촌으로 들어선 그들은 여관에서 묵어야 했다. 그런데 로마제국의 여관들은 대개 유곽이기도 했다. 바울은 갈라디아와 소아시아를 비롯해 온 세계에 그리스도인 여행자들이 묵을 수 있는 그리스도인 가정이 가득할 날이 오기를 바랐다.

여행을 시작한 지 일곱째 날, 토로스 산맥을 뒤로 한 호수 옆의 좁고 비옥한 평야를 지나 언덕길을 오르자 길이 갈라졌다. 로이스 모녀가 군사로를 따라 곧장 루스드라까지 갔는지는 정확하지 않지만, 디모데는 사도들과 왼쪽 길로 빠져 고갯길을 지나 중앙 고원 가장자리에 있는 고대 도시 이고니온으로 내려갔다. 두 사도는 눈에 띄지 않게 조용히 시내로 들어갔고, 바울이 기회를 잡아 회당에서 설교를 했다. 그러자 안디옥에서 일어난 일처럼 경이로운 결과가 나왔다. 수많은 유대인과 그리스인이 믿었고, 그리하여 세워진 두 번째 갈라디아 교회는 처음부터 인종 화합을 이루는 교회의 올바른 모습을 보여 주었다. 순수 혈통의 유대인이나 이방인이나 그리스도 예수 안에서는 모두 하나였다.

예수가 약속된 그리스도임을 믿지 않던 유대인들은 즉시

반격에 들어갔다. 그들은 이방인들의 마음을 선동하여 형제들에게 악감정을 품게 했다. 믿게 된 사람들은 바울이 '영생'이라 부른 새로운 삶을 체험하고 있었지만, 믿지 않는 사람들은 섬뜩한 이야기를 열심히 퍼뜨렸다. 그 결과 먼지와 바람의 도시, 나지막하고 묘한 쌍봉이 피라미드처럼 솟은 도시 이고니온을 무대로 이후 역사에서 거듭되는 장면이 세계 최초로 대규모로 펼쳐진다. 사람들이 예수 그리스도처럼 살기 시작하면, 원수들이 그들의 이름을 헐뜯는 광경이다.

은밀한 범죄로 미움 받는 자들…… 인류를 증오하는 자들…… 가장 혹독한 처벌을 받아 마땅한 인격 파탄자들.

이 구절은 네로 치하의 그리스도인들에 대한 타키투스의 기록이며 그리스도인들을 향한 러시아의 비방 선전에서도 거의 똑같은 주장을 찾아볼 수 있다.

현대 러시아와 고대 로마에서 일어났던 일이 이고니온에서도 벌어졌다. 그러나 이로 인한 긴장감은 오히려 화평의 복음이 퍼지는 데 도움을 주었다. 누가의 기록에 따르면, 바울과 바나바는 몇 날 몇 주가 지나도록 오랫동안 거기에 머물면서 주님을 의지하며 담대하게 말하였다. 주께서는 그들의 손으로 표적과 놀라운 일을 하게 하셔서, 그들이 전하는 은혜의 말씀을 확증하여 주셨다.

서구 신학자들 중 몇몇은 사도행전 14장 3절의 '표적과 놀라운 일', 즉 표적과 기적에 대한 언급이 나중에 덧붙여진 것이거나 누가가 허튼 미신을 믿었음의 증거라고 치부했다. 그러나 아프리카나 동양의 그리스도인들에게 이 구절은 전혀 당황스럽지 않다. 북부 버마(오늘날의 미얀마)에서 신당神堂 근처의 부족민 가옥에서 묵어 본 경험이 있는 예민한 서구인이나, 콩고에서 주술사에게 맞서 본 사람들은 이 구절이 누가가 평소처럼 정확하게 기록한 것임을 의심하지 않을 것이다. 서구에서는 악의 세력이 세련된 모습으로 나타날지 모른다. 하지만 그 외 지역 사람들은 '악령'이나 '귀신'을 상상의 산물로 치부하는 일을 경계할 것이다. 아마도 이고니온에서 나타난 표적과 기적은, 그리스도를 통해 사람들이 정신적 고통과 신경 질환과 악령에 사로잡힌 상태에서 순식간에 풀려난 사례일 것이다. 누가는 갈릴리에서 시작된 사건을 다룬 이야기를 이렇게 전한다.

"예수께서 각종 병이 든 많은 사람을 고치시며 많은 귀신을 내쫓으셨다."

긴장이 고조되었다. 이고니온 사람들은 사도들을 따르거나 그들에게 동조하는 사람들과, 그들을 미워하는 사람들로 나뉘었다.

바울은 거리에서 자주 봉변을 당했지만 이고니온에서 겨울을 날 계획이었다. 그러던 늦가을 어느 날, 그는 놀라운 소식을 들었다. 적대적인 유대인들과 이방인들이 지방 행정관들의 환심을 사서 군중 폭력 사태를 눈감아 주겠다는 약속을 받아 냈다는 내용이었다. 그와 바나바는 재판 절차 없이 개처럼 돌에 맞을 판이었다.

그들은 달아나기로 했다. 돌에 맞다가 죽을 수도 있었다. 그리고 당국의 용인하에서 이루어지는 공공연한 폭행은 신자들에 대한 광범위한 박해로 이어질 수 있었다. 사도들이 떠나고 나면 이곳 교인들은 스스로 어려움을 감당해야 했다. 그러나 안디옥 교회는, 신생 교회가 설립자들의 생각보다 훨씬 빨리 그리스도의 능력으로 자립할 수 있음을 보여 주지 않았던가. 그러므로 그들은 디모데를 안내자 삼아 길을 나서며, 이 동네에서 박해하거든 저

동네로 피하라는 주님의 말씀에 순종했다.

다음 날 아침 일찍 성문이 열리자마자 바울 일행은 몰래 남쪽으로 빠져나갔다. 목적지는 분명했다. 브루기아 지방과 이고니온 행정관들의 관할권을 벗어나는 인접 루가오니아 지방의 루스드라였다. 루스드라는 디모데의 고향이기도 했다. 오랜 세월이 지나고 많은 길을 함께 다닌 뒤, 바울은 디모데에게 이렇게 상기시키게 된다.

"나의 교훈과 행실과 의향과 믿음과 오래 참음과 사랑과 인내와 박해 받음과 고난과, 또한 안디옥과 이고니온과 루스드라에서 당한 일과 어떠한 박해를 받은 것을, 네가 과연 보고 알았거니와 주께서 이 모든 것 가운데서 나를 건지셨느니라."

그들은 멀리 가파르게 솟아 있는 검은산을 줄곧 왼쪽에 끼고 평야를 가로질러 토로스 산맥의 기슭에 들어서기까지 하루에 40킬로미터씩 강행군을 했다. 그리고 마침내 좁은 골짜기 위로 솟아 있는 루스드라를 보았다.

도시 입구에는 저녁 햇살에 밝게 빛나는 제우스 신전이 서 있었다. 그곳에서 바울은 전도자로 활동하며 겪은 가장 끔찍한 사건들 중 하나를 겪게 된다.

바울과 바나바는 안디옥과 이고니온에서 어려움을 겪고도 조금도 위축되거나 열정이 시들지 않았다. 그리고 그들이 얻은 회심자들은 이내 둘씩 짝지어 나서서 구릉지 아래쪽 여기저기 흩어진 웅덩이 주변의 여러 작은 마을과 평원을 지나 더베까지 복음을 전했다. 이 회심자들은 대부분 그리스인이었다. 루스드라에 유대교 회당이 있었는지 확실치 않고 문헌도 남아 있지 않으며 유적도 보이지 않는다. 오늘날까지 루스드라는 발굴 작업이 제대로 이루어진 적이 없다. 게다가 이곳의 로마인들은 안디옥에 있는 로마인보다 라틴어를 더 많이 사용하는 터라 그리스어로 전하는 복음에 거의 흥미를 보이지 않았다. 하지만 추수할 때가 찼기 때문에 루가오니아인들은 귀를 기울였고, 자기들끼리는 모국어를 썼지만 상업어인 그리스어를 알고 있었다.

그러나 믿는 사람은 거의 없었다. 햇살이 비치는 어느 겨울날, 특별한 사건이 벌어졌다. 바울이 즐겨 복음을 전하던 광장 근처에는 나면서부터 걷지 못한 사람이 쪼그리고 앉아 있었다. 발에 힘이 없어 한 번도 걸어 본 적 없는 그는, 지역에서 모르는 사람이 없는 유명인이었고 친구들이 매일 기둥 옆에 데려다주었다.

바울이 그리스도를 죽은 자 가운데서 일으키신 전능하신 하나님에 대해 말하며 청중을 둘러보았다. 그곳에는 심드렁한 사람, 당혹스러워하는 사람, 집중해서 듣는 사람, 희망을 얻는 듯 보이는 사람 들이 있었다. 그런데 갑자기 바울의 눈에 불구자의 얼굴이 들어왔다. 바울은 설교를 중단하고 그를 똑바로 쳐다보았다. 그리고 그 사람에게 영혼뿐 아니라 몸도 나음을 입을 만한 믿음이 있음을 알았다. 갈릴리의 장애인에게 침상을 들고 걸어갈 힘을 주신 능력의 주님이, 바울의 믿음과 그 장애인의 믿음대로 이루어 주길 기다리심이 분명했다.

"당신 발로 똑바로 일어나 서시오!"

다음 순간, 갑자기 그 사람이 벌떡 일어서더니 걸었다. 주저하며 조심스럽게 발끝을 내미는 것이 아니라 힘차게 뛰어다녔다.

군중은 벼락이라도 맞은 듯했다. 그들은 바울과 바나바가 알아듣지 못하는 루가오니아어로 뭐라고 수군거리기 시작했고, 이내 청중 전체가 존경심과 흥분이 가득한 소리로 웅얼거렸다.

젊은이들 중 일부는 광장에서 빠져나가 제우스 신전으로 달려갔다.

루스드라의 아이들이 어머니들에게 배우는 루스드라의 전설에는 최고신 제우스와 그의 사자 헤르메스가 가난한 여행자로 변장하고 루가오니아의 부자들과 가난한 사람들 사이에서 쉴 곳을 구했다는 내용이 있다. 번번이 거절 당하던 그들은 늙은 농부 부부 필레몬과 바우키스의 집에 노크를 했고, 그 노부부는 그들을 맞아들여 숙소와 식사를 제공했다. 신들은 노부부에게 자신들의 정체를 드러냈고, 손님을 박대한 사람들은 개구리로 만들었다. 그리고 신들은 바우키스의 오두막을 황금과 대리석으로 된 신전으로 바꾸었다. 이 신전은 로마인들이 쳐들어오기 훨씬 이전부터 루스드라 외곽에 있었다. 루가오니아인들은 언제나 두 신이 돌아올 날을 기다리며 그들을 명예롭게 대접할 다음 기회를 노리고 있었다.

그런데 이제 모든 것이 딱 들어맞았다. 그들에게 찾아와 기적을 행한 두 사람 중 한 사람은 헤르메스(라틴어로 메르쿠리우스)가 분명했다. 키가 크고 차분하며 말은 적지만 사자를 통해 자신의 말을 전달하는 또 다른 사람은 최고신 제우스(라틴어로 유피테르)가 틀림없었다.*

제우스 신전의 대제사장이 희생 제물로 쓸 황소들을 신전 목장에서 황급히 끌고 나와 올리브 나무 가지와 염색한 양털을 씌우고는 칼을 쥔 채 뿔피리를 불면서 시내로 나아왔다. 시내에서는 성문 바로 안 넓은 공간으로 벌써 군중이 모여들고 있었다.

*
《영어성경 개역 표준역RSV》의 경우처럼 사도행전의 그리스어 본문에는 제우스와 헤르메스로 표기되어 있다. 《킹제임스 성경》은 그리스 신을 라틴어 이름으로 번역하던 엘리자베스 시대의 흥미로운 관행을 따랐고, 이상하게도 《뉴 잉글리시 바이블NEB》도 그 관행을 되풀이했다. 아마도 오비디우스의 《변신이야기Metamorphoseon》에 나오는 바우키스 이야기가 가장 유명하기 때문일 것이다. 어떻든 루가오니아 사람들은 두 신을 아나톨리아 지방식 이름으로 불렀을 것이다. 그렇지 않았다면 바울과 바나바가 좀더 빨리 사태를 파악했을 것이다.

광장에서는 루가오니아인들이 노래를 부르고 춤을 추면서, 영문을 모른 채 서 있는 바울과 바나바를 둘러쌌다. 행렬이 만들어졌다. 사람들은 사도들에게 깊은 경의를 표하며 성문으로 가는 대로로 이끌었다. 그제야 사도들은 그들이 큰 소리로 부르는 노래가, 신들이 사람의 형상으로 우리 가운데 내려오셨음을 뜻하는 내용임과 자신들을 기쁘게 하려고 희생 제물을 바치려 한다는 것을 깨달았다. 그들은 기겁했다.

신성 모독의 상황을 접한 그들은 유대인답게 본능적으로 옷을 찢었고 거리로 달려가 제사장에게 그만두라고 간청했다. 바울은 돌 제단 위로 기어 올라갔다. 그는 찢은 옷자락을 바람에 펄럭이며 이렇게 외쳤다.

"여러분, 어찌하여 이런 행동을 하십니까? 우리도 여러분과 똑같은 사람에 지나지 않습니다. 우리가 이곳에 온 것은 여러분에게 복음을 전하여 이 헛된 일에서 돌이켜, 살아 계신 하나님께로 돌아오게 하려는 것입니다. 하나님은 하늘과 땅과 바다와 그 안에 있는 모든 것을 지으신 분입니다. 하나님이 지나간 세대에는 모든 민족이 자기 방식대로 살게 내버려 두셨습니다. 하지만 하나님은 그때도 자신이 어떤 분인지 알리지 않으신 것이 아닙니다. 하나님은 하늘에서 비를 내려 주시고, 때를 따라 열매를 맺게 하시는 등 여러분에게 선한 일을 행하셨습니다. 하나님은 먹을 것을 풍성히 주시고, 여러분의 마음에 기쁨을 가득 채워 주셨습니다."

아슬아슬한 상황이었다. 제사장은 주저했다. 군중은 동요하며 자신들의 우상이건, 바울이 말한 살아 계신 하나님이건 어떤 신적 존재를 화나게 할까 봐 두려워하며 중얼거렸다.

바로 그때 외부 사람들이 등장했다. 옷차림을 볼 때 유대인이었는데, 바울은 그들이 비시디아 안디옥과 이고니온에서 온 반대자들임을 알 수 있었다. 아마도 그들은 루스드라를 다니며 무역을 하고 있었을 것이다.

그들은 군중을 충동질했다. 웅성거림이 점점 커졌다. 동양 군중의 무서운 변덕스러움이 일어나 분위기는 삽시간에 경배에서 분노로 바뀌었다. 한 젊은이가 돌을 집어 들고는 겨냥을 해서 던졌고 퍽 소리와 함께 바울에게 정면으로 맞았다. 바나바나 그의 친구들이 미처 손을 쓸 새도 없이 순식간에 바울의 턱, 배, 사타구니, 가슴, 관자놀이에 돌 세례가 쏟아졌다. 쓰러져서 경직된 그의 코와 눈에서 피가 흘러나왔다. 군중은 그를 도시 밖으로 끌어내고는 성문에 서 있는 로마군 보초병들에게 얼굴이 들키기 전에 서둘러 사라졌다.

갑작스러운 공격에 깜짝 놀라 지켜보던 회심자들은 충격에서 헤어나지 못하고 반신반의하며 그의 주위에 둘러섰다. 바울이 꿈틀거렸다. 모든 근육과 신경이 타는 듯했고, 머리는 욱신거렸다. 그는 배까지 울렁거렸지만 온 힘으로 일어섰다.

바울의 동조자들은 그를 부축해, 소송이 두려워 군중이 몸을 감춘 텅 빈 거리를 천천히 지나갔고 그의 상처를 치료해 주었다. 다음 날, 그는 온몸의 뼈마디가 소리를 지르는데도 바나바와 출발했다. 그가 나귀를 한 마리 빌렸을지도 모르겠지만, 여행길은 그야말로 고문이었을 것이다. 그들은 구릉지를 따라 잠시 동쪽으로 가다가 대평원에 들어섰다. 겨울바람과 가끔씩 몰려오는 눈보라에 시달리며 열심히 가는데도 저 멀리 섬처럼 보이는 화산, 즉 검은산은 좀처럼 가까워질 기미가 없었다.

원주민 국가 콤마게네 왕국의 국경선을 넘자 비로소 그들은 안전해졌다.

여러 해 동안 전문가들은 루스드라가 너무 위험하여 그곳을 떠난 바울이 어떻게 더베에서 은신처를 발견할 수 있었는지 의아해했다. 둘 다 갈라디아 속주 루가오니아 지방의 도시이고 가까이 있으리라 추측했다. 그때까지 더베의 정확한 위치를 아무도 몰랐다. 그리고 이고니온은 브루기아 지방에 속하면서도 안디옥에서 상당히 떨어져 있었다.

1964년에 마침내 더베의 위치가 밝혀졌다. 그런데 추측과 달리 더베는 루스드라 방향 검은산 근처가 아니라, 저 멀리 동쪽 데브리 세리, 즉 콤마게네 왕국 국경 너머에 있었다. 원래는 갈라디아 속주 루가오니아 지방의 일부였고 클라우디우스(클라우디오) 황제가 수여하는 명예를 받기도 했지만, 바울이 방문하기 1~2년 전 중요한 인접 도시 라란다와 함께 콤마게네 왕국의 안티오코스 왕에게 할양되었다. 안티오코스는 로마의 봉신으로 갈라디아와 길리기아 사이 지역을 다스렸다.

더베에서 바울은 환대받고 대중의 반응을 얻었으며 만신창이가 된 몸을 회복했다. 콤마게네 왕국으로의 통치권 할양은 행정 편의를 위한 조치에 불과했던 터라 더베 사람들은 여전히 자신들을 갈라디아 사람으로 여겼다. 그러므로 바울이 널리 흩어져 있는 교회들에 보낸 편지에 다음과 같이 썼을 때, 바로 이들을 염두에 둔 것일 수도 있다.

내 병이 여러분에게 짐이 되었을 텐데도 여러분은 나를 미워하거나 저버리지 않고, 하나님의 천사나 예수 그리스도처럼 맞아 주었습니다. ……지금 기억하기로 그때에는 여러분이 할 수만 있다면 여러분의 눈이라도 빼어 줄 정도였습니다.

그해 겨울, 사도들은 더베에서 많은 제자를 얻었다. 바울은 몸이 회복되는 동안에도 자신의 임무를 미루지 않았다. 몸의 상처는 인간의 폭력과 죄를 끊임없이 상기시켜 주었다. 그에게 그 상처는 십자가에 못박힘의 상징이기도 했다. 그는 자신의 상처를 '주 예수의 흔적'이라 불렀다. 인간의 처지와 하나님의 사랑에 대한 인식은 거의 노이로제라 할 만큼 그에게 계속 부담으로 다가왔다. 이것이 그가 팀을 이루어 복음을 전하는 방법을 선호하게 된 한 가지 이유이기도 했다. 바나바와 같은 동료는 그가 병들었을 때 위로가 되었고, 건강할 때에도 무리하지 않도록 그를 견제해 주었다.

평야와 산기슭에 눈이 녹고 바람이 잔잔해지자, 사도들은 더베를 떠났다. 동쪽 무역로를 따라 길리기아 대문들로 가서 다소를 거쳐 시리아로 갔다면 상당히 빨리 다다를 수 있었을 것이다. 하지만 그들은 자신들에게 몹쓸 짓을 했던 세 도시를 거쳐, 왔던 길을 되돌아갔다. 해가 바뀌어 새로운 행정관들이 들어서면서 전임자들의 금지 명령은 효력을 상실했지만, 바울과 바나바는 일단 한번 찍힌 사람들이었다. 또다시 돌에 맞고 채찍질을 당할 위험을 감수하는 데는 용기가 필요했다.

루스드라에 도착한 그들은 엄청난 격려를 받았다. 문제와 어려움, 박해와 고난이 있었지만 교회는 해체되지 않고 성장을 계속했다. 사도들은 서둘러 떠나지 않았고, 제자들의 마음을 굳게 하여 이 믿음에 머물러 있으라고 권했다. 또 사도들은 제자들에게 하나님 나라에 들어가려면 많은 환난을 겪어야 한다고 말했다. 루스드라에 머무는 동안 그들은 회심자들 중 누구에게 교회의 감독을 맡겨야 할지 지켜보고 살펴보았다. 바울은 장로에게 필요한 인격적 은사들을 명확히 정의하지 않았지만, 그와 바나바는 성령이 예비하실 사람들을 분별할 수 있으리라 믿었다. 그리고 갈라디아인들이 그리스도를 경험한 지 오래되지 않았어도 갈라디아의 교회는 지역 교인들이 이끌어야 한다고 확신했다.

그리스도인들은 하루 시간을 내어 장로들을 선택했고 엄숙한 임명식을 가졌다. 그 후 사도들은 새 장로들과 그들의 무리를 '그들이 믿는 주'께 부탁했다.

두 사람은 북쪽으로 걸어갔다. 쟁기질을 마친 경작지는 갈색 흙이 드러나 있었고 나무에는 꽃이 피어나고 있었다. 산마루를 넘어 드디어 이고니온의 쌍봉이 보이자 그들은 기뻐했다. 오른쪽에 있는 눈 덮인 검은산은 자신들을 위해 기도하고 있을 더베 사람들을 떠오르게 했다.

이고니온에서 사람들을 격려하고 장로들을 세운 뒤, 그들은 다시 서쪽으로 먼 길을 걸어갔다. 비시디아 안디옥에 다다랐을 때, 길옆에서 쟁기질을 하던 사람이 달려와 그들에게 인사를 했을지도 모른다. 얼마 후 저마다 배경이 다른 사람들이 기쁨에 차서 몰려와 바울이 말해 준 내용이 좋은 날에도 힘든 날에도 사실이었다고 힘주어 말했다. 그들은 주 예수님이 바울이 말한 것과 같은 분이고, 그 이상의 분임을 발견했던 것이다. 사도들은 자신들이 떠난 후 교회에 합류한 많은 사람을 만나는 흥분도 맛보았다.

그들은 안디옥에서 2~3주쯤 머문 뒤 마침내 집으로 출발했다. 1년 전, 낯선 사람으로 거닐었던 림나이 호 근처에서 그들은 거의 개선 행진을 했다. 매일, 한 그리스도인 가정이 그 다음 그리스도인 가정까지 그들을 바래다주었다. 때로는 나귀 새끼들을 거느린 나귀들을 타고 가기도 했고, 뗏목을 타고 가기도 했다. 저녁이면 그 지역의 모든 그리스도인이 아이들까지 데리고 와 한집에 모였고, 바울과 바나바는 그들에게 격려의 말과 조언을 해 준 뒤 장로들을 임명했다. 그들은 모두 주 예수께서 그들 가운데 계심을 더없이 깊이 느꼈다.

다음 날 아침, 사도들은 다시 길을 떠났다. 호수는 매우 평화로웠고 지극히 즐거운 분위기였다. 다음 고백이 절로 나왔다.

"그가 나를 쉴 만한 물가로 인도하시고 내 영혼을 소생시키시는도다."

그들은 자신들 앞에 실망스러운 일이 기다리고 있으리라곤 도저히 상상할 수 없었다.

12. 내가 그를 대면하여 책망하였노라

시리아 안디옥의 그리스도인들이 신곤 거리에 있는, 교회로 쓰고 있는 큰 집의 야외 아트리움에 가득 들어찼다. 더운 날의 끝자락, 도시에서 풍기는 악취와 바싹 붙어 앉은 몸뚱이에서 나는 땀 냄새는 안중에도 없었다. 주후 48년 늦여름 저녁, 이곳에 모인 유대인과 이방인, 부자와 가난한 사람, 노예와 자유인의 머릿속에는 한 가지 생각뿐이었다.

'바울과 바나바가 돌아왔다.'

그들은 고대 세계의 가장 지체 높은 여행자들을 제외한 나머지 대부분이 그렇듯 예고 없이 도착했다. 흘수가 얕은 배를 타고 오론테스 강을 따라 곧장 안디옥으로 왔고, 오자마자 그들의 동역자들과 교회 전체를 불러 모았다. 그들의 중요한 보고는 밤늦도록 이어졌다. 두 사람은 번갈아 가며 말했고 가끔 찬양을 부를 때만 말을 멈추었다. 그들의 이야기는 키프로스에 도착한 시점부터 시작되어 마침내 비시디아 안디옥을 떠나 집을 향해 출발하는 부분까지 이어졌다. 그들은 토로스 산맥을 지나 버가로 가서 이번에는 그곳에 머물며 말씀을 전했다는 이야기를 이었다. 그 다음엔 평원을 좀더 걸어간 후 절벽 아래로 내려가 앗달리아 항구에 도착한 이야기를 말했다.* 그들이 탄 배는 이 항해 중 바다에서 난파되었을 가능성이 있다. 앗달리아에서 시리아 안디옥으로 가는 여행은 "세 번 파선하고"라고 고린도후서에 기록으로 남아 있는 바울의 가장 긴 항해였기 때문이다.

그들은 육로로 1,600킬로미터 이상 걸었고 육상 여행에만 60일이 넘는 시간을 보냈다. 그들이 당한 잔혹한 핍박은 바울의 몸에 숨길 수 없는 상처를 남겼고, 그의 다리는 이전보다 훨씬 심하게 휘어지고 굽었다. 하지만 그들이 강조하는 바는 고난과 모험이 아니라, 하나님이 자기들과 함께 계셔 행하신 모든 일이었다. 무엇보다 그들은 하나님이 이방인들에게 믿음의 문을 여신 것을 강조했다. 시리아의 안디옥은 특별한 사례가 아니었다. 남부 갈라디아는 그리스도께서 자신을 모든 사람에게 내어 주셨음을 분명하게 보여 주었다.

바울과 바나바는 안디옥 교회의 정돈된 생활 속에서 설교자와 교사로 다시 자리를 잡았다. 바울의 소원은 더 멀리, 아시아와 비두니아 속주, 결국에는 마케도니아와 그 너머까지 가는 것이었다. 그렇지만 그는 건강을 회복하고 영적 뿌리를 더욱 깊이 내리면서 기꺼이 기다릴 참이었다. 그러나 그 기다림은 그가 바라던 것보다 훨씬 길어졌다.

베드로가 안디옥으로 왔다. 그로부터 몇 주 후, 그리스도의 제자가 된 뒤에도 여전히 바리새인으로 남아 있는 유대인들이 예루살렘에서 왔다. 뒤이은 논쟁은 안디옥 교회를 분열시켰고 바울과 베드로가 충돌하게 만들었으며 기독교 발전에 결정적으로

---

*
"그들은…… 앗달리아로 내려가, 거기서 배를 타고 안디옥으로 갔다"는 누가의 기록은 그의 용어 사용이 놀랍도록 정확했음을 보여 주는 또 다른 사례다. 안탈리아의 유쾌한 휴양지에 가 본 사람이라면 알 수 있을 것이다.

중요한 의미를 갖게 된다. 역사의 전환점이 된 많은 논쟁이 그렇듯, 후대 사람들에게 저녁식사 초대와 남성 생식기의 간단한 수술이 별 것 아닌 쟁점으로 보일 수 있다. 하지만 거기에는 두 가지 사안이 다루어지고 있다. 첫째, 기독교를 유대교의 변종으로 이해할 것인가. 둘째, 사람이 예수 그리스도를 믿음으로 얻는 죄 용서는 단순하고 즉각적인가, 아니면 인생 끝 날까지 믿음과 순종으로 옳은 일을 하려고 힘썼음을 입증하기 전까지 죄 용서는 불완전하고 조건적인 것에 그치는가.

유대인이건 이방인이건 모든 그리스도인이 완전히 동등한 조건으로 살고 있는 유일한 지역이 안디옥이었다. 그곳에 베드로가 왔을 때, 안디옥 사람들은 모두 그의 행동을 주시했다. 담대하게 말하고 지도력을 발휘하여 초대 교회의 중심인물이 된 그였다. 로마인 고넬료와 함께 식사함으로써 유대인들에게 충격을 주고 이방인들도 구원받을 수 있는 길을 연 그였다. 하지만 예루살렘에서는 예수 그리스도를 전해야 할 주요 대상이 유대인인 터라, 베드로는 유대교 율법을 그대로 지켰고 식사도 보통은 이방인들과 따로 했다. 만약 유대인과 이방인으로 이루어진 안디옥 교회에서 그가 따로 물러가 식사를 한다면, 이방인 그리스도인이 유대인의 규례와 법을 받아들여야 한다는 의미였다. 즉, 새로운 믿음인 기독교는 유대교의 진보적인 분파일 뿐이라고 믿는 사람들의 주장이 큰 힘을 얻게 될 터였다.

그러나 베드로는 바울과 바나바와 합류하여 이방인처럼 생활했고 그로 인해 정통파 유대인들의 눈 밖에 나고 말았다. 그는 더 이상 모세 율법에 나오는 금식이나 금기를 지키지 않았고, 성찬에 앞서 이루어지는 공동식사 시간 아가페(사랑의 잔칫상)에 참여해 이방인 회심자들과 함께했다. 이방인 그리스도인이 유대인처럼

2부 더 멀리 좀더 멀리

살지 않아도 된다는 바울의 믿음에 동의한다는 것을 분명히 밝힌 셈이었다.

그러던 중 바리새파 그리스도인들이 도착했다. 나중에 거짓으로 밝혀졌지만, 당시 그들은 모교회의 명실상부한 지도자이자 주님의 동생인 야고보의 대리자로 왔다고 주장했다. 그들은 안디옥 교회와 베드로의 방종에 충격을 받았다. 유대인들이 '죄인과 이방인'을 동등하게 여기고 함께 식사하는 모습을 보았던 것이다. 그들 바리새인들은 '죄인'이란 단어와 '이방인'이란 단어를 동의어로 받아들이고 있었다.

그들은 모든 이방인 신자는 모든 유대교 개종자가 거쳐야 하는 할례를 받을 필요가 없다는 말도 들었다. 즉시 그들은 행동에 돌입했다. 그들은 회심자들에게 이렇게 말했다.

"모세의 법대로 할례를 받지 아니하면 능히 구원을 받지 못하리라."

논쟁에 참여한 사람은 누구나 그 의미를 알고 있었다. 예수님을 믿은 후, 할례를 받아 유대교 개종자로 살고 이후 모세 율법이 요구하는 모든 의식을 지키고 선행을 행해야 한다는 뜻이었다. 예수 그리스도를 믿을 뿐 아니라 정결 규례도 다 지켜야 함을 의미했다. 그렇게 하지 않으면 구원을 받지 못한다는 것이었다. 예수님을 믿는 것만으로는 천국에 들어갈 수 없다는 의미였다.

이 논증의 여파는 유대교의 의무를 지켜야 하는지에 대한 안디옥 교회의 고민에서 그치지 않았다. 바울은 바리새파 그리스도인들의 주장이 다마스쿠스 이후 자신이 깨달은 진리, 이후 여러 서신서에서 온전히 설명하게 될 진리와 전혀 다르다는 것과, 아무리 달리 표현해도 자기 의는 은혜의 경쟁 상대일 뿐 은혜를 보완하지 못한다는 것을 분명히 알았다.

이 문제는 정결 규례의 사안을 놓고 터져 나왔다. 할례 옹호자들이 매우 열정적이고 설득력 있게 주장을 펼치자 베드로는 더 이상 이방인들과 식사하지 않았다. 바울은 분개했다. 베드로는 안디옥에서 그가 취한 행동 때문에 유대인들을 대상으로 사역하는 예루살렘 친구들이 상당히 곤혹스러울 거라는 주장에 넘어갔는지 모른다. 바울은 베드로가 유대교 신봉자들의 생각에 동의한 것은 아니라고 확신했다. 베드로는 그들의 입이 두려웠거나, 평화와 일치를 위해 원칙을 희생하고 타협한 것이 분명했다. 그는 겉과 속이 다르게 처신하고 있었다. 잘못 행하고 있는 사도가 있다면, 그것은 안짱다리 바울이 아니라 베드로였다.

곧이어 안디옥 교회의 유대인 교인들이 대부분 베드로의 본을 따랐다. 그러자 바나바도 흔들리기 시작했다. 기근이 있던 당시에 구호품 전달을 위해 예루살렘을 방문했을 때, 정결 규례에 관한 문제가 논의되자 바나바는 바울의 편을 들지 않았던가. 그런데 갈라디아에서 하나님이 이방인들을 온전한 그리스도인으로 만드시는 놀라운 증거를 목격한 바나바마저 흔들리고 있었다. 바울은 목소리를 높이기로 마음먹었다. 외견상의 일치를 보존한다는 명목으로 기독교회의 이 깊은 틈을 덮어서는 안 되었다. 남자 생식기의 간단한 수술, 저녁식사 초대라는 사소한 일이 문제가 아니었다. 사람이 믿음으로만 의롭다 하심을 받는 것이 구원의 근본 원리가 아니던가. 바로 이 점을 분명히 짚고 넘어가야 했다.

바울은 베드로를 사석에서 책망하지 않았다. 공적인 피해가 생겼으므로, 모든 곳의 모든 사람의 믿음이 확고하게 서려면 공적인 책망이 있어야 했다. 바울은 생명의 위험을 감수하고 총독 앞에서 악한 엘루마를 책망한 적이 있었다. 그때와 동일한 본능적인 용기로 바울은 모든 이가 보는 자리에서 대단한 사랑과 존경을 받는 선한

베드로의 잘못을 지적하기로 마음먹었다. 자칫하면 교회에서
설 자리를 잃게 될지도 모르는 상황이었다. 그러나 바울은 그런
위험을 개의치 않았다. 그는 교회를 박해한 자신이 하나님 앞에서
모든 성도 가운데 가장 작은 자라고 여겼지만, 사람 앞에서는 어떤
사도와도 등등하다고 생각했다.

바울은 사실상 모든 교인 앞에 설 기회를 택했다. 그는 가장
공적인 방식으로 베드로의 면전에서 그를 비판했다. 그의 모순된
행동을 지적하고 문제의 핵심을 강조했다.

"당신은 유대인이면서도 유대인처럼 살지 않고 이방인처럼
살면서 어찌하여 이방인들에게 유대인처럼 살라고 합니까?"

교회가 여러 분파로 쪼개지고 자멸의 길로 들어설 수 있는
순간이었다. 하지만 주님을 모른다고 맹세하며 부인했던 제자,
그리고 그 순간 재판정에서 몸을 돌이켜 자신을 보시는 주님을 보고
울었던 베드로는 바울의 책망이 옳다고 받아들이고 즉시 회개했다.
몇 달 후 예루살렘에서 이 문제로 다시 논쟁이 벌어졌을 때,
베드로의 적극적인 지지로 바울의 입장이 승리를 거둘 수 있었다.
베드로는 바울의 지적을 분하게 여기지 않았던 것이다.

베드로는 예루살렘으로 돌아갔다. 이 문제를 둘러싼 쟁점이
결코 사소한 문제가 아니고 완전히 해결된 것도 아님을 보여 주는
나쁜 소식이 갈라디아에서 안디옥으로 전해졌다.

바리새파 그리스도인들이 갈라디아 교인들을 찾아가 환영을
받았고, 그들에게 할례에 대해 가르쳐 즉각 광범위한 성공을
거두었다는 소식이었다. 그들은 논쟁에서 패한 뒤 안디옥을 떠난
사람들이거나 길리기아를 지나 서둘러 찾아온 다른 사람들일 수도
있다. 아마도 후자일 가능성이 높다. 바울이 첫 번째로 선교한 교회,

매우 유망하고 건강해 보이던 교회가 잘못된 복음으로 휩쓸려 간 것이다. 그리스도를 믿고 새로운 피조물로 사는 것을 기뻐하던 이교도 출신 그리스도인들이, 유대교 율법을 지키려 애쓰느라 삶을 비참하게 만들고 있었다.

바울은 그 소식을 전해 준 사람들에게 갈라디아에서 벌어진 상황을 자세히 물어 파악하였다. 그 거짓 교사들은 바울이 개인적으로 예수님의 제자가 아님을 지적하여 그의 사도 자격에 먼저 흠집을 냈다. 사도가 아닌 일반인들의 생각을 받아들여 퍼뜨렸을 뿐이므로, 바울의 주장을 다른 사람들의 견해보다 권위 있게 여길 이유가 없다는 것이었다. 그들은 바울의 가르침은 훌륭하지만 불충분하고 빠뜨린 부분이 있으니 채워 주겠다고 말하며 할례를 받고 율법을 지키라고 했다. 그렇게 갈라디아 교인들은 덫에 걸려들었다.

바울이 갈라디아 교인들 중에 있을 때 그들은 아무 대가 없이 무엇이든 거저 주어지고 자유를 주는 은혜의 복음을 받고 뛸 듯이 기뻐했다. 유대인들의 '자기 의', 이방인들의 우상 숭배, 정욕과 두려움 등 이전의 죄악 된 생활은 일체 물러가고 그들 안에 그리스도께서 임하셨다. 그들에겐 그분의 능력으로 그분의 본을 따라 살아감으로써 그분을 기쁘게 해 드리고 싶은 마음뿐이었다. 하지만 바울이 떠나간 후, 그들 중 일부는 다시 심각한 죄에 빠졌다. 그들은 회개했지만, 자신들이 완전히 용서받고 깨끗해지고 치료받을 수 있음을 확신하지 못했다. 참회하고 신뢰하는 그리스도인은 결코 하나님의 눈 밖에 나지 않고, 자기 노력으로 다시 은총을 받아 낼 필요도 없음을 곧이곧대로 받아들이지도 못했다. 그들의 자연적인 본능은 그리스도의 십자가만을 의지하는 것이 아니라, 그리스도 위에 자신들의 노력을 더하도록 이끌었다.

복음의 단순함이 그들에게 오히려 장애물이 되었다.

그리고 이제 바울을 비방하는 새로운 '사도들'이 바울이 틀렸다고 주장하며 갈라디아 교인들의 자연적인 본능이 옳다고 가르쳤다. 게다가 할례를 받고 율법을 지키면 더 이상 유대인들에게 박해를 받지 않으니 그야말로 일석이조였다.

바울과 바나바는 갈라디아에서 온 소식에 깜짝 놀랐다. 바울은 복잡한 심경으로 안디옥 거리를 배회했다. 거짓 형제들에게 화가 났고 갈라디아 교인들이 그토록 빨리 그리스도를 저버린 것이 놀라웠다. 그는 실망하고 상처 받았다. 외부인들의 적의에는 상당히 단련이 된 그였지만, 거짓된 그리스도인 형제들이나 실패한 회심자들에게는 무심할 수가 없었다.

하지만 바울에겐 그들을 돕고 싶은 갈망과 열망이 있었다. 그들은 그가 직접 낳은 어린 자녀들이었다. 그는 그들을 위해 다시 산고를 겪고 있었다. 그들을 매우 사랑했기 때문에 그들을 올바른 길로 되돌려 놓으리라 결심했다. 그것은 그들뿐 아니라 그리스도께도 중요한 일이었다. 그리스도가 십자가에서 당하신 고난이 부차적인 것으로 치부된다고 생각하니 화를 참을 수 없었다. 그는 예수님에 대한 잘못되고 파편적인 믿음이 한 사람을 그리스도인으로 만들 수 있다는 생각을 받아들일 수 없었다. 비록 그것이 교인 수를 불리고 교회의 인기를 높이는 데 도움이 된다 해도 말이다. 그리스도의 이름을 빙자하여 하나님에 대한 자기 생각을 내세우는 교사들에게도 화를 참을 수 없었다. 20세기에도 그런 거짓 교사들의 영적 후손을 많이 볼 수 있다.

이 모든 감정과 바람이 한 통의 서신에서 터져 나왔다.

13. 어리석은 갈라디아 사람들이여

바울은 안디옥 교회의 지도자들을 불러 모았다. 첫 번째 선교사들을
갈라디아로 파송한 교회의 권위를 자신의 편지에 담기 위해서였다.
그는 파피루스 한 두루마리와 능숙한 필자를 구했다. 안디옥 교회의
지도자들이 둘러앉은 가운데 바울은 절박한 목소리로 빠르게
편지의 내용을 구술했다.

"사람들이 뽑은 것도 아니요, 사람들이 보낸 것도 아니요, 예수
그리스도와 그분을 죽은 사람 가운데서 살리신 하나님 아버지께서
사도로 삼으셔서 사도가 된 나 바울이, 나와 함께 있는 모든 형제와
갈라디아에 있는 여러 교회에 이 편지를 씁니다.

하나님 우리 아버지와 주 예수 그리스도께서 여러분에게
은혜와 평안을 주시기를 바랍니다. 예수님은 하나님 우리 아버지의
뜻을 따라 이 악한 세상에서 우리를 건지시고, 우리 죄를 씻기 위해
자기 몸을 바치셨습니다. 하나님께 영원토록 영광이 있기를 빕니다.
아멘.

하나님이 그리스도의 은혜로 여러분을 부르셨는데, 여러분이
이렇게 빨리 다른 복음을 믿는다고 하니 놀라지 않을 수 없습니다.
실제로 다른 복음은 없습니다. 그러나 어떤 사람들이 여러분을

혼란스럽게 하여 그리스도의 복음을 바꾸려 하고 있습니다. 우리는 여러분에게 복음을 전했습니다. 그러므로 우리든지 하늘에서 온 천사든지, 우리가 전한 복음이 아닌 다른 것을 전한다면 그는 저주를 받아 마땅합니다. 내가 전에도 말했지만 이제 다시 말합니다. 여러분이 이미 받은 복음 외에 다른 것을 전하는 사람이 있다면, 그는 저주를 받아야 합니다!"

《현대영어 신약성경NTME》(필립스 역)에서는 마지막 문장을 이렇게 번역하고 있다.

저주받은 영혼이 되어야 합니다.

바울의 심정을 감안하면 그리 심한 표현도 아니다.

이 시기의 바울은 절제된 분노를 터뜨려 잘못한 사람을 깜짝 놀라게 했다. 하지만 의분은 너무나 쉽게 죄로 이어진다. 후년에 그는 분노가 그리스도인이 쓸 만한 무기가 아니라고 생각하게 되었다. 하지만 갈라디아 교인들에게 편지를 쓸 당시 그의 마음속에서 불붙은 불길은 그야말로 한껏 타올랐다. 이 첫 번째 편지는 사람들의 예민한 감정이나 문학적 세련미를 무시한 채 거침없이 불꽃을 튀겼다. 바울은 그 편지가 큰 소리로 낭독될 것이고, 듣는 사람들은 마치 그가 그 자리에 있어 직접 말하는 것처럼 느낄 것임을 알았다. 갈라디아 교인들이 그의 말을 기억하면서 듣는다면 그의 글이 두 배나 설득력 있게 다가갈 것이었다. 그래서 그는 늘 편지를 구술하는 쪽을 선호했다.

바울이 그들에게 적어 보낸 것은 이전에 직접 다 가르친 내용이었다. 그러나 그는 그 내용을 더욱 분명하게 밝혀야 했다. 회심자들을 향한 뜨거운 사랑과 진리에 대한 타협 없는 헌신이 그를 밀어붙여 머릿속에서 거듭 씨름하게 했고, 더없이 명료한 말로 기독교 신앙의 핵심 논점을 포착해 내게 했다. 그 내용은 이것이었다.

사람이 죄 용서를 받는 길이 하나님의 은혜인가, 아니면 자신의 공로인가.

바울은 우선 자신이 그리스도께서 직접 보내신 사자使者임을 의심의 여지가 없도록 증명해야 했다. 그는 그리스도인들을 맹렬하게 박해했던 자신의 과거를 간략하게 언급했다. 그리고 부활하신 그리스도를 만난 후 예루살렘이 아니라 아라비아로 간 이야기를 적었다. 베드로와 마찬가지로 그는 사람에게서 진리를 배운 것이 아니라, 하나님의 계시로 받았다. 베드로는 사람이신 예수님께 이렇게 고백했다.

"주는 그리스도시요, 살아 계신 하나님의 아들이십니다."

그리고 그는 다음과 같은 말씀을 들었다.

"이를 네게 알게 한 이는 혈육이 아니요, 하늘에 계신 내 아버지시니라."

바울은 갈라디아에 있을 당시 교인들에게 그 이야기를 해 주었을 것이다. 그 역시 혈육과 의논하지 않고 하나님이 직접 주시는 메시지를 받았다.

그의 이야기는 최근 베드로와 충돌한 일까지 이어졌고 거기서 곧장 핵심으로 들어갔다. 그 내용은 사람이 율법을 따른다고 해서 의롭다 함을 받는 것이 아니라는 점이었다. 즉 율법을 따른다고 의롭다 인정받는 것이 아니라, 예수 그리스도를 믿음으로 의롭다 함을 얻는다는 것이었다.

"그래서 우리는 의롭다 함을 얻으려고 그리스도 예수를
믿었습니다. 우리가 의롭다 함을 얻는 것은 그리스도를 믿었기
때문이지, 율법을 지켰기 때문이 아닙니다. 율법으로는 어느 누구도
의롭다 함을 얻을 수 없습니다."

바울은 자주 그랬듯, 자신을 예로 들어 진리를 설명했다. 자기
노력으로 천국으로 가는 길을 얻으려고 애쓰던 이전의 바울은 죽은
것이다.

"나는 그리스도와 함께 십자가에서 죽었습니다. 이제는 내가
사는 것이 아니라, 내 안에 계신 그리스도께서 사시는 것입니다.
내가 지금 내 몸 안에 사는 것은 나를 사랑하셔서, 나를 구하시려고
자기 몸을 바치신 하나님의 아들을 믿는 믿음으로 사는 것입니다.
나는 하나님의 은혜를 헛되게 하지 않습니다. 율법으로 의롭다 함을
얻을 수 있다면, 그리스도께서 헛되게 죽으신 것입니다."

바울이 불러 준 그리스어 원문의 어순은 그의 주장을 좀더
강조하고 있다.

그리스도와 함께 내가 십자가에 못박혔으나, 내가 살되 더 이상
내가 아니라, 내 안에 그리스도께서 사신다!

이 고백은 성경에서도 가장 결정적인 구절들 중 하나로 대대로
울려 퍼졌다. 루터와 존 번연이 사랑하는 구절이며 찰스 웨슬리의
눈을 뜨게 한 구절이다.

그의 마음은 갈라디아 교인들에게 가 있었다.

"어리석은 갈라디아 사람들이여, 예수 그리스도께서 십자가에
못박히신 모습이 여러분의 눈앞에 선한데, 누가 여러분을
홀렸습니까? 이 한 가지만 대답해 보십시오. 여러분은 어떻게

성령을 받았습니까? 율법을 지켜서 받았습니까? 아닙니다. 복음을 듣고 믿었기 때문에 받은 것입니다. 성령 안에서 살기 시작하다가 이제 와서 다시 자기 힘으로 살려고 하다니, 여러분은 참으로 어리석습니다. 그렇게 많은 고난을 경험했는데도, 그 모든 것이 다 헛일이었습니까? 그렇지 않기를 바랍니다. 여러분이 율법을 지켰기 때문에 하나님이 성령을 주셨습니까? 아닙니다. 여러분이 율법을 지켰기 때문에 하나님이 여러분 가운데서 기적을 일으키셨습니까? 아닙니다. 하나님이 성령을 주시고 기적을 일으키신 것은 여러분이 복음을 듣고 믿었기 때문입니다."

그는 율법의 본질적 취약함을 보여 주는 논증을 펼쳤다. 율법을 다 지킴으로 하나님께 나아가려는 자는 율법을 완전히 지키지 못하면 도리어 하나님께 거절당하게 된다. 그에 반해 그리스도께서는 율법이 우리에게 씌운 저주를 거두어 가셨다. 그리스도께서 우리를 대신하여 저주를 받으셨다. 갈라디아서에도 이렇게 적혀 있다.

나무에 달린 사람은 다 저주를 받은 것이다.

만약 사람에게 생명을 주는 율법이 있다면, 그리스도인들은 그 율법을 지킴으로써 의롭다 함을 얻었을 것이다. 성경은 온 세상이 죄에 갇혀 있음을 보여 주었다. 이는 믿음을 통한 약속을 주시기 위한 것으로 오직 예수 그리스도를 믿는 사람들만 생명을 받을 수 있음을 밝히고 있다.

바울은 설명하는 내내, 갈라디아 사람들에 대한 당혹스러움과 불쾌감을 숨기지 않았다.

"어찌하여…… 다시 돌아가려 합니까? 내가 여러분을 위해 애쓴 것이 헛된 일이 될까 봐 두렵습니다. 여러분은 지금까지 잘 달려왔습니다. 그런데 누가 여러분을 막아 진리를 따르지 못하게 합니까?"

갈라디아 교인들을 타락하게 한 이들에 대한 분노는 더없이 적나라한 표현으로 터져 나왔다.

"여러분을 어지럽히는 사람들은 차라리 스스로 고자가 되어 버리는 것이 좋겠습니다."

편지를 받은 사람들은 그가, 브루기아의 대지의 여신 퀴벨레의 사제들이 열광적인 춤을 추다가 절정에 이르러 거세하는 장면을 연상했음을 알 수 있었을 것이다.

바울은 갈라디아 교인들이 이 모든 이야기를 듣고 나면 율법에 대해 참으로 당혹해할 것임을 알았다. 바울 자신이 그들에게 율법을 귀하게 여기고 율법으로부터 배우라고 가르친 터였다. 바울은 율법의 역할을 설명하기 위해 쉽게 이해할 만한 비유를 선택했다.

율법은 학생들을 엄격하게 지도하는 가정교사와 같다. 도시에 사는 갈라디아인들은, 주인의 아들을 보살피며 등하굣길에 동행하는 노예인 파이다고고스를 알았다. 주인의 아들은 평생 그의 지도를 받는 것이 아니라 장성하면 거기서 벗어나게 된다. 그러므로 그리스도께서 오시기 전까지는 율법이 선생이었으나, 그리스도께서 오신 뒤에는 믿음으로 의롭다 함을 받을 수 있게 되었다. 이제는 믿음이 왔으므로 더 이상 율법이란 선생 아래 있지 않았다.

율법은 일종의 후견인이었다. 시골 지방에 있는 갈라디아 사람들은 상당수 노예이거나 대토지 소작인이기에, 상속자가 어린 경우 그의 후견인들이 전적인 통제권을 쥐게 되었다. 아이는 모든 것의 주인이면서도 노예인 것처럼 후견인에게 순종해야 했다.

마찬가지로 율법은 세상의 어린아이들을 위한 후견인이었다.
그러나 때가 차자 하나님은 당신의 아들을 보내 한 여자에게서 나게
하셨다. 이는 율법 아래 있는 사람들을 구원하시고 우리로 하여금
아들의 신분을 얻게 하기 위함이다. 여러분이 모두 아들이므로
하나님이 당신 아들의 영을 우리 마음속에 보내 "아바! 아버지"라고
부르게 하셨다. 그러므로 여러분은 더 이상 종이 아니고 아들이다.
그리고 여러분이 아들이면 또한 하나님으로 말미암는 상속자다.

바울은 이 하나님의 아들들이 다시 노예 신세로 돌아가 축제와
금식, 규칙과 금지 규정에 매인다고 생각하니 견딜 수가 없었다.

"그리스도께서 우리를 해방시켜 주셔서 자유하게 하셨습니다.
그러므로 굳게 서서 다시는 종의 멍에를 메지 마십시오."

그는 거듭 논증을 펼쳐 나갔다. 같은 주제를 각도를 달리하여
다양하게 접근하였던 것이다. 그 이유는, 이해력이 부족한
사람이라도 종교적 의무로 할례를 받고 율법을 지키는 것이
그리스도의 십자가를 망치는 일임을 깨닫게 하려는 배려였다.

그리스도 예수 안에 있는 사람들에게 중요한 율법은, 사랑으로
역사하는 믿음뿐이다. 그는 이 요점을 강조했다.

"형제들이여, 하나님이 여러분을 부르셔서 자유인이 되게
하셨습니다. 그러나 그 자유를 육체의 욕망을 채우는 기회로 삼지
말고, 사랑으로 서로 섬기십시오. 모든 율법은 '네 이웃을 네 몸과
같이 사랑하여라' 하신 한 계명 속에 다 들어 있습니다."

바울은 '지금 여기'에서 이루어지는 사람 사이의 행동이 아주
중요하다고 생각했지만, 올바른 뿌리에서 나오지 않은 행동은
오히려 지금 여기를 망쳐 놓는다는 것도 알았다. 그는 갈라디아
교인들에게 직접 경고한 바 있는 내용을 편지에서 되풀이했다.
육체의 행동을 따라가면 하나님 나라를 상속할 수 없다는 경고였다.

2부 더 멀리 좀더 멀리

"육체가 하는 일은 분명합니다. 음행과 더러움과 음란과 우상 섬기기와 마술과 미움과 다툼과 질투와 화내기와 이기심과 편 가르기와 분열과 시기와 술 취하기와 흥청거리는 잔치와 같은 것들입니다. 그러나 성령의 열매는……."

이 대목에서 그는 봄철 쟁기질로 고지의 비옥한 토양을 갈아엎는 장면을 떠올렸을지 모른다.

"사랑과 기쁨(희락)과 평화(화평)와 오래 참음과 자비와 착함(양선)과 성실(충성)과 온유와 절제입니다. 이런 것들을 금지할 율법이 없습니다. 그리스도 예수께 속한 사람은 자기 육체를 정욕과 욕망과 함께 십자가에 못박았습니다. 우리가 성령으로 새 생명을 얻었으므로, 성령을 따라 살아야 합니다. 그리고 교만하지 말고, 서로 다투거나 시기하지 말아야 합니다."

이제 한 가지 문제만 남았다. 그는 거짓에 넘어가지 않은 소수 사람들이 그렇지 못한 사람들을 보며 우월감을 느낄 수 있다는 것을 간파했다.

바울은 이렇게 구술했다.

"형제들이여, 여러분 가운데서 누구든지 죄지은 사람이 있거든, 신령함을 지닌 여러분이 온유한 마음으로 그를 바로잡아야 합니다."

바울은 베드로를 바로잡아 준 방법이 지나치게 가혹했다고 생각한 걸까?

"그러나 여러분도 유혹에 빠지지 않도록 조심하십시오. 여러분은 서로 다른 사람의 짐을 들어 주십시오. 그것이 그리스도의 법을 이루는 길입니다."

몇 마디를 덧붙이고 구술은 끝났다. 기나긴 아침 내내, 바울은 열심히 생각했고 필자는 열심히 받아 적었다. 그리고 바나바와 안디옥 교회의 장로들은 주의 깊게 귀를 기울였다. 식사를 하느라 중간에 쉬었을 수도 있다. 바울은 필자에게 편지 전문을 읽어 보게 했다. 필자는 편지의 끝부분으로 다시 펜을 가져갔다.

"선한 일을 하다가 낙심하지 맙시다. 포기하지 않으면 때가 이르면 거두게 될 것입니다. 그러므로 기회가 닿는 대로 모든 사람에게 선한 일을 하되 특히 믿음의 가족들에게 합시다."

바울은 파피루스를 받았다. 두루마리에는 아직 여유가 있었다. 그는 갈대 펜을 쥐고 이렇게 적었다.

내 손으로 이렇게 큰 글씨로 여러분에게 쓴 것을 보십시오!

방 안에는 침묵이 흘렀고, 갈라디아 교인들과 그들이 처한 문제들을 내버려 둘 수 없던 바울은 펜을 들어 적어 나갔다.

여러분에게 억지로 할례를 받도록 하려는 사람들이 있습니다. 그들은 육체를 꾸미기 좋아하는 사람들입니다. 그들은 그리스도의 십자가를 따르면 박해를 받을까 봐 두려워하고 있습니다. 할례를 받은 사람들이 스스로도 율법을 지키지 않으면서 여러분에게는 할례를 받게 하려는 것은 여러분에게 한 일을 가지고 자랑하기 위함입니다.

그러나 내게는 우리 주 예수 그리스도의 십자가 말고는 아무것도 자랑할 것이 없습니다. 그리스도의 십자가를 통해 세상은 나에 대해서 죽었고, 나는 세상에 대해서 죽었습니다. 할례를 받느냐 받지 않느냐 하는 것이 중요한 것이 아닙니다. 중요한 것은 하나님의 새로운 백성이 되는 것입니다. 이 규칙을 따르는 사람, 곧 하나님의 모든 백성에게 평화와 자비가 있기를 바랍니다! 그러므로 이제부터는 나를 괴롭히지 마십시오. 내 몸에는 그리스도 예수의 흔적이 있습니다.

형제들이여, 우리 주 예수 그리스도의 은혜가 여러분의 심령에
있기를 빕니다.*

*
남부 갈라디아를 갈라디아서의 수신지로 보는 학자들이 모두 그 편지를 안디옥에서 썼으며 바울의
저작 중 첫 작품으로 보는 것은 아니다. 램지는 갈라디아서가 초기에 쓰였다는 증거를 설득력 있게
내세웠고, 이 내용은 크리소프 레이크Krisopp Lake의 《사도 바울의 초기 서신The Earlier Epistles of
St. Paul》(1911), 253~323쪽에 잘 요약되어 있다. 전기 작가로서 나는 이전의 생각을 버리고 초기설
을 받아들였다. 그러자 바울의 생애가 일관된 모습을 갖추었다.

14. 새 출발

논쟁은 계속되었다. 그 때문에 안디옥 교회는 '할례'에 대해 뜻을 같이하는 사람들을 찾아 마침내 이 문제를 해결하길 바라며 바울과 바나바 등 몇 사람을 예루살렘으로 보냈다.

그들은 육로로 이동했고 서두르지 않았다. 그리스도의 제자들은 대부분 순수 혈통 유대인이 아니었기에 베니게와 사마리아 구릉지에서는 반쪽짜리 그리스도인 취급을 받고 있었다. 바울과 바나바가 그곳에 도착하여 갈라디아에서 벌어진 모든 일을 얘기하자 모두들 기뻐했다. 예루살렘에 도착하자 성대한 환영 모임이 열렸다. 바울이 회심하고 처음 혼자 그곳에 도착해서 냉대를 받다가 바나바 덕분에 겨우 받아들여지던 때와는 전혀 다른 상황이었다. 이제 전에 없이 가까워진 두 친구는 사랑과 격려의 훈훈한 분위기를 느끼며 하나님이 머나먼 땅에서 어떻게 새로운 그리스도인들을 만드셨는지를 말했다. 하지만 그들의 보고가 끝나자, 바리새파 그리스도인들이 앞으로 나서더니 묵은 주장을 되풀이했다.

"이방인들에게도 할례를 주고, 모세 율법을 지키라고 명령해야 합니다."

이 문제는 공식 토론 자리로 넘어갔다. 주요 쟁점들을 해결하기 위해 사도들과 상당수의 장로들이 구약성경을 연구했고 예수님의 가르침을 회상하며 하나님의 뜻을 열심히 구했다. 하지만 '할례'에 대해서는 분명한 말씀이 없었다. 그들은 이 주제가 예수님이 십자가에 못박히시고, 죽은 사람 가운데 부활하시고, 그들을 떠나시고, 성령께서 오시기 전까지 가르칠 수 없는 주제가 아닌지 추측했다. 예수님은 성령님이 오시면 모든 진리 가운데로 그들을 인도하리라 약속하셨다. 그러므로 하나님의 말씀이 무엇인지 함께 모여 발견하는 것은 이제 그들의 의무였다. 그들은 산헤드린의 관습에 따라 먼저 젊은 회원들이 의견을 내놓게 한 뒤 긴 논쟁을 이어 갔다. 그러다 베드로가 일어섰다. 그가 미처 몇 마디 하기도 전 바울의 마음은 벅차오르기 시작했다.

베드로는 이렇게 말했다.

"형제 여러분, 하나님이 얼마 전 여러분 중에서 나를 선택하시고 이방인들에게 복음을 전하게 하여 그들도 복음을 듣고 믿게 했음을 여러분도 아실 것입니다. 모든 사람의 생각을 아시는 하나님이 우리에게 성령을 주신 것과 똑같이 그들에게도 주셔서 그들을 인정하셨습니다. 하나님은 우리와 이방인들을 차별하지 않으셨습니다. 하나님은 그들의 믿음을 보시고 그들의 마음을 깨끗하게 하셨습니다. 그런데 지금 여러분은 어찌하여 우리 조상들이나 우리나 모두 질 수 없었던 짐을 이방인 신자들에게 지워서 하나님을 시험하려 하십니까? 우리는 그들과 마찬가지로 주 예수님의 은혜로 구원을 받는다는 사실을 믿습니다!"

베드로의 말이 끝났다. 한동안 침묵이 이어졌고 마침내 바나바가 갈라디아에서 벌어진 놀라운 일을 자세하게 설명하기 시작했다. 예루살렘은 바울이 교회의 원수였을 때부터 바나바가

지도자로 있던 도시였기에 바울은 재치 있게 줄곧 뒤로 물러나 있었다. 바나바의 이야기가 끝나자 비로소 바울은 이야기를 넘겨받았다. 그리고 다시 한 번 몇 시간에 걸쳐 자신들의 영웅적인 이야기를 펼쳐 나갔다. 이번에도 아무도 반박하지 않았다.

마침내 회의의 의장 야고보가 대체적인 결론을 정리했다. 전승에 따르면, 야고보는 아주 오랫동안 기도하는 바람에 무릎이 낙타 무릎처럼 딱딱해진 경건한 사람이었다. 그리고 형이 살아 있을 때는 그의 주장을 의심했지만 바울처럼 부활하신 예수님을 혼자서 만난 뒤 회심했다. 야고보는 모세 율법을 사랑했고 비그리스도인 유대인들에게도 많은 존경을 받고 있었다. 하지만 그는 부활하신 주님의 뜻을 순종하기 원했다. 이제 그는 자신들이 외면하고 있었을 뿐, 주님의 뜻은 몇 년 전 성령께서 시몬 베드로를 이끌어 고넬료의 집에 들어가게 하셨을 때 이미 명백히 드러났음을 깨달았다. 이후 바나바와 바울이 줄곧 말한 내용은 이번 회의에서 주도권을 얻기는 했지만 베드로의 요점을 입증한 것에 불과했다. 야고보는 지혜롭게도 바울과 바나바는 언급하지 않고 베드로의 말을 거론하며 긴 인용문으로 그의 말이 예언과 일치함을 강조했다.

"그러므로 나는 하나님께 돌아오는 이방 사람들을 우리가 괴롭게 해서는 안 된다고 생각합니다."

하지만 믿지 않는 유대인들이 새로운 자유로 불필요한 거부감을 갖지 않도록, 이방인 그리스도인들이 지킬 규례를 몇 가지 정했다. 우상에게 바친 더러운 음식을 먹지 말 것, 음란한 행동을 하지 말 것, 목 졸라 죽인 짐승의 고기와 피를 먹지 말 것 등이었다. 목 졸라 죽인 짐승의 고기는 사실상 모세 율법 이전부터 금지된 음식이었다.

회의의 결정은 예루살렘 교회 전체의 평신도들과 장로들의

2부 더 멀리 좀더 멀리

승인을 받았고, 안디옥 교회와 로마의 연합속주 시리아와 길리기아에 있는 자녀교회들에 공식 답장을 보내는 것으로 구체화되었다. 그 편지는 바울 일행이 시키지도 않은 말을 해서 이방인 그리스도인들을 혼란에 빠뜨린 사람들과 예루살렘 지도자들이 아무런 관련이 없음을 밝혔다. 그리고 바나바와 바울에 대해 주 예수 그리스도의 이름을 위해 목숨도 내놓은 사람들이라고 아낌없는 찬사를 보냈다.

바울과 바나바는 그 편지를 안디옥으로 가져갔고 모든 그리스도인이 기뻐했다. 두 명의 탁월한 예루살렘 설교자들도 바울 일행과 함께 와서 안디옥에 계속 머물렀다. '바사바'라 하는 유다와 비공식적으로는 실라로 알려진 '실바누스'가 성경의 새로운 의미를 펼쳐 주자 안디옥 교회는 점점 더 힘을 얻었다. 바울과 바나바도 그들이 전하는 설교를 들었다. 바울은 자신이 배울 것이 없다고 결코 생각하지 않았다. 그는 어린 신자들과도 서로 격려를 주고받기를 기대했다.

그해 겨울, 유다와 실라가 예루살렘으로 돌아갔다. 이후 바울은 몸은 안디옥에 있었지만 마음과 생각은 점점 더 갈라디아를 향했다. 자신이 절박한 심정으로 보낸 편지로 그들의 문제가 해결되었는지, 그들이 진보하고 있는지 아니면 그 반대인지 알고 싶은 갈망이 점점 커져 마음이 아려 올 정도였다. 그는 바나바에게 힘주어 말했다.

"우리가 주님의 말씀을 전한 바 있는 여러 도시로 다시 가서 신자들을 방문하고 그들이 어떻게 지내는지 알아봅시다."

바나바는 그의 말에 동의하면서 친척 요한 마가를 다시 데려가자고 했다. 바울은 반대했다. 그는 버가에서 달아났던 젊은이와 함께 다니고 싶지 않았다. 그러나 바나바는 바울의 생각이 틀렸다고 여겼다. 그는 마가에게 또 한 번 기회를 줘야 하며, 적절한 격려를 받으면 마가가 훌륭한 복음 전도자로 성장할 거라고 말했다. 바울은 위험을 감수하길 거부했다. 고난과 실망과 기회가 그들 앞에 놓여 있었다. 그는 갈라디아에서 멈추지 않고 미지의 땅으로 계속 나아갈 생각이었다. 그의 팀은 긴밀하게 결합되어 철저히 신뢰할 수 있어야 했다. 그래서 그는 마가를 받아들이기를 거부했다.

바나바와 바울은 감정이 상했다. 구약성경이 엄청난 인간의 잘못, 다윗 왕의 간음을 숨기지 않는 것처럼 누가는 사도들의 인간적인 면모를 숨기지 않는다. 그는 발작을 뜻하는 영어 단어 '패록시즘paroxysm'의 어원이자 격렬한 분노를 뜻하는 그리스어 단어(παροξυσμός)로 두 사람 사이의 격한 언쟁을 묘사했다. 바울에게 믿을 만한 팀이 필요한 것은 분명했다. 그러나 결국 바울이 인정하게 되듯 장차 마가가 자신을 입증해 보이는 것도 분명하니, 바나바와 바울 중 누가 옳다고 말할 수 없었다. 그렇지만 말다툼이 격렬해지도록 허용한 것에는 두 사람 모두 책임이 있었다. 사랑이 많고 온유한 바나바가 화를 냈다면 상황이 뭔가 심각하게 잘못되었음이 분명하다. 이후 바울은 "사랑은 오래 참고 사랑은 온유하며…… 자기의 유익을 구하지 아니하며"라고 쓸 수 있기까지 오랜 여정을 거친다.

둘 다 자기주장을 굽히지 않았다. 두 사람의 동역 관계가 끝날 시점이라는 것이 분명해졌다.

이 시점에서 바나바는 그의 특징인 화해의 사랑을 되찾았다. 그는 물러나 마가를 데리고 배 편으로 키프로스로 갔다. 바울은 바나바 대신 실라를 선택했다. 실라는 로마시민권이 있었기에 선교 팀에 이점이 되었다. 이후 매 맞을 상황이 생기면 바울과 실라 모두 로마시민권을 내보였다. 하지만 당시 실라는 이미 예루살렘으로 돌아가 버린 뒤라 그곳에 없었다. 여행이 가능한 시기였고 가면서

할 일이 많았기에 바울은 실라를 마냥 기다릴 수 없었다. 그는
실라가 따라나설 줄 의심하지 않고 전갈을 보낸 뒤 혼자 출발했다.
누가는 분명하게 이렇게 적고 있다.

바울은 떠났으며…… 바울은 시리아와 길리기아를 다니면서 각
교회를 격려하며 힘을 북돋워 주었다.

바울이 더베에 이를 때까지 '그들'이라는 표현은 나타나지
않는다.

이렇게 해서 주후 50년 봄, 바울은 혼자 안디옥의 북서쪽에
위치한 산맥으로 들어갔고 '시리아 대문들'을 지나 고갯길을
내려가서 화려한 알렉산드레타(이스켄데룬) 만에 도착했다. 그곳에서
그는 든든히 세워 주고 싶은 교회들 중 하나를 발견했을 것이다.
그는 굽이굽이 펼쳐지는 해안 평원을 따라 걸어갔다. 근처에는
기원전 333년, 알렉산드로스 대왕이 메대의 다리우스 왕을 무찌른
이수스 전투의 현장이 있었다. 바울은 외로웠고 동행 없이 혼자
여행하게 되자 제대로 갈피를 잡지 못했다. 바나바와의 말다툼으로
그는 늙어 버렸다. 바울은 이제 겨우 쉰 살 어간이었다. 그런데
갈라디아서 이후 같은 해 후반에 쓴 서신은 한결 나이 먹은 사람의
편지처럼 읽힌다. 하지만 그는 걸어가면서 레반트(오늘날의 그리스와
이집트 사이에 있는 연안 지역) 서쪽으로 돌아가 소아시아 남부를 이루는 만
건너편으로 길리기아의 산맥을 볼 수 있었다. 그는 고향으로 가고
있었다. 가족이 그를 저버리긴 했지만 그 산맥은 그가 어릴 때 본
모습 그대로였다.
그가 다소에서 잠시 머물렀는지, 가족에게 찾아갔는지는
기록에 남아 있지 않다. 그는 숨겨진 세월 동안 설립했던 회중들을

찾아가 격려하며 시간을 보낸 후, 토로스 산맥을 넘어 길리기아 대문들을 지나가는 왕래 많은 길로 접어들었다. 고갯길과 약간 북쪽의 조금 더 높은 고원의 눈까지 모두 녹은 것으로 보아, 대략 5월초였을 것이다. 바울은 콤마게네 왕국으로 들어섰다. 화산암 노두露頭가 솟아 있는 넓은 평원을 지나 로마길을 따라 가보니 마침내 검은산이 눈에 들어왔고, 이윽고 더베의 회심자들을 만날 수 있었다.

실라가 예루살렘에서 배 편으로 다소까지 온 후, 안전하고 통행량이 많은 도로를 따라 더베에 왔다면 이곳에서 바울과 만났을 것이다. 두 사람은 함께 예루살렘의 결정을 전달했고 바울이 서신으로 시작한, '할례' 논쟁이 낳은 불화를 치료하는 작업을 마무리했다. 그리고 더베 회중이 매일 많아지고 신심이 더욱 깊어지는 모습을 지켜보았다.

바울은 실라를 루스드라에 데려가 신자들에게 소개했다. 그곳에서도 교회는 성장하고 있었다. 그리고 무엇보다 늘 열정이 넘치는 디모데가 있었다. 당시 디모데는 스물한 살 정도였다. 루스드라와 이고니온의 그리스도인들은 그의 믿음과 열정을 높이 평가했다.

바울은 그에게 어머니와 할머니 곁을 떠나 선교 팀에 합류하라고 했다. 그러나 바울은 과연 디모데가 언제쯤 다시 고향을 볼 수 있을지에 대해서는 확실히 말하지 못했다. 디모데의 합류로 그는 마가를 대신하는 동료 그 이상의 존재를 얻었다. 참으로 사랑하는 아들을 얻은 것이었다. 어쩌면 바울의 결혼생활 초기에 죽었거나, 살아 있다 해도 바울의 회심으로 아내와 더불어 돌이킬 수 없이 멀어져 버렸을 진짜 아들을 대신할 만한 아들이었다.

디모데는 복잡한 인물이었다. 그는 위가 약했고 매우 동안이었으며 다부진 편도 아니었다. 고난을 앞두고 다소 긴장하고 겁도 냈지만 꿋꿋하게 견뎌 냈다. 가끔은 바울과 복음을 부끄럽게 여기려는 유혹에도 시달렸다. 그러나 약골은 아니었다. 오히려 피 끓는 청춘이었기에 바울이 청년의 정욕을 피하라고 경고해야 했다. 그러면서도 영적 활력이 넘친 디모데는 유능한 설교자로 성장해 곧 중요한 임무를 책임지고 맡을 수 있었다. 그는, 생전에 교양과 재산을 갖춘 이교도 그리스인 아버지에게서 지적 관심과 탐구 정신을 물려받았다. 어머니 유니게에게는 유대인의 성경을 배웠으며, 바울에게는 성경을 여는 열쇠를 발견했다. 그의 유일한 갈망은 그리스도를 섬기는 것이었다. 나중에 바울은 모든 동료 일꾼 중 디모데만이 사리사욕이 전혀 없다고 말했다.

유니게는 그리스도인이 되기 전까지 디모데를 유대인으로 길렀다. 그러나 디모데는 할례를 받지 않았다. 어쩌면 아들이 체육관에서 당혹스러움을 겪지 않게 아버지가 할례를 금했을 수 있다. 바울은 조용히 그를 의사에게 데려가 할례 시술을 받게 했거나, 자신이 직접 할례를 해 주었을 것이다. 당시 많은 랍비가 할례 시술 자격을 갖추고 있었기 때문이다.

이 행동은 억지로 할례를 받게 하려는 사람들을 평소 비난하던 그의 모습과 다른, 일관성 없는 처사가 아니다. 유대인들은 유대인 어머니와 그리스인 아버지 사이에서 태어난 아들을 유대인으로 인정했지만 할례를 받지 않은 경우에는 사생아로 여겼다. 디모데의 첫 번째 사역 현장이 될 갈라디아 주의 여러 도시에 그의 태생이 알려지고 바울이 '사생' 유대인을 조수로 쓴다는 소문이 돈다면, 분명 그의 사역에 방해가 될 터였다. 바울은 할례가 불필요하다고 생각했지만 유대인의 규례로서 할례를 비난하지는 않았다. 디모데가 디도처럼 이방인이었다면 바울이 그를 데려다가 할례를 행하는 일은 결코 없었을 것이다.

수술 후 디모데가 몸을 추스르고 바울과 루스드라를 떠나기 전, 수많은 교인이 참석해 엄숙한 안수식을 행하고 그를 따로 세워 막중한 소명에 필요한 성령의 은사를 구했다. 디모데는 자신의 신앙을 공개적으로 담대하게 고백했다. 이 자리에서 실라로 추정되는 한 선지자가 잊지 못할 설교를 했다. 그리고 디모데는 믿음과 선한 양심으로 무장하고 용감하게 싸울 것임을 선포했다.

갈라디아 교인들의 어려움을 본 바울은 전략을 바꿔야겠다고 생각했다. 바울의 목적은 두 가지였다. 우선 개인을 그리스도께 인도하는 것이었다. 그리고 그 뒤 그 개인이 세력을 유지하고 자체 선교사들을 파송하여 다시 구원의 과정을 반복할 교회들을 세우는 것이었다. 이 두 가지는 온 세상이 그리스도의 것이 될 때까지 계속되어야 했다. 하지만 갈라디아 교인들은 바울이 떠난 뒤 넘어졌다. 이는 그가 중심지에 더 오래 머물러야 한다는 뜻이었다. 이전에 남부 갈라디아에서 행한 것처럼 이곳저곳으로 옮겨 다니는 대신, 광범위한 선교의 중심지로 삼을 만한 도시를 찾아야 했다.

소아시아의 에게 해안 전체를 포함하는 아시아 주의 주도이자 최대 항구인 에베소가 바로 그런 장소였다. 에베소는 인구가 많았고 내륙 연결 도로망이 갖추어져 있었으며 여러 강이 만나는 곳이었다. 모든 도로는 로마로 통했기에, 갈라디아 남부에서 뻗어 나온 주요 도로는 비시디아 안디옥에서 서쪽으로 400킬로미터를 달려 에베소까지 이어졌다. 그리고 황제의 사자들은 그곳에서 그리스로 건너갔고, 다시 로마로 건너갔다. 바울과 실라와 디모데는 그들의 경로를 따라갈 작정이었다. 에베소를 비롯한 아시아가 철저히 복음화되고 나면, 그들은 배를 타고 고린도로 가서 그리스 남부 곳곳에서 일할 생각이었다. 그리고 거기서 로마로 들어갈 계획이었다.

그러나 에베소에 가려는 바울의 시도는 뜻대로 이루어지지 않았다. 아주 분명하게 성령님이 아시아에서 말씀을 전하지 못하게 하셨다. 병이 나고 '육체의 가시'가 재차 그를 찌르면서 아직 에베소에 복음을 전할 때가 아님을 알았을 수도 있다. 아니면 에베소로 넘어가려다 길이 막혔을 수도 있다. 그러나 그들은 하나님이 원하시는 곳으로 친히 자신들을 이끄실 것이라 확신했다. 목자가 돌을 던져 양 떼를 더 나은 목초지로 인도하듯 하나님이 그들에게 실패를 허락하실 때는 선한 뜻이 있을 터였다. 누가가 특별히 성령님의 인도하심에 대해 사도행전에 밝히지 않고 있지만, 불리한 상황을 통해 인도하심을 받는 경우는 많다. 시리아 안디옥 교회가 기근에 대한 아가보의 경고를 하나님의 말씀으로 받은 것처럼, 바울과 실라가 '선지자'라 여기는 갈라디아의 어떤 그리스도인이 그들의 진로를 금하는 명확한 계시의 말씀을 전했을 가능성도 있다.

그들은 브루기아와 갈라디아에서 교회들을 계속 보살폈다. 그리고 그들은 다시 다른 지역으로 가려고 했다.

소아시아의 또 다른 중요한 속주는 북동쪽으로 비잔티움을 마주보고 있는 비두니아였다. 비두니아 속주는 아시아보다 작지만 문화적 소양이 높은 두 개의 그리스 식민도시, 니케아와 니코메디아가 있었고 많은 유대인이 살았다. 바울과 실라는 길을 떠나 비시디아 안디옥 위쪽 산맥을 가로질러 내려갔다. 그곳은 성령께서 금하신 적이 없었다. 길은 북쪽으로 몇 킬로미터씩 길게 이어졌다. 한여름의 무더위를 뚫고 며칠을 가야 하는 지루한 먼지투성이 길이었다. 그 길은 로마로 곧장 이어지지 않아 주요 도로에서 제외되었고 지형에 따라서는 골짜기 골짜기를 돌아가기도

했다. 템브리스 강에 인접한 도릴라이온이나 비두니아의 경계에
있는 또 다른 성에서도 그들은 비두니아 출입을 거부당했다. 그들은
그 지역을 처음 방문하는 개인 여행자들인 터라, 공식적으로
어찌해 볼 도리가 없었다. 물론 비두니아 자체에서 벌어진 소요
사태로 모든 외부인의 국경 출입이 통제되었을 수도 있다. 누가는
비두니아로 들어가는 것을 다음과 같이 전하고 있다.

"예수의* 영이 허락하지 아니 하셨다."

이것은 바울이 성전이나 다마스쿠스 도상에서 보았던 환상과
같은 주님의 아주 분명한 개입을 암시한다.

연이은 좌절은 손쉬운 성공으로 이루어 내기 힘든 강한
유대감을 만들어 선교사들을 하나로 굳게 묶어 주었다. 가야 할
길은 아직 분명하지 않았다. 소아시아에 남아 있지 말라는 안내만
받았을 뿐이다.

그들은 아시아 속주의 최북단 지방 무시아를 통해 서쪽으로
갔다. 해안을 따라 고대 트로이의 폐허 부근에 있는 알렉산드리아
드로아(트로아스) 항구로 갈 예정이었다. 그곳에서 북서쪽 바닷길로
조금만 가면 마케도니아가 나오고, 좀더 가다 남서쪽으로 방향을
틀면 그리스 남부인 아가야(아카이아) 속주에 이를 것이었다.

*
《킹제임스 성경》에 없는 '예수의'라는 말은 '서방본문(베자판 성서수사본)' [5세기경 쓰인 것으로 추
정되는 신약성서의 대문자수사본. '베자 케임브리지 사본' 또는 '베자사본'이라고도 한다. 종교개혁자
칼뱅의 친구인 T. 베자가 1581년 케임브리지 대학에 기증한 데서 이런 이름이 붙였다]에 있다. 그리고
1611년 이후 발견된 최고의 고대 사본들에서도 발견된다. 《영어성경 개역 표준역》과 《뉴 잉글리시 바
이블》을 보라.

15. 유럽으로

드로아에서 누가가 슬며시 등장한다. 저명한 역사가들의 전통대로
그는 결코 자신을 전면에 내세우지 않았고 자신의 태생에 대한
추측의 여지만 많이 남겨 놓았다. 그는 의사였던 것 같다. 바울이
그를 사랑하는 의사라 부르고 있으며 의학적 세부 사항에 대한
치밀한 주의력을 보여 주기 때문이다. 그는 분명히 그리스인이었다.
초기 전승에 따르면, 그는 시리아 안디옥의 시민이었다. 서방본문을
보면, 누가가 안디옥 교회를 묘사할 때 '우리'라는 말을 삽입하고
있음이 그 증거다. 안디옥의 디도가 바울에게 중요한 인물인데도
누가가 그를 언급하지 않고 있다는 점도 정황 증거이긴 하지만
흥미롭다. 이것을 근거로 디도가 누가와 형제 사이였고, 가족
자랑처럼 보일까 우려해 디도에 대한 언급을 피했다는 추측이
나왔다.

누가는 드로아에서 우연히 바울, 실라, 디모데를 만났을
것이다. 그는 드로아에서 그리 멀지 않은 버가모(페르가뭄) 부근,
아이스쿨라피우스(의술의 신) 신전에 있는 고대의 의료 중심지로 가는
중이었거나 거기서 오는 길이었을지도 모른다. 아니면 안디옥에서
이민 와 드로아에서 의사로 일하던 그리스도인으로, 개인 신앙을

지키고 작은 지역 교회에서 봉사하는 것 정도를 신앙의 전부로
알다가 바울의 영향을 받아 선교에 헌신하게 되었을 수도 있다.
그가 마케도니아인이고 이교도였는데 드로아에서 바울을 만나
회심하게 되었다는 설도 있다. 어느 설이 사실이건, 누가는 바울과
동역하면서 성숙해졌고 매력적이고 마음이 따뜻한 사람으로
변했다.

조용하고 쉽사리 흥분하지 않는 그는 반짝이는 눈으로
인류의 결점을 빈틈없이 지켜보았다. 그는 짓밟히고 멸시당하는
사람들에게 특히 관심을 기울였다. 그는 붙임성 있는 사람이었다.
그리고 바울이 사람들을 거론할 때 정식 이름을 사용한 반면, 그는
별명이나 통칭을 사용했다. 또 바울이 재기 있고 독창적인 사상가인
반면, 누가는 주의 깊은 학자였고 정확성을 존중하는 의사의 자세로
사건과 배경을 조사했다. 그뿐만 아니라 바울의 산문은 현장에서
쓰는 구어체로 말하듯이 쏟아져 나온다. 그러나 누가의 산문은
문학적 세련미와 형식미를 지니며, 간결하면서도 건조하지 않다.

그는 예수님을 둘러싼 사건을 검토한 뒤, 그분이 죽은 자들
가운데서 살아났고 하나님의 아들이시며 세상의 구세주라는 사실을
확신하게 되었다. 누가는 사람들 사이에서 하나님의 지속적이고
직접적인 역사를 생생하게 느꼈고, 보통 사람들이 변화와 우연만
보는 곳에서 성령의 손길을 보았다.

바울은 감사한 마음으로 누가를 받아들였다. 불굴의 의지
때문에 끊임없이 혹사당하는 그의 몸이 주치의를 보내 달라고
외치고 있었다. 얼마 후 새로운 교회를 위해 누가와 주저 없이
헤어지는 모습을 보면, 바울이 다른 사람들을 먼저 생각하는 마음이
얼마나 강한지를 능히 짐작할 수 있다.

누가는 이렇게 적고 있다.

그들은 무시아를 지나서 드로아로 내려갔습니다. 바울은 밤에 어떤 마케도니아 사람이 바울 앞에 서서 "마케도니아로 건너와서 우리를 도와주십시오"라고 애원하는 환상을 보았습니다. 바울이 그 환상을 본 뒤, 우리는 하나님이 우리를 부르셔서 마케도니아 사람들에게 복음을 전하게 하셨다고 확신하고는 즉시 마케도니아로 떠날 준비를 했습니다.

그들은 배를 구하느라 시간이 좀 걸리긴 했지만, 50년 7월 마지막 주쯤 여행을 시작했다. 바람도 적당히 불었다. 강한 남풍 덕분에, 맞바람이 불었다면 닷새가 걸렸을 거리를 이틀 만에 갔다.

누가는 바다를 사랑했고 항해 중 벌어진 사건들은 모두 기억했지만, 이번 여행은 기억에 남는 항해가 아니었다. 트로이 전쟁에서 그리스인들이 목마를 만든 테네도스 섬을 지나고, 헬레스폰트 해협(다르다넬스 해협)의 입구를 지났다. 짙푸른 바다 건너편에서는 오후의 햇살을 받아 헬레스 곶이 희미하게 반짝이고 있었다. 밤새 사모드라게 섬을 지났다. 다음 날 아침에는 맞바람을 맞으며 북서쪽으로 달려가 타소스 섬과 마케도니아 해안 사이의 해협을 지나갔다.

그들은 미처 자신들이 아시아 대륙에서 유럽으로 넘어간다고 생각하지 못했다. 당시에도 '아시아'나 '유럽'이라는 용어를 쓰긴 했지만 에게 해의 양쪽 해안이 모두 그리스 영토였기 때문에 큰 의미는 없었다. 그보다는 새로운 속주에 이르면 로마에 좀더 가까워진다는 사실에 흥분했다. 마케도니아를 넘어가면 아가야와 이탈리아 지방, 그리고 드넓은 갈리아, 스페인(서바나), 게르마니아, 그리고 최근 로마제국에 더해진 안개 낀 브리튼 섬에 도달할 수 있었기 때문이다. 로마 외에는 모두 복음이 미치지 못한 곳이었다.

그들이 가져가는 것은 무력이나 정치 강령이 아니라 네 사람과 또
다른 한 분이었다. 그분은 눈에 보이지 않지만 이 바다와 해안을
아킬레우스나 아가멤논이나 율리시스보다 먼저 아셨다. 또 제국과
도시를 입김만으로 무너뜨릴 수 있으나, 반세기 전 나약한 육체를
입고 베들레헴에 조용히 오셨던 것처럼 또다시 자신을 낮추고
마케도니아에 조용히 오신 분이었다.

그들은 네압볼리(네아폴리스, 지금의 작은 담배 항구인 카발라. 1967년 그리스의
콘스탄틴 왕이 그곳의 비행장에서 탈출했다)에 도착한 둘째 날 저녁에 뭍에
내렸다. 그런데 그곳의 새로운 항구는 판가이온 산의 산등성이
바로 아래 자리 잡고 있었다. 다음 날, 그들은 로마로 가는 대로
중 하나인 '에그나티아 가도街道'를 따라 산등성이를 올라갔다.
산길 꼭대기에 이르자 빌립보(필리피) 시가 보였다. 그 너머에는
옥타비아누스(아우구스투스)가 카이사르의 살인자들을 무찔러 세계의
운명을 결정했던 빌립보 전투의 현장인 좁은 평원이 있었다. 빌립보
시는 310미터 높이의 아크로폴리스 아래, 근사한 화강암 지대를
지나는 도로를 중심으로 집이 빽빽이 서 있었다.

알렉산더 대왕의 아버지인 마케도니아의 필리포스의 이름을 딴
빌립보는 빌립보 전투 이후 로마의 식민지가 되었다. 빌립보는 행정
중심지는 아니었지만 분주한 군사 활동의 중심지이자 마케도니아
동부의 주요 도시였다. 그곳은 자치권이 있는 '작은 로마'였으며,
모든 공식 업무에서 라틴어를 사용했다. 도시의 분위기는 힘차고
활발하고 현실적이었고, 거리에는 늠름하고 젊은 현역 로마 군인들
및 억센 퇴역 군인들과 그 가족들이 넘쳐 났다. 그리고 광장과
집회소인 바실리카에는 로마의 독수리 문양이 자랑스럽게 새겨져
있었다. 그곳은 로마 시민들이 높은 영예를 누리는 곳이었다.

바울과 그의 친구들은 숙소를 잡았다. 우상 신전은 많이

있었지만 회당은 보이지 않았다. 회당이 없다는 것은, 빌립보 전체를 통틀어 유대인 남성이 열 명 미만이라는 뜻이었다. 바울이 유럽에 머문 첫 장소에는 복음을 위한 도약대가 없었던 셈이다. 그곳에 유대인들이나 유대교 개종자들이 있다면 그들은 안식일에 야외에서 예배를 드릴 터였다. 그리고 예배 장소는 정결 규례를 지키기 좋은 성벽 바깥의 강변일 것이었다. 그래서 바울과 실라, 누가와 디모데는 안식일 오전 일찍, 시장으로 들어오는 농부의 마차들을 헤치고 아우구스투스를 기념해서 지은 북서쪽 문을 통해 성벽 바깥으로 나갔다. 그들은 근사한 아치를 이룬 나무 그늘 아래로 2.4킬로미터쯤 걸어가 좁은 강기테스 강으로 내려갔다. 그 강의 다리에서 조금 떨어진 작은 숲에서 찬양과 기도를 드릴 준비를 하는 몇몇 여성을 발견했다. 그들은 그녀들 곁에 앉았다.

네 사람은 아주 편안하게 자기소개를 하고 빌립보 사람들과 금세 친구가 되었다. 그중 한 명은 소아시아 주 루디아 지방의 도시 두아디라 출신으로 하나님을 경외하는 이방인 여성 자산가였다. 그녀의 이름은 '루디아'였고 두아디라의 특산품인 값비싼 자색 옷감을 파는 일을 했다. 다른 여성들 중 일부는 그녀의 가족이었다. 안식일 예배 시간에 바울은 자신들이 온 이유를 설명했다. 그리고 그는 주 예수님에 대해 이야기했다. 그분이 자기 영광을 비우고 죽을 인간으로 태어나신 것과 자기를 낮추어 평범한 범죄자처럼 십자가에서 죽으신 것, 또 예수님의 부활과 그분을 믿는 법에 대해 말했다. 곁에서 지켜보던 누가는 루디아의 얼굴에서 언변의 힘만으로는 결코 나타날 수 없는, 확실한 깨달음의 빛을 보았다. 그의 눈앞에서 기적이 벌어지고 있었다. 주께서 루디아의 마음을 열어 바울의 말을 따르게 하신 것이다.

바울도 루디아와 이야기하면서 그 사실을 분명히 알 수 있었다.

그는 바로 옆의 강에서 그녀에게 세례를 주었다. 함께 예배하던 그녀의 식솔들 중 일부도 세례를 받았다. 대개 안식일에는 하나님을 경외하는 이방인이 집에서 부리는 노예들과 판매원들을 쉬게 했다. 루디아의 식솔들 중에는 노예와 판매원도 포함되어 있었다. 바울은 그들이 그리스도를 올바로 알고 영접하게 된 것에 만족했다. 그들 안에서 착한 일을 시작하신 분이 그 일을 계속하실 것이었다.

루디아가 말했다.

"제가 참으로 주님을 믿는 사람이라고 생각하신다면, 저희 집에 와서 머물러 주십시오."

바울은 거절했다. 그는 당시의 방랑 철학자들처럼 구걸꾼이라는 비난에 노출될 여지를 만들고 싶지 않았다. 주님은 제자들에게 일꾼은 자기 몫을 받을 자격이 있으니 그들을 초청하는 첫 번째 집에서 묵으라고 가르치셨지만, 바울은 그 권리를 누리지 않는 것을 좋아했다. 하지만 루디아가 강권하는 바람에 결국 그들은 동의했다. 빌립보는 바울이 무료로 숙식을 제공받은 유일한 곳이다. 이후 그것은 바람직한 결정으로 드러난다.

빌립보의 새 교회는 처음부터 사도들에게 강한 동역 의식을 보여 주었다. 젊은 디모데는 빌립보 교인들과 자신을 철저히 동일시하여 소명의 순전함을 입증했다. 바울의 행복감과, 은은하게 풍겨 나는 그의 평안함과, 아름다운 그의 인격과 기뻐하는 행동은, 그들이 하나님의 기쁨과 능력을 나누고 힘을 모아 복음을 전하고 변호할 때 힘써 따르는 본이 되었다. 그 다음 며칠 동안 몇 명의 노예들과 거칠고 젊은 군인들이 세례를 받았다. 새로운 시각을 갖게 되자 그들의 지루한 노예 생활과 힘든 군대 생활이 달라졌다. 바울의 표현을 빌리자면, 이제 그들은 흠 없고 순결해져서 구부러지고 뒤틀린 세대 가운데서, 하나님의 흠 없는 자녀로 어두운

이 세상에서 별처럼 빛날 것이었다. 그들은 생명의 말씀을 굳게 잡은 사람들이었다.

바울의 마음속에서 줄곧 아주 특별한 자리를 차지하게 되는 빌립보 교회는 교인이 급속히 불어나지는 않았지만, 초창기 짧은 시기에는 물론 이후에도 주위에 많은 영향을 끼쳤다. 바울과 그의 친구들이 세상을 뒤집어놓고 있다는 소문이 마케도니아 곳곳으로 급속히 퍼져 나갔다. 그것으로도 빌립보 교회의 영향력을 짐작할 수 있었다.

16. 빌립보에서 당한 매질

바울은 빌립보에 어느 정도 머물면서 기초를 든든히 세울 수 있으리라 생각했다. 그는 매일 다른 사람들과 함께 강변의 기도 처소로 갔다. 도로 부근이라 바울과 실라가 그곳에서 복음을 전할 때면 언제나 여행객과 시민이 모여들어 귀를 기울였다. 빌립보에 도착한 지 20일쯤 되던 8월의 어느 날, 바울 일행은 에그나티아 가도를 걸어 강가로 가고 있었다. 그때 기묘한 고음의 기분 나쁜 목소리가 뒤에서 이렇게 외쳤다.

"이 사람들은 가장 높으신 하나님의 종이다. 이 사람들은 여러분에게 구원의 길을 전하고 계시다!"

바울은 그 외침을 무시했다. 누가는 목소리의 주인공인 여종이, 세계적으로 유명한 아폴로 신전이 있는 델피(피토, 펠포이)에서 일하는 무녀巫女임을 알았다. 아폴로 신전은 고린도 만을 내려다보는 파르나스 산 남쪽 등성이에 있었다. 당시 정치가들과 대사들이 델피 신탁에 자문을 구했다. 미래를 엿보고 싶어 하는 사람들이 정체를 알 수 없는 이상한 악의 세력에 사로잡힌 소녀에게 많이 찾아왔을 것이다. 그녀는 매우 값비싼 존재로, 한 개인이 아니라 여러 사람이 공동으로 사서 소유하고 있었다.

그 다음 날, 그 기분 나쁜 소리가 다시 들려 왔다.

"이 사람들은 가장 높으신 하나님의 종이다. 이 사람들은 여러분에게 구원의 길을 전하고 계시다!"

바울은 다시 모른 척했지만, 이제 슬며시 짜증이 났다. 델피 아폴로 신전이든 아니든, 악령이나 귀신의 덕을 보고 싶지 않았다. 예수님도 귀신들이 사람들의 입술을 통해 "당신은 하나님의 아들이십니다!" 하고 외치자 조용히 있으라고 명령하신 바 있다. 악령의 말을 듣고 예수님을 인정하는 사람은 귀신의 영향력하에 있는 사이비 제자고, 그 사람의 마지막은 처음보다 상태가 더 안 좋을 것이다.

여종은 매일 소리를 질러 댔고, 바울은 점점 더 신경이 곤두섰다. 이전까지는 바울이 귀신을 쫓아냈다는 명확한 기록이 없다. 다만 갈라디아에서 행한 표적과 놀라운 일이 그것을 암시한다고 볼 수 있을 따름이다. 델피가 대표하는 악의 힘은 상당했다. 예수님의 이름으로 루스드라의 장애인이 펄쩍펄쩍 뛰어다니는 것을 본 바울이었다. 그러나 그는 자신이 극악한 세력과 직면한 것을 알고 믿음이 약해져서 대적하기를 주저했을 수도 있다.

셋째 날이나 넷째 날, 바울과 실라 둘이서만 기도 처소로 가던 길이었다. 성문에 미처 이르기도 전에 고음의 목소리가 다시 들려왔다.

"이 사람들은 가장 높으신 하나님의 종이다. 이 사람들은 여러분에게 구원의 길을 전하고 계시다!"

바울은 죄 없는 소녀를 파렴치하게 착취하는 모습과 그녀의 입술에서 나오는 엉터리 복음 전도를 더 이상 참을 수 없었다. 바울이 몸을 돌이켜 이렇게 말했다.

"예수의 이름으로 내가 네게 명하노니 그녀에게서 나오라!"

그러자 소녀의 얼굴에서 사나운 표정이 사라지고 갑자기 긴장이 풀리더니, 소녀가 정상적인 목소리로 말하기 시작했다.

그녀를 이리저리 데리고 다니던 공동 소유자들은 격분했다. 그들은 그녀가 더 이상 무녀가 아님을 알 수 있었다. 대단한 돈벌이가 되는 투자 대상이던 그녀가 걸레질이나 겨우 할 만한 평범한 여자 노예가 된 것이었다. 퇴역 군인이던 그들은 전술적 패배에 즉각 반격을 시도했다. 그들은 바울과 실라에게 달려들면서 구경꾼들에게 소리를 질러 댔다. 기적을 보고 벌린 입을 다물지 못하고 서 있던 군중은 그 단호한 행동에 태도가 정반대로 달라졌다. 모두 소리 지르며 사도들에게 달려들었다. 사도들은 사람들에게 떠밀려 도시 한복판으로 갔다.

광장 안, 동쪽 방향에서 체육관을 마주보고 있는 재판석 베마에는 선출직 행정관들이 앉아 있었다. 그리고 그 뒤에는 릭토르들이 서 있었다. 행정관들은 그날의 소송과 재판이 아직 끝나지 않았는데 광장 저쪽 끝에서 일어나는 소란을 보고 깜짝 놀랐다. 군중이 소리를 지르고 헐떡이면서 낯선 두 사람을 베마 앞으로 끌고 왔다. 공공질서를 위협하는 이런 사건은 내용에 상관없이 즉시 처리해야 했다.

여종의 주인들이 내세우는 주장은 빈약했다. 법정은 제삼자의 영향력으로 무녀가 신비한 능력을 잃은 사건을 다루지 않았다. 민사 소송으로 손해를 되돌릴 수 있는지도 의심스러웠다. 하지만 노예 주인들은 복수를 원했다. 그들은 사도들에게 복수의 쓴맛을 보여 주고 싶어 했다.

"이 사람들은 우리 도시에서 소란을 피우고 있습니다."

행정관들은 군중이 소리를 지르며 바울을 때리는 소란을 이미 보고 있었다.

"우선 이자들은 유대인입니다."

안 좋은 소식이었다. 유대인들은 언제나 말썽을 일으켰고, 클라우디우스 황제는 최근에 그들을 로마에서 추방한 바 있었다. '작은 로마'도 똑같이 행할 터였다.

"이들은 우리 로마 사람들로서는 받아들이거나 실천할 수 없는 풍습을 선전하고 있습니다!"

더 안 좋은 소식이었다. 행정관들은 공공질서를 해치지 못하게 이런 자들이 선전하는 것과 같은, 공인되지 않은 종교 풍습을 진압할 책임이 있었다. 사건 내용은 분명했다. 매순간 군중이 계속 소리를 질러 대고 있었기에 즉시 조치를 취할 필요가 있었다. 로마의 규율이 흐트러지는 이런 상황을 방치하다간 행정관들이 문책을 당할 수도 있었다.

그들은 피고 측에 항변의 기회를 주지 않았다. 그것은 분명 불법이었다. 재판은 라틴어로 진행되었다. 바울은 라틴어를 알았지만 두 사람 모두 로마 시민이라고 외칠 기회가 없었거나, 외쳤다 해도 소음 때문에 묻혀 버렸을 것이다.

공식 판결도 없었다. 릭토르들에게 내려진 짤막한 명령이 전부였다. 릭토르들이 막대기를 꺼낼 때 노예 소유주들은 냉혹한 만족감을 느끼며 그들을 바라보았고, 군중은 다소 조용해졌다. 릭토르들은 연단에서 내려와 각 선교사에게 가 그들의 옷을 모두 벗겼다. 상처투성이인 바울의 옹이진 등이 햇살에 드러났을 때, 모든 이는 상황이 분명해졌다고 생각했다. 두 사람은 채찍 기둥에 내던져졌다. 너무 서두르느라 그들을 제대로 묶기는 했는지조차 의심스러웠다. 몸부림을 친다면 즉시 수많은 튼튼한 팔이 붙잡을 수 있는 상황이었다. 릭토르들이 매질을 하기 시작했다.

베인 상처에서 피가 뿜어 나왔고 군중은 소리를 질러 댔다.

잔인한 매질이 등뼈로 쏟아지면 강인한 사도라도 비명을 참을 수 없었다. 사람들은 그 소리를 즐겼다. 바울과 실라는 기도로 고통과 싸웠다. 릭토르들은 군중의 재촉을 받으며 두 사람의 등이 피투성이가 될 때까지 매를 힘껏 휘둘렀다. 오늘날 살아 있는 순교자 리처드 범브란트 목사는 공산정권 치하의 감옥에서 자주 매질을 당했는데, 그것에 대해 이렇게 썼다.

> 매질은 불처럼 타올랐다. 등을 화로로 굽는 것 같았고 신경계에 엄청난 충격을 주었다.[*]

행정관들은 두 사람이 쓰러지기 전에 매질을 그치게 했다. 그리고 또 다른 명령을 내렸다. 릭토르들은 사도들을 반은 떠밀고 반은 들다시피 하여 광장에서 끌고 나가 에그나티아 가도를 지나 감옥으로 데려갔다. 감옥은 극장에서 멀지 않은 아크로폴리스 아래 언덕 중턱에 있었다. 죄인을 엄중히 지키라는 엄명을 받은 퇴역 군인 간수는, 그들이 속주 주도로 보내져서 갤리선 노예로 부릴 위험한 범죄자라고 생각했다. 그는 여전히 벌거벗겨진 그들을 거칠게 끌고, 족쇄를 찬 도둑들과 좀도적들이 형을 기다리는 제일 큰 감방을 지나 낮은 통로를 통해 창이 없는 지하 감방으로 데려갔다. 그곳은 죄수를 안전하게 가두고 괴롭힐 수 있게 되어 있었다. 범죄자들의 다리를 넓게 벌려 거친 나무 막대기에 단단히 묶고, 손목과 목은 고문의 강도에 따라 다양한 위치에 매달 수 있었다.

[*]
리처드 범브란트Richard Wurmbrand와 찰스 폴리Charles Foley가 쓴 《하나님의 지하운동God's Underground》(W. H. Allen, & Co., Ltd., London, 1968), 194~195쪽.

간수는 안전하게 지키는 것으로 족하다고 판단했기에, 바울과 실라를 땅바닥에 내치고 양발만 막대기에 묶은 뒤 신체의 나머지 부위는 자유롭게 놓아두었다. 이어서 그들의 옷도 던져 넣었다.

바깥에서는 판가이온 산 너머로 해가 저물었다. 루디아의 집에서는 디모데와 누가가 다른 사람과 함께 모여 기도했을 것이다. 나중에 바울이 감옥에서 빌립보 교인들에게 쓴 서신에는 이때의 기도를 염두에 둔 듯한 부분이 나온다. 거기서 그는 그들의 기도와 예수 그리스도의 영의 능력으로 자신이 구원을 받을 줄 안다고 적었다.

지하 감방에 던져진 바울과 실라는 충격을 받은 상태로 아무 말 없이 나란히 누워 있었다. 피가 얼어붙는 듯했고 근육은 뻣뻣했으며 다친 등이 쿡쿡 쑤셨다. 그러나 일어나 앉아도 불편하긴 마찬가지였다. 다리는 이미 감각이 없었고 나무 막대기가 발목을 짓눌렀다. 그들은 상처투성이 등 위로 서로 옷을 걸쳐 주었지만 몸은 여전히 덜덜 떨렸고 자신들의 배설물과 함께 누워 있을 수밖에 없었다.

도무지 잠이 오지 않았다. 처음에는 기도도 나오지 않았다. 충격이 가라앉고 고통이 잦아들자, 그들은 각자 머릿속으로 로마의 식민도시에서 로마 시민인 자신들이 폭행과 모욕과 부상을 당한 까닭을 자문했다. 우울하기도 분노가 치밀기도 했지만 그 와중에도 그들은 어떠한 형편에든지 자족하기를 배웠다. 밤이 깊어짐에 따라 모든 영적·정신적 비참함은 그 흔적까지 사라지며 진정되었다. 그들은 자신들을 사랑하시는 이로 말미암아 이 모든 일을 넉넉히 이길 수 있다는 깨달음으로 감격했다. 의식이 도무지 인식할 수 없는 순간에도 그분의 팔이 그들을 붙들고 있었던 것이다. 그분은 그들의 고통이 무엇인지 아셨다. 그들은 기도하기 시작했고 기도는 곧 찬양으로 바뀌었다.

부드럽게, 처음에는 띄엄띄엄, 찬양을 부르기 시작했다. 바울은 음악과 노래에 대해 자주 이야기한다. 성량이 풍부한 사람이었던 것 같다. 그들은 기분을 북돋우기 위해 노래하는 것이 아니었다. 쑤심과 아픔, 굶주림과 악취와 어둠보다 더욱 실제적으로 느껴지는 주님을 향한 마음에서 곡조가 솟아 나왔다.

예수의 이름 앞에
하늘과 땅과 땅 아래 있는
모든 자가 무릎 꿇게 하소서.

바울이 다른 감옥에서 빌립보 교인들에게 쓴 서신에는 하나님 아들의 자기 비우심, 그분의 죽음과 영광을 노래한 위대한 구절이 나온다. 어떤 사람들은 그 구절이 그들이 이미 알던 노래를 기억해 낸 것이라고 한다. 만약 그렇다면 그 노래는 바울과 실라의 고뇌가 기쁨으로 바뀐 이날 떠오른 것일지도 모른다. 이날 지하 감방에서는 다음과 같은 감동적인 찬양이 울려 퍼졌을 것이다.

...... 모든 입으로
예수 그리스도를 주라 시인하여
하나님 아버지께 영광을 돌리게 하소서.

제일 큰 감방에는 10여 명의 다른 죄수가 쇠사슬로 벽에 묶인 채 누워서 각자 처참한 심정으로 고문이나 중노동, 또는 처형을 당할 날을 기다리고 있었다. 그런데 갑자기 두 사람의 찬송 소리가 들려왔다. 그들은 지하 감방에 내던져진 두 사람의 피투성이 등을

보았다. 그런데 지금 가엾은 그 사람들이 노래를, 그것도 기쁨에
겨운 노래를 하고 있었다. 특별하고 전염성 있는 행복인 평안과
소망이 감옥을 가득 채웠다.

간수는 언덕 중턱에서 몇 미터 위에 있는 자신의 집에서 곤히
잠들어 있었다. 바울과 실라는 찬송을 더 많이 불렀다. 죄수들은
귀를 기울였다. 그러던 어느 순간, 갑자기 지진이 나면서 감옥
전체가 흔들렸다. 여름철 마케도니아에서는 지진이 흔했지만,
이번 지진은 강도가 매우 심했다. 지하 감방의 차꼬가 모두 풀렸고,
죄수들의 쇠사슬을 매어 둔 쇠고리도 떨어졌다. 그리고 감옥 안팎의
문빗장이 다 벗겨지면서 문까지 열려 버렸다.

간수도 깨어났다. 그는 침대에서 박차고 나와 단검을 집어
들고 불 꺼진 안마당으로 달려갔다. 감옥의 제일 바깥문까지 다
열린 것이 보였다. 죄수들이 달아난 게 분명했다. 이제 끝장이었다.
달아난 죄수들 대신 자신의 목숨을 내놓아야 했다. 그는 소스라치게
놀랐으나 잠시도 주저하지 않고 공개적인 치욕과 처형 대신 자살을
선택했다. 칼을 뽑아 들었다. 밤중이라 칼집이 땅바닥에 떨어지는
소리가 요란하게 울려 퍼졌다. 그때 감옥 깊숙한 곳에서 커다란
소리가 들려왔다.

"당신 몸을 해하지 마시오! 우리는 다 여기 있소."

그 무렵, 그는 달빛에 의지하여 빌립보 시가 건재함을 볼
수 있었다. 그가 있는 언덕 사면에서만 지진이 일어난 것이다.
마케도니아 사람들은 크건 작건 땅의 진동과 지진은 성난 신의
손길이라고 생각했다. 그런데 그 신이 자신만 골라 지진을 내렸다니,
간수는 간담이 서늘했다. 더욱 놀랍게도 그 신은 죄수들이 도망가지
못하게 막았고, 지하 감방에서는 "당신 몸을 해하지 마시오!"라는 큰
소리가 들려왔다. 매질을 당한 유대인들이 탈출보다 간수의 신변에

더욱 신경을 쓴 것이었다. 그는 모든 상황을 전혀 이해할 수 없었다.

그는 잠에서 깨어 뭐라고 지껄이는 노예들에게 부들부들 떨면서 불을 달라고 소리쳤다. 그들은 리기다소나무 홰에 불을 붙이느라 애썼다. 그러면서 지나가는 1초, 2초가 간수에겐 고문과도 같았다. 신이 언제 다시 벌을 내릴지 몰랐기 때문이다. 간수는 노예들에게서 그 두 유대인이 감옥에 갇힌 이유와 그들이 신의 종이며 구원에 대해 얘기했다는 소리를 들었을 것이다.

마침내 홰에 불이 붙자, 그는 노예를 앞세우고 감옥으로 뛰어들어 곧장 지하 감방으로 내려갔다. 바울과 실라는 더럽지만 평온한 모습으로 서 있었다. 간수는 그들의 발치에 엎드렸다.

"선생님들, 제가 어떻게 해야 구원받을 수 있겠습니까?"

"주 예수님을 믿으십시오. 그러면 당신과 당신 집안이 구원을 얻을 것입니다!"

두세 사람의 노예와 가족이 지하 감방으로 따라 들어왔다. 다른 죄수들은 풀린 쇠사슬을 쩔렁거리며 간수만큼이나 관심을 보이며 지하 감방 입구 주위로 모여들었다. 바울과 실라는 머리가 엉클어지고 피가 굳어 등이 뻣뻣해진 상태에서 주의 말씀을 그 간수를 비롯해 그곳에 있는 모든 사람에게 전하였다.

간수는 그들을 이끌고 밖으로 데려갔다. 안마당에는 우물 혹은 못이 있었는데, 그곳에서 그는 여자들과 노예들의 도움을 받아 사도들의 상처를 직접 씻어 주었다. 그 직후 횃불 아래서 간수는 세례를 받았고 뒤이어 가족 전체와 노예들도 세례를 받았다.[*]

---

[*]
서방본문은 간수가 다른 죄수들을 먼저 가둔 뒤 바울과 실라를 이끌어 냈다고 적고 있다. 누가는 그들이 이후 어떻게 되었는지 아무 말이 없으니 궁금할 따름이다.

2부 더 멀리 좀더 멀리

세례를 받은 뒤, 간수는 사도들을 데리고 집으로 올라가
그들에게 참으로 아쉽던 음식을 제공했고 그와 온 집안이 하나님을
믿으므로 크게 기뻐했다. 동이 터 오를 때까지 그들은 여전히
바울과 실라와 함께 앉아 예수님에 대해 더 많이 물었다. 그리고
자신들에게 임하고 자신들 안에서 솟아나는 믿기 어려운 행복을
함께 나누었다.

해가 뜬 직후, 두 유대인을 풀어 주라는 행정관들의 명령을
받은 릭토르들이 감옥에 도착했다. 행정관들은 매질과 감옥에서
보낸 하룻밤으로 처벌이 충분하리라 판단한 것이었다. 매질과
모욕을 당한 외부인들이 빌립보를 떠나면 모든 상황이 끝날 터였다.
릭토르들이 그들을 도시 경계까지 호송하기 위해 안마당에서
기다리는 동안, 간수는 형벌이 끝났음을 기뻐하며 서둘러 집 안으로
들어갔다. 릭토르들은 자신들이 죄수들을 요구할 때 내놓기만 하면
간수가 그들을 어디에 두건 개의치 않았다.

"관리들이 선생님과 실라를 풀어 주라고 전령을 보내 왔습니다.
이제 나오셔서 평안히 가십시오."

바울은 그 말을 순순히 받아들이지 않았다. 그의 답변을 들은
간수는 깜짝 놀라 기겁을 했다.

"로마 시민인 우리를 재판도 하지 않고 사람들 앞에서 매질하고
감옥에 넣더니, 이제 와서 슬그머니 놓아 주려는 겁니까? 안 됩니다!
그 사람들이 직접 와서 우리를 데리고 나가라고 하시오!"

이것은 심각한 문제였다. 간수는 그들이 로마 시민이라는 말을
의심하지 않았다. 그들을 존경하기도 했거니와, 로마 시민이라는
거짓 주장으로 최고형의 위험을 감수할 사람은 없었기 때문이다.
릭토르들이 그 말을 보고하자, 행정관들의 거만함은 즉시
사그라졌다. 발레리아 법, 포르키아 법, 그리고 보다 최근의 율리아

법에 따르면, 로마 시민에게 매질을 할 수 있는 경우는 행정관의 직접 명령에 불복할 때뿐이었다. 그리고 그것마저도 정식 재판과 공식 유죄 판결을 받고서야 집행할 수 있었다. 바울과 실라에게 유죄 선고도 없이 공개 매질을 가했으니, 이제 행정관들은 로마에서 고소를 당하고 신세를 망칠 위험에 놓이게 되었다. 분개한 로마 시민 두 사람이 어떤 태도로 나올지 알 수 없으니 철저히 비굴한 자세로 나가는 것이 안전했다.

행정관들은 서둘러 감옥으로 가서 간수의 집에 들어가 겸손하게 사과했다. 바울과 실라는 응답하지 않았다. 신생 빌립보 교회를 위한 최선의 방어막은 행정관들을 불안한 상태로 내버려 두는 것이었다. 그것은 박해자들에게 다른 쪽 뺨을 돌려 대고 선을 행하는 확실한 방법이기도 했다. 행정관들은 이제 로마인들이 설립한 교회의 가르침에 관심을 가질 것이고, 릭토르들도 그럴 것이기 때문이었다.

행정관들은 사도들을 호위하고 감옥에서 나왔고 또 다른 치안 방해 사태가 일어나지 않게 도시를 떠나는 호의를 베풀어 달라고 간청했다. 감옥으로 서둘러 간 행정관들을 뒤따랐을 적은 군중 앞에 선 사도들에게 그것은 상당히 명예로운 일이었다. 바울과 실라는 가장 먼저 루디아의 집으로 갔다. 어쩌면 간수도 함께 갔을지 모른다. 일을 쉴 수 있는 모든 그리스도인이 그곳으로 달려갔고 하나님을 함께 찬양하며 사도들이 하는 말에서 새로운 용기를 얻었다. 장로를 임명하기에는 때가 매우 일렀기에, 누가가 매질당한 친구들과 동행하고 싶은 마음을 누르고 남기로 했다. 그는 교회를 보살피며 의료 시설을 세울 수 있을 터였다.

바울과 실라와 디모데는 튼튼한 막대기를 집어 들고 북쪽으로 길을 떠나 다리를 건너고 평원을 지났다.

17. 데살로니가에서 내쫓기다

아리스다고라는 그리스 이름의 한 유대인이 평소처럼
데살로니가(테살로니키)의 강력한 소수 민족인 유대인들의 커다란
회당에 갔다. 데살로니가는 마케도니아의 통치자가 거주하는
테르마이코스 만의 안쪽에 위치한 자유 도시였다. 8월 중순,
안식일에 장로들은 한 방문 랍비를 초청해 율법을 읽는 일과 강론을
맡겼다. 아리스다고는 찌는 듯한 열기 속에 그의 말을 경청했다. 몇
년 뒤 그 사람 때문에 군중에게 끌려 다니고, 그와 함께 두 차례 긴
여행을 다니고, 난파를 당하고, 로마에서 함께 투옥될 줄은 전혀
알지 못했다.

아리스다고는 그가 보통 사람이 아니라는 것을 한눈에
알아보았다. 그는 휘어진 다리로 뻣뻣하게 독서대로 걸어갔고
가끔씩 움찔거렸다. 최근 몸에 심한 고통을 당했다는 뜻이었다.
그런데도 냉소적인 구석은 전혀 보이지 않았다. 얼굴에는 빛이
났고, 튀어나온 이마도 험상궂게 보이지 않았다. 오히려 매력적인
친절함이 흘렀다. 하지만 청중에게 말할 때 그들이 자기를
해치기라도 할 것처럼 약간 긴장했다.

설교 내용에 비하면 그의 외모로 인한 놀라움은 아무것도

아니었다. 낯선 그는 몇 개의 본문으로 설교를 시작하더니 성경을 거듭 인용하면서 기다리던 메시아가 그들이 생각하는 것처럼 예루살렘에 즉시 나라를 재건하는 것이 아니라, 고난당하고 죽고 다시 살아나야 함을 증명했다. 아리스다고는 그가 인용하는 풍부한 성경 구절이 주장을 뒷받침하기에 충분하다고 생각했다. 그는 최근 십자가에 못박힌 예수라는 사람에 대해 말했다. 세련되거나 고상하지 않았지만 그는 흥미로울 만큼 설득력 있게 이 예수가 죽었다가 다시 살아났다는 이야기를 했다. 아리스다고는 그의 말이 사실이라는 확신이 들었다. 설교는 이렇게 끝맺었다.

"내가 여러분에게 전하고 있는 이 예수님이 바로 그리스도입니다!"

설교가 끝난 뒤, 장로들은 시큰둥하기는 했지만 예의를 갖추어 바울에게 다음 안식일에도 말씀을 전해 달라고 넌지시 말했다. 아리스다고와 몇몇 다른 사람은 그를 찾아갔다. 같은 회당에 다니는 야손이 실라와 디모데와 함께 그를 집으로 초대했고, 원하는 사람은 모두 그들을 만날 수 있었다. 그곳에서 바울과 실라는 빌립보에서 고난을 당한 이야기를 비롯해 다음 이야기를 했다.

"여러분에게 갔을 때도 많은 사람들이 우리를 대적하였습니다. 그러나 하나님은 여러분에게 담대하게 하나님의 복음을 전할 수 있게 우리를 도와주셨습니다."

그들은 에그나티아 가도를 따라가며 다른 중요한 두 도시를 지났다. 개펄 비슷한 스트리몬 강어귀 근처에서 고대의 돌사자가 지키고 있는 암비볼리와 호숫가에 있는 아볼로니아였다. 그렇게 160킬로미터쯤 걸어오면서 건강을 회복했다. 그러나 구릉지에 올랐다가 데살로니가로 들어설 때 복음을 선포하다 또 다칠 위험이 있었기에 상당한 결단이 필요했다. 그래서 바울은 이렇게 말했다.

"여러분이 우리에게서 들은 하나님의 말씀을 받을 때 사람의 말로 받지 않고 실제 하나님의 말씀으로 받아들여서 더욱 감사합니다."

야손의 집에 모인 사람들이 바울과 실라를 보며 가장 인상 깊었던 점은, 그들의 진실함과 빈틈없는 장사꾼도 금세 알아채고 존경할 수밖에 없는 고결한 말과 행동이었다. 그들은 마음이 깨끗했고 순회 선지자들이 사용하던 속임수를 쓰지 않았다. 돈이나 물품에는 전혀 관심이 없었고 듣는 사람들의 친절함에 깊이 감사할 따름이었다.

바울은 인격도 고매했지만 전하는 메시지야말로 사람들에게 확신을 주었다. 그것은 사실에 근거한 메시지였다. 바울은 모호한 추측을 내놓지 않았다. 그리고 예수의 생애, 죽음, 부활이 사실이건 신화건 상관없이 믿음만이 중요하다고 주장하지도 않았다. 그는 그 내용의 진실성에 놀라운 확신을 갖고 있었다. 그의 말을 듣던 아리스다고는 이성을 초월하는 어떤 능력이 바울이 전하는 예수를 믿고 따르도록 자신을 이끌고 있음을 다시 한 번 느꼈다. 아리스다고가 그 얘기를 꺼냈더니 바울은 놀라지 않았다. 그는 그 능력이 하나님 아버지와 예수님의 영이라고 말했다. 아리스다고와 야손을 비롯해 회당에서 온 몇몇 다른 사람들이 회심했을 때도, 바울은 자신의 공로를 전혀 인정하지 않았다.

바울과 실라의 용기와 확신은 또 다른 용기와 확신을 낳았다. 회심자들은 동포 유대인들에게 예수님이 참 메시아라고 말했다. 더 나아가 그동안의 편견을 떨치고 사업상 알고 지내던 이방인들이나 자신들의 물품을 부두에서 나르던 노예들에게도 예수님을 전했다. 그리하여 야손의 집은 가장 비유대적인 방식으로 들불처럼 복음이 도시 곳곳으로 퍼져 나간 운동의 중심지가 되었다.

바울의 표현을 빌리자면, 하나님 아버지와 주 예수 그리스도 안에 있는 데살로니가인의 교회에는 놀랍게도 며칠 만에 유대인보다 그리스인이 더 많아졌다. 그리고 그중에는 남자들과 영향력이 큰 귀부인들도 있었다.

이번에도 바울은 고결함을 보여 주었다. 그는 듣기 좋은 말만 골라 하지 않았다. 구도자들에게 말할 때 그는 그들의 삶의 근원이 왜곡되었음을 분명히 밝혔다. 또 그들이 집에서 섬기는 작은 우상들과, 신전들을 장식할 때 쓰는 고전미 어린 우상들이 무능하고 생명 없는 거짓 신이라는 믿음도 숨기지 않았다. 그는 데살로니가인들의 현재 모습이 정당하다고 받아들이지 않았다. 20세기의 급진 신학자들은 부활한 나사렛 예수를, 주와 그리스도로 인정할 필요가 없다고 주장한다. 만약 바울이 그들을 대한다면 다음과 같은 특유의 표현으로 응수할 것이다.

"그럴 수 없느니라!"

위 표현을 《킹제임스 성경》에서는 "당치 않다God forbid!"로 풀어 썼다.

바울은 데살로니가인들을 정직하게 대했다. 그리고 그의 복음은 역사적 사실에 근거했으며 단순히 말로만 전해진 것이 아니라 능력과 성령과 큰 확신 가운데 전해졌다. 그래서 그는 데살로니아인들이 자신들에게 잘 대해 준 것과, 섬기던 우상을 버리고 살아 계신 하나님을 믿게 된 것을 기뻐했다.

데살로니가는 전략적인 위치에 있었다. 그곳은 빌립보와 가까웠기 때문에 두 교회 사이에 쉽게 일체감이 형성될 수 있었다. 빌립보 교회의 심부름꾼이 헌금을 가지고 데살로니가에 있는 바울을 방문하자 그는 매우 기뻐했다. 빌립보 교인들을 위해

기도하기를 멈추지 않았는데 그들도 자신을 기억하고 있다는
사실이 감격스러웠던 것이다. 데살로니가 사역이 마무리되면,
에그나티아 가도를 따라 서쪽으로 아드리아 해에 이르고 로마로 갈
것이었다. 데살로니가에서 남쪽으로 고개를 돌리면, 항구에서 볼 때
육지로 거의 둘러싸인 듯 보이는 만 너머로 올림포스 산이 보였다.
그리스도께서 오심으로 권좌에서 밀려나게 된 신들의 전설적인
고향이었다. 신들이 올림포스에 거주한다고 믿는 그리스인들은
이제 거의 없지만, 그 신들을 경배하는 사람들에게 그들은 여전히
실제적인 존재였다.

올림포스 산 너머에는 테살리아 평원과 아가야가 있었다.
거기서 상선들이 여러 지역을 오갔다. 그래서 데살로니가에서 배를
타는 그리스도인들이 내리는 곳마다 복음이 전해졌다. 즉 고린도와
피라에우스, 에게 해 군도, 아시아 해안의 에베소에 복음은 바울의
표현대로 금세 울려 퍼질 수 있었다.

다시 한 번 바울은 정착할 만한 도시를 발견했다고 생각했다.
그와 실라는 야손의 집을 숙소로 받아들였다. 그러나 야손의 환대를
받으며 폐를 끼치는 것도, 다른 곳에서 공짜로 식사를 하는 것도
거부했다. 그들은 다른 사람의 양식을 먹을 때 늘 값을 치렀다.
어느 누구에게도 짐이 되지 않기 위해 그들은 밤낮으로 일하고 또
일했다. 물론 자신들을 도와 달라고 할 수도 있었을 것이다. 그러나
다른 이들에게 본을 보이기 위해 열심히 일한 것이다. 다른 이들과
함께 있을 때, 그들은 일하기 싫어하는 사람은 먹을 자격도 없다고
가르쳤다.

바울은 다시 천막 만드는 일을 시작했다. 바울이 일해서
생계를 꾸려 간다는 이야기가 데살로니가에 처음으로 등장한다.
첫 번째 선교 여행에 필요한 모든 자금은 바나바가 채웠을 것이다.

바나바는 땅을 팔아서 그 수익금을 예루살렘 교회에 헌금했는데, 그것은 레위인인 그가 회개의 증거로 내놓은 것이 아니었나 싶다. 레위 족속은 원래 땅을 소유하지 못하게 되어 있었지만, 많은 이가 땅을 소유하고 있었던 것이다. 그렇다고 바나바가 빈털터리 신세가 되었다는 뜻은 아니다. 그는 키프로스의 구리 광산이나 다른 가족의 사업장에서 나오는 수입이 있어서 바울과 갈라서기 전까지 두 사람 모두 그 돈으로 살았을 것이다. 하지만 이제 바울에게는 그런 여유가 없었다.

깨어 있는 동안 바울과 실라와 디모데는 나가서 말씀을 전하거나 일했고, 일하면서 회심자들이나 구도자들과 이야기를 나누었다. 실라와 디모데가 무슨 일을 했는지는 성경에 밝혀져 있지 않다. 세 사람이 때로 동료 신자들을 위해 기도했다는 기록은 남아 있다. 사도행전에는 바울이 혼자 기도하는 모습을 거의 찾아볼 수 없다. 딱 한 번, 그가 혼자 물러나 기도한 적이 있는데 그때도 걸어가면서 기도하는 모습이다. 하지만 그의 서신서는 끊임없이 기도를 언급하고 있다. 머물던 도시에서 다음 도시로 갈 때 사도들은 걸으면서 일정 시간을 중보기도에 쓴 것으로 보인다. 그러다가 한 도시에 자리를 잡고 베틀 앞에 앉으면 그들끼리 혹은 다른 회심자들과, 혹은 각자 기도하곤 했다. 천막 제조나 그와 비슷한 가죽 세공 작업에 따르는 꾸준하고 규칙적인 동작은 마음이 딴 곳으로 흩어지지 않게 모아 주었다.

바울은 안식일마다 회당에서 강론을 계속했다. 성경을 펼쳐 예수님 안에서 성경의 예언들이 이루어졌음을 보였고, 예배가 끝난 후에는 자신의 결론을 반박하는 사람들과 논쟁을 벌였다. 그는 언제나 역사적 사실과 체험에 근거해 주장을 펼쳤다. 그가 말씀을 전할 때마다 늘 몇 명의 유대인과 하나님을 경외하는 이방인들이 그의 주장을 시험해 보다 결국 하나님을 만났다.

주중에 바울은 유대인들과 유대교로 개종한 이방인들과 이교도들에게 그리스도를 전하고 세례 받은 사람들을 격려했다. 세례 받은 사람들은 그의 말에 귀를 기울였고 그의 모습 속에서 하나님을 향한 사랑, 이웃을 향한 사랑, 그리고 특히 '그리스도 안에 있는 형제자매들'에 대한 사랑이 조화를 이루고 있음을 느꼈다. 바울은 하나님이 그 자신이 하는 말에 매이지 않으시고 친히 그들을 가르치신다고 말하면서도 사랑의 새로운 개념을 도입했다.

데살로니가는 아폴로나 아프로디테 숭배가 팽배한 지역은 아니었지만 에로티시즘이 많이 퍼져 있었다. 그 때문에 바울은 타락한 단어 '에로스eros'를 대치하고자 그리스도인들이 만들어 낸 신조어 '아가페agapē'를 써서 순결하고 변화된 사랑을 설명했다. 그러나 육체적인 사랑 역시 시급한 주제였다. 바울이 데살로니가에서 달아난 후 쓴 서신들을 보면 그곳 교회에 많은 젊은 남녀가 있었음을 알 수 있다. 정욕이 넘치는 한창때의 청년들은 무엇보다 그리스도께 자신의 성적 본능을 맡기기가 쉽지 않았다. 이교도였을 때에는 친구의 아내를 유혹하거나 마음에 드는 여자와 간음하는 것을 대수롭지 않게 여겼던 것이다. 악에서 돌이켜 믿음을 선택했다고 해서 이 문제로 하나님을 어떻게 기쁘게 해 드릴 수 있는지 금세 깨닫게 되는 것은 아니었다.

바울은 그들을 정확하게 인도했다. 그들에게 보낸 첫 번째 편지에서 그는 이렇게 말했다.

"우리가 주 예수의 이름으로 무슨 지시를 여러분에게 내렸는지를 여러분은 알고 있습니다. 하나님의 뜻은 여러분이 성결하게 되는 것입니다. 여러분은 음행을 멀리 해야 합니다. 각 사람은 자기 몸을 절제할 줄 알고 거룩함과 존중함으로 대할 줄 알아야 합니다. 하나님을 알지 못하는 이방 사람과 같이, 색욕에 빠져서는 안 됩니다."

바울과 그의 친구들이 하는 일은 나약한 현실도피자 무리의 비위를 맞추는 것이 아니었다. 그들은 여러 사람과 성관계를 하는 것이 선망의 대상이고 그렇게 태어난 아이를 내다버려도 되는 성적으로 방종한 사회에서 평생을 살아온 사람들을 변화시켜 새로운 무리를 만들어 내고 있었다. 이들은 예수님을 왕으로 모시고 그분께 충성을 바쳤다. 그 충성심이 얼마나 열렬했던지 바울이 데살로니가에서 클라우디우스 황제의 경쟁자를 섬길 사람을 모으고 있다는 소문이 돌 정도였다. 그들은 왕이신 예수님께 순종하기 원했다. 그들은 예수님의 말씀을 최고 권위로 여겼다. 그들은 그분처럼 살고 싶어 했다. 하지만 그들의 혈관에는 새로운 욕망과 옛 욕망이 함께 흐르고 있었다. 바울은 예수님께 순종하고 그분을 본받고자 하는 그들의 새로운 본능을 최대한 활용하여 새 욕망을 키워 주고 이끌어 주려 했다. 그래서 그들에게 예수님의 언행을 들려주었다.

바울이 현재의 행실만을 다룬 것은 아니었다. 예수님이 지상에 돌아오셔서 모든 사람을 다스리실 날, 그때 다가올 나라에 대해서도 가르쳤다. 그는 이 부분에 대해서도 조심스럽게 예수님의 말씀을 근거로 삼았다. 이 가르침이 실려 있는 데살로니가전후서는, 누가가 기록한 예수님의 말씀과 상당히 유사하다. 그 점은 누가가 복음서를 기록할 때 바울의 설교 내용을 받아 적었다는, 성경학자들이 그리 신뢰하지 않는 전승을 어느 정도 뒷받침해 준다고 할 수 있다. 예수님은 이렇게 말씀하셨다.

"너희도 아는 바니 집 주인이 만일 도둑이 어느 때에 이를 줄 알았더라면 깨어…… 그러므로 너희도 준비하고 있으라. 생각하지 않은 때에 인자가 오리라."

바울은 주의 날이 밤에 도둑같이 이를 줄을 우리 자신이 자세히 알고 있다고 했다.

"우리는 지금 주님께서 하신 말씀을 하고 있습니다. ……주님은 하늘로부터 내려오셔서, 천사장의 소리와 하나님의 나팔 소리가 울리는 가운데 큰 소리로 호령하실 것입니다."

예수님은 이렇게 말씀하신 바 있다.

"그때에 사람들이 인자가 구름을 타고 능력과 큰 영광으로 오는 것을 보리라."*

바울이 그리스도의 재림에 대해 말한 내용 중 상당 부분은 듣는 사람들을 당혹하게 했다. 주님이 재림에 대해 말씀하실 때 제자들이 줄곧 이해하지 못했던 것과 같다. 데살로니가 교인들이 바울의 말을 자꾸만 오해하는 바람에 그는 자신의 재림관을 보다 명료하게 정의하지 않을 수 없었다. 그는 구약성경의 예언과 예수님의 말씀을 근거로 주님이 위엄과 능력으로 육체로 다시 오셔서 현 시대를 그 욕정, 억압, 범죄와 함께 갑자기 끝내실 것이 분명하지만, 자세한 내용은 분명하지 않다고 믿었다. 바울은 미래를 원근법으로 보았다고 할 수 있다. 그가 재림을 보는 시각은 산길에 이른 사람이 다음번에 넘을 눈 덮인 산맥을 보는 것과 비슷하다. 다음번 산맥은 몇 시간만 가면 당장 닿을 것처럼 보이지만, 평원을 가로질러 아무리 걸어가도 가까워질 줄 모르고 계속 오라고 손짓만 할 따름이다. 그렇게 바울은 주님이 당장 오시기를 바라고 기대하면서도, 이미 왔고 오고 있는 하나님 나라에 대해 사람들에게 말할 수 있는 하루하루에 감사하며 계속 걸어갔다.

*

누가복음 21장 27절을 참고하라.

한편 바울의 편지들에서 볼 수 있듯, 세 사람의 선교사는 데살로니가 교인들을 단체로 가르쳤을 뿐 아니라 시간과 공을 들여 아버지가 자녀를 대하듯 한 사람 한 사람을 격려하고 훈계하며 각자의 특별한 문제를 해결해 주었다. 세 사람은 자신을 온전히 내어 주었다. 무조건적인 순종을 요구하는 것이 더 쉬웠겠지만, 그들은 부드럽고 참을성 있게 유모가 자기 자녀를 기름과 같이 그들을 보살피는 쪽을 택했다. 바울은 데살로니가 교인들에게 아주 큰 애착을 갖게 되어 이별의 순간이 찾아왔을 때 살을 떼어 내는 듯한 고통을 느껴야 했다. 그리고 그 순간은 뜻밖에 갑자기 찾아왔다.

데살로니가에 머문 지 4주째에 이르렀다. 바울은 장로들을 임명한 뒤 교회를 격려하고 훈계하고 가르치고 이끌어 갈 임무를 맡겼다.

바울은 교회가 적대적인 이교적 환경에서 살아남는 것에 그치지 않고 전진해야 한다고 생각했다. 혹독한 환경을 마지못해 감내하고, 무거운 십자가를 묵묵히 우울한 마음으로 지고 가고, 죄를 짓지 않을 궁리만 하는 것으로 부족하다. 그리스도인들은 적극 나서서 서로는 물론, 모욕과 상처를 주는 불신 유대인들과 이교도들에게까지 선을 행해야 한다. 항상 기뻐하며 쉬지 말고 기도하고 범사에 감사해야 한다. 상황이 아무리 불리하더라도, 부정한 것은 꾸짖고 이웃들에게 다가가 특별하고 새로운 존재인 신자로 살도록 격려해야 한다. 그리스도인들은 반대자들보다 더 많이 사랑하고, 더 기뻐하고, 더 생각이 깊어야 하며, 언제나 그들을 환영해야 한다.

이렇게 해서 신생 데살로니가 교회는 강력한 운동 조직으로 자라났다. 사람들이 완전히 새로워졌다. 주인과 노예, 남편과 아내의 관계가 부드러워졌다. 하지만 오히려 가족이 나누어지고 이웃 관계가 깨어지는 일도 발생했다. 새로운 신앙은 토론과 칭찬과 악담의 대상이 되었다. 바울은 어떤 사람들에게는 사랑과 존경을, 또 다른 사람들에게는 미움을 받았다. 그에게 무심한 사람은 거의 없었다.

믿지 않는 유대인들이 시기심을 더 이상 참지 못하고 일어섰을 때 긴장은 절정에 달했다. 누가의 기록에 따르면 이렇다. 그들은 거리의 불량배를 모아다가 소요를 일으켜서 성을 혼란에 빠뜨리고, 야손의 집을 습격하였다. 그리고 바울 일행을 끌어다가 군중 앞에 세우려고 찾았다. 그러나 그들을 찾지 못하자, 폭도들은 야손과 신도 몇 사람을 집에서 끌고 나와 폴리트아르케스들에게 억지로 끌고 갔다. 마케도니아 속주의 데살로니가는 로마의 식민도시가 아니었기에 그곳의 법과 질서를 책임진 관리를 '폴리트아르케스'라고 불렀다.

주모자들이 큰소리로 외쳤다.

"세상을 온통 시끄럽게 하는 사람들이 이곳에도 왔는데 야손이 그들을 자기 집에 들였습니다. 그들은 모두 카이사르의 칙령을 거역하며 예수라는 다른 왕이 있다고 말합니다."

폭도들은 소리를 지르며 피를 요구했다. 하지만 폴리트아르케스들은 빌립보의 행정관인 스트라테고이들이 저지른 성급한 불법 행위와는 전혀 다른 온건함을 보여 주었다. 고소 내용은 심각한 것이었다. 그들도 로마에서 유대인들이 내쫓겼다는 사실과 그 원인을 알고 있었을 것이다. 2세기 초, 로마의 전기 작가 수에토니우스는 그 원인이 크레스투스라는 자의 선동으로 끊임없이 소요가 일어난 탓이라고 했다. 이것은 그리스도의 초기 추종자들에 대한 유대인들의 폭력 사태를 왜곡해 기록한 것일 가능성이 높다. 데살로니가에서 폭동이 일어날 기미나 또 다른 카이사르를 위해 세력을 모은다는 증거는 희박한 것으로 밝혀졌다. 폭동의 주도자들은 아예 법정에 나오지도 않았다.

그러므로 폴리트아르케스들은 신중한 판결을 내렸다. 야손과 그의 친구들에게서 상당한 액수의 보석금을 받은 뒤, 그들은 그 낯선 사람들이 도시에 다시 나타난다면 체포하겠다는 경고와 함께 풀어 주었다.

18. 도망자

바울은 실라와 함께 즉시 달아날 수밖에 없었다. 고발자들이 유죄의 증거를 더 찾아낸다면 그를 데려오도록 군인들을 보낼 수도 있었다.

밤이 되자 그리스도인 형제들이 바울과 실라를 데리고 아우구스투스 아치문을 지나 에그나티아 가도로 안내했다. 그러나 디모데는 남았다. 그들이 밤새 부지런히 걸어 동틀 녘에는 넓은 악시오스 강에 이를 수 있게 데살로니가인이 한 명 동행했을 가능성이 높다. 그들이 나룻배를 기다리는 동안 체포 명령을 받은 군인들이 말을 타고 나타날 위험이 있었다. 하지만 그들은 무사히 강을 건너갔고 안개가 구릉지에 깔린 9월의 아침 길을 걸어 에그나티아 가도를 벗어나 남서쪽으로 갔다.

바울이 원하는 만큼 데살로니가에 머물렀다면, 에그나티아 가도를 따라 곧장 서쪽으로 가서 해안에 접한 일루리곤(일리리쿰) 속주로 들어갔을 것이다. 그곳에서 복음을 전한 뒤, 아드리아 해를 건너 로마로 가기를 바라던 터였다. 하지만 탈출 당시 로마는 유대인 여행자들에게 닫혀 있었고, 데살로니가 교인들을 내버려 두고 떠나고 싶은 마음도 없었다. 그들을 보살피시는 성령의 능력에 대해 가르치면서도, 바울은 이 영적 아기들이 박해 속에서 약해지지 않을까 초조했다. 그래서 그는 올림포스 산기슭에 있는 작은 도시 베뢰아를 선택했다. 그곳은 여름 휴양지로 유명했고 데살로니가에서 추방된 사람들의 피난처이자 바울에 대한 고발이 거짓된 것임이 밝혀질 경우 금세 돌아갈 수 있을 만큼 데살로니가에서 가깝기도 했다. 바울은 아토스 산 주위로 강풍이 몰아치고 눈 때문에 마케도니아 산길이 막히는 겨울이 되기 전에 돌아갈 수 있기를 바랐다.

　바울과 실라는 3일 만에 베뢰아에 도착했다. 그곳은 주위 경관이 웅장했다. 시야가 넓지 않았지만 아래로 바다가 내려다보였고 위로는 산에서 내려오는 강물이 흐르는 골짜기가 보였다. 그들은 회당을 발견했고 기회가 나는 대로 그곳에서 말씀을 전했다.

　그들은 따뜻한 환대를 받았다. 지역의 유대인 장로들은 선입견을 갖고 있지 않았다. 누가의 기록에 따르면, 베뢰아의 유대 사람들은 데살로니가 사람들보다 훨씬 고결한 사람들이어서 기꺼이 말씀을 받아들이고, 그것이 사실인지 알아보려고 날마다 성경을 상고하였다. 따라서 그들 가운데서 믿는 사람이 많이 생겼다. 또 지체 높은 그리스 남녀들 가운데서도 믿게 된 사람이 적지 않았다. 복음을 전하고 가르칠 중립 지대를 따로 찾을 필요가 없었다. 회당 자체가 기독교 신앙의 중심지로 자리 잡았다. 데살로니가에서 쫓겨나 바울의 마음이 쓰릴 때, 뜻밖에도 이 작은 언덕 마을 베뢰아는 그가 갈망하던 바인 그리스도의 선봉이 된 회당을 제공했다.

　디모데는 데살로니가 교인들이, 바울이 미리 경고한 대로 박해를 받으면서도 믿음을 지키고 있다는 기쁜 소식을 갖고 왔다. 하지만 바울은 박해가 더 심해지면 그들이 낙담하지 않을까

염려했다. 베뢰아에 도착한 지 열닷새쯤 되어서 그가 세운
모든 계획이 틀어졌을 때 그 염려는 더욱 커졌다. 데살로니가
유대인들이 베뢰아에서 전해진 소식을 듣고 화가 잔뜩 나서 소동을
일으킬 작정으로 그곳까지 찾아온 것이다. 그들은 베뢰아 회당의
지도자들이 자신들의 분노에 공감하지 않는 것을 금세 깨닫고
사람들을 선동하기 시작했다. 군중을 이용해 폭동을 일으키거나
바울을 직접 제거하기 위함이었다. 베뢰아의 그리스도인들은
바울의 목숨이 경각에 처했다고 생각하고 소요가 나기 전에 서둘러
그를 내보내 바닷가로 피신시켰다. 그러나 실라와 디모데는 그곳에
그대로 남았다.

　　바울은 다시 데살로니가로 가고 싶었기에 올림포스 아래 작은
항구에서 기다리며 심부름꾼을 보내 그곳 상황을 알아보게 했다.
심부름꾼은 나쁜 소식을 갖고 왔다. 바울이 몇 주 뒤 적게 되는 바와
같다.

　　형제들이여, 잠시 여러분과 떨어져 있지만 나는 항상 여러분을
　　생각합니다. 매우 보고 싶고, 또 여러분이 있는 곳으로 가고도
　　싶습니다. 그래서 나 바울이 몇 번이나 가려고 했지만, 사탄의
　　방해로 갈 수가 없습니다.

　　겨울이 다가오고 있었다. 바울은 마케도니아에서 마냥
기다릴 수 없었다. 베뢰아 형제들은 배 편으로 그를 아테네까지
데려다주겠다고 설득했다. 다음 행로를 분명히 정할 때까지
그곳에서 그는 안전하게 있을 작정이었다.

　　그들은 배를 타고* 에게 해를 내려가 그리스 신화에 등장하는
유명한 산들을 지나갔다. 해안 저 뒤쪽에 있었지만 아침 햇살에

사도 바울

선명하게 드러난 올림포스 산이 있었고, 거인족인 기간테스가 하늘까지 닿을 작정으로 인접한 펠리온 산 봉우리에 포개 얹은 오사 산도 보였다. 그러나 베뢰아인 친구들이 가리킨 오사 산과 펠리온 산 숲은 바울에게, 그리스도께서 몰아내려 오셨고 여전히 무찌르고 계신 거짓을 대표할 뿐이었다. 비록 그분의 종들이 그곳으로 달아나야 한다 해도 말이다.

다음 날, 그들은 에우보에아 섬과 본토를 나누는 좁고 긴 만을 항해하고 있었다. 바람만 잔잔하다면 그들이 탄 배는 밤이 되어도 항구로 피할 이유가 전혀 없었다. 그 다음 날 아침, 그들은 수니온 곶을 돌았다. 그곳에서 가장 눈에 띄는 것은 바다의 신 포세이돈의 휘황찬란한 대리석 신전이었다. 포세이돈 신전은 선원들이 지나가면서 기도를 바치는, 예배와 신앙의 중심지였고 그리스 특유의 강렬한 햇빛 아래 흰 옷 입은 사제들이 또렷이 보였다. 그 신전은 다른 기도를 마음에 품고 갑판에서 바라보고 있는 지친 나그네의 약함을 비웃는 듯했다.

배가 사로니코스 만으로 더 깊이 들어가 피라에우스 항구로 다가가자 바울은 멀리서 들어오는 아테네의 경치를 처음으로 보게 되었다. 이교적 아름다움을 뽐내는 아크로폴리스와 판테온, 상당히 먼 거리임에도 햇빛에 또렷하게 반사되는 커다란 대리석 기둥들. 그것들은 바울의 대담함을 조롱하는 듯한 차가운 오만함을 드러냈다.

베뢰아 형제들은 바울과 함께 피라에우스 항구에서 내려 분주한 도로를 따라 반쯤 폐허가 된 강화 성벽들 사이를 지나고

---

*

많은 고대 학자와 현대 학자는 그들이 육로로 갔다고 주장했다. 누가가 성경에 밝히고 있는 말의 의미는 분명하지 않다.

이중문을 통과했다. 그들이 바울을 위해 숙소를 잡아 주었지만 그는 마음이 가라앉지 않았다. 바울의 마음은 여전히 마케도니아에 있었다. 그곳의 그리스도인들이 어려움 속에서 무너지지 않았을지 조바심이 났다. 인간이 어떤 악의를 품어도 결국 그리스도의 참되심과 무한한 능력을 알게 될 거라고 그들에게 그토록 강하게 확언한 바울이었다. 그러나 이어지는 혹독한 박해로 그들이 낙심하여 구세주와 그분의 종을 대적하게 될까 봐 염려되었다. 그는 당장 가 볼 수는 없으나 그냥 기다리기에는 너무 힘이 들었다. 그 자신은 아테네에 있고 이렇게 마냥 불안해하며 기다릴 수 없어 베뢰아에 있는 디모데를 데살로니가 그리스도인들에게 보내 그들의 믿음 상태를 알아보았다. 혹시 사탄의 유혹에 넘어가 자신들이 한 수고를 헛되게 한 것은 아닌지 걱정되었기 때문이다.

그는 베뢰아인들에게 급히 고향으로 돌아가 디모데에게 전갈을 전해 달라고 부탁했다. 데살로니가의 신자들을 방문해 믿음에 굳게 서고 환난 중에 흔들리지 말라고 격려하라는 전갈이었다. 그 일을 마치고 디모데와 실라가 아테네에 있는 바울에게 최대한 빨리 오면 될 것이었다.

우상 숭배와 이교 철학의 도시 아테네에 혼자 남겨진 채 유대인 회당에서도 환영받지 못한 바울의 마음은 빌립보 릭토르들에게 당한 매질의 아픔 못지않게 고통스러웠다. 바울은 함께 있으면서 마음을 나눌 사람이 절실했지만 그보다는 데살로니가 교인들이 더 중요했다. 그들을 위해서라면 가을 내내 혼자 기다려야 하는 상황이라도 감수할 수 있었다.

머지않아 더 힘든 일이 닥치고, 몇 년 후 가장 혹독한 영적 시련을 겪게 된다. 그러나 바울이 베뢰아 형제들에게 작별을 고한 그날은 그의 생애에서 가장 힘든 날 중 하나였다.

사도 바울

19. 아테네에 울려 퍼진 웃음소리

서구 세계에서 가장 유명한 신전들이 거대한 화강암 절벽에 자리 잡고 있었다. 9월 후반의 구름 한 점 없는 파란 하늘을 배경으로, 신전들은 맑은 색상과 선을 자랑하며 바울을 포함한 모든 아테네 방문객의 시선을 사로잡았다.

바울도 아름다움을 보는 눈이 있었다. 그러나 그가 아크로폴리스 입구인 프로필레아와 승리의 수호자 아테나의 파르테논 신전의 절묘한 모습을 보고 싶다는 이유만으로 언덕을 올라가 이교사상의 중심지로 들어가지는 않았을 것이다. 그에게 번득이는 아테나 여신상은 우상 숭배의 대상이었고, 나중에 엘긴마블스(영국의 수집가인 토마스 엘긴 경이 수집한 파르테논 신전 프리즈의 부조 컬렉션. 대영박물관에 진열되어 있다)가 되는 신전 프리즈의 유명한 부조들은 종교 의식을 나타내는 조각에 지나지 않았다. 그리스 예술에서 종교가 벗겨지기 전까지, 그 아름다움은 바울의 거부감을 부채질할 뿐이었다.

아테네에서 복음을 전할 생각은 없었다. 조력자들도 없었거니와 아직 데살로니가 교인들에게 돌아가려는 바람을 버리지 못했고 휴식도 필요했다. 하지만 곳곳에서 엄청난 수의 우상들을 보자 바울은 점점 화가 나기 시작했다. 아크로폴리스 아래에서 그는 분주한 아고라(시장)로 들어섰다. 주위에는 도리스 양식의 고상하고 위엄 있는 테세이온과 기타 신전이 있었고 사람들은 그곳에서 매일 예배를 드렸다. 시청에도 성화가 피워져 있었다. 알려지거나 알려지지 않은 온갖 종류의 신에게 바친 제단들과 우상들이 야외나 주랑柱廊 혹은 기둥으로 지붕을 받친 현관인 포르티코 아래에 있었다. 그 모든 제단과 우상은 유명한 아테네인과 부유한 로마인의 조상彫像 사이사이에 있었다.

아테네는 세계 지성의 중심지였고, 로마제국 곳곳의 부유한 젊은이들이 취향에 맞는 철학을 선택하여 학문을 완성하기 위해 찾아오는 곳이었다. 피상적인 경건과 초자연적인 것을 비웃는 철학의 결합이 낳은 경박한 태도를 누가는 다음과 같이 산뜻하게 요약하고 있다.

모든 아테네 사람과 거기 살고 있는 외국 사람들은, 무엇이나 새로운 것을 말하고 듣는 일로만 세월을 보내는 사람들이었다.

바울은 인간의 능력을 이렇듯 오용하는 데 분개했다. 그의 말을 통해 알 수 있듯, 그는 고전 아테네의 지적 광채와 진리 추구에 대해 어느 정도 파악하고 있었기에 그 분노가 더욱 컸다. 유대교 회당에서 속마음을 털어놓았지만 반응은 냉담했다. 유대인들은 그리스인들을 가망 없는 자로 여겼고, 그들의 도덕적·종교적 무지함을 아랑곳하지 않았다. 유대인들은 그리스인들을 돈 많은 고객으로만 상대했다. 그래서 바울은 혼자 아고라로 말씀을 전하러 갔다. 그곳에서 특유의 적응성을 발휘해 아테네 행인들과 구경꾼들을 끌어들여 스스로 아테네 사람으로 다가가 묻고 답하는 방식으로 토론을 벌였다. 소크라테스는 한 도시에 머무는 것으로 만족했고 자신이 믿는 선한 일에 헌신했지만, 바울은 한 도시에만 자신을 제한하지 않았다. 그보다 앞서 살아간 그 누구도 사람들에게 진리를 전하기 위해 그토록 멀리까지 여행하고 그토록 많은 고난을 감수한 사람이 없었다. 그는 다른 사람들이 참 길과 진리와 생명을 알지 못하는 걸 뻔히 보면서 가만히 있을 수 없었다. 그는 사람들의 무반응에 굴하지 않고, 매일 예수님과 그분의 부활에 대해 전했다.

안짱다리에다 유행과 동떨어진 진지함을 가진 이 작은 사람은 꽤 유명해져서 당시의 철학을 이끌던 양대 주요 학파의 관심을 받게 되었다. 스토아학파는 냉혹한 우주의 법칙을 겁내지 말고 용감하게 받아들이고 세계가 이성에 근거한 곳이 되도록 노력해야 한다고 가르쳤다. 그들은 육신이 죽은 뒤에도 영혼이 산다고 믿었지만, 라이벌 에피쿠로스학파의 생각은 달랐다. 에피쿠로스학파 사람들은 행복과 쾌락이 지고의 선이며, 어떤 신의 도움도 없이 그것을 추구해야 한다고 가르쳤다. 하지만 그들의 사상은 '내일이면 죽으니 먹고 마시고 즐기라'는 수준으로 타락하고 말았다. 그리고 바울 시대에 이르러 두 철학의 제자들 모두 추종자를 만들려는 열정을 거의 잃어버렸다. 사람의 믿음은 개인 문제로 치부되었고 철학은 정교한 지적 훈련으로 변질되었다.

스토아학파와 에피쿠로스학파 철학자들은 바울이 아테네에서 후원자를 얻으려고 애쓰는 별 볼일 없는 외국인 정도려니 생각하며 그의 말을 들었다. 우선 바울은 자신이 하는 말이 자기 생각이 아님을 강조했는데, 그것은 지적인 파산 상태를 선전하는 꼴이었다. 게다가 그들에게 바울은 합리적인 철학을 제시하는 것이 아니라, 한두 명의 신을 선전하는 듯 보였다. 바울은 '예수스Jesous'와 부활을 뜻하는 '아나스타시스ananstasis'라는 단어를 자주 말했다. 그들에게 예수스는 이오니아의 건강을 상징하는 여신의 이름과 비슷하게 들렸다. 바울이 그 이름을 구원자를 뜻하는 소테르soter라는 단어와 붙여서 말할 때면 그들은 몸과 정신에 건강을 주는 신을 연상했다. 아테네인들은 지하 세계에서 돌아온 신들에 관한 신화를 알고 있던 터라, 아나스타시스를 비슷한 부류의 또 다른 신일 거라고 생각했다. 하지만 그들이 듣기에 바울은 사람들이 실제로 대화를 나누었고, 그 모습을 보고 그 말을 들었던 사람, 그러다 십자가에 못박혀 처형된 살과 피를 가진 진짜 사람의 이야기를 하는 것 같았다. 바울은 그 사람의 몸이 무덤에서 정말 살아났다고 주장했다.

"이 수다쟁이gutter-sparrow가 무슨 말을 하려고 하는가?"

그들은 너무 게으르거나 멍청한 탓에 자기 생각도 없이 시궁창에서 부스러기를 집듯, 다른 사람의 생각을 냉큼 받아들이는 부랑자를 가리키는 속어를 사용해서 서로에게 물었다. 그 속어는 단어 뜻 그대로 표현하면 '씨앗을 집어먹는 자'다.

어떤 아테네 사람들은 이렇게 말하기도 했다.

"그가 외국의 다른 신에 관해 말하는 것 같다."

그들에게 그의 말은 모두 쓸데없는 소리 같았다. 하지만 그의 말에 귀 기울이는 아테네 사람들에게 도덕적으로 해로운 영향이 끼칠 가능성을 배제할 수 없었다. 아테네에서는 누구나 자유롭게 말할 수 있었지만 엄연히 한계가 있었다. 그들은 바울이 유서 깊은 아레오바고(아레오파고스, 아레스 언덕) 법정에서 자신의 견해를 설명해야 한다고 판단했다. 아레오바고 법정은 부적합한 철학자를 쫓아낼 권리가 있었다. 그들은 바울에게 기분 좋게 다가가 자신들과 함께 아크로폴리스 경사지 위의 작고 가파른 바위 광장, '아레스 언덕'으로 가자고 초청했다. '아레오바고 법정'이란 명칭은 바로 이 언덕에서 유래했다.*

바울은 아레오바고에 섰다. 그의 자리는 문제가 될 만한 주장을 내세우거나 범죄자로 고소당한 피고인의 자리인 '수치의 돌'이었다. 뒤쪽으로는 인간의 종교심과 비할 데 없는 건축 기술이 만나 아크로폴리스 바위산에 세워 놓은 연분홍빛 대리석 신전이 가득했다. 눈높이에는 꼭대기 아래에 아크로폴리스의 관문격인 '불레 문', 그 위로는 성역으로 들어가는 당당한 입구인 2열의 프로필레아, 그 양옆으로는 두 개의 신전이 있었다. 파르테논 신전은 보이지 않았지만 프로필레아 위로 솟아오른 거대한 아테나 여신상의 방패와 창, 투구가 햇빛에 반짝였다. 그 여신상은 신의 모습을 선포하는 인간의 기술을 보여 주는 탁월한 본보기였다. 바울 앞에는 소크라테스, 플라톤, 아리스토텔레스, 제논, 그리고 에우리피데스의 후손들이 들을 준비를 하고 서 있었다.

'검사'가 '금지의 돌' 앞으로 걸어 나와 짐짓 엄숙하게 예절을 갖추어 바울에게 말했다.

"당신이 전하는 이 새로운 가르침이 무엇인지 우리가 알아듣기 쉽게 설명해 줄 수 있겠소? 당신이 하는 말은 우리에게 무척 낯설고 새로운 것이오. 대체 그것이 무엇인지 알고 싶소."

그의 말에는 일말의 위협이 숨겨져 있었다. 소크라테스는 이상한 교리를 가르친다는 죄로 사형 선고를 받은 바 있었다. 바울이 독약을 받을 위험이야 없겠지만 그곳에서 쫓겨나게 될지도 모를 일이었다.

바울은 위엄 있는 그들 앞에서 기꺼이 예수님에 대해 말할

*
바울이 아레오바고 재판관들에게 연설한 장소가 공식 재판을 여는 이 작은 아레스 언덕이었는지, 아니면 일상 업무를 수행하던 아래 시장의 왕실 주랑 현관이었는지를 놓고 많은 논란이 있었다. 현대 신학자들은 대부분 시장이었을 거라고 생각한다. 내가 언덕을 택한 것은 학문적인 연구 내용보다 전기 작가로서 극적인 감각에 따른 것이다. 아레스 언덕을 '마스 언덕 Mar's Hill'으로 바꾼 《킹제임스 성경》의 번역은 그리스 신을 로마 신으로 바꿔 놓은 사례와 같다. 아레스는 전쟁의 신이다.

준비가 되어 있었다. 그는 물 만난 물고기가 된 것 같은 기분이었다. 시골 사람들이나 도시의 노예들에게 설교할 때, 그는 자신의 지성을 낮추어 설명하곤 했다. 그런데 이곳에서는 그리스 사상에 대한 지식을 마음껏 활용하여 수준 높은 설교를 할 수 있었다. 그는 전혀 위축되지 않았다. 변호사(율법사)로서 그는 부활이 최근에 벌어진, 철저히 입증된 역사적 사실임을 알았다. 아테네와 팔레스타인을 나누는 바다만 없다면 증인들을 부를 수도 있었다. 회심한 죄인으로서 그는 부활하신 그리스도의 존재를 자명하게 인식했다. 기독교 신앙은 눈앞의 철학자들이 내세우는 어떤 철학보다 합리적일 뿐 아니라 진리였다. 확신에 찬 그는 특별한 청중의 수준에 맞추어 합리적으로 그들에게 접근했다. 그는 예수님의 부활에 대해 말하였고, 이후 그들의 생각을 이끌어 갈 수 있었다.

그는 아테네인들의 입을 빌려 아레오바고 법정이 생겨난 경위를 설명하는 아이스킬로스의 〈에우메니데스〉의 한 구절을 떠올리게 하는 드문 단어('섬기는 대상'으로 번역되는)를 능숙하고도 적절하게 끄집어냈다. 이어서 《국가론》 제10권에 나오는 플라톤의 말을 인용하여 땅에서 자라나는 모든 것을 만드시고 모든 살아 있는 것들을 움직이게 하시는 우주의 위대한 설계자에 대해 말했다. 또 크레타의 시인 에피메니데스와 길리기아인 아라투스의 글을 직접 인용하고, 에우리피데스도 넌지시 활용했다. 하지만 그리스 문헌을 인용하는 방식을 볼 때, 바울이 그들의 사상을 유대인의 성경과 예수 그리스도 안에 계신 하나님을 희미하고 창백하게 비춰 주는 자료 정도로만 여겼음을 알 수 있다. 바울은 예의를 갖추었지만 청중의 기분에 맞추려 들지 않았다.

그가 입을 열었다.

"아테네 시민 여러분, 내가 보기에 여러분은 모든 면에서

종교심이 강한 사람들입니다. 나는 이곳저곳을 돌아다니면서
여러분이 섬기는 대상들을 자세히 살펴보았습니다. 그중에는
'알지 못하는 신에게'라는 글을 새긴 제단도 있었습니다. 이제 저는
여러분이 알지도 못하고 섬기는 그 신에 대해 알려 드리겠습니다!
그분은 온 세상과 그 안에 있는 모든 것을 창조하신 하나님으로서
하늘과 땅의 주님이시며, 사람이 지은 신전에서 살지 않으십니다."

　　이 대목에서 바울은 아크로폴리스로 손가락질을 했을 것이다.
동시에 그의 머릿속에는 오래전 스데반이 최후 변론에서 쓴 바로 그
구절이 떠올랐을 것이다.

　　"또 이 하나님은 모든 사람에게 생명과 호흡과 모든 것을 주는
분이시기에, 무엇인가 부족한 것이 있어서 사람의 손으로 섬겨야
하는 분이 아닙니다. 하나님은 한 사람으로부터 세계 모든 인류를
만들어 땅 위에 살게 하셨습니다. 그리고 그들이 살 시대와 지역의
경계를 정해 주셨습니다. 이렇게 하신 것은 사람들이 하나님을
찾기를 바라시기 때문입니다.

　　사람들은 하나님을 더듬어 찾기만 하면 찾을 수 있습니다.
사실 하나님은 우리 각 사람에게서 멀리 떨어져 계시지 않습니다.
우리는 하나님 안에서 살고 있고 하나님 안에서 움직이며 존재하고
있습니다. 시인 가운데 '우리는 그분의 자녀입니다'라고 말하는
사람도 있지 않습니까? 우리는 하나님의 자녀이므로 하나님을,
사람의 생각으로나 손으로 만들어 내는 금이나 은이나 돌 같은
우상으로 생각해서는 안 됩니다."

　　이번에 그의 손은 경배의 대상인 아테나 여신상을 가리켰을
것이다.

　　"사람들이 하나님을 알지 못하던 시대에는 하나님이 눈감아
주셨지만, 이제는 어디서나 온 세상 모든 사람에게 회개하라고

명령하십니다.”

“모든 사람?”

아레오바고 법정 판사 중 몇 명은 진리 추구에 헌신하며 회개를 촉구하는 철학자의 주장에 입술을 비쭉거렸다. 하지만 바울의 말은 열기를 더해 갔다.

“하나님은 친히 정하신 한 사람을 시켜 온 세상을 의롭게 심판하실 날을 정하셨습니다.”

바울이 말한 ‘온 세상’은 그리스인들이 그토록 많이 이야기했던 ‘오이쿠메네(온 세상)’를 뜻했다.

“하나님은 그를 죽은 자들 가운데서 살리심으로 모든 이에게 그 증거를 보이셨습니다.”

법정의 예법을 어기고 갑작스런 너털웃음이 터져 나왔다. 고함과 웃음이 뒤섞인 소음이 바울의 말을 막았다. 더 이상 들을 것도 없다고 판단한 것이다. 사람이 죽은 뒤 다시 살아날 수 있고 땅이 그의 피를 마신다고 진심으로 믿는다면, 그런 어리석음이야말로 그가 아테네의 지혜로운 사람들 사이에서 교사가 될 자격이 없다는 확실한 증거였던 것이다. 그들은 이렇게 말했다.

“이 내용에 관한 당신의 이야기는 나중에 더 듣겠소.”

바울은 그것이 퇴거 명령임을 알았다. 그는 물러나와 아크로폴리스를 뒤로 하고 바위산을 내려왔다. 아레오바고 법정 판사들 중 한 명인 디오누시오는 법정의 입에 발린 얼버무림을 말 그대로 받아들여 바울의 말을 더 들어 보기로 마음먹고 그를 뒤따라왔다. 그는 적대적인 우주가 정해 준 돌이킬 수 없는 운명과 죽음 이후의 끔찍한 어둠이 전부인 줄 알고 있었다. 그리고 다른 사람들 역시 다들 그것을 두려워하면서도 드러내지 못하고 있었다. 그런데 바울은 죽음을 정복한, 한 사람에게 우리의 영원한 운명이 달려 있다고 말한 것이다.

디오누시오는 그리스도인이 되었다. 다마리라는 귀족 여성도 있었는데, 그녀는 회당에서 바울의 말을 듣고 하나님을 경외하게 된 이방인일 것이다. 그 외 몇 명이 더 하나님을 믿게 되었다. 하지만 그들 중 세례를 받은 사람은 없었던 듯하다. 그들의 사회적 지위 때문이거나 남편들이 그들의 신앙을 감추라고 했기 때문일 수도 있다. 후에 아가야에서 처음 세례를 받게 된 사람은 고린도의 한 가족이었다.

바울은 빨리 떠나야 했다. 법정에서는 그에게 가르칠 권리를 주지 않았지만 그는 입을 다물고 있을 뜻이 없었기 때문이다. 그는 실라와 디모데가 뒤따라올 줄로 믿고 계속 길을 갔다.

아테네는 바울을 거절했다. 바울은 자신의 연설이 페리클레스의 추도 연설, 데모스테네스의 〈필리포스 탄핵Philippika〉과 더불어 아테네 최고의 연설 중 하나로 후대에 전해질 줄 알지 못했다. 그것에 대해 여러 권의 책이 집필될 것도, 수백 년 후 파르테논 신전이 기독교회로 변하게 될 것도 알지 못했다. 그리고 오랜 압제를 딛고 그리스가 다시 주권 국가가 되는 19세기부터 줄곧, 매년 부활절을 앞둔 금요일마다 파르테논의 폐허 옆에서 펄럭이는 그리스 국기가 반기半旗로 걸렸다가, 부활절이 되면 그리스도의 부활을 기념하여 다시 온전히 걸리게 될 줄도 알지 못했다.

3부 겸손한 사도

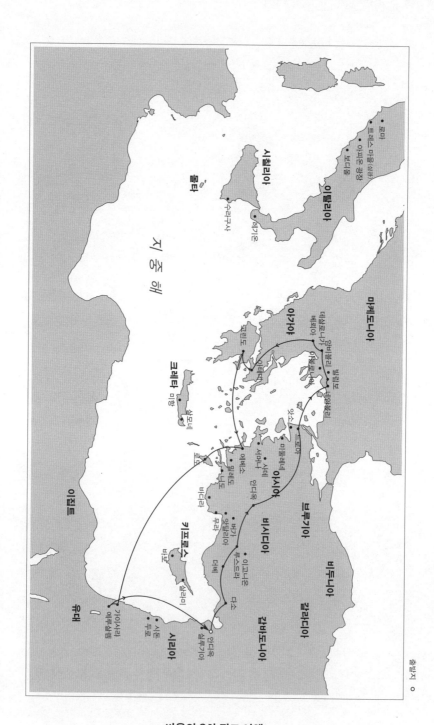

바울의 2차 전도 여행

20. 거침없는 사랑의 도시

바울은 대형 선박에서 내린 상품들을 건너편 항구의 배까지 나르는 노예들을 지나갔다. 그리고 감독관의 채찍질 아래서 땀을 흘리며, 굴림대에 실은 소형 선박들을 지협 한쪽 바다에서 반대쪽 바다로 끄는 무리도 지나 코린트 지협(코린토스 지협, 그리스 본토와 펠로폰네소스 반도를 잇는 지협)을 건넜다. 그는 레가이온 항구를 지나 약간 경사진 길을 올라가 아가야 속주의 주도 고린도 성문에 들어섰다. 나중에 그는 고린도 교인들에게 이렇게 썼다.

> 내가 여러분에게 가서 하나님의 비밀을 전할 때 달변이나 지혜로 하지 않았습니다. 내가 여러분 가운데서 예수 그리스도, 곧 십자가에 못박히신 그분 외에는 아무것도 알지 않기로 작정했기 때문입니다. 내가 여러분에게 갔을 때 나는 연약하고 두렵고 떨리는 가운데 있었습니다.

반가운 일이 금세 생겼다. 바울은 전에 아는 사람 편이나 편지로 그리스도인 천막 제조업자 부부에 대해 들은 바 있었다. 바울은 최근 로마에서 고린도에 왔다는 그들의 거처를 수소문하기

시작했다. 그러면서 데살로니가에서 온 여행자들이 이미 담대하게
그리스도를 전했음을 확신하게 해 주는 말을 들었다. 그리고 마침내
그 천막 제조업자 부부를 발견했다. 아마 레가이온 도로와 가까운
어느 거리의 전면이 트인 전형적인 상점에서 만났을 것이다.
그들 부부는 바울을 열렬히 환영했고, 비좁지만 위층의 숙소에서
지내면서 함께 일하자고 제의했다.

바울은 가장 좋은 두 친구를 발견한 것이었다. 아굴라는 흑해
남해안에 있는 본도 속주 출신의 유대인이었다. 그는 바울보다
어렸던 듯하다. 그리고 경위를 정확히 파악할 수는 없지만 기독교
신앙이 로마에 전해진 초기에 회심자가 되었다. 여러 단서에
따르면 그의 아내 브리스가는 남편보다 신분이 높은 로마인이었다.
그녀는 '브리스가 마님'으로 불릴 수도 있었으나 꾸밈없는 소박함과
친절함 덕분에 보통은 '브리스길라'라는 친근한 이름으로 불렸다.
아굴라와 브리스길라는 클라우디우스 황제가 '크레스투스' 때문에
유대인들을 로마에서 추방했을 때 고린도로 이주했지만, 바울이
오기 전까지는 자신들을 선교사로 여기지 않았다.

다음 안식일에 세 사람은 회당으로 갔고 바울이 랍비로서의
권한을 행사했다. 바울은 웅변술에 기대려 하지 않았다. 그는 몇 년
후 고린도 교인들에게 이렇게 상기시켰다.

"내 말과 내 선포는 지혜롭고 그럴듯한 말로 한 것이 아니라
성령의 능력이 나타낸 증거로 한 것입니다. 이는 여러분의 믿음이
사람의 지혜에 있지 않고 하나님의 능력에 있게 하려고 한
것입니다."

고린도인들 중에는 그를 형편없는 설교자라고 평가한 사람들도
있었다. 하지만 그의 설교에는 분명한 확신이 담겨 있었고, 회당
청중이 잘 아는 말씀으로 놀라울 만큼 새롭게 적용했다.

사도 바울

"모세는 율법으로 얻게 되는 의에 관하여 이렇게 기록했습니다."

바울은 여기서 레위기의 말씀을 인용했다.

"'율법을 행하는 사람은 율법으로 말미암아 살 것이다.' 그러나 믿음으로 얻은 의는 이렇게 말합니다."

이어 바울은 신명기의 구절로 주된 설명을 시작했다.

"'너는 마음속으로 누가 하늘에 올라간단 말인가 하고 말하지 마라.' 이 말은 그리스도를 땅으로 모셔 내려오겠다는 뜻입니다. '또는 누가 땅 아래로 내려간단 말인가 하고 말하지 마라.' 이 말은 그리스도를 죽은 사람들로부터 모셔 올리겠다는 뜻입니다. 성경이 무엇이라고 말합니까? '말씀이 네게 가까이 있으니, 네 입에 있고, 네 마음에 있다.' 이것이 바로 우리가 선포하는 믿음의 말씀입니다.

여러분이 만일 여러분의 입으로 '예수님은 주님이시다'라고 고백하고, 또 마음으로 하나님이 그리스도를 죽은 자들 가운데서 다시 살리신 것을 믿으면, 여러분은 구원을 얻을 것입니다. 여러분은 마음으로 믿어 의롭다 함을 얻으며, 입으로 고백하여 구원을 얻습니다. 성경은 이렇게 말합니다."

바울은 이사야서를 인용했다.

"'그를 믿는 자는 누구나 부끄러움을 당하지 않을 것이다.' 유대인이나 그리스인이나 차별이 없습니다. 동일한 주님이 모든 사람의 주님이 되시며, 그를 부르는 모든 사람에게 풍성한 복을 주십니다. 그것은……."

여기서 바울은 요엘 선지자의 말을 인용했다.

"'누구든지 주님의 이름을 부르는 자는 구원을 얻을 것'이기 때문입니다. 그러면 그들이 믿지 않는 분을 어떻게 부를 수 있겠습니까? 또 그들이 들은 적이 없는 분을 어떻게 믿을 수 있겠습니까? 그들에게 선포해 주는 사람이 없는데 어떻게 그들이 들을 수 있겠습니까? 그들이 보냄을 받지 않았다면, 어떻게 선포할 수 있겠습니까? 성경이 분명히 이렇게 기록하고 있습니다. '좋은 소식을 전하는 사람들의 발이 얼마나 아름다운가!'"*

정말 아름다웠을까? 바울이 아고라에서 남쪽으로 고개를 들자 해발 575미터 높이의 아크로코린트 산이 시야에 들어왔다. 서쪽만 빼고 삼면이 모두 가파른 화산 모양의 그 산은 맑은 날이면 아테네에서도 보였고, 접시처럼 생긴 평평한 정상에는 거대한 아프로디테 신전이 자리 잡고 있었다. 그곳의 예배는 성性을 찬미하는 데 바쳐졌다. 여신에게 바쳐진 여성 천 명의 행렬, 의식, 개인적인 유혹이 남성 신도들을 너무나 흥분시켰고 고린도를 더없이 음란한 도시로 만들었다. 오죽했으면 고대 세계에서는 바람둥이를 가리켜 '고린도인처럼 산다'고 말할 정도였을까. 옛 그리스 희극 배우들이 만들어 낸 이 표현은 신新고린도(고린도는 기원전 146년, 로마에 반역을 꾀하다 파멸되었고 기원전 44년에 재건되었다)에도 퍼져 나갔다. 또 도시 안에는 바울이 서 있는 뒤쪽, 로마인들이 재건한 고풍스런 아폴로 신전이 있어 그곳에서 음악과 노래와 시, 그리고 성性을 찬미했다. 아폴로는 남성미의 이상을 구현한 신이었다. 신전 내부에는 여러 관능적인 자세를 취한 아폴로 신의 나체 조상이나 띠 부조가 남성 예배자들을 자극해 신의 미동美童들과 육체관계로 신앙심을 표현하게 부추겼다. 이로 인해 고린도는 동성연애의 도시이기도 했다.

고린도는 바울이 이제껏 방문한 도시들 중 가장 컸다. 한

---

*
회당에서의 설교는 로마서 10장 5-15절에서 가져왔다. 도드C. H. Dodd 교수는 바울이 몇 년 뒤 고린도에서 구술한 로마서 9장과 10장의 내용이 그의 회당 설교 스타일과 흡사하다고 주장했다.

세기 동안 폐허로 있다가 현재의 모습으로 재건된 지 채 100년도 되지 않았지만 새로운 상업의 중심 도시로 급속히 성장하고 있었다. 상대적으로 작은 도시 공간에 25만 명에 달하는 사람들이 몰려 살았고, 그중 상당수는 끝없이 물자를 나르는 노예였다. 노예이건 자유인이건, 고린도에서는 제국 전역의 온갖 민족과 지역 출신의 사람들이 고향에서 단절된 상태로 뿌리 없이 살았다. 유대인 공동체를 제외하고 대부분이 자연적인 무리를 이루지 못했는데, 흥미롭게도 그들의 모습은 20세기 '도심 빈민가' 사람들과 비슷했다. 물질주의 성향이 강한 현대 도시인들과 그들의 차이점이라면, 고린도인들은 그들의 물질주의, 성욕, 미신을 종교라는 가면으로 덮어 씌웠다는 점뿐이다.

바울은 갈라디아 남부의 농촌 지역들과 마케도니아의 중소 도시들에서 기독교회가 성장하고 번성하는 것을 보았다. 이제 그리스도 예수의 사랑이 유럽 동부에서 가장 인구가 많고 부유하고 장삿속이 밝으며 음탕한 고린도에서 뿌리를 내릴 가능성이 있었다. 만약 그렇게만 된다면, 그리스도 예수의 사랑이 어디서건 강력한 능력을 발휘할 수 있음을 입증하게 될 것이다.

그는 회심자들을 얻었다. 스데바나는 가족 전체와 함께 세례를 받았다. 하나님을 경외하는 부유한 이방인이자 큰 집을 가진 가이오도 세례를 받았다. '가이오'는 성姓이므로 이 사람이 바로 회당 옆에 살던 '디도 유스도'였을 가능성이 높다. 그러나 회심자가 급속도로 불어나지는 않았고 이교 사회인 고린도 전반에 대한 영향 또한 미미했기에 상황이 어떻게 전개될지는 아무도 알 수 없었다. 바울은 혼자인 데다 생활비를 벌어야 했으므로 마음껏 활동할 수도 없었다. 그는 실라와 디모데가 오기만을 초조하게 기다렸다.

마침내 그들이 도착했을 때 그는 더없이 행복했다. 그는 상점

위 숙소에 그들과 둘러앉아 몇 시간씩을 디모데에게 데살로니가의
상황에 대해 자세히 물어보았다. 그런 뒤 데살로니가 신자들이
흔들림 없는 믿음과 사랑으로 박해를 견뎌 냈을 뿐 아니라 신앙도
깊어지고 신자도 늘고 있다는 사실을 알고 비로소 안도했다. 재난과
실패를 상상하며 베뢰아와 아테네에서 마음을 조였던 바울은 이
소식을 통해 한 가지 교훈을 배웠다. 주님은 그분을 믿는 사람들을
완벽하게 지킬 수 있는 분이심을 온전히 깨달은 것이다.

'우리를 부르시는 분은 신실하십니다.'

그는 데살로니가 교인들에 대한 사랑과 감사의 편지를 즉시
보내기로 마음먹었다.

"방금 디모데가 돌아와 여러분의 믿음과 사랑에 대한 기쁜
소식을 전해 주었습니다."

바울의 구술을 빠르게 받아쓴 사람은 디모데였을 것이다.
그들은 가이오의 정원에서 겨울 햇살을 받으며, 혹은 아크로코린트
산 경사지로 가서 파르나소스 산이 있는 만을 내다보며 이 작업을
했을 것이다.

"디모데는 여러분이 언제나 우리를 좋게 생각하여, 우리가
여러분을 보고 싶어 하는 만큼이나 여러분도 우리를 보고 싶어
한다고 말해 주었습니다. 형제 여러분, 우리는 많은 어려움과 고난을
겪을 때 여러분의 믿음으로 위로를 받았습니다. 여러분이 주님
안에서 굳건히 서 있기만 한다면, 그보다 더 큰 보람은 없습니다. 이
모든 것으로 우리가 기뻐하고, 하나님 앞에 감사를 드립니다. 그러나
이 모든 기쁨과 감사를 어떻게 다 표현할 수 있겠습니까? 밤낮으로
여러분을 위하여 온 맘을 다해 하나님께 기도하고 있습니다.
여러분을 하루 빨리 다시 만나 여러분의 믿음을 더 강건하게
세워 줄 수 있게 되기를 기도합니다. 아버지 하나님과 우리 주

예수님이 우리가 여러분에게 갈 수 있는 길을 열어 주시기를 간절히
바랍니다. 주님이 여러분의 사랑을 풍성하게 하고 넘치게 하셔서
우리가 여러분을 사랑하듯 서로 사랑하기를 기도합니다. 그리고
믿음 안에서 여러분의 마음이 강해지기를 기도합니다. 그러면 우리
주 예수님이 주님의 거룩한 백성과 함께 다시 오시는 날, 여러분은
아버지 하나님 앞에서 거룩하고 흠 없이 서게 될 것입니다.”

데살로니가전서의 문체는 바울이 갈라디아 교인들에게 쏟아
냈던 외침과는 사뭇 느낌이 다르다. 도처의 교양 있는 독자들에게
자신의 사상을 전파하기 위해 서간문 형식의, 주의 깊게 다듬은
구절들을 활용하던 당대 식자층의 정교한 글과도 달랐다. 바울은
구체적인 대상을 향해 편지를 썼고, 그 문체가 바울다운지에
대해서는 개의치 않았다. 디모데는 데살로니가 교인들이 문제를
겪고 있다고 했다. 박해 가운데 그리스도인이 여럿 목숨을 잃었고,
살아남은 사람들은 죽은 사람들과 다시 만나지 못할까 봐 염려하고
있었다. 그런가 하면 어떤 교인들은 주님의 재림이 가까웠으니
생계를 위해 일할 필요가 없다고 하며 일도 하지 않고 다른
사람들에게 빌붙어 산다고 했다.

바울은 자신의 가르침을 두고 생겨난 오해와 엉터리 해석을
바로잡는 일에 전념했다. 그와 동시에 이 편지를 들을 형제들이
앞으로 어떻게 살아야 하는지 가르쳤는데, 그 과정에서 뜻하지
않게 그의 사람됨이 드러났다. 그는 거짓을 미워했으니 자신이
원하지 않는 생활 방식을 소개하지는 않았을 것이다. 따라서 바울이
데살로니가전서에서 쓴 내용을 조금만 풀어 보면, 주후 50년 마지막
몇 달간의 바울의 모습을 짐작할 수 있다.

고린도에는 신자가 그리 많지 않았지만, 바울은 동료 신자들과
화목하게 지내려고 노력했다. 그는 게으르고 부주의한 자들을

훈계했고, 마음이 약한 자들을 격려했으며, 힘없는 자들을 붙들어 주었고 모든 사람을 오래 참음으로 대했다. 악을 악으로 갚지 않도록 주의했고, 그리스도인이건 불신자건 모든 사람에게 선을 베풀기 위해 힘썼다. 항상 기뻐했고, 쉬지 않고 기도했고, 그리스도 안에서 계시된 하나님이 감사를 특히 원하시는 줄 알고 상황이 좋건 나쁘건 모든 일에 감사했다. 다른 사람들이 성경 본문을 설명하거나 하나님이 개인적으로 계시해 주신 것이라 믿는 내용을 열심히 설명할 때도 그들을 무시하지 않았다. 그리고 성경 말씀과 예수님이 가르치신 구술 전통에 따라 그들의 견해를 시험해 본 뒤 그 시험을 통과한 새로운 통찰은 모두 감사하게 받아들였다. 또 잘못된 줄 아는 모든 언행을 멀리했다.

바울은 평강의 하나님이 이방 도시의 온갖 더러움 속에서 자신을 깨끗하게 하셔서 자신의 영과 혼과 육신을 모두 우리 주 예수 그리스도께서 오실 그날까지 아무 흠 없이 지켜 달라고 온전한 확신에 차서 끊임없이 기도했다.

디모데는 빌립보 교인들이 보낸 헌금을 또 한 번 가져왔다. 덕분에 바울은 잠시 베틀과 가죽을 밀어 두고 실라와 디모데의 도움을 받아 가며 설교에 전념할 수 있었다. 그는 베뢰아인들과 같은 고결한 마음을 가진 이들이 일어나길 기대하며 회당에서 말씀을 집중적으로 전했고, 그곳이 이방인들 사이에서 복음이 퍼져 가는 확고한 기지가 되어 주길 바랐다.

그러나 예수를 메시아로 인정하기를 거부하는 유대인들이 비시디아 안디옥의 유대인들과 똑같이 반응했다.

저희가 대적하여 훼방하거늘.

여기서 누가가 사용한 단어를 비방의 뜻으로만 한정할
필요는 없다. 어쩌면 바울은 회당장 그리스보와 모든 회중이
보는 회당에서 다시 한 번 사십에서 하나 감한 매질을 당했을지
모른다. 만약 그랬다면, 그는 등이 피투성이가 된 채 찢어진 옷을
집어 들고 고통스럽게 허리를 쭉 편 뒤 옷에 묻은 회당의 먼지를
털어 내었을 것이다. 그리고 그 광경을 본 모든 사람이 그 행동이
상징하는 의미를 알았을 것이다. 바울은 파수꾼의 경고를 무시하는
사람들의 죽음에 대해서는 파수꾼의 책임이 없다는 에스겔의 말을
연상시키는 말을 했다. 그런데 그 말에는 끔찍한 아이러니가 담겨
있었다. 바울은 이렇게 외쳤다.

"여러분의 피는 여러분의 머리로 돌아갈 것입니다! 나는 이제
책임이 없습니다. 이제 나는 이방 사람들에게 가겠습니다."

그의 마음은 피 흐르는 등 못지않게 아팠을 것이다.
유대인들과 비유대인들이 그리스도 안에서 하나가 되어 '새
이스라엘'을 이루기를 바라던 그였다. 그는 반유대인 감정 같은
것이 전혀 없었다. 그는 여전히 혈육을 같이하는 자기 동족을
구원하기 원했다. 디도 유스도의 제안을 받아들여 회당 옆에
있는 그의 집을 그리스도를 전하는 장소로 삼은 것도, 그 집이
편리하고 클 뿐 아니라 동족을 구원하는 데 도움이 되리라는 마음
때문이었다. 바울이 디도 유스도의 집을 택한 것에는 유대인들을
자극하거나 비웃으려는 생각이 전혀 없었다. 바울이 회당에서
물러난 후 가족 전체와 함께 세례를 받은 첫 번째 회심자는 바로
회당장 그리스보였다. 이후 회당장 자리는 소스데네라는 사람이
물려받았다.

바울이 회당에서 쫓겨났다는 소식이 도시 전체에 퍼지자,
이방인 고린도인들은 교회로 몰려들기 시작했다. 일요일 아침

이른 시간이면 디도 유스도의 집에 있는 샘 주변 잔디와 모자이크 바닥 위로 사람이 가득 찼다. 그들은 남녀별로 따로 앉아 바울을 뚫어져라 바라보며 그의 설교를 들었고, 이후 실라와 디모데가 세례를 주는 모습을 지켜보았다.

그러나 바울의 마음속에는 이전 도시들에서 벌어진 상황이 재현되지 않을까 하는 염려가 싹터 올랐다. 유대인들이 복음을 거절하고, 이방인들 사이에서 복음이 퍼져 나가고, 유대인들의 분노가 폭발하고, 마침내 복음의 기반이 잡힌다 싶으면 폭동이 일어나 자리를 피해야 하거나 재판 절차를 거쳐 추방되고 마는 상황. 어느 곳에서도 그는 영적 토대를 쌓고 차근차근 교회를 세워 갈 가망은 영영 없을 거라는 두려움이 점점 커져 갔다.

어느 날 밤, 그는 아굴라의 다락방에서 늦은 시간까지 잠을 못 이루며 혼자 앉아 있었다. 도시의 소음은 그친 지 오래였고, 개 짖는 소리나 순찰 도는 파수병들이 내는 금속 부딪치는 소리만이 가끔 들려왔다. 그때 바울의 타고난 특성 중 하나인 우울함이 주체할 수 없이 밀려오지 않았을까. 그는 또 다른 고린도인을 그리스도께 인도하지도, 고린도인의 눈에서 새 생명의 불꽃을 보지도 못할 것 같았다. 또다시 찾아올지 모를 돌팔매질이나 매질의 고통도 두려웠다. 이미 겨울이 닥쳤는데 다시 쫓겨나 겪어야 할 외로움이 무서웠고, 사나운 바다와 펠로폰네소스의 산길 외에는 뻣뻣하고 노쇠해 가는 관절을 둘 곳이 없는 지경이 될까 봐 두려웠다.

혹 자신의 믿음이 다 부질없고 그리스도께서 죽은 자들 가운데서 살아나신 적이 없는 게 아닐까. 그분의 임재는 바울 스스로 지어낸 상상력의 산물일 뿐, 아무것도 아무도 없는 것은 아닐까. 그는 그만두고 싶었다. 설교도 그만두고 멀리 떠나가 조용하고 평화롭게 살고 싶었다. 토로스 산맥이나 아라비아로 돌아가도 좋고 장소야 어디건 상관없었다. 바로 그 순간, 갑자기 그분이 나타나셨다. 다마스쿠스 길에서처럼, 성전에서처럼 그는 그분, 주 예수님을 보았다. 그리고 틀림없는 그 음성이 온화하게 그를 안심시켰다.

"두려워하지 마라. 조용히 있지 말고 계속 말하여라. 내가 너와 함께 있다. 내 백성이 이 도시에 많다. 그러므로 아무도 너를 공격하거나 해치지 못할 것이다."

21. 가이오의 집

주후 51년의 어느 주 첫째 날 동트기 전, 수십 명의 남녀들이 회당
옆 가이오의 집에 모였다. 일요일은 유대인들에게 평범한 주중의
한 날이었고 이방인들에게는 어차피 모든 날이 똑같았기에,
그리스도인들은 노예들도 참석할 수 있도록 이른 시간에 모였다.

바울은 밝아 오는 새벽빛 속에서 그리스도와 아버지 하나님을
찬양하는 사람들을 둘러보며 이런 생각을 했을 것이다.

'하나님이 여러분을 부르셨을 당시, 여러분 중에는 세상의
표준으로 볼 때 지혜 있는 사람이 많지 않았고, 권력 있는 사람도
많지 않았으며, 가문 좋은 사람도 많지 않았습니다.'

많지 않은 그들 무리 중에 전직 회당장이던 그리스보와, 고린도
시의 선출직 재무관이자 회심자 중 가장 재산이 많았을 것으로
예상되는 이방인 에라스도가 있었다. 하나님은 지혜로운 자들과
힘 있는 자들 대신 무지한 자들과 약한 자들, 태생이 천한 자들,
멸시받는 자들을 택하셔서 세상의 잘난 체하는 이들을 부끄럽게
하셨다. 이것은 하나님 앞에서 어느 누구도 자랑하지 못하게 하기
위해서였다.

많은 노예가 교회의 자유로운 구성원이 되었다. 바울은

검은색, 갈색, 흰색 등 다양한 피부색을 가진 그들이 어떤 고초를 겪었는지 알고 있었다. 국경 너머의 숲이나 대초원, 산에서 살던 그들은 노예상들에게 잡혀 힘든 여행 끝에 거대한 노예 매매 중심지 중 한 곳으로 끌려갔다. 젊고 건강한 이들의 경우에는 완전히 기가 꺾일 때까지 채석장이나 들판에서 중노동에 시달린 후, 배편으로 고린도로 실려 와 착한 사람인지 나쁜 사람인지 알 수 없는 주인에게 벌거벗긴 채로 팔렸다. 그들은 부모, 아내, 자식들을 영원히 잃었다. 그들이 가족과 다시 만날 가능성은 거의 없었다.

하나님은 더욱 가망 없어 보이는 사람들까지 선택하셨다. 바울은 그의 친구들 중 일부가 이전에 어떤 사람이었는지 알고 있었다. 음행하는 사람, 난봉꾼, 매춘부도 있었다. 또 남창이나 동성연애자, 도둑, 수전노, 사기꾼, 술꾼, 약탈하는 사람, 남을 헐뜯는 사람은 물론 우상 숭배자도 있었다. 그는 이렇게 외쳤다.

"그러나 여러분은 우리 주 예수 그리스도의 이름과 우리 하나님의 성령으로 씻음을 받고 거룩해졌으며 의롭다 함을 받았습니다."

그들의 과거는 없었던 일처럼 되었다.

바울은 회심자들이 은밀히 털어놓는 고백에 마음 아파했을 것이고 넌더리도 났을 것이다. 바울의 사랑장인 고린도전서 13장에 대한 묵상으로 유명해진 빅토리아 시대의 자연과학자 헨리 드러먼드는 D. L. 무디의 전도 집회 도중 이런 말을 한 적이 있다.

"무디의 연구실에서 사람들이 고백하는 죄가 얼마나 끔찍한지 그 이야기들을 듣고 나면 나는 옷을 갈아입어야 할 것 같은 느낌이 들었다."

바울은 가끔 아크로코린트 산의 좀더 외딴 경사지로 들어가 죄악의 쓰레기와 찌꺼기의 악취 대신 자연의 꽃향기를 즐겼을

것이다. 바다와 먼 산의 경치는 그곳에서 기도하는 바울에게 활력을
주었을 것이다.

고린도 사역을 통해 바울은 이교사상에 대해 어떤 환상도
품지 않게 되었다. 그가 오직 믿음으로만 하나님과 올바른 관계를
맺게 된다는 것을 밝히기에 앞서 인간의 상태를 진단하는 로마서를
쓴 장소도 바로 고린도였다. 그는 당대 이교도 작가들의 글에서
무의식적으로 드러나는 내용에 대해 이렇게 썼다.

오히려 그들의 생각이 허망해졌고 그들의 어리석은 마음은
어두워졌습니다. 그들은 스스로 지혜롭다고 하지만 미련하게 돼
썩지 않는 하나님의 영광을 썩어질 사람이나 새나 짐승이나 기어
다니는 동물의 우상으로 바꾸었습니다. ……이런 이유로 하나님은
사람들을 부끄러운 욕망의 노예로 살게 내버려 두셨습니다.
여자들은 남자들과의 자연스러운 성관계를 여자와 성관계를 갖는
것으로 바꾸었습니다.
이와 똑같이 남자들도 여자들과 행하는 자연스러운 성관계를
버리고 남자들끼리 정욕에 불타, 남자가 남자와 부끄러운 짓을
했습니다. 그래서 스스로 그 잘못에 합당한 벌을 받았습니다.
그들은 온갖 불의와 악행과 탐욕과 악독으로 가득 찬
사람들입니다. 또 시기와 살인과 다툼과 속임과 적의로 가득
찼으며, 남에 대해 말하기를 좋아하고, 남들을 비방하고, 하나님을
미워하며, 거만하고 건방지며, 뽐내기를 잘합니다. 그들은 악한
일을 계획하고 부모님께 순종하지 않습니다. 그들은 양심도
없으며, 약속을 지키지 않으며, 친절하지도 않고, 동정심도
없습니다. 사람들은 그런 일을 행하는 사람은 죽어 마땅하다는
하나님의 의로우신 법을 알면서도 자신들만 그런 악한 행동을

계속하는 것이 아니라 그런 행동을 저지르는 다른 사람들까지 잘한다고 두둔합니다.

고린도에서 바울은 위와 같은 사람들에게 복음을 전했다.

내가 받은 가장 중요한 것을 여러분에게 전해 주었습니다. 그리스도께서 성경에 기록된 대로 우리 죄를 위해 죽으신 것과 장사지낸 바 되었다가 성경에 기록된 대로 3일 만에 다시 살아나셨다는 것과 그리고는 베드로에게 나타나시고, 그 후 열두 제자에게 나타나시고, 그 후 한 번에 500명이 넘는 사람들에게도 나타나셨다는 사실입니다. 그 사람들 중에는 이미 죽은 사람들도 있지만, 대부분은 아직도 살아 있습니다. 그 후 야고보에게, 그 다음에 모든 사도들에게 나타나시고, 맨 마지막으로 조산아와 같은 나에게도 나타나셨습니다.

여기서 바울은 자신의 영적 출생이 보통과 다르다고 말하며 자신을 가리켜 '유산'이나 '기형'으로 번역할 수 있는 이상한 단어를 사용했다.

그는 다마스쿠스 길에서 예수님을 만난 자신의 경험을 강조했다.

"나는 모든 사도 중에 가장 작은 사람입니다. 나는 과거에 하나님의 교회를 핍박했던 사람이기 때문에 사도라고 불릴 자격이 없습니다."

바울을 비방하는 사람들은 그가 합당한 겸손을 갖추지 못했다고 말했지만 그는 그들을 무시했다. 그들의 말에 전혀 무신경할 수는 없었지만, 그리스도께서 그의 약점을 잘 아셨기 때문에 다른 사람들의 비판이 그리 중요하지 않았던 것이다. 그는 자신이 전한 복음의 중요성을 계속 강조했다.

"우리가 전파한 복음은 이런 내용이고, 여러분은 이것을 믿었습니다."

사람들은 그리스도를 믿음과 동시에 바울이 그랬던 것처럼 옛 존재를 완전히 떨치고 새롭게 되었다. 바울은 그들에게 벌어진 상황을 분석해 주었다.

"그러므로 누구든지 그리스도 안에 있으면 새로운 피조물입니다. 옛것은 지나갔으니 보십시오. 새것이 됐습니다."

바울은 사람이 '새것'이 되고 새 생명을 갖게 되면 자연히 그것을 전하게 되어 복음이 엄청난 속도로 퍼져 나가기를 기대했다. 그들의 집회에서는 바울의 격려를 받은 고린도 교인들이 차례를 따라 말씀을 설명하고 간증을 했다. 그리고 그 자리에 있던 불신자는 잘못을 깨달음과 동시에 자기가 죄인이라는 인식을 갖게 되었고 마음속의 비밀이 드러나 마침내 회개했다. 그리하여 믿음으로 그들은 이렇게 외치게 되었다.

"참으로 하나님이 여러분 가운데 계십니다!"

고린도인들이 모여서 잡담을 나누는 시장과 격조 있는 페이레네 샘에서, 체육관과 어쩌면 공중목욕탕에서도 바울은 매일 신도들을 이끌고 나가 복음 전도자의 일을 했을 것이다. 그는 끊임없이 신생, 즉 거듭남의 기적을 보았다.

"내 말과 내 선포는 지혜롭고 그럴듯한 말로 한 것이 아니라 성령의 능력이 나타낸 증거로 한 것입니다. 이는 여러분의 믿음이 사람의 지혜에 있지 않고 하나님의 능력에 있게 하려고 한 것입니다."

고린도인들이 믿고 복음을 전하는 속도는 빨랐지만 성숙하는

속도는 그에 미치지 못했다. 바울은 그들에게 가르치고 싶은 내용이
많았고 영적 근육과 뼈대를 만들어 줄 단단한 고기를 먹이고 싶어
했다. 그러나 그는 그들에게 마치 어린아이에게 젖을 먹이듯 신앙의
기본 내용을 되풀이해서 가르쳐야 했고, 그 사실이 우울했다. 그의
바람보다 더디기는 했지만, 그들은 새로운 특성과 분별력을 분명히
보여 주고 있었다. 바울은 그것들을 일컬어 아버지와 아들의 영이
주신 은사라고 말했다. 그분은 보이지 않으시되 그들 가운데 계시며
그분의 교회를 세우기 위해 다양한 사람에게 다양한 능력을 나눠
주시는 것이다.

특별히 고린도의 상당수 그리스도인은 새롭고 만족스럽지만
위험한, 방언을 말하는 체험을 한 듯하다. '방언' 즉 '글로살리아'의
의미는 상당한 논쟁거리였고, 20세기에 방언이 널리 되살아나면서
그 정도는 더욱 심해졌다. 세계 곳곳에서 다른 어떤 교단보다
빠른 속도로 성장하고 있는 오순절파는, 그 기원뿐 아니라 열심과
열정까지도 상당 부분 방언 사용에 힘입고 있다. 그리고 중요한
역사적 교파들도 비슷한 영적 현상을 경험했다. 하지만 방언은
사람의 방언이든 천사의 말이든, 사람이 알지 못하던 언어를 갑자기
유창하게 구사하게 된 것이든, 인간의 언어와 무관하게 황홀경에
빠져 쏟아 내는 기도와 찬양이든 상관 없이 바울이 설명한 영적
은사들 중에서 가장 당혹스러운 것이다.

바울은 방언의 은사를 환영했다. 그러나 그가 떠난 후 고린도
교인들은 방언을 오용했다. 그래서 그는 현대의 운동에서도 볼 수
있듯 방언을 말하는 곳에서 반드시 나타나는 위험들을 강조해야
했다. 그는 방언의 은사가 흉내 내기도, 도를 넘기도 쉽다고
경고했다. 방언의 은사가 없는 사람들은 있는 사람들을 광신자로
정죄해서는 안 된다고 했다. 역으로 방언의 은사가 있는 사람들도

그 은사가 없는, 훨씬 더 많은 수의 그리스도인들을 신령하지 못하다고 멸시해선 안 된다고 했다. 신자들은 방언의 유무로 교회가 나뉘는 심각한 위험에 맞서야 한다고 했다. 방언을 말하는 데는 언제나 그와 병행하는 통역의 은사가 따라와야 함도 덧붙였다. 모든 영적 은사의 주된 기능은 은사를 받은 사람을 위로하는 것이 아니라, 교회 전체를 세우고 격려하고 자극하는 것이기 때문이다. 바울은 이렇게 말했다.

"나는 내가 여러분 중 어느 누구보다도 더 많이 방언을 말하는 것으로 인해 하나님께 감사드립니다. 그러나 나는 교회에서 방언으로 만 마디를 말하는 것보다 알아들을 수 있는 언어로 다섯 마디를 말하기를 원합니다."

교회는 이미 고린도에서 영향력을 행사하고 있었다. 교회의 새로운 도덕이 그 근원을 알지 못하는 이웃 사람들의 눈에도 특별해 보였기 때문이다. 바울이 가르치고 그의 회심자들이 보여 준 도덕은 고대 세계의 낡고 방임적인 도덕과 극명한 대조를 이루었다. 그것은 당시의 전통 도덕과 달랐다. 인종과 상관없이 모든 이에게 사랑을 베풀었고, 악에 원한을 품는 대신 용서했고, 역경이나 핍박을 당해도 그저 견디는 정도가 아니라 기뻐했다. 당시 노예들이 철칙처럼 여기던 경구가 있었다.

다른 노예들을 사랑하되 네 주인들은 미워하라. 약탈과 성욕을 사랑하라. 결코 진실을 말하지 말라.

하지만 그리스도인 노예들은 이 경구를 따르지 않았고, 행동과 기도로 주인의 영혼을 구원하려 했다.

데살로니가에서처럼 교회는 새로운 개념의 사랑을 보여주었다. 이 사랑은 아프로디테 숭배가 촉진한 난교뿐 아니라 아폴로의 동성애와도 대조를 이루었다. 그리스도인들은 기독교 도덕에 힘입어 전혀 다른 사랑의 개념을 도입하고 있었다.

그러나 신생 교회에 대한 주위의 압박이 엄청났기 때문에 그들은 실패도 경험했다. '성에 대한 올바른 태도가 무엇인가'는 고린도의 그리스도인들에게 매우 심각한 질문일 수밖에 없었다. 바울은 성의 오용이 사람의 인격을 손상시키고 하나님의 법을 어기는 일이며 삶을 불행하게 만든다고 확신했다. 그래서 회심자들이 각자의 상황에 따라 기독교 윤리를 타협하도록 내버려 둘 수 없었다. 그렇다고 그들을 유대교식으로 율법의 구속복legal strait jacket 안에 가둬 놓을 뜻도 없었다. 그들은 그리스도의 자유 안에서 그분의 능력으로 사는 법을 배워야 했다.

넓은 계단으로 올라가는 이교 행렬이 대표하는 권력 옆에서, 앞으로 천 년은 더 번성할 것처럼 보이는 신전들의 거대한 기둥 아래서, 약하고 어리석어 보이는 소수 그리스도인들은 온갖 문젯거리와 씨름해야 했다. 고기 시장에 나온 고깃덩어리들은 대부분 우상들에게 희생 제물로 바쳐진 동물들에서 나온 것이었다. 그 고기를 산다는 것은, 우상의 신성을 공적으로 인정한다는 뜻이었다. 당시 가족이나 조합의 만찬회를 신전에서 자주 열었는데, 그럴 경우 그곳의 신이 만찬회의 주인이 되는 것이었다. 극장에서의 연극은 본질적으로 이교의 의식이었다. 내용은 주로 신들과 여신들의 이야기였고 형식은 음란했다. 무대 위에서 성교가 이루어지는 일도 있었다.

이후 바울이 다음과 같이 쓴 것도 그리 놀랍지 않다.

자기가 굳게 서 있다고 생각하는 사람은 넘어지지 않도록 주의하십시오. 누구나 겪는 시험 이외에 여러분에게 닥칠 시험은 없습니다. 하나님은 신실한 분이셔서 여러분이 감당할 수 있는 능력 이상의 시험을 당하도록 내버려 두지 않으십니다. 그리고 여러분이 시험당할 때 시험을 견디고 거기서 빠져나올 수 있는 길을 주십니다.

22. 갈리오의 판결

아가야 속주의 다른 지역에서 이미 교회들이 생겨나고 있었기에
바울은 그 교회들을 격려하기 위해 고린도를 떠나려던 참이었다.
그런데 데살로니가에서 더 좋은 소식이 전해졌다. 데살로니가
교인들이 온갖 박해와 어려움 속에서도 굳건하게 믿음을 지키고
있다는 소식이었다. 바울은 어떤 교회에 자극을 주고자 할 때 다른
교회를 칭찬하는 방식을 즐겨 썼는데, 이 소식 덕분에 격려차
방문한 여러 교회에서 데살로니가 교회를 기분 좋게 자랑할 수
있었다. 그들의 믿음은 거듭 전진했고 서로를 향한 사랑이 더욱
실제적인 모습으로 나타났다.

　그러나 데살로니가 교인들에게도 문제와 낙심되는 일들이
있었고, 바울은 고린도로 돌아오자마자 실라와 디모데와 함께
데살로니가후서를 썼다. 그는 고난으로 그들이 하나님 나라에
합당한 사람들이 되고 있으며, 주 예수께서 영광 중에 다시 오실 때
안식으로 갚으실 것이라고 말했다. 그분을 철저히 거절하고, 그분의
복음을 경멸하고, 그분의 백성에게 상처를 준 사람들은 공의로운
심판을 피하지 못하고 주의 얼굴과 그분의 영광스러운 능력에서
떠나 영원한 멸망의 형벌을 받게 될 것이라고 했다. 이 부분에서

그는 예수님의 가르침을 따랐다. 예수님은 그분의 사랑을 거절하는 사람들에게 경고하기를 주저하지 않으셨던 것이다. 바울은 내세의 삶에 대해 부드럽게 말할 수 없었다. 그는 심판을 설교하기를 두려워하지 않았다. 나중에 보충 설명과 명료화가 필요하게 되지만 그것은 그때 가서 하면 될 일이었다.

데살로니가 교인들 중 일부는 이 '주의 날'이 벌써 왔다는 소문을 맹목적으로 받아들이고 통상적인 책임에서 벗어난 것처럼 행동하고 있었다. 바울은 그들에게 그런 주장에 미혹되거나 마음이 흔들리지 말라고 간곡히 말했다. 그는 그날이 오기 전에 있어야 할 징조들에 대해 이미 전한 가르침을 짤막하고 단호하게 상기시켰다. 이 부분이 바울의 모든 글 중에서 가장 모호한 부분이긴 하지만, 아마도 그것은 바울이 특정 주제나 정치적인 암시가 있는 내용을 암호로 썼기 때문일 것이다. 그리고 원래의 독자들은 그것을 푸는 열쇠가 있었을 것이다.

바울은 그 소문의 출처에 특히 관심이 있었다. 예측 가능한 출처들 중 하나가 바울 일행이 보냈다고 꾸민 가짜 편지였기 때문이다. 바울은 이제 구술하고 있는 편지에 서명할 때 위조 방지를 위해 한 번 더 수고를 했다.

친필로 여러분에게 문안합니다. 이 글씨로 나 바울이 친히 보내는 편지임을 알 수 있을 것입니다. 우리 주 예수 그리스도의 은혜가 여러분 모두에게 함께하기를 기도합니다.

이와 같이 데살로니가후서에는 바울의 친구들을 혼란시켜 바울에게 상처를 주려고 만들어진 위조 편지가 최초로 언급되어 있다. 갈라디아 남부에서 교회를 어지럽히다 바울의 갈라디아서가 도착하자 물러났던 바리새인들이 그의 흉내를 내어 위조 편지를 썼을 것이다. 위조 편지는 유대인 반대자들이 교회를 내부에서 파괴하기 위해 교회에 침투했다는 뜻이었다. 그들이 거의 목적을 달성하기 직전에 바울은 몇 번이나 그들의 계획을 좌절시켰다.

한편 그는 데살로니가인들에게 이렇게 촉구했다.

"굳게 서서 우리의 말이나 편지를 통해 여러분이 배운 전통을 굳게 지키십시오."

그는 빈둥거리거나 다른 사람에게 빌붙지 말고 사도의 본을 따라 스스로 일을 하여 생계를 꾸려야 한다고 엄하게 가르쳤다. 그러고 나서 그는 순종하지 않는 사람들을 꾸짖고 회복시키는 일의 원칙을 제시했다. 그런데 사람들은 단호함과 사랑이 함께 담겨 있는 바울의 지침을 이후 수세기 동안 너무나 자주 잊는다.

"만일 우리가 보내는 이 편지의 내용을 따르지 않는 자가 있거든, 그가 누구인지 기억해서 가까이하지 마십시오. 그러면 그 사람 스스로 부끄러움을 느끼게 될 것입니다. 하지만 그를 원수처럼 대하지 말고, 사랑하는 형제로서 충고하십시오."

그리고 바울은 거의 불쑥, 데살로니가 그리스도인들이 아무리 어려운 상황에서도 승리할 거라는 믿음을 드러내는 놀라운 기도로 서신을 마무리했다.

평강의 주께서 친히 여러분에게 온갖 방식으로 항상 평강 주시기를 빕니다. 주께서 여러분 모두와 함께하시기를 원합니다.

바울은 데살로니가후서에서 개인적인 요청을 했다.

"주의 말씀이 여러분에게서와 같이 속히 전파돼 영광스럽게 되고 또한 불의하고 사악한 사람들로부터 우리를 구원해 주시도록 기도해 주십시오. 이는 믿음은 모든 사람의 것이 아니기 때문입니다."

편지가 데살로니가에 도착한 지 얼마 뒤, 이 기도는 고린도에서 놀랍고 결정적인 방식으로 응답받았다.

주후 51년 초여름, 그리스보의 회당장 자리를 이어받은 소스데네가 그리스도인이 되었다. 게다가 그는 회당장 자리를 그대로 유지했다. 회당이 기독교가 지도력을 발휘할 수 있는 자연스러운 장소라는 바울의 생각에 동의했음이 분명하다. 그러나 다른 유대인 지도자들은 고린도의 기독교를 박살내기로 결심했다. 그들은 51년 7월 1일, 새 총독 루키우스 유니우스 갈리오가 아가야에 부임해 오는 것을 기회로 삼았다. 그의 2년 총독 기간은, 1905년 델피에서 발견된 파편으로 그 시기가 거의 정확하게 밝혀졌다. 갈리오는 클라우디우스 황제가 가장 아끼는 위대한 철학자 세네카의 형이다. 세네카는 이렇게 썼다.

갈리오만큼 모든 사람에게 잘 대해 주는 사람은 없다.

유대인 지도자들도 그에 대한 이런 평판을 알았을 것이고 갈리오가 자신들에게 잘 대해 주기를 바랐을 것이다. 그들은 총독에게 바울을 고소했다.

고소인들과 피고 바울 그리고 그들의 지지자들이 아고라의 남쪽, 단을 높인 노천 베마에 모였다. 바울에게는 밤에 환상으로 계시된, 아무도 그를 해치지 못하리라는 약속이 있었다. 하지만 갈리오의 판결은 그리스 지역은 물론 제국 전체에 대단히 중요한 의미가 있었다. 그는 주요 속주의 지사일 뿐 아니라 황제에게도 영향을 줄 수 있는 사람이었기 때문이다. 기독교가 억압될지, 아니면 바울의 표현대로 속히 전파돼 영광스럽게 인정될지, 그 한 사람의 손에 달린 것이나 마찬가지였다.

유대인들은 바울이 국가에서 인정하지 않는 종교를 퍼뜨린다는 논리를 앞세워 그를 고소했다.

"이 사람은 법을 어기면서, 하나님을 공경하라고 사람들을 선동하고 있습니다."

그러자 바울이 앞으로 걸어 나왔다. 그가 입을 열어 자신을 변호하려는 순간, 갈리오는 소송을 중단시키고 유대인들에게 말하기 시작했다. 법률에 익숙한 바울은 갈리오의 말에 얼마나 엄청난 의미가 담겨 있는지 금세 파악했을 것이다. 총독은 유대인들의 '법'에 대한 주장을 그들의 의도와 전혀 다른 의미로 받아들였던 것이다.

"유대인 여러분, 사건이 무슨 범죄나 악행에 관련된 일이면 내가 여러분의 송사를 들어주는 것이 마땅할 것이지만, 문제가 언어와 명칭과 여러분의 율법에 관련된 것이면 여러분이 스스로 알아서 처리하시오. 나는 이런 사건에 재판관이 되고 싶지 않소."

이것은 로마의 행정관이 피고가 법을 어긴 부분이 없다고 판결하고 사건에 개입하지 않겠다는 뜻을 밝힐 때 쓰는 정확한 법적 표현이었다.

유대인들이 미처 항소하기도 전에 갈리오는 짤막한 명령을 내려 창끝으로 그들을 재판석에서 쫓아냈다. 재판정 바깥으로 쫓겨난 유대인들은 화가 단단히 났다. 갈리오가 이 사건을 유대인 내부 문제라고 판결했으니, 그들은 그의 판결에 따라 행동하기로 마음먹었다. 바울의 경우, 회당에서 물러났기 때문에 그들이 손을 댈 수 없었다. 하지만 소스데네는 달랐다. 그들은 그를 붙들어 옷을 벗기고 재판석의 갈리오가 보는 앞에서 사십에 하나 감한 매를 때렸다. 갈리오는 이 일에 조금도 참견하지 않았다. 그들은 방금 총독이 내린 판결에 따라 자신들의 관할권에 있는 자를 처벌할 권한을 행사한 것이었다.*

갈리오 총독의 판결 덕분에 바울과 그의 회심자들은 급습이나 투옥의 위험 없이 원하는 곳에서 자유롭게 복음을 전할 수 있었다. 로마 당국이 그들의 보호자가 된 셈이었다.

농부들과 염소치기들은 강한 햇살을 피하기 위해 머리를 가린, 수염이 희끗희끗한 안짱다리 유대인의 모습을 자주 보았을 것이다. 그는 젊은이 한 무리를 이끌고 관목 숲길을 따라 단호한 걸음으로 시골 마을을 찾아다녔다. 그곳에서 그는 이전에 고린도를 방문하여 복음을 접한 친구들의 환영을 받았다. 복음은 스파르타와 올림피아까지, 어쩌면 만을 지나고 파르나소스 산 경사지를 올라 델피 신전에까지 퍼져 갔을 것이다. 바울과 고린도 교회가 주후 51년에 열린, 2년에 한 번 개최되는 이스트미아 경기에서 선수들과 관람객에게 복음을 전한 것은 거의 확실하다. 사람들이 함께 겪은 일을 회상할 때 나타나는 고유한 느낌이 있는데, 고린도전서에서 바울은 바로 그런 느낌을 주는 비유를 사용하기 때문이다.

경기장에서 경주자들이 모두 힘껏 달리지만 상을 받는 사람은 오직 한 사람뿐인 것을 여러분이 알지 못합니까? 이와 같이 여러분도 상을 받기 위해 달리십시오. 경기에 참가하는 사람은 누구나 모든 일에 절제합니다. 그들은 썩어 없어질 면류관을

---

*
나는 소스데네가 회심하지 않은 유대인으로서 그리스인 폭도에게 맞은 것이 아니라, 그리스도인으로서 유대인들에게 얻어맞았다고 생각한다. 이는 셔윈 화이트A. N. Sherwin White가《신약성서의 로마 사회와 로마법Roman Society and Roman Law in the New Testament》(1963)에 밝힌 주장이다. 그의 주장대로《킹제임스 성경》에는 '그리스인들'이라는 단어가 나오는 반면, 오래된 사본들에는 나오지 않는다.

얻으려고 절제하지만 우리는 썩지 않을 것을 얻으려고
절제합니다. 그러므로 나는 목표가 없는 것처럼 달리지 않고
허공을 치듯이 싸우지 않습니다. 내가 내 몸을 쳐 복종시키는
이유는, 내가 다른 사람에게는 복음을 전하고 도리어 나 자신은
버림받지 않도록 하기 위함입니다.

총독의 판결로 절정에 이른 바울의 고린도 장기 체류는 그의
생애에 일어난 획기적인 전기 중 하나였다. 갈라디아 남부가
이방인도 온전한 그리스도인이 될 수 있다는 그의 확신이 옳았음을
입증해 주었다면, 고린도는 기독교가 대도시에 뿌리 내리고 거기서
속주 전체로 퍼져 나갈 수 있음을 입증했다. 총독의 판결로 자유를
얻은 바울에게 그 다음 목적지는 분명했다. 에게 해의 또 다른
대도시 에베소였다. 에베소에서 복음을 전한 후에는 로마와 그
너머까지 갈 수 있을 것이었다. 그러나 머리와 눈앞의 임무는 그를
로마로 이끌고 있었지만 그의 가슴은 '예루살렘!'을 외치고 있었다.
그는 여전히 동포의 도시에서 복음을 전하고 싶어 했다. 유배된
시편 기자의 말이 그의 영혼을 울렸다.

"오 예루살렘아, 만약 내가 너를 잊는다면 내 오른손이 그
재주를 잃게 될 것이다. 내가 너를 기억하지 못한다면, 내가
예루살렘을 내 가장 큰 기쁨으로 여기지 않는다면 내 혀가 내
입천장에 붙어 버릴 것이다."

그래서 바울은 에베소에 자리를 잡기에 앞서 잠시 휴가를 내어
예루살렘에서 유월절을 지키기로 했다. 그는 여전히 유대인이었기
때문에 거룩한 성으로 돌아가는 기념으로 나실인 서원을 하고
30일 동안 머리를 길렀다. 나실인 서원이란, 옛 질서 하에서 주님께
특별히 구별된 사람이 드리는 서원이었다. 예루살렘으로 출발하기

전에 머리를 잘라 가방에 넣고 성전에 도착하면 희생의 불에 엄숙하게 던져 넣을 것이었다.

52년 3월, 그는 뱃길이 열리는 대로 출발하기로 했다. 고린도에 머문 지 18개월 만의 일이었다.

떠나기 전 마지막으로 바울은 가이오의 집에서 그리스도인들과 모였다. 그는 자신이 떠난 뒤에 사람들이 타락하고 잘못을 저지르리란 걸 알고 있었다. 그것이 어떤 형태로 생겨날지도 웬만큼 짐작했다. 하지만 그날 횃불이 타오르는 샘 옆, 아트리움에는 일치와 평화와 사랑만이 가득했다. 그들은 주님께 직접 명을 받은 최초의 사도들을 통해 바울에게 전해진 대로 성만찬을 행했다.

"주 예수님이 배반당하시던 날 밤에 빵을 들고 감사 기도를 드리신 다음, 빵을 떼시고 이렇게 말씀하셨습니다. '이것은 너희를 위한 내 몸이다. 나를 기억하면서 이것을 행하여라.' 똑같은 방법으로 식사 후에 잔을 들고 말씀하셨습니다. '이 잔은 내 피로 세우는 새 언약이다. 이 잔을 마실 때마다 나를 기억하면서 이것을 행하여라.'"

23. 에베소 공략

바울이 고린도를 떠날 때, 아굴라와 브리스길라도 그와 더불어
천막 제조업의 근거지를 에베소로 옮겼다. 이것은 선교 전략에 따른
의도된 결정이었던 것으로 보인다. 바울이 휴가를 보내는 동안,
그들은 에베소에서 친구들을 사귀고 일을 시작하여 선교 활동과
생계의 기반을 닦아 놓을 작정이었다.

그들은 에게 해로 나가는 고린도의 항구 겐그레아로 내려갔다.
코린트 지협에서 가장 좁은 지역이 그 부근에 있었다. 몇 년 후
로마인들이 노예 노동력을 이용해 그곳에 운하를 파려고 시도한다.
바울은 고린도의 회당에 들어갈 수 없었으므로 이곳에서 회당에
들어가 규례에 따라 머리를 깎는 서원을 이행했다. 신자 뵈뵈의
집에서 하룻밤을 지낸 뒤, 그들은 배를 타고 키클라데스 제도諸島
사이로 지나갔다. 포도주빛 바다가 아름다운 곳이었다. 바울은 그
경치를 즐겼을 것이다. 사도행전은 그의 개인적인 감정을 다루고
있지 않기 때문에, 사람들은 그가 경치에 무관심했거나 그런 것에
초연했을 거라고 생각한다. 하지만 그는 별들의 아름다움과 별마다
영광이 어떻게 다른지 적고 있다. 그리고 인체의 아름다움을
인식했고, 자신이 방문한 큰 집들의 항아리들과 그릇들 중에

예술작품이 있는가 하면 그냥 뭔가를 담는 용도로만 쓰이는 것도
있음을 눈여겨보았다. 그의 머릿속에는 시편이 가득했으니 이런
항해 중에 그 구절들이 자연스레 흘러나왔을 것이다.

"여호와여 주께서 하신 일이 어찌 그리 많은지요. 주께서
지혜로 그들을 다 지으셨으니 주께서 지으신 것들이 땅에
가득하니이다."

마침내 그들은 지금은 육지가 된 짧은 에베소 만으로 들어갔다.
바다를 등지고 해변에 선 현대의 여행자가 들판을 가로질러
내륙으로 걸어가며 보는 광경은, 바울이 배를 타고 항구로
들어서면서 본 광경과 같을 것이다. 그의 왼쪽에는 서머나(스미르나)
만과 에베소를 갈라놓는 구릉지가 있었고, 오른쪽에는 코레소스
산과 300년 전 리시마쿠스가 세운 8.5킬로미터 길이의 성벽
일부가 자리하고 있었다. 그리고 바다 쪽 끝으로 나중에 '사도
바울의 탑'이라 불리게 되는 망대가 보였다. 배는 곶을 돌아갔다.
내포에 퇴적물이 쌓이는 것을 막으려고 쌓았건만 오히려 상황을
악화시키고 있는 방파제가 이제 그의 왼쪽에 있었다.

배가 가득한 준설 수로를 거슬러 올라가자 사방으로 도시가
보였다. 수많은 석회석 집과 대리석으로 지은 공공건물이 좁은
평원을 가득 채우고 있었다. 정면의 피온 산과 우측으로 더 높이
솟은 코레소스 산까지 30미터나 가파르게 올라간 도시의 전경이
햇살 속에서 펼쳐지자 여행자들은 그만 눈이 어지러울 지경이었다.
바울은 피온 산 중턱을 깎아 내어 만든 연극장을 볼 수 있었다.
그곳은 바울의 이야기에서 큰 사건 중 하나가 벌어지는 현장이
된다. 피온 산 북쪽의 충적토 평원, 좀더 작고 신성한 언덕 기슭에는
세계 7대 불가사의 중 하나인 거대한 아르테미스 신전이 번뜩이고
있었다. 알렉산더 대왕이 멀리 마케도니아에서 태어나던 날 밤, 광인

사도 바울

헤로스트라투스의 방화로 불타 버렸다가 이전의 훌륭한 모습으로 재건된 것이었다. '아시아의 첫째 가는 가장 큰 대도시'에 합당한 면류관이었다.

바울은 친구들에게 자리를 잡아 주었다. 낯선 도시에 도착한 유대인들은 동포 유대인들로부터 언제나 따뜻한 환대를 받았기 때문에 어려운 일은 아니었다. 그 다음 바울은 아굴라와 브리스길라를 두고 혼자 회당에 갔다. 그곳 회당에 처음 가는 것이라 일부러 그들을 데려가지 않았다. 장로들이 그를 거절할 경우 자칫하면 그들까지 위태로워질 수 있었기 때문이다. 하지만 에베소 회당의 장로들은 예수님에 대한 바울의 말에 흥미를 보였고 에베소에 더 오래 머물러 달라고 요청했다. 그는 그 요청을 거절해야 했지만, 하루나 이틀 후 순례선을 타고 떠나는 자신을 항구로 배웅 나온 그들에게 이렇게 말한다.

"하나님의 뜻이라면 다시 돌아오겠습니다."

바울은 휴가 내내 혼자서 다닌 듯하다. 순례선을 타고 가이사랴로 간 후, 많은 순례자의 무리에 섞여 예루살렘으로 올라갔다. 거기서 유월절을 지켰고 예루살렘 교회와 애정이 넘치는 재회를 했다. 바로 이 시점에서 그는 예루살렘의 가난한 성도들을 위해 그리스와 아시아의 모든 신생 교회로부터 기금을 모을 계획을 구상했다. 기도하면서 매주 구제 헌금을 함께 모으다 보면 널리 흩어져 있는 교회의 결속력이 깊어질 것이라 생각했다. 그러면 우선 예수님이 십자가에 못박히셨던 예루살렘의 상징적인 지위가 부각될 것이고, 예루살렘 교회에 실제 도움이 될 것도 분명했다. 예루살렘 교회는 이방인 신도들이 없었기에 교회 자체로 모금할 수 있는 여력이 별로 없었다. 그리고 성전 당국자들이 관리하는 자선 단체에서 기부금을 기대할 수도 없는 상황이었다. 바울은 더 큰 소망을 품었을 수도 있다. 그가 예루살렘에 가져오게 될 기금으로 노인들과 병자들도 도울 뿐 아니라, 건장한 사람 몇을 동구로 파견해 서구에서 바울이 한 것처럼 선교 활동을 벌일 수도 있을 것이었다. 그러면 예루살렘 교회 안에도 선교에 대한 의식이 생겨날 수 있을 터였다.

바울은 예루살렘에서 오래 머물지 않고 갈릴리를 거쳐 안디옥으로 내려갔다. 그곳에서 부활하신 예수님의 모습을 본 많은 사람을 다시 만났고, 다른 사람들의 죽음에 대해서도 들었다. 안디옥 시는 그에게 활력을 주었다. 그곳은 그의 고향이나 마찬가지였다. 선교 현장에 있을 때는 도무지 쉴 줄 모르던 그였지만, 1년 동안 머물며 가르쳤던 안디옥은 확실하게 긴장을 풀 수 있는 곳이었다.

짧은 여름이 끝나 가는 52년 8월 초, 바울은 다음번 선교 활동을 위해 출발했다. 그는 북쪽으로 걸어가 이전에 자주 다니던 갈라디아 남부의 더베, 루스드라, 이고니온, 비시디아 안디옥을 들러 잠깐씩 머물며 신자들을 격려하고 '모든 제자를 굳건하게' 했고 모금 계획을 추진했다. 진위 여부를 확인할 수는 없지만, 서방본문은 바울의 심정을 포착해 주는 흥미로운 말을 덧붙이고 있다.

바울은 자기 계획에 따라 예루살렘으로 가고 싶었지만, 성령은 그를 아시아로 돌아가게 하셨다.

다시 한 번 그의 마음은 '예루살렘!'을 외쳤지만 주님은 그를 서쪽으로 이끄셨다. 그래서 그는 성가신 낙타 행렬이 골짜기를 따라 내륙의 큰 도시들을 통과하는 주요 무역로가 아니라, 말이 다니는 직행로를 따라 에베소로 가는 길을 재촉했다.

겨울이 되기 전, 그는 에베소에 안착했다.

브리스길라와 아굴라는 알렉산드리아 출신의 총명한 유대인 아볼로의 이야기를 첫 번째 소식으로 들려주었다. 그들은 에베소 회당에서 그의 강론을 들었다고 했다.

아볼로는 나사렛 예수에 대해 설득력 있게 집중적으로 말했고 그분의 생애와 죽음과 부활에 대한 기본 사실들을 정확하게 설명했다. 하지만 그가 말하는 예수님은 지금도 여전히 세상에 역사하시는 분이 아니라 단순한 역사적 인물인 듯했다. 아볼로가 아는 세례는, 세례 요한의 세례뿐이었다. 세례 요한은 하나님 나라가 임박했으니 회개하라고 촉구했고 그 표시로 사람들에게 세례를 주었다. 또 회개한 자답게 행동할 것도 촉구했다.

브리스길라와 아굴라는 아볼로를 집으로 초청해 빈 부분을 채워 주었고, 마침내 아볼로는 하나님 아버지와 예수의 영으로 재창조된 인격의 비밀을 깨닫게 되었다. 이제 그의 가르침은 더욱 힘 있고 설득력이 넘쳤다. 하지만 그는 에베소에 머물고 싶어 하지 않았다. 그는 아가야 지방으로 가고 싶어 했다. 브리스길라와 아굴라는 아볼로가 고린도에서 얼마나 값진 역할을 하게 될지 깨달았다. 그래서 소수의 신자 무리와 그들은 열렬한 추천서를 써서 그를 고린도 교회에 보냈다. 그들은 바울에게 고린도에서 벌써 좋은 소식이 돌아왔다고 말해 주었다.

"아볼로는 고린도에 이르러서, 이미 하나님의 은혜로 신도가 된 사람들에게 큰 도움을 주었습니다. 그가 성경을 바탕으로 예수께서 그리스도이심을 증언하면서, 공중 앞에서 힘 있게 유대 사람들을 논박했기 때문입니다."

아굴라와 귀족 출신의 상냥한 브리스길라는 바울이 없는 동안 손을 놓고 있지 않았다. 하지만 그들은 교회를 시작할 생각은 못하고 있었다. 그들은 예수님을 사랑하고 이웃 사람들에게

복음을 전하는 사람들이었지만 천막 제조가 주업이었다. 하지만
바울은 예수님을 위해 온전히 일하는 사람이었고, 천막 제조는
그 비용을 마련하기 위한 일이었다. 바울은 에베소에 돌아와서야
브리스길라의 활동이 갖는 한계를 보여 주는 흥미로운 사실을 하나
발견했던 것이다.

바울은 피온 산기슭의 기둥이 있는 아고라를 거닐거나 바다가
띄엄띄엄 보이는 가파른 거리를 오르내리며 말씀을 전했다.
그러면서 그와 동일한 믿음을 가진 듯한 소수의 무리에 대해 듣게
되었다. 마침내 그들을 만나 보니 열두 명쯤 되었는데 이방인이었다.
그들은 신자이긴 했지만 처음 에베소에 왔을 때의 아볼로와 비슷한
상태였다. 그들이 어디서 왔는지는 정확히 알 수 없었다. 에베소가
아무리 넓고 인구가 많은 도시라 해도 브리스길라와 아굴라가
그들을 한 번도 만나지 못한 것이 이상했다. 바울은 그들의 믿음이
진실하긴 하지만 뭔가 부족하다는 것을 즉시 파악했고, 그가
중요하게 생각한 내용을 물었다.

"여러분은 믿음으로 성령을 받았습니까?"

"우리는 성령이 계시다는 것조차 들어 본 적이 없습니다."

"그러면 여러분은 어떤 세례를 받았습니까?"

그들이 대답했다.

"요한의 세례를 받았습니다."

바울이 말했다.

"요한은 회개의 세례를 베풀었습니다. 요한은 사람들에게 자기
뒤에 오실 분을 믿으라고 외쳤는데, 그분이 바로 예수님이십니다."

그들은 바울의 말을 듣고 즉시 주 예수님의 이름으로 세례를
받겠다고 했다. 바울은 그들을 데리고 카이스테르 강으로 갔고
웅장한 아르테미스 신전에서 멀지 않은 곳에서 간단한 의식을

행했다. 그들은 강물에서 나온 이후 무릎을 꿇었다. 바울은 그들의 머리에 손을 얹고 그들 각 사람이 성령을 받도록 기도했다. 즉시 특별한 능력이 임했다. 예루살렘의 오순절이 다시 찾아온 듯했다. 그들은 방언으로 말하고 예수님의 영광스러운 이름을 찬양하고 선포했다. 그리고 만나는 모든 사람에게 그들이 알고 있던 성경 내용 중 갑자기 분명하게 깨닫게 된 진리를 전했다. 기쁨으로 분위기가 들떴다. 여러 해 뒤, 이들 중 그때까지 살아남은 사람들은 바울이 에베소와 아시아의 여러 교회에 보낸 서신을 읽고 그날의 일을 떠올렸을 것이다.

술에 취하지 마십시오. ······성령의 충만함을 받으십시오. 시와 찬미와 신령한 노래로 서로 화답하며, 여러분의 마음으로 주님께 노래하며 찬송하십시오. 모든 일에, 늘 우리 주 예수 그리스도의 이름으로 하나님 아버지께 감사를 드리십시오.

바울이 장로들의 초청을 받아들여 에베소 회당으로 다시 들어갔을 즈음, 이 열두 명은 아굴라와 브리스길라 및 그들의 전도로 회심한 사람들과 더불어 교회의 핵심을 이루었다. 누가의 말에 따르면, 52년부터 53년에 이르는 그해 겨울 3개월 동안 바울은 꾸준히 하나님 나라의 일을 강론하고 권면하면서 담대하게 말하였다. 그곳의 유대인들은 데살로니가나 고린도의 유대인보다 마음이 열려 있었다. 그들은 논쟁을 벌였지만 귀를 막지는 않았다. 많은 이방인이 처음으로 회당에 들어와 복음을 믿었고, 바울은 다시 한 번 그리스도께서 유대인과 이방인을 나누는 적개심의 벽을 허무시는 광경을 보았다.

하지만 완고한 유대인들이 목소리를 높이기 시작했다. 53년

초봄에 이르자, 그들이 그리스도의 도를 마구 비방하는 바람에
회당에서 제대로 가르치기가 불가능해졌다. 바울은 회당에서
나왔고 유대인과 이방인을 포함해 모든 제자가 그와 함께 물러났다.
회당에는 많은 빈자리가 생겼고 회당의 헌금도 눈에 띄게 줄었다.

이때 두란노Tyrannus라는 이름을 가진 한 교사가 바울에게 시
체육관의 넓은 주랑 현관을 제공했다. '독재자' 혹은 '참주'라는 뜻을
지닌 그의 특이한 이름은, 회심한 후 성미가 많이 가라앉았지만
원래 성질이 불같은 사람이라서 얻은 별명일 수도 있다. 그는
그리스 도시국가에서 비합법적으로 통치자가 된 어느 '참주'의
후손이었을 수도 있다. 학생들을 가르치는 서늘한 시간에 그는 주랑
현관을 강의실로 썼다. 서방본문에 따르면, 바울은 모든 에베소의
상점이 문을 닫는 가장 뜨거운 낮잠 시간인 오전 11시부터 오후
4시까지 그곳을 사용했다. 따라서 노예들도 와서 그의 가르침을
들을 수 있었다. 4시 이후 두란노와 학생들이 돌아와 수업을
했는데, 계절에 따라 해가 지기 전까지 두세 시간 정도 더 수업이
이어졌다. 바울은 두란노 서원에서 가르치고 난 뒤 사람들의 집을
찾았다. 부잣집도 있었고 가난한 집도 있었다. 바울은 나중에
에베소인들에게 이렇게 상기시킨다.

"나는 여러분에게 유익이 되는 것이라면 무엇이든 주저하지
않고 전파하였습니다. 나는 그것을 공중 앞에서나 여러분의 집에서
여러분에게 가르쳤습니다. 모든 유대인과 그리스인에게 회개하고
하나님께 돌아올 것과 우리 주 예수님을 믿으라고 선포했습니다."

그는 눈물을 부끄러워하지 않았다. 사람들이 그리스도를
거절할 때면 숨김없이 울었다. 초청을 받아들인 후에야 자신의
평판을 깎으려는 유대인들의 덫임을 알게 된 경우도 있었다. 그는
그런 상황도 잘 감당했다. 그는 욕을 먹으면 도리어 축복해 주었고

비방을 받으면 좋은 말로 응답하였다.

그의 주된 사역은 두란노 서원에서 계속되었다. 강론할
때마다 회심자들을 가르치는 데 일정 시간을 썼다. 갈라디아서나
데살로니가전후서와 달리, 에베소서에는 그가 가르친 내용이
구체적으로 나와 있지 않다. 하지만 이 서신은 주후 53년 여름철의
뜨거운 한나절, 에베소 교인들이 주랑 현관의 그늘 아래 앉아서
들은 바울의 음성을 담고 있을 것이다.

"여러분은 하나님이 사랑하는 자녀들입니다. 그러므로
하나님을 닮으려고 노력하십시오. 그리스도께서 우리를 사랑하신
것처럼 다른 사람을 사랑하며 사십시오. 그리스도께서는 우리를
위해 자신을 내어 주시어, 하나님 앞에 향기 나는 희생 제물이
되셨습니다. ……그리스도를 두려워하며 존경하는 마음으로
서로 순종하십시오. 아내들은 주님께 순종하듯이 남편의 권위에
순종하십시오. ……남편들은 그리스도가 교회를 사랑하듯이
아내를 사랑하십시오. 그리스도는 생명을 내어 주시기까지 교회를
사랑하셨습니다.

종들은 두렵고 존경하는 마음으로 주인에게 복종하십시오.
그리스도께 복종하듯이 참마음으로 순종하기 바랍니다. 주인이 볼
때만 잘하는 척하지 말고, 마음을 다하여 하나님의 뜻을 행하십시오.
사람에게 하듯이 하지 말고, 그리스도를 섬기듯이 기쁜 마음으로
주인을 위해 일하십시오. ……주인들도 똑같이 종들에게 잘해 주고,
억박지르지 마십시오. 여러분의 주인이기도 하지만 동일하게
그들의 주인도 되시는 분이 하늘에 계십니다. 우리 주님은 모든
사람을 차별하지 않으시고 똑같이 대해 주는 분이십니다."

그는 거듭 어떻게 살고 있는지 주의하라고 강조했다.

"이전에는 여러분도 어둠 가운데 있었으나, 이제는 주님 안에서

빛 가운데 살아갑니다. 그러므로 빛에 속한 자녀답게 사십시오."

가끔 바울은 사람들이 신앙의 성숙을 이루고 그리스도의
장성한 분량이 충만한 데까지 이르도록 돕고자 기독교 교리의
깊은 물속으로 그들을 이끌곤 했다. 글을 읽고 쓸 줄 아는 사람들은
파피루스 조각이라도 들고 가 그가 들려주는 내용, 특히 주
예수님의 생애에 대한 사실들을 적어 나갔다. 몇 달 뒤, 한 회심자가
이 파피루스 쪽지들을 모두 모아 꿰맨다. 이 쪽지들은 유명한
에베소 도서관에 남아 있는 문학 작품들(그 대부분은 로마시대 이전에 버가모로
옮겨지고 없었다)처럼 편리하게 이어서 말아 놓을 수 없었기 때문이다.
이렇게 해서 이후 수세기 동안 보편적인 책의 형태가 될 코덱스
스타일이 그리스도인들의 공책 형태로 에베소 및 여러 곳에서
시작되었다.

바울은 여느 교사처럼 수업을 했지만 수업료는 받지 않았다.
회심자들이 이교도 친구들을 데려오면 공개 모임도 열었다.
그는 에베소 시에서 명성을 얻기 시작했다. 그와 회심자들, 특히
진심으로 신앙의 성장을 추구하는 사람들 사이에는 아주 특별한
관계가 생겨났다. 에베소 교인들은 바울이 자신을 따르는 이들
안에서 최고의 것을 이끌어 내는 매력적인 사람이란 걸 알게
되었다. 그들은 그가 끊임없이 "여러분은 나를 본받는 사람들이
되십시오"라고 촉구해도 분개하지 않았다. 그가 그리스도를 본받는
본을 보였기 때문이다.

이 당시 바울은 유쾌했고 이전처럼 긴장하지도 않았다. 사역은
즐거웠고 다가올 어려움에 대한 어떤 조짐도 보이지 않았다.

24. 그 이름

빌레몬은 멀리 리쿠스 강 남부의 가파른 산기슭에 있는 골로새의 지주이자 노예 소유주였다. 리쿠스 강은 골로새 근처에서 더 넓은 골짜기로 흘러들어 메안데르 강과 만난다. 빌레몬은 골로새의 특산물인 질 좋은 검은 양털 판매를 관리하고 아르테미스 신전에서 여신을 예배하기 위해 에베소로 내려왔다. 에베소의 이 신전은 서구 세계에서 가장 큰 건물이었다. 길고 호리호리한 117개의 이오니아 기둥이 18미터 높이로 솟아 있고 각 기둥의 무게는 15,000킬로그램에 달했다. 서쪽 주랑 현관의 기둥 하부에는 실물 크기의 사람 조각들이 있었다. 그리고 신전 안팎은 금으로 번쩍였다. 주제단 뒤에는 그리스인들이 아르테미스로 섬기고, 로마인들이 디아나로 섬기는 위대한 모신이 서 있었다. 검은 운석을 인간의 형상으로 거칠게 깎은 모습이었지만 다리와 발은 붙어 있었다. 다산의 여신답게 몸통에는 유방이 많이 달려 있었는데, 모신 숭배는 아직까지 고린도의 아프로디테 숭배처럼 끝 간 데 없는 성적 방종으로 치닫지는 않았다.

아시아 속주 전역의 도시가 신전 건축에 돈을 댔다. 신전에는 면밀한 위계를 이룬 처녀들과 사제들이 있었는데, 기여도에

따라 각 도시를 상징했다. 멀리 떨어진 곳의 이교도들은 이곳을
예배의 중심지로 여겼다. 종교가 무역과 결합하면서 내륙에서부터
카이스테르 강과 메안데르 강이 흐르는 골짜기들을 따라, 혹은
북쪽과 남쪽에서 해안선을 따라 방문객이 꾸준히 몰려왔다. 그들은
에베소에서 장사를 했고, 예배를 드렸고, 자신의 집을 지켜 주기를
바라며 은이나 테라코타로 만든 작은 아르테미스 상 모형을 집으로
가져갔다. 하지만 빌레몬은 전혀 다른 대상에게 충성을 바치고
있었다. 그는 바울을 만나 회심했다. 오랜 세월이 지나서 바울은
또 다른 회심자를 위해 빌레몬에게 호의를 청하면서 빌레몬이
자신에게 은혜로 빚진 것이 있음을 상기시킨다.

지주와 선교사는 서로 따뜻한 애착을 갖게 되었다. 바울은
빌레몬을, 골로새 출신이지만 에베소 교회의 일원이며 최근에
하나님을 믿었지만 성숙한 신자인 에바브라와 함께 골로새로
보냈다. 골로새에 돌아온 빌레몬은 타인에게 빛을 비추는 삶을
살았다. 그의 아내 압비아와 젊은 아들 아킵보, 그리고 일부
노예들이 복음을 믿게 되었다. 그리고 이웃 사람들이 그들의 집에서
모이는 교회에 이내 합류했다. 바울은 그들에게 이렇게 적어 보냈다.

이 소망에 대해서는 처음 여러분이 복음을 받을 때, 이미 들은
것입니다. 복음이 전해지는 곳마다 하나님의 복이 더해지고
있습니다. 여러분도 복음을 받아들여 하나님의 은혜 가운데 이
진리를 깨닫고, 지금도 그 은혜를 누리고 있습니다. 이 복음은 온
세상에서 열매를 맺고 있습니다.

에바브라는 골로새에서만 복음을 전한 것이 아니었다. 그는
바울과 여행한 적이 있다. 바울은 로마 감옥에서 쓴 편지에서

사도 바울

에바브라를 "그리스도 예수 안에서 나와 함께 갇힌 자"라고 불렀다.
에바브라는 골로새 근처의 도시를 다니며 복음을 전한 듯하다.
골로새에서 북서쪽으로 몇 킬로미터 가면, 더 높은 지대에서 더
넓은 골짜기를 내려다보는 쌍둥이 도시 라오디게아와 히에라볼리가
있었다. 하얀 상처처럼 석회화된 절벽이 근방 몇 킬로미터 밖에서도
보이는, 직물의 중심지였다. 이곳에 교회들이 생겨났는데 각각
특성이 있었다. 세 지역은 가까워서 서로들 많이 오고 갔다.
아침이면 골로새 교인들은 햇살에 선명하게 드러난 라오디게아와
히에라볼리를 바라보며 그곳의 그리스도인들을 위해 기도했을
것이다. 해가 서쪽으로 기우는 저녁이면 거꾸로 쌍둥이 도시의
교인들이 아래 골로새를 바라보고 그곳 신자들을 위해 기도했을
것이다.

골로새와 쌍둥이 도시들에서 벌어진 과정은 아시아 속주
전체에서 반복되었다. 에베소를 방문하고 돌아가는 사람들에 의해,
또는 바울의 격려로 전도를 나선 회심자들의 무리를 통해 복음은
서머나로, 높은 바위산에 자리 잡은 옛 왕국의 수도 버가모로,
빌립보 사람 루디아의 출생지인 두아디라로 퍼져 갔다. 복음은
각각의 새로운 중심지로부터 주변 지방에까지 이르렀다. 그렇게
해서 2년 동안 아시아 지방의 모든 유대인과 그리스인이 주님의
말씀을 듣게 되었다는 누가의 기록은 과장이 아니었다.

바울은 순회를 나서서 모든 곳의 신자들을 방문하고 싶었다.
하지만 에베소에서 너무나 많은 일이 벌어지고 있었다.

고린도가 색에 빠진 곳이라면, 에베소는 셰익스피어의
표현대로 "마음을 홀리는 어둠의 마법사들"이 가득했다. 마법사들은
저주와 주문이 적힌 두루마리를 소중히 여겼고 강한 힘을 얻게

해 주는 섬뜩한 비법을 알고 있었다. 바울은 회심자들에게 이렇게
말했다.

"그들이 은밀히 행하는 일들은 말하기도 부끄러운 것입니다."

그들은 통증이나 고통을 낫게 해 준다며 몸에 붙이는, 주문이
적힌 파피루스 조각을 팔았다. 바울은 이렇게 촉구했다.

"누구든지 헛된 말로 여러분을 속이지 못하게 하십시오."

또 그곳은 초인적인 어둠의 세력들, 즉 우주적인 정사와 권세와
한편이라고 과시하는 자들이 비교秘敎를 연구하는 장소로 유명했다.

악이 노골적이고 오만하게 나타나는 곳에서, 하나님은 바울의
손을 빌려서 비상한 기적들을 행하셨다. 바울은 기적을 행하는
이들과 치유의 은사를 가진 사람들이 사도, 선지자, 교사보다
중요성이 덜하긴 하지만 성령 충만한 모든 교회의 정상적인
요소라고 생각했다. 하지만 기록을 볼 때 바울이 기적을 일상적으로
체험한 것 같지는 않다. 루스드라에서 걷지 못하는 사람을 치유한
사건과 나중에 드로아에서, 확실하지는 않지만 창에서 떨어져 죽은
청년을 살린 일을 제외하면 바울이 기적을 일으킨 곳은 바보와
이고니온처럼 노골적인 반대가 있던 도시와 에베소뿐이었다. 그
기적들은 그리스도의 기적이 그렇듯 자연적으로 설명할 길이 없다.
바울의 기적들은 그리스도의 기적들과 조화를 이룬다. 어쨌건
에베소의 기적들은 참으로 적절한 형태로 이루어졌다.

이른 아침이면, 바울은 아굴라의 집 작은 방 답답한 곳에서
땀이 눈에 흘러들지 않도록 머리에 손수건을 동여매고 앞치마를
두른 채 천막을 만들고 가죽 세공 작업을 했다. 그런데 누군가가
그에게 와서 아픈 사람이나 귀신 들린 사람에게 안수해 달라고
요청했던 것 같다. 그는 갈 수 없었다. 그러나 그리스도께서 사도의
손에 제한되지 않으심을 알았다. 갈릴리에서 사람들의 믿음이

충분할 때, 그분은 신체 접촉 없이도 병을 치유하셨다. 그렇다면 에베소에서도 하나님은, 우리 안에서 역사하시는 능력을 따라 우리가 구하고 생각하는 모든 것보다 훨씬 넘치도록 하실 수 있었다. 바울의 말처럼 그 능력이 그리스도 안에서 역사하셔서 그분을 죽은 사람 가운데서 살리시고 모든 정사와 권세 위에 두신 바로 그 힘이기 때문이었다. 그리스도께서는 어떤 권세와 지위, 주권, 능력보다 강하시다. 그리고 이 세계나 내세에 사용될 모든 이름 위에 뛰어난 이름을 가진 분이다.

바울은 이 모든 내용을 말해 주었다. 하지만 한때 다른 신을 섬기고 부적을 붙이고 다녔던 이방인 그리스도인들은 약한 믿음을 붙들어 줄 무언가가 필요했다. 바울은 머리에 두른 손수건을 찢어 주었다. 사람들이 그것을 가지고 가서 환자의 몸에 올려놓고 예수님의 이름으로 그를 위해 기도하자 환자가 나았다. 많은 사람이 비슷한 도움을 청했다. 바울은 어떤 신자, 혹은 이제 그와 합류한 디모데 편에 자신이 쓰던 손수건이나 앞치마를 보냈다. 이것은 기계적으로 이루어진 일이 아니었다. 갈릴리에서 예수님이 군중 한복판에 계실 때 절박한 사정이 있는 한 여인이 믿음을 갖고 몰래 다가와 그분의 옷자락을 만지자 그분은 자신에게서 능력이 나가 그녀의 혈루병을 고쳤음을 즉시 아셨다. 바울은 혼신을 다해 기도하는 것으로 에베소의 치유 사건들에 영적 힘을 많이 쏟았다. 다른 편지와 다른 맥락에서 쓴 글을 보면 그가 누군가를 위해 기도할 때는 아무리 멀리 떨어져 있어도 상대의 존재와 필요를 생생하게 체험하는 비범한 은사가 있었던 듯하다.

"여러분이 우리 주 예수의 이름으로 모일 때 내 영이 우리 주 예수의 능력과 더불어 여러분과 함께 있으니……."

환자와 그의 친구들은 자리에 없는 바울이 아니라, 그들과

3부 겸손한 사도

함께하시는 주 예수님을 인식하게 되었다. 각각의 기적은 전인을 치유하실 수 있는 분과의 만남이었다.

사람들이 치유를 받고 악령이 쫓겨나간 소식은 들불처럼 번져 나갔다. 바울의 땀이 묻은 천 조각이 어떤 주문이 적힌 파피루스보다 효력이 있고, 예수의 이름이 모든 이름 중에 최고라는 이야기가 항구와 상점을 휩쓸었다. 자칭 대제사장으로 일곱 아들과 협력하여 일하는 유대인 퇴마사 스게와가 '주 예수'를 자신의 주문 목록에 추가하기로 했다. 아들들은 이 사실을 고객들에게 선전하며 돌아다녔다. 한동안 아무 일도 없었다. 그러다 그들은 어느 귀신 들린 사람의 집에 들어가 그를 둘러싸고 한목소리로 근엄하게 말했다.

"내가 바울이 전파하는 예수를 의지하여 너희에게 명하노라······."

그들이 '그 사람에게서 나오라'고 말하기도 전에, 환자가 선수를 쳤다. 눈은 튀어나올 것 같았고 사악한 힘에 사로잡힌 몸에서 이상한 목소리가 흘러나왔다.

"내가 예수를 알고 바울도 안다. 그런데 너희는 누구냐?"

이어서 그는 그들에게 달려들어 때려눕히고 옷을 찢은 후 상하고 벌거벗긴 그들을 집에서 내쫓았다.

이 사건은 에베소에 큰 충격을 주었다. 이 일이 에베소에 사는 모든 유대 사람과 이방 사람에게 알려지자, 모두 두려워하며 주 예수의 이름을 찬양하였다. 게다가 이 사건은 어린 에베소 교회에 결정적인 영향을 끼쳤다. 마법에 손을 댄 많은 신자가 그 사실을 숨기고 있었음을 공개적으로 고백했다. 그들은 어둠의 습관을 끊고 싶다고 했다.

또 마술을 부리던 많은 사람이 주술책을 모아서 모든 사람

앞에서 불살랐다. 주문이 적힌 두루마리들과 희귀한 히브리 신비주의 저작들이 연기로 사라졌는데, 그중 일부는 마법사들이 높은 가격을 쳐줬을 만한 값비싼 것이었다. 사람들은 은 5만 드라크마에 달하는 엄청난 가치의 전문적인 비밀들이 파괴되었다고 보았다.

복음의 빠른 진전은 반격을 불러일으켰다. 어쩌면 그것은 불가피한 일이었다. 반격이 어떻게 찾아왔는지는 확실하지 않다. 바울의 이야기에서 짧지만 중요한 이 시기로 넘어가면서 어떤 상황이 벌어졌는지 구체적으로 드러나 있지 않다. 누가는 이 부분에서 매우 신중한 모습을 보여 준다. 그가 사도행전을 쓴 시기가 네로의 통치 기간이고, 저술 목적 중에 로마에서 바울의 변호를 돕기 위한 것도 포함되었다면 혹시라도 네로의 심기를 건드릴 만한 내용은 피해야 했을 것이다. 따라서 바울과 연관하여 에베소에서 벌어진 정치 사건은 그 연관성이 아무리 간접적이라 해도 언급하지 않는 편이 좋았다. 이 사건이 그의 재판과 아무런 상관이 없다 해도 조심하는 게 제일이었다. 바울은 그렇게까지 조심할 부담은 느끼지 않았다. 그러나 그의 서신들이나 에베소에 대해 했던 연설을 보면 누가의 글 못지않게 실질적인 내용을 빼놓고 있다. 그의 서신서를 읽거나 그의 말을 듣는 사람들은 그가 겪은 일을 이미 다 알고 있었으니 새삼 반복할 필요가 없었던 것이다. 그는 자서전을 쓰고 있던 게 아니었다.

당시 벌어진 상황은 신약성경 이곳저곳과 세속 사료에 흩어진 단서들을 찾아 꿰맞춰 내야 한다. 특히 바울이 빌립보서를 쓴 장소가 로마가 아니라 에베소라면 그 내용은 상당히 달라진다. 저명한 학자들이 이 가능성에 관심을 보이고 있지만 어느 쪽이 옳은지는 결코 알 수 없을 것이다.*

전기 작가는 여기서 멈춰 결코 해결할 수 없는 상충된 가능성들의 수렁에서 허덕일지, 아니면 추측의 둑방길로 용감하게 건너갈지 결정해야 한다. 나는 두 번째 길을 택했다. 옆으로 물러나 모든 대안을 검토할 것 없이 내가 옳다고 생각하는 이야기만 하기로 했다. 바울의 이후 18개월은 다음과 같이 펼쳐진다. 물론 내가 자신 있게 얘기한다고 해도 그 결론들 중 일부는 여전히 잠정적이고 논쟁의 여지가 있음을 밝힌다.

첫 번째 반격은 믿지 않는 유대인들 사이에서 시작되었다. 갈리오가 고린도에서 내린 결정을 알기에 그들은 불법적인 사교邪敎를 퍼뜨린다는 이유로 바울을 로마 당국에 고소할 수 없었다. 유대인 관할권 밖으로 벗어난 바울에게 유대인의 법을 적용할 수도 없었다. 하지만 그들은 죄가 입증될 경우 치명적인 처벌을 내릴 수 있는 죄목을 생각해 냈다.

아우구스투스와 여러 황제의 몇 가지 칙령으로, 유대인들은 예루살렘 성전세에 대해 황제의 보호권을 확보하게 되었다. 로마 관리이건 개인이건, 이 돈에 손을 대는 자는 이교 신전을 모독했을 때와 똑같이 무거운 처벌을 받게 되었다. 흩어진 모든 유대인은 자발적으로 성전세를 내야 했고, 당시의 증거로 볼 때 에베소는 부유한 아시아 속주 전체의 회당들에서 거둔 성전세를 모았다가 다시 예루살렘으로 보내는 중심지였다.

주후 53년, 에베소의 회계 담당자들은 성전세가 급격히 줄어든 것을 발견하고 금세 그 원인을 파악했다. 골로새, 서머나,

---

*

에베소 설에 대한 고전적인 진술은 세인트앤드루스 대학교의 덩컨 G. S. Duncan 교수가 쓴 《사도 바울의 에베소 설교St. Paul's Ephesian Ministry》(1929)이다. 하지만 그는 자신의 주장을 지나치게 확장하여 목회적인 부분까지 포함한 모든 옥중서간을 에베소 기간에 밀어 넣으려고 한다.

버가모 그리고 기타 도시의 많은 유대인이 성전세로 내야 할 돈을
'예루살렘의 가난한 성도들'을 위한 바울의 기금을 불리는 데 보태고
있었다. 바울은 회심자들에게 성전에 대한 지원을 중단하라고
말하지 않았다. 그러나 유대인 그리스도인들은 대부분 바울과 달리
유대인의 유산을 부인해선 안 된다는 확신이 없었던 터라, 예수
그리스도를 따른다는 이유로 지역 회당들로부터 쫓겨난 뒤에는
성전세를 더 이상 내지 않았다.

성전세 납부액의 감소는, 기독교의 도가 아시아 유대인들
사이에서 얼마나 급속히 퍼져 나갔는지를 보여 주었다. 또 이것은
바울의 대적들에게 새로운 공격의 빌미를 제공했다. 그들은 아시아
속주 총독 마르쿠스 유니우스 실라누스 앞에 나아가 성전세 탈취
혐의로 바울을 정식으로 고소했다. 바울이 예루살렘 성전으로
가야 할 돈을 착복했다는 내용이었다. 황제 가문의 일원으로서
당대의 황제 클라우디우스 및 네로와 가까운 친척이던 실라누스는
게으르긴 했지만 올곧은 사람이었다. 내용이 워낙 심각한 고소라
무시할 수는 없었지만 그는 이 사건을 서둘러 처리하거나 증거
없이 판결하려 하지 않았다. 53년 가을, 그는 바울에 대한 체포령을
내렸다.

아시아 전역에서 증거를 수집하는 지리한 절차 때문에 바울은
유치 상태로 오래 갇혀 있어야 했다. 그는 로마 시민이라 총독 관저
집정관 호위대의 방에서 비교적 편안하게 지냈다. 사건이 결국
재판으로 넘어가 유죄 판결을 받으면, 바울은 끔찍한 죽음을 당할
터였다. 클라우디우스 카이사르에게 항소하지 않는다면, 그는 지하
감옥에 던져질 것이었다. 그리고 에베소의 다음번 검투 경기가 열릴
때, 그날의 마지막 순서로 다른 범죄자와 함께 경기장으로 내몰릴
것이었다. 채찍을 맞아 가며 벌거벗은 채 무기도 없이 맨손으로

말이다. 경기장 반대편에서는 이틀 동안 먹을 것을 주지 않아
더없이 굶주리고 난폭해진 야생 동물들이 우리에서 풀려날 것이고
살육이 시작될 것이다.

한편 바울은 갇혀 지내긴 했지만 숨 막힐 정도는 아니었다.
디모데와 다른 친구들, 특히 브리스길라와 아굴라가 그를 자주
방문했다. 그는 가벼운 쇠사슬에 매여 병사와 함께 시내도
돌아다녔고 짧게나마 두란노 서원에서 계속 가르치는 일도
허락받았다. 생활의 속도는 느려졌고, 그 어느 때보다 평안한 시기로
접어들었다. 그는 좌절하지 않았다. 그리고 마침내 어떤 상태에서도
만족할 줄 아는 법을 배웠다고 말할 수 있었다. 기도할 여유도 더
많아졌다. 그는 갈라디아, 데살로니가, 고린도 등 멀리 떨어진 곳의
친구들을 위해 기도하는 데 많은 시간을 보냈다. 그곳에서는 벌써
안 좋은 소문이 올라오고 있었다. 그는 빌립보 교인들을 위해서도
기도했다. 그들과는 폭력으로 얼룩진 빌립보에서의 짧은 투옥
기간에 기도로 함께한 바 있었다.

보다 높은 계급 사이에서도 반응이 생겨났다. 두란노 서원에서
이루어지는 가르침에는 관심도 없었을 '아시아 관원', 즉 아시아
속주 의회의 현 의원들과 전 의원들*이 총독 관저에서 나도는
소문에 흥미를 느끼고 바울을 불러 그의 이야기를 들었다. 몇몇
사람들은 그에게 호감을 갖게 되었는데, 이것은 나중에 중요한
결과를 가져온다. 이뿐 아니라 다른 사람들을 통해서도 바울은
자신이 당한 고난이 오히려 하나님의 복음을 전하는 데 도움이
되었음을 깨달을 수 있었다. 에베소 지역의 그리스도인들이 대부분

---

*
그들은 아르테미스 성전이 아니라 황제를 기념하여 헌정된 성전의 관리들이었을 수도 있다. 증거는
확실하지 않다.

겁을 집어먹기는커녕 앞으로 나서서 그의 빈자리를 채웠다. 바울은 자신이 감옥에 갇힘으로써 많은 형제들이 주를 신뢰함으로 두려움 없이 더욱 담대하게 하나님의 말씀을 전했음을 발견했다.

그런데 어디서나 못된 짓으로 바울을 괴롭히던 거짓 그리스도인들이, 그가 감옥에 갇혀 있다는 소식을 전해 들었다. 그들은 서둘러 에베소로 와서 그의 감옥 생활에 괴로움을 더하려는 의도로 라이벌 교회를 세우기 시작했다. 바울은 개의치 않았다. 그가 아직 에베소에 있는 상황에서 그들이 해를 끼칠 수 있는 여지는 거의 없었다.

"그렇지만 어떻습니까? 가식으로 하든 진실로 하든 전파되는 것은 그리스도니 나는 이것으로 인해 기뻐하고 또 기뻐할 것입니다."

바울은 행복했다. 어디를 바라보나 미래는 밝게 빛났다.

25. 가장 기쁨이 넘치는 편지

빌립보 교회에서 심부름꾼으로 에바브로디도가 왔다. 그는 빌립보
교인들의 사랑이 담긴 선물을 갖고 왔다. 하나는 그들이 바울의
석방을 위해 기도하고 있다는 소식이었고, 또 하나는 헌금이었다.
죄수는 돈은 벌지 못하는데도 숙박비를 지불해야 했기 때문에
시기적절한 지원이었다. 에바브로디도는 누가와 그 간수와 나머지
사람들의 소식을 모두 들려주었다. 그 소식을 들으니 바울은 간절히
그들이 다시 보고 싶었다. 에바브로디도는 바울의 하인 역할을
자청해 죄수의 노예에게 할당된 거친 숙소를 받아들였다. 그러다
그만 병이 들었다. 바울은 한 그리스도인 여행자 편으로 빌립보
교인들에게 그들의 친구를 다시 못 볼지도 모른다는 소식을 전했다.
그러나 에바브로디도는 건강을 회복했고 바울은 그를 되돌려
보내기로 결심했다.

바울은 빌립보 교인들에게 편지를 쓸 준비를 했다. 그는 그
편지에서 그들에게 감사를 전하고 재판이 끝나는 대로 디모데를
보내겠다고 약속할 참이었다. 그는 자신도 곧 뒤따라갈 수 있으리라
확신했다. 그래서 다음 날 디모데는 바울이 이제껏 구술한 편지 중
가장 기쁨이 넘치는 편지를 받아쓸 준비를 했다.

"예수 그리스도의 종인 바울과 디모데는 그리스도를 믿는 빌립보에 사는 모든 성도와 지도자와 집사에게 편지를 씁니다. 우리 아버지 하나님과 주 예수 그리스도의 은혜와 평화가 함께하기를 빕니다.

나는 여러분을 생각할 때마다 내 하나님께 감사를 드립니다. 또 여러분 모두를 위해 항상 기도할 때마다 기쁨으로 간구합니다. 이는 여러분이 첫날부터 지금까지 복음에 동참해 주었기 때문입니다. 여러분 안에서 선한 일을 시작하신 분이 그리스도 예수의 날까지 그 일을 성취하실 것을 나는 확신합니다. 여러분 모두에 대해 내가 이렇게 생각하는 것이 마땅한 것은 내가 여러분을 마음에 품고 있기 때문입니다."

사랑과 격려의 말이 재빠르게 흘러나와 디모데는 혼신의 힘을 다해 받아써야 했다. 이어서 바울은 자신의 투옥이 최선의 결과를 낳았고 미래에는 어떤 어둠도 없다고 말했다. 그는 자신이 딜레마에 빠져 있음을 인정했다. 석방되어 여러 해 동안 보람된 봉사를 하기를 바라야 할지, 아니면 죽어 더욱 기쁜 석방을 맞기를 바라야 할지 모르겠다고 했다. 그의 유일한 두려움은, 경기장에서 당하는 고통과 치욕을 이기지 못해 공개적으로 그리스도를 배신하게 될지 모른다는 것이었다. 하지만 그는 빌립보 교인들의 기도와 그리스도 예수의 영의 무한한 능력이 승리를 주실 거라고 말했다.

"내가 간절히 기대하며 바라는 것은, 내가 어떤 일에나 부끄러워하지 않고, 전과 같이 지금도 온전히 담대하여, 살든지 죽든지, 나의 몸으로 말미암아 그리스도께서 존귀하게 되시는 것입니다. 나에게는 사는 것이 그리스도이시니, 죽는 것도 유익합니다."

디모데는 바울을 쳐다보았다. 바울은 자기와 디모데를 비롯해 에베소, 빌립보, 그 외 다른 모든 곳에 있는 수많은 신자의 강렬한 확신을 짤막한 불멸의 문장에 담아낸 것이다.

사는 것이 그리스도이시니, 죽는 것도 유익합니다.

디모데의 펜이 움직여 그것을 파피루스에 적었다. 바울은 자신의 생각을 다시 구술했다.

"내가 무엇을 택해야 할지 모르겠습니다. 나는 둘 사이에 끼어 있습니다. 나로서는 몸을 떠나 그리스도와 함께 사는 삶이 훨씬 더 좋습니다. 그러나 여러분을 위해 내가 육신에 머무는 것이 더 필요하다고 생각합니다. 여러분의 믿음의 진보와 기쁨을 위해 내가 여러분 모두와 함께 머물고 함께할 것을 확신합니다."

그는 일상에서 이웃 사람들에게 복음의 가치를 알려 주는 삶을 살라고 권했고, 대적하는 자들을 두려워하지 말라고 말했다. 자신을 정말 기쁘게 해 주기 원한다면, 같은 사랑으로 뜻을 합하여 한마음을 품고 서로의 일을 돌아보고, 이기적이 되거나 교만하지 말아야 한다고 했다. 편지는 열기를 더해 갔고 늘 그렇듯 일상 문제에서 기독교의 진리를 담은 훌륭한 진술로 자연스럽게 옮겨 갔다. 그가 빌립보 감옥에서 실라와 함께 즉석에서 지어 불렀던 찬양을 인용한 것인지는 모르나, 다른 경우들처럼 그의 깊은 감정이 번역으로는 전달할 수 없는 참된 시의 리듬과 명료함을 갖춘 말로 표현되었다.

여러분은 이런 마음을 품으십시오.
그것은 곧 그리스도 예수의 마음입니다.
그분은 하나님의 모습을 지니셨으나

하나님과 동등함을 당연하게 생각하지 않으시고
오히려 자기를 비워서
종의 모습을 취하시고
사람과 같이 되셨습니다.

그는 사람의 모양으로 나타나셔서
자기를 낮추시고
죽기까지 순종하셨으니
곧 십자가에 죽기까지 하셨습니다.

그러므로 하나님은 그를 지극히 높이시고
모든 이름 위에 뛰어난 이름을 그에게 주셨습니다.
그리하여 하나님이
하늘과 땅 위와 땅 아래에 있는 이들 모두가
예수의 이름 앞에 무릎 꿇게 하시고,
모두가 예수 그리스도는 주님이시라고
고백하게 하셔서
하나님 아버지께 영광을 돌리게 하셨습니다.

감방은 음악으로 가득한 듯했다. 편지 전체가 일상 문제를 강조하고 설명하기 위해 써낸, 그리스도에 대한 황금 같은 구절로 번뜩였다.

내가 그리스도와 그 부활의 권능과 그 고난에 참여함을 알고자 하여.
내게 능력 주시는 그리스도를 통하여 나는 모든 것을 할 수

있습니다.

바울은 빌립보 교인들이 돈을 보내기 위해 치른 희생에
감사하며 이렇게 말했다.

"내 하나님이 그리스도 예수 안에서 영광 가운데 그분의
풍성하심을 따라 여러분의 모든 필요를 채워 주실 것입니다."

편지는 아무리 떨어져 있어도 줄어들지 않는 빌립보 교인들을
향한 애정과 어떤 철창도 꺾을 수 없는 기쁨을 쏟아 냈다. 구술
중간중간에 친구들과 군인들이 드나들었다. 늦가을 저녁 냉기
속에서 바울과 디모데가 편지를 거의 완성해 갈 무렵, 방문객들 중
일부는 이후 수많은 언어로 번역되어 사람들의 마음을 격려하고
따뜻하게 만들어 줄 말을 처음으로 들었다.

"주 안에서 항상 기뻐하십시오. 내가 다시 말합니다.
기뻐하십시오. 여러분의 관용을 모든 사람에게 나타내십시오.
주께서 가까이 계십니다. 아무것도 염려하지 말고 오직 모든
일에 기도와 간구로 여러분이 구할 것을 하나님께 감사함으로
아뢰십시오. 그리하면 모든 생각을 뛰어넘는 하나님의 평강이
그리스도 예수 안에서 여러분의 마음과 생각을 지켜 주실 것입니다.
마지막으로 형제들이여."

빌립보 교인들을 부른 이 순간 바울의 마음은 환하게 밝아졌을
것이다. 그렇지 않다면 그의 말은 헛소리에 불과했을 것이고
디모데와 에베소 교인들도 그 사실을 눈치 챘을 것이다.

"여러분은 참되고 고상하고 옳고 순결하고 사랑스럽고 칭찬할
만한 것이 무엇이든, 거기에 미덕이 있고 찬사를 보낼 만한 것이
있다면 그것들을 생각하십시오. 또 여러분이 내게서 배우고 받고
듣고 본 것을 실천하십시오. 그러면 평화의 하나님이 여러분과 함께

계실 것입니다."

두 번째로 '마지막으로'가 나왔지만 바울의 편지는 아직 끝나지
않았다. 이유는 다르겠지만 갈라디아서에서처럼 그는 자신이
사랑하고 사모하는 형제들, 자신의 기쁨이며 면류관이요, 자기가
사랑하는 이들에게 보내는 메시지를 거기서 끝내고 싶지 않았다.
그러나 마침내 작별의 시간은 왔다.

"그리스도 예수 안에 있는 모든 성도에게 안부를 전해
주십시오. 나와 함께 있는 형제들이 여러분에게 안부를 전합니다."

바울의 그리스도인 간수들이 자기들의 인사도 넣어 달라고
조르자 에베소의 군인들이 빌립보의 군인들에게 보내는 문구가
추가되었다.

"모든 성도가 여러분에게 문안합니다. 특히 가이사의 집
사람들이 여러분에게 문안합니다. 주 예수 그리스도의 은혜가
여러분의 심령에 함께 있기를 빕니다."

바울은 편지를 쓰는 도중 이렇게 말했다.

"나는 이미 온전해진 것이 아닙니다. ……그러나 이 한 가지만은
말할 수 있는데, 곧 뒤에 있는 것은 잊어버리고 앞에 있는 것을
붙잡으려고 그리스도 예수 안에서 하나님께서 위에서 부르신 그
부르심의 상을 위해 푯대를 향해서 좇아갑니다."

이후 몇 달 동안 그는 "나는 이미 온전해진 것이 아닙니다"라는
고백의 정직성을 입증하게 될 터였다. 그 기간에 그는 고상하지도,
순결하지도, 사랑스럽지도 않은 것들을 생각하고, 이전의 어려움이
하찮게 보일 정도의 어려움에 처한다. 그가 빌립보서에 쓴 기쁨,
관용, 안정, 평화가 극한까지 시험을 받게 된다.

54년 초봄, 실라누스 총독 앞에서 이루어진 실제 재판은

싱겁게 끝났다. 속주에서 수집된 증거는 바울이 예루살렘 성전에 바쳐진 돈을 착복했다는 증거가 되지 못했다. 유대인들이 자발적 성전세보다 바울의 기금에 돈을 내고 싶어 했다면, 그를 성전 강도로 볼 수 없으므로 실라누스는 유죄 판결을 내리는 것을 거부했다. 이것은 로마의 공정한 사법 정의를 보여 주는 일이지 누군가를 편애한 결정은 아니었다. 하지만 바울은 무죄 방면을 받으면서 실라누스의 보호를 받는 사람으로 찍혔다. 그리고 이것은 뜻밖에도 너무나 치명적인 결과를 낳게 된다.

한편 바울에게는 당장 살펴야 할 문제가 있었다. 에게 해 건너편 고린도의 상황이 좋지 않았던 것이다. 이 나쁜 소식을 전해 준 사람이 당시 바울의 곁에 있던 아볼로인지, 아니면 두 항구 사이로 장사를 다니던 여행객들 중 한 명인지는 알 수 없다. 어쨌건 바울은 염려되어 급히 고린도로 건너갔는데, 그곳에서 잠시 머문 기간은 그와 모든 고린도 교인의 마음에 상처를 남겼다. 바울은 상황이 좋아질 때까지 그곳에 머물지 않았다. 그의 거처는 광범위한 선교 여행을 계획한 아시아에 있었다. 그리고 고린도 교회와 그 밖의 교회에 대한 그의 정책은, 그가 아무리 그들을 아껴도 각 교회가 자립하는 법을 배워야 한다는 것이었다. 바울은 회당장 시절의 경험으로 고린도 교회를 유용하게 도울 수 있었을 소스데네까지 아시아 내륙 선교 여행에 데려간 듯하다.

그들이 아시아로 돌아왔을 때, 더욱 좋지 않은 소식이 따라왔다. 고린도의 그리스도인들이 통제되지 않은 사랑의 도시가 놓은 덫에 빠졌다는 소식이었다. 바울은 조언을 담은 편지를 보냈는데, 그 편지는 현재 남아 있지 않다. 그리고 전에 약속한 대로 디모데가 빌립보로 떠날 때 바울은 어린 그에게 나중에 고린도에 가서 그곳 교인들의 혼란을 바로잡아 주라고 지시했다. 자신이 마케도니아로 가는 길에 다시 고린도에 들르게 되면 이미 문제가 해결된 상황이기를 바란 것이었다.

바울이 미처 내륙으로 들어가기도 전, 실라누스 총독의 암살 소식에 에베소는 충격에 휩싸였다.

그 몇 주 전에 클라우디우스 카이사르가 그의 조카이자 넷째 아내인 아그리피나의 손에 독살되었다. 그들 두 사람은 각각 아우구스투스의 손자와 증손녀였고, 클라우디우스는 아그리피나가 이전 결혼에서 얻은 아들 네로를 상속자로 받아들인 터였다. 클라우디우스가 죽자 그녀의 의도대로 네로가 즉시 프린켑스, 즉 황제 자리에 올랐다. 그러나 아그리피나는 혈통으로 보면 네로 못지않은 자격이 있었던 그녀의 이종 육촌 실라누스가 클라우디우스의 죽음과 그녀의 충동질로 자살한 친형의 죽음을 복수하기 위해 그녀 모자를 살해하고 황제가 될 음모를 꾸밀까 봐 두려웠다. 그녀는 그런 상황을 미연에 방지하기 위해 실라누스를 새로운 통치의 첫 번째 희생자로 삼았다. 아시아에 있는 황제의 개인 재산을 관리하는 기사 푸블리우스 켈레르와 자유민 헬리우스가 그녀의 명령을 받고 암살 음모를 실행에 옮겼다. 이 일을 역사가 타키투스는 이렇게 기록했다.

누구 짓인지 모를 수 없는 대범한 방식으로 연회에서 총독에게 독을 먹였다.

켈레르와 헬리우스는 신임 총독이 도착하기 전에 정적들을 숙청해 나갔다. 아무리 정치와 거리가 먼 사람이라도 실라누스의 보호를 받는다고 여겨진 사람은 목숨을 보장할 수 없게 되었는데, 바울도 그중 한 사람이었다.

이후 그의 내륙 지방 선교 여행에는 위협이 끊이지 않았다.
이 도시 저 도시를 다니는 그와 소스데네, 두 사람의 마케도니아인
아리스다고와 가이오, 그리고 어쩌면 아볼로를 힘들게 한 것은
여행길의 힘겨움과 열기와 고단함만이 아니었다. 무자비한
유대인들이 그들을 위협했고, 아르테미스 여신을 버리고
그리스도를 믿는다는 사실에 분개하는 아르테미스 숭배자들도
그들을 노렸다. 그뿐만 아니라 그들은 실라누스에 대한 이전의
충성을 벗어 버리려 안달하는 하위급 관리들의 경멸과 악의와도
싸워야 했다. 그로부터 얼마 후 바울은 이렇게 적었다.

지금 이 순간까지 우리는 굶주리고, 목마르고, 헐벗고, 매 맞고,
집 없이 떠돌아다니면서 우리 손으로 힘써 일하였습니다. 우리는
저주를 받지만 축복해 주고, 핍박을 당하여도 참고 인내하며,
모욕을 당하여도 다정한 말로 대답하였습니다.

그들은 만물의 찌꺼기 취급을 받았다. 사람들은 그들을
확실하게 몰아냈다고 생각했다. 하지만 귀를 기울이는 사람들도
있었다. 문들이 열렸고, 기회는 무한정 펼쳐졌다.
　　그러나 고린도에서 보다 심각한 소식이 오면서 이 선교 여행은
불시에 중단되고 말았다. 바울은 고린도의 한 그리스도인이 음란한
고린도의 이방인조차 역겨워할 만한 근친상간을 저질렀고, 그가
교회에서 쫓겨나지 않았다는 보고를 받았다. 바울은 고린도 교회가
순식간에 이방인의 웃음거리로 전락하는 것을 보았다. 바로 이어
고린도 교회 장로들의 편지 한 통이 내륙에 있는 그에게 도착했다.
그 편지에서 장로들은 그가 앞서 보낸 현재 남아 있지 않은
편지에서 다룬 몇 가지 문제를 명확하게 설명해 달라고 요구했다.

하지만 그 편지에는 고린도 교회의 수치스러운 사태에 대한 어떤 부담감도 찾아볼 수 없었다.

바울은 틈날 때마다 고린도를 생각했다. 개척 활동은 어려웠지만, 자신이 이미 사역한 지역에 대한 그의 책임감은 무뎌지지 않았다. 다른 모든 것에 더해 그는 자신이 날마다 모든 교회에 대한 염려로 마음이 짓눌린다고 쓴 바 있다. 바울은 에베소로 돌아가서 며칠이나 몇 주 시간을 내어 고린도 교회의 상황을 철저히 다루고 자신이 그곳을 다시 방문하기 전에 고린도인들의 마음을 바로잡아 놓을 편지를 쓰기로 작정했다.

26. 그중의 제일은……

바울이 에베소에 도착해 보니, 고린도 교인 몇 명이 그를 기다리고
있었다. 그들은 '글로에의 집 사람들'로, 한 가족인지 같은 일터에
몸담고 있는 동료들인지 알 수 없었는데, 더욱 걱정스러운 소식을
전해 주었다.

　　고린도의 그리스도인들은 이방인 법정에서 서로를 고소하고
있었고, 교회는 다툼으로 분열되었다. 어떤 사람들은 '바울파'라고
자랑했고, 또 어떤 이들은 아볼로에게 충성을 다했다. '베드로의
사람들'도 있었는데, 기록에 남아 있지 않은 베드로의 방문으로
회심한 사람들인지 그냥 그의 이름을 사용한 것인지는 명확하지
않다. 또 한두 명은 자신들이 어떤 사도에게도 덕본 게 없다고
자랑하며 '나는 그리스도에게 속한 자'라고 했다. 말다툼이
벌어졌고, 그들은 하나님과 사람의 목전에서 남들보다 우월하다는
듯 오만하게 굴었다. 이뿐 아니라 다른 잘못도 있다는 말을 듣자
바울은 결국 울고 말았다. 기쁨이 넘치는 빌립보서와 그가 여러
환난과 마음의 고통으로 많은 눈물을 흘리며 고린도 교인들에게 쓴
편지는 너무도 달랐다. 그 편지는 고린도 교인들을 슬프게 하려고
쓴 것이 아니라 그들을 향한 바울 자신의 사랑이 얼마나 깊은지

알게 하려고 쓴 것이었다.

고린도는 바울 활동의 핵심에 있는 역설을 보여 주고 있었다. 그는 모든 그리스도인이 도덕적으로나 영적으로 그리스도 안에서 완벽해지는 것을 목표로 삼았고 그것이 가능하다고 믿었다. 그러나 실상 인간의 약함이 그 모든 것을 망쳐 놓았고 거짓 가르침이 혼란을 초래했다. 모든 교회에서 바로 그런 일이 벌어졌다. 그리스도께서는 이렇게 될 것을 이미 경고하신 바 있다. 그분은 줄로 조종되는 꼭두각시가 아니라 자유로운 사람들의 사랑을 원하셨기 때문이다. 하지만 바울은 자신이 전도한 사람들이 그리스도께서 주시는 온갖 선한 특성과 능력이 있는데도 일치가 아니라 불화를, 섬김이 아니라 사리사욕을, 온전한 헌신이 아니라 미지근한 사랑을 선택하는 것을 담담하게 받아들이지 못했고 자기 문제처럼 심각하게 여겼다.

바울은 자리를 잡고 앉았다. 이번에는 소스데네가 편지를 받아 적었다. 바울은 당시 상황으로 볼 때 놀랄 만한 감사와 신뢰의 말을 하고는 곧이어 일치를 호소했다.

"그리스도가 나뉘었습니까? 바울이 여러분을 위해 십자가에 못박혔습니까? 아니면 여러분이 바울의 이름으로 세례를 받았습니까?"

그는 그리스보와 가이오 두 사람 외에는 누구에게도 세례를 주지 않은 것을 기쁘게 여겼다. 그리고 나중에 생각난 듯 스데바나의 가정을 덧붙이고는, 그 외에는 아무에게도 세례를 준 기억이 없다고 했다.

"그리스도께서 나를 보내신 것은 세례를 주기 위해서가 아니라 복음을 전하게 하기 위해서였습니다. 그것은 인간의 지혜로운 말로 하라는 것이 아니었습니다. 그리스도의 십자가가 그 능력을 잃지 않게 하려는 것입니다."

바울은 이 요점을 분명하게 정리했다. 그러고 나서 마치 논의
전체를 일시에 더 높은 단계로 끌어올리려는 듯, 인간의 생각과
노력으로 선을 추구하는 세상의 철학과 그것이 우습게 여기는
복음의 커다란 차이점을 설명했다.

"세상이 자기의 지혜를 통해서는 하나님을 알지 못하게
하신 것이 하나님의 지혜입니다. 그래서 하나님은 우리가
전하는 어리석어 보이는 말씀 선포로 믿는 사람들을 구원하기를
기뻐하셨습니다. 유대인들은 표적을 요구하고, 그리스인들은
지혜를 찾습니다. 하지만 우리는 십자가에 못박힌 그리스도를
전합니다. 이것이 유대인들에게는 걸려 넘어지게 하는 것이요,
이방인들에게는 어리석은 것이지만, 유대인이 되었든지 그리스인이
되었든지 부르심을 받은 사람들에게 그리스도는 하나님의 능력이며
하나님의 지혜입니다."

하나님의 어리석음이 사람의 지혜보다 더 지혜로우며,
하나님의 약함이 사람의 강함보다 더 강함을 밝혔다. 바울이 긴
논증을 다 펼쳤을 무렵, 누구도 지력으로 하나님을 발견할 수
없음이 분명히 드러났다. 그가 향후 2천 년 동안 등장할 놀라운
지식, 인간의 정신과 몸의 무한한 복잡성, 회전하는 낱알 정도로
지구를 보이게 할 만한 우주의 광대함을 알았다 해도 여전히
같은 말을 했을 것이다. 그리고 그는 사람들이 지구의 왜소함을
발견할수록 자신들을 더욱 대단하게 여기고 하나님 없이 모든 것을
설명할 수 있다고 확신하는 모습을 아이러니하게 여겼을 것이다.

"우리가 말하는 지혜는 하나님의 비밀 가운데 있는 지혜입니다.
이것은 감춰졌던 것이며, 하나님이 우리의 영광을 위해 창조 전에
미리 정하신 지혜입니다. 이 시대의 통치자들 중 어느 누구도 이

지혜를 깨닫지 못했습니다. 그들이 깨달았다면 영광의 주님을 십자가에 못박지 않았을 것입니다. ……육에 속한 사람은 하나님의 영적인 일들을 받아들이지 않습니다. 그에게는 이런 것이 어리석고 이해할 수 없는 일들입니다. 이런 일들은 영적으로만 분별되기 때문입니다. 신령한 사람은 모든 것을 판단하나 자기는 아무에게도 판단을 받지 않습니다."

여기서 바울은 이사야의 말씀을 인용했다.

"'누가 주님의 마음을 알았으며, 누가 주님을 가르치겠습니까?' 그러나 우리는 그리스도의 마음을 가지고 있습니다."

바울은 이렇게 해서 그의 편지를 듣는 고린도 교인들이 나머지 부분까지 편지를 영적인 차원에서 바라보게 했다. 이어서 각 사도나 전달자는 주님의 밭에서 일하는 종일 뿐임을 보여 줌으로써 당파심의 문제를 재빨리 처리했다.

"나는 씨앗을 심었고, 아볼로는 물을 주었으나, 자라게 하시는 분은 하나님이십니다."

그는 사도를 하나님의 성전을 짓는 일꾼들로 비유하기도 했다. 당파심과 함께 나타나는 오만함에 대해서는 이렇게 말했다.

"그러므로 여러분은 어느 한 사람은 치켜세우고 다른 사람은 깔보는 일을 하지 마십시오. 여러분을 별다르게 생각하는 사람이 누구입니까? 여러분이 하나님께로부터 받지 않은 것이 무엇이 있습니까? 모두 받은 것인데 왜 받지 않은 것처럼 자랑하고 있습니까?"

여기서 바울은 거의 냉소에 가까운 반어적 표현을 사용했다.

"여러분은 이미 부자가 되었습니다! 우리 없이도 이미 여러분은 왕 노릇을 하였습니다!"

그들과 달리, 사도들은 죽으라고 맨 나중에 경기장에 끌려

들어가는 멸시받는 범죄자처럼 되었다.

"우리는 그리스도를 위해 어리석은 사람이 되었습니다만, 여러분은 '그리스도 안에서 지혜로운 사람'이 되었습니다. 우리는 약하지만 여러분은 강합니다. 여러분은 존경을 받으나, 우리는 멸시를 받습니다."

그는 선교 여행 도중에 겪은 어려움을 설명하며 이렇게 덧붙였다.

"여러분을 부끄럽게 하려고 이 글을 쓰고 있는 것이 아닙니다. 오히려 여러분을 내 사랑하는 자녀로 생각하여 훈계하기 위해 쓰고 있습니다."

그는 얼마 뒤 고린도를 방문하여 오만 방자한 자들의 거만함을 꺾어 놓겠다고 말했다.

"여러분은 무엇을 원합니까? 내가 매를 가지고 여러분에게 가면 좋겠습니까? 사랑과 온유한 마음을 가지고 가면 좋겠습니까?"

여기까지 쓴 뒤 그는 다음 날까지 구술을 중단했던 것 같다. 쓰다 보니 그때까지 자신이 쓴 어떤 편지보다 길어질 것이 분명했다. 게다가 에베소를 위협하는 정치 폭풍에 자신이 휩쓸린다면, 마지막 편지가 될 수도 있었다. 그래서 이 편지는 유언의 성격을 띠게 되었다.

바울은 자신의 글에 말 못지않은 권위가 있음을 알았다. 그것은 이사야나 예레미야처럼 하나님의 말씀을 전할 참된 임무를 맡은 사도와 선지자의 권위였다. 그의 대적들은 이런 확신을 자기 자랑이라 했지만, 그는 고린도 교인들에게 자신은 자랑할 것이 없다고 말했다.

"나는 모든 사도들 중에서 가장 작은 사람입니다. 나는 과거에 하나님의 교회를 핍박했던 사람이기 때문에 사도라고 불릴 자격이 없습니다."

사도와 선지자로서 그는 그들에게 하나님의 말씀을 전해야 했다. 그러면서도 이사야나 예레미야처럼, 듣는 사람들이 처한 상황에 적절한 말을 해야 했다. 그런데 그는 고린도 교인들의 성(性)에 대한 오해와 잘못을 바로잡기 위한 말을 생각할 때 불확실한 부분이 있었다. 그래서 자신이 성령의 지혜를 풀어 준다는 믿음에는 변함이 없었지만, 다음과 같은 단서를 붙임으로 자신의 한두 가지 판단에 대해 예수님이 주신 명확한 판결의 권위는 없음을 기꺼이 인정했다.

"이것은 내 판단입니다만 ⋯⋯나에게도 하나님의 성령이 있다고 생각합니다."

이는 고린도전서에서만 볼 수 있는 발언이다. 바울이 자신의 글에 "여호와께서 이같이 말씀하시니라"고 외친 옛 선지자들의 권위가 있다고 확신했음을 드러내는 반증이다.

그들처럼 바울에게도 전해야 할 준엄한 메시지가 있었다. 그는 배교와 더러움을 더없이 혐오스럽게 바라보고 그것을 뿌리 뽑아야 했다. 고린도 교회는 근친상간을 저지른 자를 내쫓아 사탄이 지배하는 세상으로 돌려보내야 했다.

"그런 사람을 사탄에게 넘겨 주십시오. 이는 그 육신은 멸망하더라도 그 영은 주의 날에 구원을 얻게 하기 위함입니다."

이런 바울의 말은 이후 수세기 동안 혼란을 초래했고, 이단자들에 대한 화형을 정당화하는 것으로 오해되었다. 그러나 바울은 교회의 순결뿐 아니라 잘못한 자의 유익에도 관심을 가졌다. 그래서 이후 처벌이 효과가 있었다는 말은 듣지만, 자신이 너무 심했던 것은 아닌지 우려하게 된다. 그는 후속 편지에 이렇게 썼다.

"많은 사람에게서 그 사람이 받은 처벌은 이미 그것으로 충분합니다. 이제는 그를 용서하고 위로하여 그 사람이 너무 슬퍼하거나 낙담하지 않게 해 주십시오. 그러므로 내가 여러분에게

간곡히 부탁합니다. 그 사람을 향한 여러분의 사랑을 다시 한 번
보여 주십시오."

바울은 고린도 교인들에게 음행을 피할 것을 촉구했다.
아프로디테 신전의 성적 방종에 지배당하는 고린도의 교회에 성적
정결함의 중요성을 강조해야 했다.

"사람이 짓는 모든 죄는 몸 밖에서 일어나는 것이지만,
음행하는 사람은 자신의 몸에 죄를 짓는 것입니다. 여러분의 몸은
하나님께 받은 것이며, 여러분 안에 거하시는 성령의 성전이라는
사실을 알지 못하십니까? 여러분은 여러분 자신의 것이 아닙니다.
여러분은 하나님이 값을 치르고 산 몸입니다. 그러므로 여러분의
몸으로 하나님께 영광을 돌리십시오."

몇몇 사람들이 바울에게 편지를 보내, 남자가 여자를 만지지도
않는 것이 좋지 않겠느냐고 묻자 그는 동의했다. 그리고 현재의
염려와 임박한 주님의 재림을 고려할 때 자신처럼 매이지 않은
상태가 좋다고 했다. 교회 내의 금욕주의자 무리(어쩌면 자칭 '그리스도파'
사람들)를 끌어안고 교회의 일치를 유지하려는 마음이 작용했을
것이다. 그러면서도 결혼이나 성관계 자체를 죄악으로 여기게
하지는 않았다. 결혼한 남녀가 헤어지면 하나님을 더 잘 섬길
거라고 생각하지 말라고도 했다. 순결, 음행, 결혼에 대한 바울의
말은 이후 끝없는 토론과 주석의 주제가 되었고 그에게 여성
혐오자라는 평판을 안겨 주기도 했다. 그가 여성 일반에 대해
성급한 태도를 보이는 것은 사실이다. 하지만 자세히 연구해
보면, 그가 성性을 대할 때 그 오용뿐 아니라 고귀함과 아름다움에
이르기까지 남자와 여자를 똑같이 중요하게 여겼음을 알 수 있다.
참으로 그의 견해는, 남자 쪽은 조심하기만 하면 너그럽게 봐주면서
'타락한 여자'들만 정죄하는 이후 시대들의 견해와 정반대다. 오히려

바울은 남자만을 정죄했다. 그가 남녀 관계를 다루는 기본 취지는 돕고자 하는 마음이지 괴롭히려는 게 아니었다.

"여러분 자신의 유익을 위해 내가 이런 말을 하는 것이지 여러분을 속박하려고 그러는 것이 아닙니다. 나는 여러분이 나뉘지 않은 마음으로 자신을 주님께 드려 바르게 생활하기를 바랄 뿐입니다."

그는 모든 사람의 유익과 하나님의 영광을 가장 중요시했다. 우상에게 바쳐진 후 시장에 나오거나 잔칫상에 나온 고기를 먹어도 되는지와 같은 문제를 다룰 때도 마찬가지였다. 그는 길고 세심한 논의를 통해 그리스도인들은 원하는 대로 할 자유가 있지만, 그 자유를 이용해 다른 사람들에게 해를 끼쳐서는 안 된다는 것을 보여 주었다. 우상은 나뭇조각이나 돌조각에 불과하지만, 이방인들과 많은 새신자의 생각은 달랐다. 그러므로 푸줏간 주인이나 잔칫상 주인이 그 고기가 우상에게 바쳐진 것임을 분명히 밝힌다면, 성숙한 그리스도인은 그것을 거절해야 함을 밝혔다. 자기 양심에 거리끼는 일이어서가 아니라 다른 사람들을 배려해야 하기 때문이다. 약한 형제나 이방인이 주 예수께서 이방 신들, 여신들과 함께 식사하는 관계라고 생각해서는 안 되기 때문이다.

"여러분은 먹든지 마시든지, 무엇을 하든지, 모든 것을 하나님의 영광을 위해 하십시오. 유대인에게나 이방인에게나 하나님의 교회에 걸림돌 같은 존재가 되지 마십시오."

바울은 언제나 모든 사람을 돕고 그들의 처지를 이해하며 그들을 기쁘게 하려고 애썼다. 그는 자신의 유익을 구하지 아니하고 많은 사람의 유익을 구했다며 이렇게 말했다.

"나는 많은 사람들이 구원받도록 모든 면에서 모든 사람을 기쁘게 하려고 하였습니다. 내가 그리스도를 본받는 것처럼

3부 겸손한 사도

여러분은 나를 본받는 사람들이 되십시오."

그는 교회의 형태와 질서에 대한 질문들을 다루면서 그들의
탈선을 바로잡고 비판하되 가능한 부분에서는 칭찬을 아끼지
않았는데, 그것은 그들이 이기적으로 자신을 기쁘게 하는 것이
아니라 함께 교회를 세우도록 촉구하기 위함이었다. 교인들은
자신이 그리스도의 몸이고 한 사람 한 사람은 그 몸의 지체 또는
장기臟器라는 것을 깨달아야 했다. 하나의 몸에는 다양한 기능을 하는
여러 지체가 있고 각각의 기능은 서로에게 필수적이다.

"온몸이 눈이라면 어떻게 듣겠습니까? 온몸이 귀라면 어떻게
냄새를 맡겠습니까? ……하나님은 몸의 지체들을 함께 모아 부족한
지체들에게 더욱 큰 영광을 주셨습니다. 그래서 우리 몸에 나뉨이
없게 하시고 몸의 여러 지체들이 서로 돌보며 살게 하셨습니다.
몸의 한 지체가 고통을 당하면 모든 지체가 함께 고통을 당하고, 한
지체가 영광을 받으면 모든 지체가 함께 기뻐합니다."

이와 마찬가지로, 하나님은 여러 은사를 그리스도의 몸인
교회에 나눠 주셨다. 첫째는 사도들이다. 그 다음으로 선지자들,
교사들, 기적을 행하는 사람들, 병 고치는 능력이 있는 사람들,
지도력이 있는 사람들, 방언을 하는 사람들, 그리고 방언을 통역하는
사람들이었다. 교회에는 아주 소박한 임무를 맡는 사람들도
있었는데, 그들은 경멸이 아니라 존경의 대상이 되어야 했다.

바울은 모든 이가 더 큰 은사를 추구해야 한다고 말했다.
그리고 이렇게 덧붙였다.

"이제 나는 여러분에게 가장 좋은 길을 보여 드리겠습니다."

구술하느라 며칠이 지나갔다. 편지의 매 구절마다 깊은 사색과
기도가 필요했다. 바울은 많은 주제를 다루었고 어려운 얘기도

했으며 여러 감정을 느꼈다. 그의 가르침의 상당 부분은 사랑과 관련이 있었는데, 고린도가 에로스에 집착한 곳이어서 그 안에서 여러 문제가 생겼기 때문이다. 그는 제자들이 '아가페'라고 이름 붙인 더 고상한 사랑, 기독교 고유의 사랑을 고린도 교인들에게 제대로 알려 주고 싶었다. 이 사랑의 의미를 전해 준다면 교인들은 참 목표로 삼을 본, 따라갈 길을 알 수 있을 터였다.

바울은 자신이 아는 주 예수님의 모습을 떠올렸다. 그것은 팔레스타인에서 사신 그분의 생애에 대한 전승을 연구하고 여러 해 동안 자신을 이끌고 훈련하신 예수의 영과 매일 교제하며 얻은 지식이었다. 바울은 고린도 교인들에게 자신이 그리스도를 본받는 것처럼 그들도 자신을 본받는 사람들이 되라고 말했다. 에베소 어딘가, 혹은 바다가 내다보이는 구릉지에 홀로 있을 때, 바울은 완전한 사랑이신 그분을 다시 한 번 보았다. 그러나 그는 색유리를 통해서 혹은 금속 거울에 비친 모습을 보듯 그분을 희미하게 볼 수밖에 없었다. 그는 주님이 자신을 아시듯 주 예수님을 온전히 알게 될 날을 갈망했다.

'주 예수님. 오래 참고 친절하신 분. 결코 시기하지 않고, 소유하려 들지 않고, 아무도 질투하지 않는 분. 자랑하거나 좋은 인상을 주려고 안달하지 않는 분. 오만하지도, 교만하지도, 거만하지도, 허풍을 떨지도, 뽐내지도 않는 분. 미숙하거나 무례하지 않은 분. 주 예수님은 자신의 방식을 고집하지도, 자기 유익을 추구하지도, 자기 권리를 내세우지도 않으셨다. 과민하거나 신경질적이거나 쉽게 성내지 않으셨다. 상처를 곱씹거나, 원한을 품거나, 적개심을 보이지 않으셨다. 다른 사람들의 죄를 보고 좋아하거나, 다른 사람들이 잘못할 때 흐뭇해하지 않으셨고, 불의를 눈감아 주지 않으셨다. 대신 그분은 선을 좋아하고, 선을 기뻐하고,

언제나 진리의 편을 드셨다. 하지만 그분은 남의 흉을 함부로 드러내지 않고 잘못을 덮어 주셨다. 그분의 인내에는 한계가 없었고, 신뢰하는 마음에는 끝이 없었고, 어떤 상황에서도 소망을 버리지 않으셨다.'

완전한 사랑이신 분의 얼굴을 머릿속에 가득 채운 채, 바울은 다시 구술을 시작해 그의 저작 중에서 가장 널리 알려지게 되는 산문시를 읊기 시작했다. 그 심오한 영적 가치는 논외로 하고 시 자체만 보아도 바울은 최고 문학가의 자리에 오르기에 충분하다. 수많은 번역이 의미의 차이를 드러냈고, 모든 세대가 그리스 원문에 담긴 뜻을 표현할 적절한 단어를 찾았다. 하지만 영어로 된 글 중 《킹제임스 성경》의 고린도전서 13장*만큼 탁월한 구절은 드물다.

"내가 사람의 방언과 천사의 말을 할지라도 사랑이 없으면 소리 나는 구리와 울리는 꽹과리가 되고, 내가 예언하는 능력이 있어 모든 비밀과 모든 지식을 알고 또 산을 옮길 만한 모든 믿음이 있을지라도 사랑이 없으면 내가 아무것도 아니요, 내가 내게 있는 모든 것으로 구제하고 또 내 몸을 불사르게 내줄지라도 사랑이 없으면 내게 아무 유익이 없느니라.

사랑은 오래 참고 사랑은 온유하며 시기하지 아니하며 사랑은 자랑하지 아니하며 교만하지 아니하며 무례히 행하지 아니하며 자기의 유익을 구하지 아니하며 성내지 아니하며 악한 것을 생각하지 아니하며 불의를 기뻐하지 아니하며 진리와 함께 기뻐하고 모든 것을 참으며 모든 것을 믿으며 모든 것을 바라며 모든 것을 견디느니라.

*

1550년대 틴데일Tyndale의 저작을 본받은 것이다. 틴데일은 '아가페agapē'를 '사랑love'으로 번역했지만 《킹제임스 성경》은 그것을 '자애charity'로 바꾸었다. 당시 자애는 현대처럼 '자선'이나 '기부'의 뜻만이 아니라, 대가를 바라지 않는 모든 사랑의 행위를 의미했다.

사랑은 언제까지나 떨어지지 아니하되 예언도 폐하고 방언도
그치고 지식도 폐하리라. 우리는 부분적으로 알고 부분적으로
예언하니 온전한 것이 올 때에는 부분적으로 하던 것이 폐하리라.
내가 어렸을 때에는 말하는 것이 어린아이와 같고 깨닫는 것이
어린아이와 같고 생각하는 것이 어린아이와 같다가 장성한 사람이
되어서는 어린아이의 일을 버렸노라. 우리가 지금은 거울로 보는
것같이 희미하나 그때에는 얼굴과 얼굴을 대하여 볼 것이요, 지금은
내가 부분적으로 아나 그때에는 주께서 나를 아신 것같이 내가
온전히 알리라.

그런즉 믿음, 소망, 사랑, 이 세 가지는 항상 있을 것인데 그중의
제일은 사랑이라.”

27. 아시아에서 당한 환난

고린도 교인들의 한 가지 중요한 문제가 남았다. 그들 중 일부는
그리스도의 축복이 이생만을 위한 것이라고 했다. 그들은 죽음
이후의 삶은 없고, 영원으로 이어지는 부활도 없다고 생각했다.

그리스도인들을 오염시킨 이 의심을 깨뜨리기 위한 말을
궁리하던 바울은 자신이 처한 상황이 매우 적절한 답이 될 거라는
생각이 들었다. 폭풍의 구름이 몰려들고 있었다. 실라누스가
총애했거나 보호했던 사람은 한두 명씩 살해되거나 투옥되었다.
언제 바울의 차례가 올지 모르는 상황이었다. 그는 매일 죽음과
직면했고, 매 시간 위험에 처했다. 계절이 바뀔 때마다 코레소스
산에 있는 성벽에서 그가 자주 바라보았을 뇌운처럼, 이 위험은
매순간 어두워지면서도 폭우를 퍼부을지 그냥 지나갈지 알 수
없었다. 그는 고린도 교인들에게 이렇게 말했다.

"나에게 큰 문이 활짝 열려서, 일을 많이 할 수 있는 기회가
왔습니다. 그러나 대적하는 자도 많습니다."

그의 대적들은 달려들 기회만을 노리고 있었다.

노예들이 바닥에 모래를 뿌려 경기장 정리를 하는 동안, 그는
난도질당하여 근육이 다 드러난 피투성이 시체로 경기장에서

실려 나와 수레에 부려질 수도 있었다. 그렇게 된다면 과연 그것이 끝일까?

바울은 이 질문이 그리스도의 부활과 직결됨을 알았다. 그 둘은 이어져 있었다. 그래서 바울은 자신이 복음의 가장 중요한 요소로 단호하게 가르쳤던 내용을 고린도 교인들에게 상기시켰다. 25년 전 유월절 기간에 예루살렘에서 그리스도께서 모든 이의 죄를 위해 죽으셨을 뿐 아니라 3일 만에 다시 살아나셨다는 내용이었다. 그는 부활한 그리스도를 목격한 증인을 나열하며 그들 대부분은 아직도 살아 있다고 했다. 자신도 부활하신 그리스도의 증인이고, 그리스도와의 만남이 자신을 완전히 바꿔 놓았다고 말했다. 그래서 그는 이렇게 말했다.

"나는 다른 사도들보다 더 열심히 일하였습니다. 그러나 그 일은 내가 한 것이 아니라, 나와 함께하시는 하나님의 은혜로 한 것입니다."

이어 바울은 자신이나 다른 증인들이, 그리스도께서 죽은 자들 가운데서 다시 살아나셨다고 전하고 있다는 사실을 재차 지적하며 이렇게 묻는다.

"여러분 중에 죽은 자들의 부활이 없다고 말하는 사람이 있는데 어찌된 일입니까? 죽은 자들의 부활이 없다면, 그리스도께서도 다시 살아나지 못하셨을 것입니다."

그리스도께서 죽은 자들 가운데서 다시 살아나신 것이 분명한 역사적 사실이 아니라면, 바울의 전도와 고린도 교인들의 믿음은 헛된 것에 불과할 터였다. 따라서 고린도 교인들이 여전히 죄 가운데 있을 것이었다. 그뿐만 아니라 죽은 자들이 다시 살아나지 못한다면 하나님이 그리스도를 다시 살리셨다고 말한 바울은 하나님에 대해 거짓 증언한 사람으로 판명될 것이었다. 그리고

3부 겸손한 사도

그리스도를 믿다가 죽은 사람들도 멸망했을 것이다. 바울은 그 모든 것이 부질없는 소망에 불과하다면 이렇게 말할 수밖에 없다고 했다.

"우리가 그리스도 안에서 소망하는 것이 이 세상 삶에 그친다면, 우리는 이 세상 어느 누구보다도 불쌍한 사람들일 것입니다. 그러나 이제 그리스도께서는 죽은 자들 가운데서 다시 살아나셨습니다!"

바울이 이렇듯 분명한 확신을 갖고 말할 수 있었던 것은, 고린도 교인들이 그의 도덕적 고결함과 그가 제시한 증거를 면밀하게 검토했다는 사실을 알았기 때문이다. 그들은 거짓을 너무나 싫어하고, 모든 것을 보시는 진리의 하나님 앞에서 책임감 있게 살아가고, 그들에게 선과 정직에 대한 새로운 개념을 가르친 바울이 신앙적 설명을 핑계로 거짓말을 할 수 없음을 알았다. 바울은 죽임을 당한 예수님이 무덤에서 걸어 나오셨다고 믿었다.

바울은 죽은 자들이 어떻게 다시 살아나며, 어떤 몸으로 나오게 되는지에 대한 불가피한 질문에 답하였다. 그러면서 살과 피와 뼈가 하나님 나라를 이어받을 수 있다고 생각하는 조악한 물질주의를 거부했다.

"어리석은 사람이여!"

이것이 그의 반응이었다. 그는 죽은 몸과 부활하는 몸 사이의 연속성과 변화는 씨앗과 곡물의 관계와 비슷하다고 했다.

"여러분이 뿌리는 씨는 죽지 않으면 살아나지 못합니다. 여러분이 뿌리는 것은 다 자란 몸이 아니라, 밀이든 그 밖에 다른 곡식이든 단지 그 씨일 뿐입니다. ……죽은 자들의 부활도 이와 같습니다. 썩을 몸을 심지만, 썩지 않을 몸으로 다시 살아납니다. 비천한 몸을 심지만, 영광스런 몸으로 다시 살아납니다. 또한 약한 몸을 심지만, 능력 있는 몸으로 다시 살아납니다. 자연적인 몸을 심지만, 영적인 몸으로 다시 살아납니다. 자연적인 몸이 존재한다면, 영적인 몸도 존재합니다. ······우리가 하늘에 속한 분의 형상을 지니게 될 것입니다."

이토록 영광스러운 미래를 생각하며 바울은 예언뿐 아니라 문학적 아름다움까지 넘쳐 나는 또 다른 탁월한 구절을 적게 된다. 당장 처리해야 할 몇 가지 실제 문제들을 다룬 부분을 제외하면 이 부분은 편지 전체의 마무리 글에 해당한다. 이 부분 역시 《킹제임스 성경》만큼 영어로 아름답게 번역한 글은 없다.

보라, 내가 너희에게 비밀을 말하노니 우리가 다 잠잘 것이 아니요 마지막 나팔에 순식간에 홀연히 다 변화되리니, 나팔 소리가 나매 죽은 자들이 썩지 아니할 것으로 다시 살아나고 우리도 변화되리라. ······이 썩을 것이 썩지 아니함을 입고 이 죽을 것이 죽지 아니함을 입을 때에는 사망을 삼키고 이기리라고 기록된 말씀이 이루어지리라. 사망아, 너의 승리가 어디 있느냐? 사망아, 네가 쏘는 것이 어디 있느냐? 사망이 쏘는 것은 죄요 죄의 권능은 율법이라. 우리 주 예수 그리스도로 말미암아 우리에게 승리를 주시는 하나님께 감사하노니, 그러므로 내 사랑하는 형제들아 견실하며 흔들리지 말고 항상 주의 일에 더욱 힘쓰는 자들이 되라. 이는 너희 수고가 주 안에서 헛되지 않은 줄 앎이라.

이 편지를 고린도로 보낸 후 몇 달 동안, 바울은 누구보다 그 마지막 권고와 격려가 더없이 필요했다.

폭풍이 몰려왔다. 54년 말 또는 55년 초에 바울은 재난에 휩쓸렸다. 그는 봄까지 에베소에 머물면서 복음을 전한 후

마케도니아로 돌아갈 계획이었다. 이교 축제가 대규모로 있을
예정이었고 대중은 실라누스의 죽음 이후 불안해하고 있었기에
복음 전파의 좋은 기회라 생각한 것이었다. 바울은 당장 고린도를
방문하려던 생각을 바꾸어 우선 편지를 보내는 것으로 대신했고,
고린도에는 마케도니아를 방문한 후 나중에 들르기로 했다. 그런데
이 모든 계획이 엉망이 되고 말았다. 바울이 이전에 겪지 못한
가혹한 핍박과 공포의 시간이 엄습했다. 그의 생애 최대 위기였다.
바울 일행은 아시아 지방에서 심한 환난에 휩싸였다. 고린도후서
1장 8절은 이 사건을 이렇게 증언한다.

> 우리는 감당하기 어려운 환난을 당해, 삶의 소망조차 없었습니다.
> 〔쉬운성경〕
>
> 우리는 힘에 지나도록 심한 고난을 받아.
> 〔우리말성경〕
>
> 우리는 우리의 힘에 겹게 너무 짓눌려서, 살 희망마저 잃을 지경에
> 이르렀습니다.
> 〔표준새번역〕
>
> 우리는 도저히 우리 힘으로 견뎌 내기 어려운 고생을 겪었으며.
> 〔현대인의성경〕
>
> 짓눌리고, 어쩔 줄 모르고, 절박했습니다. 마침내 우리는 살아날 수
> 있다는 희망조차 잃었습니다.
> 〔옮긴이〕

이처럼 이후의 성경 번역자들은 바울이 짧게 쓴 내용에 담긴
상황을 전달하기 위해 여러 가지로 노력했다. 그러나 정확히
어떤 일이 있었는지 알 수 없는 노릇이다. 어쩌면 체포되어 심한

매질을 당했거나 고문을 당했을 수도 있다. 실라누스의 살인범들이 아시아를 제멋대로 다스리던 시절이었기 때문이다. 지하 감옥에 던져진 바울은 '육체의 가시'가 재발하여 크게 앓았던 것 같다. 주님께 '가시'를 없애 주시도록 간청했을 때를 묘사하는 대목에서 그 끔찍한 시간에 대한 생생한 기억을 엿볼 수 있다.

게다가 그는 정신적·영적 환난도 겪은 것 같다. 연구를 한다고 해서 자세한 내용이 밝혀질 가설은 아니지만, 몇 가지 단서로 추측해 볼 수는 있다. 에베소는 주술의 중심지였다. 세련된 현대인이라도 바울에게 내려진 저주가 극심한 정신적 고통을 주었을 가능성을 부인할 수는 없을 것이다. 부족 공동체에서 행하는 주술의 신비한 능력을 조금이라도 아는 사람들이나, 서구의 특정한 강신술에서 나타나는 불가해한 악의 활동을 겪어 본 사람들이라면 더욱 그럴 것이다. 이 가설은 대략 18개월 후 바울이 쓴 편지에 나오는 유명한 구절에서 그가 선택한 단어들을 설명하는 데 도움이 된다.

> 누가 우리를 그리스도의 사랑에서 끊을 수 있겠습니까? ……나는 확신합니다. 죽음이나 생명도, 천사들이나 악마들도realm of spirits or superhuman powers(영들의 영역이나 초인적인 세력들), 현재 일이나 장래 일이나 어떤 능력도, 높음이나 깊음이나 다른 어떤 피조물도 그리스도 예수 우리 주 안에 있는 하나님의 사랑에서 우리를 끊을 수 없습니다.

잔인한 핍박에 더해 주술의 공격이 있었든 없었든, 그가 영적 골짜기에 떨어져 영혼이 거의 견딜 수 없을 지경에 이른 것은 분명해 보인다. 비범하리만큼 신경이 예민한 그는 본인이나 다른 사람들의 육체적·정신적 고통을 접할 때마다 보통 사람들이 알지 못하는 지독한 괴로움을 겪었다. 고통 앞에서 달아나지 않았으나 주춤했고, 모욕을 당할 때 원한을 품지 않았으나 상처를 받았다. 특히 자신의 전도로 믿게 된 사람들 때문에 교회가 위협에 처할 때는 심히 동요하며 이렇게 되묻지 않을 수 없었다.

"누가 약해지면, 나도 약해지지 않겠습니까? 누가 걸려 넘어지면, 내 마음이 새까맣게 타지 않겠습니까?"

더럽고 악취 나는 에베소 지하 감옥에서 그의 마음은 한시도 편안하지 못했다. 고린도의 문제와 악의 문제로 힘들었고, 그리스도를 미워하는 자들의 끝없는 파상 공세에 시달렸다. 그가 '압박을 받는다, 난처한 일에 빠진다, 핍박을 당한다, 매를 맞아 넘어진다'고 표현한 상황이었다. 어려움은 점점 커져 갔고, 그의 영혼이 어두운 밤을 맞았으며 의지는 꺾인 듯 보였다.

에베소에서의 사건들이 있은 지 얼마 후 그는 로마서를 쓰게 된다. 로마서의 어느 유명한 부분은 순전히 수사적인 표현이 아니라면 그가 영적 고뇌의 깊은 바다를 지났음을 보여 주는 것으로 이해할 수 있다. 어떤 사람들은 이 부분이 다마스쿠스 길에서 예수님을 만나기 이전 시기를 가리킨다고 생각하지만, 좀 더 자세히 연구해 보면 그리스도인 바울을 가리킴을 알 수 있다. 문맥상으로 볼 때, 그의 정신적 갈등이 끊임없이 계속된다는 말은 아닌 듯하다. 그렇다면 어떤 구체적인 갈등 상황에서 얻은 결론을 일반화하는 것으로 볼 수 있을 것이다.

"나는 내가 하는 일을 이해하지 못하겠습니다. 내가 하고 싶어 하는 일은 하지 않고, 미워하는 일을 행하고 있으니 말입니다. 나는 내 속에, 곧 내 육신 속에 선한 것이 거하지 않는다는 것을 압니다. 선을 행하려는 의지는 나에게 있으나, 그것을 행할 수 없으니

사도 바울   **284**

말입니다. ……나는 내가 바라는 선한 일은 하지 않고 원치 않는 악한
일을 하고 있습니다.”

바울은 하나님의 법을 즐거워하였다. 그러나 죄가 즐거워하는
자신의 성향과 맞서 싸우고 자신의 몸속에 있는 죄의 구속력에
자신이 사로잡히는 것을 보게 된다.

“아, 나는 비참한 사람입니다! 누가…… 나를 건져 주겠습니까?”

이 외침은 에베소에서 보낸 고통과 절망의 밤들 내내 울려
퍼졌다. 그러다 마침내 그는 성령 안에서 자신의 약함에 대한
심오한 깨달음을 얻었다.

“누가…… 나를 건져 주겠습니까? 우리 주 예수 그리스도를
통하여…… 하나님께 감사를 드립니다!”

바울은 이전에 알지 못했던 지독한 고통을 겪으며 예수님의
능력을 더욱 배우게 되었다.

“주님은 나에게 ‘내 은혜가 네게 족하다. 내 능력이 약한 데서
온전해진다’고 말씀하셨습니다. 우리 주 예수 그리스도의 하나님과
아버지를 찬송합니다.”

그는 에베소에서 당한 위기를 자세하게 거론했다. 하나님은
인자하신 아버지이시며, 모든 위로의 아버지이심도 언급했다.
하나님은 바울이 여러 환난을 당할 때 위로해 주셨다. 그리고
그 위로를 본 삼아 바울도 여러 환난을 당한 사람들을 위로할
수 있었다. 그는 자신이 그리스도의 위로에 참여하기 위하여
그리스도의 고난에 참여한다는 것을 전에 없이 분명하게 깨달았다.
그가 당한 모든 고난은 회심자들에게 그리스도의 특별한 능력과
사랑의 실체를 전하게 하기 위함이었던 것이다.

“이렇게 된 것은 우리 자신을 의지하지 않고, 죽은 자를
살리시는 하나님을 의지하도록 하기 위해서였습니다.”

하나님은 위험에서 그를 건지셨으며, 앞으로도 건지실 것이다. 그는 온갖 재난을 겪겠지만 하나님이 자신을 건져 주실 것임을 확신했다. 그는 사방에서 압박을 받아도 눌리지 않겠다고 썼다. 난처한 일에 빠져도 절망하지 않고, 핍박을 당해도 버림받지 아니하고 매를 맞아 넘어져도 망하지 않는다고 했다. 바울 일행은 예수님의 생명이 자신들의 몸에서 나타나도록 하기 위해 항상 예수님의 죽으심을 자신들의 몸에 짊어지고 다닌다고 했다.

그는 이 말을 되풀이했다.

"예수님의 생명이 죽을 우리 몸에 나타나도록 하기 위해, 우리는······ 예수님을 위해 항상 몸을 죽음에 내맡기고 있습니다."

장미 꽃잎이 짓이겨질 때 그 향기가 더욱 진해지듯, 바울의 어려움과 고통은 예수님이 당신을 드러내시고 당신의 사랑 향기를 널리 퍼뜨리는 데 도움이 되었다. 그래서 바울은 낙심하지 않았다. 사실 바울은 낙심의 유혹을 받긴 했다. 최고의 작품 중 일부가 나오기 전, 그는 절망으로 거의 쓰러질 뻔했다. 그러나 이제는 어떤 상황이 닥쳐도 감당할 수 있었다.

"우리의 겉사람은 점점 낡아지지만 속사람은 날마다 새로워지고 있습니다. 우리가 지금 겪고 있는 가벼운 환난은 장차 우리가 받게 될 영원하고 한량없이 큰 영광을 가져다줍니다. 우리는 보이는 것들에 시선을 고정하는 것이 아니라 보이지 않는 것들에 시선을 고정해야 합니다. 이는 보이는 것은 한순간이지만 보이지 않는 것은 영원하기 때문입니다."

바울이 죽음의 위기에서 벗어나 자유롭게 풀려날 수 있었던 것은, 자세한 경위는 알 수 없으나 아굴라와 브리스길라의 위험을 무릅쓴 개입 덕분이었다. 그들은 바울 대신 죽을 각오까지 되어 있었다.

"그리스도 예수 안에서 나의 동역자인 브리스가〔브리스길라〕와 아굴라에게 안부를 전해 주십시오. 이 두 사람은 생명의 위협을 무릅쓰고 내 목숨을 구해 주었습니다. 나뿐만 아니라 모든 이방인 교회가 그들에게 감사하고 있습니다."

55년 봄이 되기 전, 바울은 풀려났다. 몸은 쇠약해졌지만 그의 영은 더욱 정결해졌다. 그러나 감옥에서 풀려난 지 얼마 지나지 않아, 그는 다시 위기에 처했다. 이번에 누가는 그 사건을 자세히 기록했다. 에베소에서의 소요 사태는 실라누스와 아무 상관이 없었고 오히려 로마 정부의 훌륭한 면모를 보여 주었기 때문이다.

매해 봄 모신母神 숭배자들은 아르테미스 축제에 참여하기 위해 에베소에 모였다. 예배와 무역과 흥겨움이 한데 어우러지는, 1년 중 가장 성대한 축제였다. 아르테미스 신전에서 출발한 축제 행렬은 대리석 길을 따라 극장 아래쪽 북문으로 갔다가 시청을 지나 언덕을 오른 후, 마그네시아 문을 통해 밖으로 나왔다. 군중이 흥분의 도가니를 이루며 거리로 모여들었다. 이것이야말로 바울이 에베소에 좀더 머물기로 결정한 계기로, 놓치기 아까운 전도의 기회였다.

이때는 유력한 은 세공사 길드의 매출이 연중 가장 높은 기간이기도 했다. 보통은 그들이 만드는 아르테미스 여신상 모형을 찾는 사람이 아주 많았다. 하지만 그해 55년에는 판매가 부진했다. 이것은 바울의 선교가 성공을 거두었다는 놀라운 증거다. 수백 명의 방문객이 여신상 모형 구입을 거부하고 있었다. 그중에는 아르테미스 축제를 그저 바울의 설교를 다시 듣고 동료 신자들을 만날 수 있는 연례 여행의 기회로 삼고 온 그리스도인들도 있었다. 당연히 그들은 우상의 은 모형을 구입하여 성전에서 축복을 비는 일을 하지 않았다. 또 이번 축제 기간에 그리스도를 믿게 된 사람들도 있었다.

은 세공사들의 매출이 현격히 줄어들자 가장 많은 직공을 고용하는 은 세공업자들 중 한 명인 데메드리오는 격분했다. 그는 자기 직공들과 세공업 관련 일꾼들을 불러 모아 항의 집회를 열었다. 그중에는 그리스도인들도 섞여 있다가 나중에 누가에게 현장에서 보고 들은 바를 알려 주었을 것이다.

데메드리오는 여신의 명예에 대한 말도 했지만, 자신이 분노한 주된 이유를 숨기지 않았다. 그는 소리쳤다.

"여러분, 여러분도 알다시피 우리가 이 사업으로 소득이 꽤 좋았습니다. 그런데 여러분도 보고 들은 대로 바울이라는 사람이 여기 에베소뿐 아니라 아시아 온 지방에 '사람이 만든 신은 신이 아니다'라며 많은 사람을 설득해 마음을 돌려놓고 있습니다. 이렇게 되면 우리 사업의 명성이 떨어질 뿐 아니라 위대한 여신 아데미(아르테미스) 신전의 명예도 실추되고, 아시아 지방과 전 세계에 걸쳐 숭배되고 있는 이 여신 자체도 신성한 위엄을 잃을지 모르는 위험이 있습니다."

그의 말을 들은 청중은 에베소 시의 경배 구호를 외쳤다.

"에베소 사람들의 아데미 여신은 위대하다!"

에베소 사람들은 거리로 쏟아져 나갔고 긴급한 일이 있을 때 본능적으로 모이는 장소로 달려가기 시작했다. 에베소의 모든 성인 남자를 수용할 수 있는 월례 민중집회 장소인 피온 산 기슭의 연극장이었다. 그들이 "에베소 사람들의 아데미 여신은 위대하다!"라고 외치며 가파른 도로를 따라 정상에 있는 연극장 입구로 달려가자, 사람들은 큰 위험이 닥쳤거나 뭔가 중요한 결정을 당장 내려야 한다고 생각하고 하던 일을 멈춘 채 무리에 합류했다.

은 세공사 몇이 마케도니아에서부터 바울과 동행한 가이오와 아리스다고를 붙잡아 끌고 갔다. 점점 더 많은 시민이 연극장 꼭대기 끝에 있는 정문을 지나 통로를 달려 내려가 차례로 자리를 채워 나갔고, 맨 아래 무대에서는 데메드리오와 그의 직공들이 아리스다고와 가이오를 이리저리 흔들어 대고 있었다. 무대 위에 설치된 비계들 위에 있던 인부들은 깜짝 놀라 장비를 내려놓고 그들을 쳐다보았다. 바울이 에베소에 있던 기간 내내 연극장 확장 및 개량 공사가 이루어지고 있었다.

도시의 다른 편에 있던 바울은 그 소식을 듣고 연극장으로 가서 군중에게 연설을 하기로 마음먹었다. 우선 동료들을 구해야 했고, 일찍이 본 적 없는 대규모 청중 앞에서 말씀을 전할 절호의 기회라고 본 것이다. 연극장은 사람들로 급속히 채워지고 있었고 어느덧 19,000여 명에 이르렀다. 그곳의 음향 효과는 놀라울 정도였다. 바울이 자신하는 대로 사람들을 진정시킬 수 있다면, 그들에게 예수님을 전할 절호의 기회가 될 터였다.

그러나 제자들이 그를 말렸다. 그들이 입씨름을 하는 동안, 바울이 첫 번째 투옥 기간에 사귄 속주 의원들이 보낸 심부름꾼들이 도착했다. 그들도 위험을 무릅쓰고 연극장에 들어가지 말라고 간곡히 말렸다. 군중의 정서에 대한 그들의 이해를 존중했기에 바울은 할 수 없이 생각을 바꾸었다.

한편 연극장 안의 상황은 누가가 담담하게 기록한 것과 같았다.

더러는 이렇게 외치고 더러는 저렇게 외치는 바람에 모임은 혼란에 빠지고, 무엇 때문에 자기들이 모여들었는지조차 알지 못하는 사람이 많았다.

3부 겸손한 사도

유대인 학살을 우려한 유대인 지도자들은 서둘러 알렉산더를 대변인으로 세웠다. 그는 사람들을 밀쳐 내며 무대에 올라가 조용히 해 달라고 손짓했다. 그리고 유대인들은 잘못이 없고 자기들도 그들 못지않게 바울을 미워한다고 말하려고 했다. 그러나 군중은 그 사람이 유대인임을 알아보았다. 누군가가 "에베소 사람들의 아데미 여신은 위대하다!"라고 외치자 나머지 사람들도 따라 외쳤다.

"에베소 사람들의 아데미 여신은 위대하다!"

집단 히스테리가 연극장에 모인 사람들을 휩쓸었다. 경배의 구호는 거듭 터져 나와 마침내 연극장 전체가 리듬감 있는 네 마디 그리스어 구호로 뒤흔들렸다.

"메갈레 헤 아르테미스 에페시온!"

"메갈레 헤 아르테미스 에페시온!"

그 외침은 도시 전체를 울렸고 멀리 항구에 있는 배들과 만 너머 구릉지까지 퍼져 나갔다. 아르테미스 신전에서도 그 소리를 들을 수 있었다. 코레소스 산을 둘러싼 성벽의 군인들도 그 소리에 깜짝 놀라 아래쪽을 내려다보았다. 연극장 안에서는 맨 아래쪽 몇 줄을 제외하고 항구 정문까지 열주 대로가 이어지는 도시 아래쪽과 만의 멋진 광경이 보였지만, 경치 따위는 그들의 눈에 들어오지 않았다. 하던 일도 내팽개쳤고, 저녁 식사 준비도 잊었으며, 작열하는 태양의 열기도 문제되지 않았다. 단조롭고 이제는 거의 무의미해진 외침만이 계속되었다.

"에베소 사람들의 아데미 여신은 위대하다!"

에베소 시의 최고위 선출직 관리이며 시의 질서를 유지할 책임이 있는 에베소 시청 서기관은 더없이 긴장했다. 로마인들은 모든 불법 집회를 금지하고 있었다. 이런 모임을 소요로 간주하고 얼마 남지 않은 에베소 시의 자치권마저 박탈할 수도 있었다.

하지만 그는 분별력 있는 사람이었다. 그는 엄청나게 모여든 사람들이 제풀에 지치기를 기다렸다. 태양이 코레소스 산마루를 따라 서서히 움직이는 두 시간 내내, 그는 사람들의 외침을 잠자코 듣고 있었다.

두 시간 후, 그는 앞으로 나서서 손을 들었다. 군중은 그가 민중집회의 사무 처리를 맡은 관리임을 알았다. 소음이 잦아들었다.

"에베소 시민들이여."

그의 목소리는, 특별 제작되어 연극장 주위에 놓인 청동과 점토 용기에 반사되어 울렸다.

"이 에베소 도시가 위대한 아데미의 신전과 하늘에서 내려온 그 신상을 지키고 있는 것을 온 세상이 다 알지 않습니까? 이것은 부인할 수 없는 사실이므로 이제 여러분은 진정하고 경솔한 행동을 삼가야 합니다. 여러분은 이 사람들이 신전 물건을 도둑질하거나 우리 여신을 모독한 것도 아닌데 이곳으로 끌고 왔습니다. 그러므로 데메드리오와 그 동료 직공들은 누구를 고소할 일이 있다면 법정이 열려 있고 총독들도 있으니 거기서 고소하면 될 것입니다. 그 밖에 여러분이 제기하고 싶은 문제가 더 있다면 그것은 정식 집회에서 해결해야 할 것입니다. 오늘 일로 우리는 소란 죄로 고소당할 위험이 있습니다. 그럴 경우 우리가 이유 없이 일어난 이 소동에 대해 해명할 길이 없을 것입니다."

여기서 '총독들'이란 실라누스가 죽은 이후, 그곳을 공동 통치하는 이들을 가리킨다. 이 대목은 실라누스를 살해한 자들이 사실상의 총독들임을 꾀바르게 인정하고 있다.

그는 군중이 자신들의 행동을 부끄럽게 여기게 했고 분위기를 완전히 가라앉혔다. 그리고 난 후 집회 해산을 선언했다.

3부 겸손한 사도

28. 로마를 위한 논문

소요가 그치자, 바울은 자리를 옮길 때임을 알았다. 그렇지 않아도 아르테미스 축제가 끝난 뒤 에베소를 떠날 생각이었다. 그의 계획에는 마케도니아와 그리스 남부를 다시 방문한 뒤 아시아와 유럽의 그리스도인 몇 명과 함께 예루살렘으로 구제 헌금을 전하러 가는 것도 포함되어 있었다.

바울은 소요가 일어나기 전에 고린도로 보낸 편지가 너무 심한 것은 아니었는지, 자신의 '자녀들'이 낙심하지 않았을지 염려되었다. 그는 안디옥의 젊은 디도를 고린도로 보내 상황을 알아보게 했다. 당시 디모데는 마케도니아에서 움직일 수 없는 상황이었다. 디도가 돌아오기로 한 장소는 에베소가 아니라, 바울이 유럽으로 건너가기 전에 말씀을 전할 계획이던 드로아였다. 아마도 배 편으로 드로아에 도착했을 바울은 말씀을 전할 수 있는 좋은 기회를 발견했을 것이다. 그러나 형제 디도를 만나지 못하여 마음이 편치 않아 그들과 작별하고 디도를 만나기 위해 마케도니아로 갔을 것이다. 디도는 그리스를 통해 빌립보로 온다.

바울은 매질을 당한 이후 처음으로 빌립보를 방문했다. 빌립보 교회는 박해와 극심한 가난 속에서도 놀랄 만큼 기쁨을 유지하고 있었고 이전의 그 관대함도 변함이 없었다. 하지만 그들은 거짓 사도들과 가짜 그리스도인들에게 시달리고 있었기에 바울은 이렇게 말했다.

"우리의 육체는 편치 못했고 사방으로는 환난을 당했습니다. 밖으로는 다툼이 있었고 안으로는 두려움이 있었습니다. 그러나 낙심한 사람들을 위로하시는 하나님이 디도를 돌아오게 하심으로 우리를 위로해 주셨습니다."

디도는 좋은 소식을 가져왔다. 고린도 교인들이 바울의 편지에 담긴 꾸짖음을 올바른 자세로 받아들였다는 내용이었다. 꾸짖음을 듣고 마음은 아팠지만 그들은 그 고통을 마땅하게 여겼다. 그리고 달라진 모습을 보여 주고자 애쓰고 있으며 바울을 다시 보기를 원한다고 했다. 그들이 디도를 지극한 존경과 사랑으로 대했다는 말을 듣고 바울은 그들에게 이렇게 썼다.

우리가 받은 위로 외에 디도가 기뻐한 것을 알고 더욱 기뻤습니다. 디도의 마음이 여러분 모두로 인해 안정을 되찾았기 때문입니다. ……내가 디도에게 여러분을 자랑한 것도 진실이었음이 밝혀졌습니다.

그러나 고린도의 상황이 완벽하다고 볼 수는 없었다. 그들에게는 여전히 꾸짖음과 호소가 필요했다. 게다가 그들은 바울에게 불만도 품고 있었다. 바울이 에베소에서 바로 고린도로 건너오겠다고 한 뒤 오지 않았으니 이랬다저랬다 한다는 것이었다. 한마디로 바울이 믿을 수 없는 사람이라는 불평이었다. 바울은 그런 불평에 어렵지 않게 대답하였다.

"내가 고린도에 가지 않은 것은 여러분을 아끼는 마음

때문입니다."

그는 방문 대신 편지를 써 보냈다. 그의 세 번째 방문이 두 번째 방문처럼 고통스럽지 않기를 바란 것이었다.

그런데 더욱 심각한 문제가 일어났다. 흠잡을 데 없는 자격을 갖춘 당당한 태도의 설교자들이 도착해 고린도 교인들을 혼란스럽게 했다. 그들은 비싼 수업료를 요구했고, 그래서 오히려 바울보다 훨씬 그럴싸해 보였다. 고린도 교회를 세운 장본인이 바울이건만, 그들은 고린도 교인들을 부추겨 바울이 사도의 사명을 받았다는 증거를 요구하게 했다. 또 그들은 바울에게 참된 사도의 특성이 없다고 주장했다. 예루살렘에서 가져온 추천장도 없고, 사례도 거절하고, 정통 유대인처럼 살지도 않고, 지나치게 겸손하게 처신하고, 볼품없는 모습에 말솜씨도 초라하다고 했다. 그들은 사도라면 능히 양 무리를 휘어잡아야 한다고 말했다. 하지만 그런 그들도 바울의 편지에 실린 무게만큼은 인정했다.

바울은 고린도에 나타난 이런 이들에 대한 대비가 되어 있었다. 그는 주저 없이 이렇게 말했다.

"그런 사람들은 거짓 사도들이요, 가증된 일꾼들이요, 자신을 그리스도의 사도들로 가장하는 사람들입니다. 그러나 놀랄 것이 없습니다. 그 이유는 사탄도 자신을 빛의 천사로 가장하기 때문입니다. 그러므로 사탄의 일꾼들이 의의 일꾼들인 양 가장하는 것은 대단한 일이 아닙니다. 그들의 마지막은 그들이 행한 대로 될 것입니다."

바울은 자신에 대한 그들의 주장 가운데 몇 가지에 놀라움을 금치 못했다. 옛날 갈라디아에서 비슷한 상황이 벌어졌을 때, 그는 분개하며 열변을 토했다. 하지만 그로부터 10년의 세월이 지나고 에베소의 위기도 겪은 이제는 상당히 흥미로운 반응을 보여 준다.

"나도 감히 어리석음을 무릅쓰고 자랑 좀 하겠습니다."

어쨌거나 그는 자신의 사도직에 대한 고린도 교인들의 질문에 대답해야 할 상황이었다. 그들의 요구로, 그는 자신이 진정한 사도의 모든 표지를 온전히 갖추고 있다고 자랑해야 하는 기묘한 처지에 놓였다. 그들은 그가 자신의 사도 됨을 지나치게 열심히 옹호한다고 생각한 듯하지만 그것은 그들이 그렇게 강요했기 때문이다. 그리고 바울이 한 말은 모두, 소중한 친구들인 그들을 세워 주고 굳게 해 주기 위한 것이었다.

사정이 이랬으므로, 디모데가 돌아왔을 때 바울이 마케도니아에서 쓴 장문의 고린도후서는 사도의 올바른 모습이 무엇인지 보여 주는 변론이 아니었다. 그 편지는 바울이 솔직하게 드러낸 그의 과거와 현재의 생애와 인품, 그의 약함과 고난, 그리고 그의 생애를 파악하는 데 필요한 상당한 자료를 담고 있다. 그의 동기에 대한 변론, 그리스도의 참된 사절로서의 임무와 메시지에 대한 생각도 들어 있다.

바울과 다른 사도들은 자신들의 뛰어남이 아니라, 그리스도 예수께서 주 되신 것과 예수 때문에 자신들이 고린도 교인들의 종 된 것을 전파했다.

"그리스도의 사랑이 우리를 강권하십니다. 우리가 확신하건대 한 사람이 모든 사람을 대신해 죽었으니 모든 사람이 죽은 것입니다. 그가 모든 사람을 대신해 죽은 것은 산 사람들로 더 이상 자신을 위해 살지 않고 자신을 대신해 죽었다가 살아나신 그분을 위해 살게 하시려는 것입니다. ……그러므로 누구든지 그리스도 안에 있으면 새로운 피조물입니다. 옛것은 지나갔으니 보십시오. 새것이 됐습니다. 모든 것은 하나님께로부터 왔습니다. 하나님은 그리스도를 통해서 우리를 그분과 화목하게 하시고 우리에게

화목하게 하는 직분을 맡겨 주셨습니다. 곧 하나님은 사람들의
죄를 그들에게 돌리지 않으시고 세상을 그리스도 안에서 그분과
화목하게 하셨으며 우리에게 화목하게 하는 말씀을 맡겨 주신
것입니다.

그러므로 우리는 그리스도를 대신하는 사절이 돼 하나님이
우리를 통해 권면하시는 것같이 그리스도를 대신해 여러분에게
간곡히 부탁합니다. 여러분은 하나님과 화목하십시오. 하나님은
죄를 알지도 못하신 분에게 우리 대신 죄를 짊어지게 하셨습니다.
이는 우리로 그리스도 안에서 하나님의 의가 되게 하시려는
것입니다."

바울은 고린도에 너무 빨리 가지 않기로 했다. 고린도로
돌아가고 싶어 하는 디도가 편지를 맡았다. 바울은 다른 두
그리스도인을 함께 보냈는데, 그중 한 명은 복음 전하는 일로 모든
교회에서 칭찬받는 형제였다. 전승에 따르면 이 사람은 누가였고,
그의 초기 저술들이 교인들 사이에서 이미 돌고 있었다.

바울은 자신이 고린도에 도착하기 전에 그곳의 상황이 안정을
되찾기를 바랐다. 괜히 일찍 나섰다가 그곳에서 말다툼과 시기와
분냄과 편 가름과 중상모략과 남의 말하기와 거만함과 무질서를
보게 될까 봐 염려했다. 또 예루살렘 기금을 위해 약정한 헌금
액수를 다 채우라고 그들을 독려하고 싶지도 않았다. 그들은 각자
형편에 따라 자발적으로 그것을 준비해야 했다. 그들의 관대함을
측정할 수 있는 참된 기준은 하나뿐이었다.

"여러분은 우리 주 예수 그리스도의 은혜를 알고 있습니다.
그분은 부요한 분이시지만, 여러분을 위해 가난하게 되셨습니다.
그분이 가난하게 되심은 여러분을 부요케 하기 위함이었습니다."

편지 끝부분에서 바울은 다음과 같이 교인들을 독려했다.

온전하게 되기를 힘쓰십시오. 내 호소에 귀를 기울여 주십시오. 같은 마음을 품으십시오. 화평하게 지내십시오. 그러면 사랑과 평화의 하나님이 여러분과 함께 계실 것입니다.

그리고 그가 쓴 글 중에서 가장 자주 인용되는 작별인사를 했다.

주 예수 그리스도의 은혜와 하나님의 사랑과 성령의 교통하심이 여러분 모두와 함께하시기를 빕니다.

이 편지는 고린도로 보내졌고, 바울은 북부 지방에서 한 해 동안 계속 머물렀다. 그는 마케도니아의 교회들을 격려한 후, 새로운 지역인 마케도니아 북쪽의 일루리곤 속주에서 복음을 전하기 시작했다. 아드리아 해와 만나는 산악지대인 그곳은 지금의 알바니아와 남부 유고슬라비아에 해당한다. 그의 정확한 행로에 대한 기록은 남아 있지 않지만, 그의 활동은 얼마 전에 보낸 변론에서 이야기한 내용과 그리 다르지 않았을 것이다.

우리의 사역이 비난받지 않게 하려고 우리는 누구에게도 흠이 될 만한 일을 행하지 않았습니다. 오히려 우리는 모든 일에 하나님의 일꾼답게 행동했습니다. 우리는 매번 환난과 역경과 어려움을 견뎌 냈습니다. 또 매를 맞고, 옥에 갇히고, 폭도들에게 당하기도 하고, 고된 일에 시달리며, 잠도 못 자고 굶주렸습니다. 그리고 우리는 정결함과 지식과 인내와 친절함을 나타내었으며, 성령의 감화와 거짓 없는 사랑과, 진리의 말씀과, 하나님의 능력으로 모든 일을 행하였습니다. 우리는 의를 무기 삼아 양손에 지니고 다녔습니다. 우리는 영예도 얻었고, 모욕도 받았고, 비난과 칭찬도 받았습니다. 우리는 거짓말쟁이로 취급받았지만, 사실은 진리를 말하였습니다. 무명인 취급을 받았으나 사실은 유명한 사람들이며, 죽은 자로 여겨지기도 했으나 보시는 바와 같이 우리는 살아 있으며, 매를 많이 맞았지만 죽지 않았습니다. 또 슬픈 사람 취급을 받았으나 우리는 항상 기뻐하였으며, 가난한 자 같으나 많은 사람을 부유하게 하였고, 아무것도 가지지 않은 자 같으나 우리는 모든 것을 소유한 사람입니다.

북부 지방에 있는 동안 바울은 아드리아 해를 건너 로마의 그리스도인들을 방문할 의향도 있었으나, 일루리곤에 복음을 전파하는 일로 너무나 바빠 그럴 여유를 갖지 못했다. 그러고 나서 마침내 남쪽으로 내려가 56년과 57년을 잇는 겨울 석 달 동안 고린도에서 지내게 된다. 그가 고린도에 도착한 12월 중순은, 그곳의 문제들이 잠잠해진 후였다. 논쟁의 거친 숨소리는 들려오지 않았다. 덕분에 그는 즐거운 분위기에서 많은 시간을 내어 새로운 일에 전념할 수 있었다. 그것은 로마의 그리스도인들에게 보낼 편지를 쓰는 일이었다. 이 편지는 그의 사상을 집약해 보여 주며 한 권의 책에 가까운 치밀한 내용을 갖춘다. 세심하게 구성된 이 편지만으로도 바울을 소크라테스, 플라톤, 아리스토텔레스와 같은 고대 세계 최고 지성인의 반열에 놓을 수 있다. 아니, 모든 시대를 통틀어 최고 지성인의 반열에 올려놓기에 충분하다.

에베소에 있던 아굴라와 브리스길라가 로마로 돌아가기 전에도 그곳에는 이미 바울의 몇몇 친구들과 친척들이 있었다. 제국의 편리한 통신 수단 덕분에 세계의 중심인 로마로 끊임없이 연락이 오고 갔다. 바울은 안디옥에서 만난 주님 안에서 선택받은 루포와 친어머니처럼 여긴 그의 어머니께 인사를 전할 수 있었다. 그리고 회심의 선배이고 같은 지파에 속했거나 친척이며 그가 아마도 에베소 시절 함께 감옥에 갇힌 적이 있다고 소개한 두 사람, 그리고 아시아의 첫 회심자, 그 외 다른 사람들에게도 인사를 전할 수 있었다.

그는 로마의 지인들을 다시 만나 자신이 설립하지 않은 로마 교회의 교인들과 새롭게 교제하기를 갈망했다. 그는 자신이 세우지 않은 교회가 잘되는 것을 시기하지 않았다. 오히려 그들의 믿음을 듣고 감격했고 그들을 위해 꾸준히 기도했다. 하지만 그리스도가 알려지지 않은 지역들을 개척하고, 더 많은 사람이 하나님의 은혜를 받아들여 감사와 찬양이 더욱 널리 퍼지게 할 만한 기회가 끝없이 생겨나는 상황에서, 로마 방문 계획은 뒤로 밀려날 수밖에 없었다. 바울은 그리스도의 이름을 들어 보지 못한 지역들만 다니기로 했다. 따라서 알렉산드리아와 이집트, 카르타고, 혹은 북부 아프리카의 다른 도시들은 그의 방문 예정지에서 제외되었다.

그는 제국의 서쪽 끝에 위치한 대단히 문명화된 속주 스페인 방문을 계획하고 있었고, 그곳으로 가는 길에 로마에 들를 수 있을 것으로 생각했다. 로마에서 오래 머물 요량은 아니었다. 다른 사람이 닦아 놓은 터 위에 교회를 세우지 않는 것이 그의 변함없는 원칙이었다. 하지만 문명인이건 야만인이건, 배웠건 배우지 못했건, 모든 이방인이 그의 사역 대상이었으므로 바울은 로마에 있는 이들에게도 복음을 전하기를 간절히 바라고 있었다. 그리고 그곳에서도 새로운 회심자들을 얻기를 소망했다. 게다가 그의 방문은 바울과 모든 교인에게 유익할 것이었다.

"내가 여러분 보기를 간절히 바라는 것은, 어떤 신령한 은사를 나눠 주어 여러분을 강하게 하려는 것입니다. 이는 여러분과 내가 서로의 믿음으로 격려를 받기 위함입니다."

그러나 바울은 모금한 돈을 예루살렘에 가져가는 일이 우선이어서 생각만큼 빨리 로마에 가지 못할 거라고 예감했다. 따라서 편지로 오랜 세월 그리스도와 동행하며 경험하고 배운 결실을 그들에게 전해 주기로 결심했다. 그가 그리스도인이 된 지 이제 사반세기가 지났다. 50대 후반이 된 그는 성숙한 신자였고, 인생의 어떤 변화와 위험 속에도 변함없이 자신을 지키고 인도하시는 주님의 더없는 탁월하심을 확신하고 있었다. 로마서에서는 이전의 편지들과 달리 잘못을 지적해야 할 부담이 없었다. 그의 말을 왜곡해 은혜를 더하게 하려고 계속 죄를 지어야 한다며 비아냥대는 사람들에게 한마디 쏘아붙이는 것 외에는 누군가를 비판하지도 않는다. 자기를 변호하는 성향 역시 한번 정도 나올 뿐이다.

내가 그리스도 예수 안에서 하나님의 일에 대해 자랑할 것이 있습니다. 하지만 그리스도께서 이방 사람들을 순종하게 하시려고 나를 통해 이루신 일 외에는 감히 아무것도 말하지 않겠습니다. 그것은 말과 행동으로 표적과 기사와 성령의 능력으로 이뤄졌습니다.

여기서도 그는 자신의 공로를 내세우지 않는다.
바울이 쓴 서신들 중 가장 긴 이 편지는 갈라디아나 고린도로 보낸 편지와 다르게 차분함과 권위 있는 확신이 담겨 있다. 그의 가장 심오하고 어려운 글 중 일부와, 가장 아름다운 글 상당수 또한 로마서에 들어 있다. 로마서는 오리게네스부터 바르트에 이르는 위대한 신학자들의 주석과 수천 쪽에 이르는 해설과 명상의 주제가 되었다. 그리고 단어 하나하나까지 신학적·철학적·텍스트적으로 철저하게 검토되었으며, 세상에 가장 큰 영향력을 끼친 책들 중 하나이기도 하다. 또한 이 편지는 아우구스티누스의 믿음과 루터의 종교개혁의 모판을 형성했다. 존 웨슬리가 마음이 이상스럽게 뜨거워지는 체험을 한 것도 루터의 〈로마서 서문Preface to the Epistle to the Romans〉을 읽던 도중 벌어졌다. 그는 이렇게 썼다.

> 그리스도를, 그리스도 한 분만을 구원자로 참으로 믿었다. 그리고 그분이 내 죄를, 바로 나의 죄를 가져가셨고 나를 죽음의 죄의 법에서 구원하셨다는 확신이 내게 주어졌다.

로마서의 내용을 맨 처음 들은 사람은 그것을 받아쓴 더디오였다. 인사말과 서론이 끝난 후, 바울과 더디오가 함께 작업한 고린도의 어느 방에서는 편지의 주제가 울려 퍼졌다.

"나는 복음을 부끄러워하지 않습니다. 이 복음은 유대 사람을 비롯하여 그리스 사람에게 이르기까지, 모든 믿는 사람을 구원하는 하나님의 능력입니다. 하나님의 의가 복음에 나타나 있으며, 믿음으로 믿음에 이르게 합니다."

그리고 바울은 소선지자 하박국의 말을 인용하여 증거 구절로 삼는다.

"오직 의인은 믿음으로 말미암아 살리라."

우리는 친숙한 이 구절을 이렇게 변역할 수도 있다.

> 믿음으로 하나님과 올바른 관계를 갖게 된 사람은 살 것이다.

---

301   3부 겸손한 사도

이어서 바울은 인간들이 하나님에 대한 본능적인 인식이
있는데도 그분을 거절하고 배척했음을 보여 준다. 결과적으로
이방인들은 도덕의 시궁창에 빠져들고 말았다. 도덕의 시궁창은,
바울이 로마서를 쓴 고린도 곳곳에 널려 있었다. 하나님은
유대인들에게 당신이 누구신지 알려 주셨고, 그로 인해 그들은
온갖 특권을 누렸다. 하지만 하나님의 백성이라는 긍지를 가진
유대인들도 이방인들보다 낫다고 거들먹거릴 수 없었다. 그들도
완고하고 반역하는 마음을 가져 하나님의 형벌을 면할 수 없게
되었기 때문이다. 바울은 죄를 너그럽게 봐 주시는 하나님을
소개할 수 없었다. 그리스도의 탁월하심을 전하는 기쁨도 선교의
원동력이었지만, 모든 사람이 죄를 범하여 모두에게 심판이
임한다는 매우 분명하고 두려운 인식이야말로 그에게 선교에
대한 부담을 계속 주었다. 온 세상 사람들이 하나님 앞에서
자신의 행동에 대해 책임을 지게 될 것이었다. 그들의 양심이
서로 고발하거나 변호하기도 하겠지만 바울이 전하는 복음대로,
하나님이 그리스도를 내세우셔서 사람들이 감추고 있는 비밀들을
심판하실 그날을 아무도 피할 수 없을 것이다.

바울은 이렇게 말하기를 좋아했다.

"그러나 이제는 하나님이 인간을 당신과 올바른 관계에 놓아
주시는 길이 드러났습니다. ……하나님은 믿는 사람이면 누구나
아무런 차별도 없이 당신과의 올바른 관계에 놓아 주십니다."

모든 사람이 죄를 지어 하나님의 영광에 이를 수 없게 되었다.
유대인과 이방인이 하나님의 의롭게 하여 주심을 받는 길은 똑같이
은혜의 선물을 받는 것뿐이다. 하나님이 예수님을 화목 제물로 내어
주셨으며 누구든지 예수님의 피를 믿음으로 죄를 용서받게 된다.
그리스도 예수께서 주시는 속죄를 통해, 하나님의 은혜로 의롭다는

판단을 받는다. 이렇게 해서 하나님의 의로우심이 분명하게
드러났다. 과거에는 사람들이 지은 죄에 대해 오래 참으심으로,
현재에는 하나님 당신의 의로우심과 예수님을 믿는 사람을 의롭게
하심을 보이심으로 그렇게 하셨다. 그렇다면 사람이 자랑할 것이
어디 있겠는가? 자랑할 것이라고는 하나도 없다!

바울은 특히 유대인들을 겨냥하여 긴 지면을 할애했고, 용서는
공로로 얻을 수 없다는 자신의 논제를 정교하게 펼쳐 나갔다. 그는
주 예수님을 죽은 자 가운데서 다시 살리신 분을 믿는 것으로만
의롭다 함을 얻을 수 있다고 강조했다. 예수님은 바울 자신을
비롯한 사람들의 죄 때문에 죽임을 당하셨고, 자신들을 의롭게
하려고 다시 살아나셨다고 했다. 이렇게 해서 바울은 위대한 자전적
고백이 담긴 첫 번째 본문인 로마서 5장에 이른다.

우리가 믿음으로 의롭다 함을 받았으므로, 우리는 우리 주 예수
그리스도로 말미암아 하나님과 함께하는 평강을 누리고 있습니다.
예수 그리스도에 의해서, 또 믿음으로 우리는 지금 우리가
서 있는 이 은혜의 자리에 들어와 있습니다. 그리고 하나님의
영광을 소망하며 즐거워합니다. 이뿐만 아니라 우리는 환난을
당하더라도 즐거워합니다. 그것은 환난이 인내를 낳고, 또 인내는
연단된 인품을 낳고, 연단된 인품은 소망을 낳는 것을 알기
때문입니다. 이 소망은 절대로 우리의 기대를 저버리지 않습니다.
그것은 하나님이 우리에게 주신 성령을 통해 우리 마음에
하나님의 사랑을 부어 주셨기 때문입니다. 우리가 아직 연약할
때, 그리스도께서 시의적절할 때 경건하지 않은 사람들을 위해
죽으셨습니다. 의인을 위해 죽는 사람은 거의 없습니다. 간혹 선한
사람을 위해 죽겠다고 나서는 사람이 있을는지는 모르겠습니다.

그런데 그리스도께서는 우리가 아직 죄인이었을 때 우리를 위해 죽으셨습니다. 이것으로써 하나님은 우리를 향한 그분의 사랑을 나타내셨습니다.

이후 바울은 죄의 기원에 대해 논하고, 갈라디아서를 쓴 이래 그에게 부담으로 계속 다가왔던 주제를 다룬다. 다시 말해 고린도 교회의 문제들을 겪은 이후로 더욱 절실하게 느끼게 된 주제를 다루기에 이른다. 그것은 신자의 타락, 즉 그리스도인이 자신을 계속 괴롭히는 죄를 어떻게 극복할지에 관한 것이었다. 그는 그리스도인이 되기 전의 자아를 죽은 것으로 여겨야 하고, 그들이 믿음으로 자신 안에 '부활 생명'이 창조됨을 알아야 한다고 길게 설명했다. 그리고 다른 비유를 사용해 그들 자신이 더 이상 죄의 명령을 따르는 종이 아니라 예수님의 종임을 인정하라고 말했다. 이어서 바울은 자신의 내면을 드러내어 자신이 하고 싶어 하는 일은 하지 않고, 미워하는 일을 행하고 있다고 인정하며 마침내 이렇게 외쳤다.

"누가 나를 구해 내겠습니까? 우리 주 예수 그리스도로 인해 하나님께 감사드립니다!"

여기까지 말한 바울은 다음과 같은 영광스러운 사실을 열정적으로 설명할 수 있었다.

"예수를 죽은 사람 가운데서 살리신 분의 영이 여러분 안에 거하시면, 그리스도 예수를 죽은 사람 가운데서 살리신 분께서 여러분 안에 거하시는 자기 영으로 인해 여러분의 죽을 몸도 살리실 것입니다. 그러므로 형제들이여, 우리는 육신을 따라 살아야 하는 육신에 빚진 사람이 아닙니다. 누구든지 그리스도의 영이 없는 사람은 그리스도에게 속한 사람이 아닙니다. 반면 그리스도께서 여러분 안에 계십니다."

　이렇게 말한 후 바울은 십자가 다음으로 그가 좋아하는 주제 '여러분 안에 계신 그리스도'의 경이로움을 집중적으로 다루었다. 그리스도의 영이 우리를 인도하고, 두려움을 없애 주고, 기도하고 싶은 욕구를 불러일으킨다는 것을 알려 주었다. 또 그리스도의 영이 우리가 하나님의 자녀라는 의식을 만들어 낸다는 것도 알려 주었다.

　바울은 그리스도와 함께하는 생명이 현세와 내세에 누리는 영광을 서술하며 그에 따른 기쁨을 점점 가쁘고 벅찬 말로 표현했다. 그러다 마침내 자신의 깊은 체험을 주체할 수 없어 이렇게 외쳤다.

　"이 점에 대해 우리가 뭐라고 말할 수 있겠습니까? 하나님이 우리 편이시라면 누가 우리를 대적하겠습니까? 자기 아들까지도 아끼지 않고 우리 모두를 위해 내어 주신 분께서 그 아들과 함께 우리에게 모든 것을 은혜로 주지 않으시겠습니까? 하나님이 택하신 사람들을 누가 고소할 수 있겠습니까? 의롭게 하시는 분은 하나님이신데, 누가 감히 죄가 있다고 판단하겠습니까? 죽으신 분은 그리스도 예수이십니다. 그분은 죽으셨을 뿐만 아니라, 다시 살아나 하나님의 오른편에 앉아 계시면서 우리를 위해 중보기도를 하고 계십니다. 누가 우리를 그리스도의 사랑에서 끊을 수 있겠습니까? 환난입니까? 아니면 어려움입니까? 핍박입니까? 그렇지 않으면 굶주림입니까? 헐벗음입니까? 위험입니까? 아니면 칼입니까? ……그러나 우리는 우리를 사랑하신 하나님을 힘입어 이 모든 것을 이기고도 남습니다. 나는 확신합니다. 죽음이나 생명이나, 천사들이나 하늘의 권세자들이나, 현재 일이나 장래 일이나, 어떤 힘이나, 가장 높은 것이나 깊은 것이나, 그 밖의 어떤 피조물이라도 우리를 우리 주 그리스도 예수 안에 있는 하나님의 사랑에서 끊을 수 없습니다."

이후 바울은 로마 교인들에게 주위 사람들의 행동을 본받지
말고 마음의 변화를 받은 사람답게 하나님을 예배하라고 권한다.
그리고 본의 아니게 다시 한 번 자신의 여러 특성을 보여 주게 된다.
처음 고린도에 머물며 데살로니가인들에게 편지를 썼을 때처럼,
그의 권고는 초점만 조금 바꾸면 곧장 그의 자화상이 된다.

주후 57년, 고린도의 바울은 믿음이 허락하는 한도까지 모든
영적 은사를 다 쓰기로 결심했다. 그는 믿음까지도 하나님이 주신
은사로 여겼다. 그는 내면의 불을 계속 활활 지피며 부지런하여
게으르지 않게 열심을 품고 주님을 위해 일했다. 환난 가운데도
참고 미래를 바라보며 영광스럽게 기뻐했다. 기도는 호흡처럼
자연스럽게 흘러나왔다. 그는 다른 사람을 기꺼이 맞아들이는 사람,
관대한 사람이었다. 사람들 돕기를 좋아하고 쾌활했으며, 신앙을
과시하거나 잘난 체하기 위해 억지로 친절을 베풀지 않았다. 그의
사랑은 진실하고 가장이 없었다. 그는 다른 사람들의 처지를 자기
일처럼 여겨, 기뻐하는 사람들과 함께 기뻐했고 우는 사람들과
함께 울었다. 그는 계급, 재산, 지위를 보고 사람을 골라 사귀지
않았다. 그는 가장 비천한 그리스도인을 위해 수고를 아끼지 않았고
친절을 베풀었으며 자신의 경험을 나누어 주었다. 바울에게는
모든 사람을 말 그대로 자기보다 낮게 여기는 은사가 있었다. 동료
그리스도인들을 참으로 사랑했다. 그들은 모난 부분들이 있긴
했지만 사랑스러운 사람들이었다. 그는 동료 신자들과 사이좋게
지내는 일을 가장 중요하게 여겼다.

바울은 믿지 않는 유대인들과 이방인들이 아무리 그를
싫어해도 그들과 평화롭게 지내려고 최선을 다했다. 그는

사도 바울

악을 미워했고 조롱과 실망, 대적의 적의, 사기꾼들을 수없이 만났지만 선한 것에 대한 열의를 잃지 않았다. 그는 주 예수님이 산상수훈으로 가르치신 말씀을 거의 그대로 인용해 신자들을 가르쳤고, 핍박하는 자들을 축복하고 그들을 위해 기도하는 본을 보였다. 악을 선으로 갚았다. 원수를 먹이고 그들이 목말라 하면 마실 것을 주었다. 스스로 원수를 갚으려 하지 않고 주님의 손에 정당한 보응을 맡겼다.

"악에 지지 말고 선으로 악을 이기십시오."

그리스도가 자신과 주위 사람 안에 가득 차서 그리스도와 다른 모습이 들어설 여지가 없는 상태, 그것이 바울이 추구하는 목표였다.

4부 오스티아 가도로 _{街道}

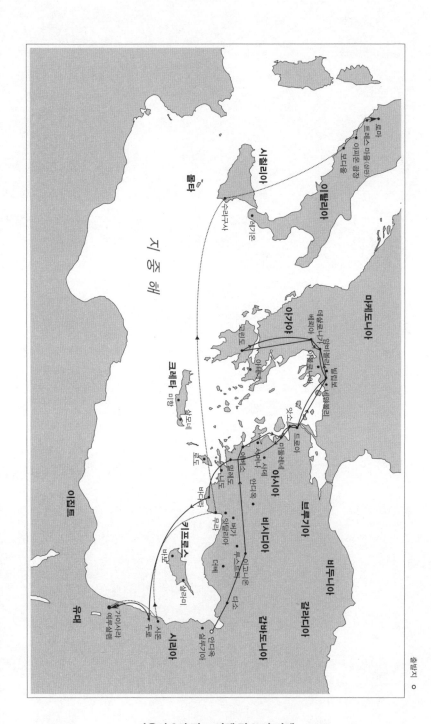

바울의 3차 전도 여행 및 로마 여행

29. 선택

로마 교인들에게 편지를 쓰는 가운데 바울의 생각은 지난 25년간 그를 괴롭히던 질문에 이르렀다.

'유대 민족은 왜 예수님을 거절할까? 왜 그분을 메시아 또는 그리스도로 인정하길 거부할까?'

바울은 하나님이 유대인들을 버리셨는지 깊이 생각해 보았고, 친구들과 논쟁도 벌였다. 그리고 그럴 리 없다는 결론에 이르렀다. 많은 유대인이 그리스도인이라는 사실만으로도 그 결론이 참임을 알 수 있었다. 그러나 유대 민족과 나라가 통째로 부활하신 예수님의 군기 아래 모여들었다면, 이방인들은 기독교회에서 늘 2등 국민의 자리에 머물러야 했을 것이다. 로마서에서 바울은 유대인들의 복음 거절이라는 악에서 어떤 선이 생겨났는지를 묘사한다. 또 이방인들이 하나님 나라에 들어온 후 유대인들도 그 뒤를 따르는 보다 영광스러운 날이 찾아올 것이라고 말한다. 그러면서 하나님의 계획에 담긴 측량할 수 없는 지혜를 인정하고 있다.

하지만 그는 유대인들의 상황을 그냥 받아들일 수 없었다. 민족을 향한 그의 사랑은 멈출 줄 몰랐다. 그 사랑은 매우 강렬하게

타올라 감람 산에서 예루살렘 성전을 내다보며 우셨던 예수님의
사랑, 혹은 "예루살렘아, 예루살렘아, 암탉이 그 새끼를 날개 아래
모음같이 내가 네 자녀를 모으려 한 일이 몇 번이더냐. 그러나
너희가 원하지 아니하였도다!"라고 탄식하셨던 그 사랑에 비길
만한 정도가 되었다. 바울은 그리스도를 가장 귀하게 여기고 그분을
위해 살던 사람인데, 그런 그가 자기 민족을 위한 열망을 표현하며
믿기 어려운 말을 한다.

　　"나는 그리스도 안에서 진리를 말하고 거짓말을 하지 않습니다.
이것은 성령 안에서 내 양심이 확증하는 사실입니다. 내게는 큰
슬픔이 있고, 내 마음속에는 고통이 쉴 새 없이 밀려옵니다. 나는 내
동포, 내 동족을 위해서라면 나 자신이 저주받아 그리스도로부터
끊어져도 좋다는 각오가 되어 있습니다. ……나는 내 동족
이스라엘 백성이 구원받을 수 있기를 하나님께 진심으로 갈망하며
기도합니다."

　　그는 모세처럼, 유대인들이 하나님과 화해할 수 있다면
그 대가로 자신의 이름이 하나님의 책에서 지워지는 일까지도
각오하고 있었다.

　　바울은 이번에 헌금을 갖고 예루살렘으로 돌아가는 것을,
서유럽으로 가기에 앞서 동포들에게 자신의 사랑을 보여 주고
어쩌면 많은 동포 앞에서 그리스도를 전파할 마지막 기회로 여겼다.
그곳이 위험하다는 것은 이미 알고 있는 사실이었다. 그는 로마
교인들에게 이렇게 호소했다.

　　"성도 여러분, 우리 주 예수 그리스도와 성령의 사랑으로
여러분에게 부탁합니다. 내가 기도하듯이 여러분도 하나님께
간절히 기도해 주시기를 바랍니다. 유대에 사는 믿지 않는
사람들에게서 나를 구해 달라고 기도해 주시고, 내가 예루살렘으로

가져가는 구제 헌금을 그곳 성도들이 기쁘게 받을 수 있도록 기도해 주십시오."

그렇게 되면 그는 기쁜 마음으로 로마에서 쉬며 활력을 얻을 수 있을 것이었다.

원래 그는 이전처럼 3월에 겐그레아 항에서 순례선을 타고 예루살렘에 도착해 유월절을 지킬 계획이었다. 그런데 고린도의 유대인들이 그의 계획을 알고 음모를 꾸몄다. 순례선의 모든 선원은 유대인일 것이고, 초승달이 뜨는 시간에 갑판에는 항해등 외에 모든 불이 꺼져 있을 것이니, 바울을 속여 뱃전으로 데려가 불시에 일격을 가한 후 배 밖으로 던져 버리면 아무 소리도 들리지 않을 터…….

바울은 그 음모에 대한 소문을 들었다. 그러나 쥐도 새도 모르게 죽고 싶은 생각은 없었다. 그는 예루살렘에서 유월절을 지키는 계획을 포기하고 육로로 마케도니아를 지나 배 편으로 드로아로 건너가기로 했다. 이즈음 주요 교회들은 바울의 요청에 따라 그와 동행하여 구제 헌금을 예루살렘의 병자들과 가난한 사람들에게 전하고 전 세계 교회의 본질적인 하나 됨을 보여 줄 대표자들을 뽑았는데, 드로아가 그 집결 예정지였다. 루스드라의 디모데와 더베의 가이오가 갈라디아를, 아리스다고와 세군도가 데살로니가를, 소바더가 베뢰아를 대표했다. 그리스 사람 드로비모와 두기고는 아시아 속주에서 올 것이었다.

잊지 못할 그리스의 봄철, 바울과 그의 친구들은 야생 아이리스, 야생 장미, 포텐틸라, 양귀비, 그리고 이후 유다의 나무라고 불리게 되는 박태기나무가 늘어선 길을 따라 북쪽으로 걸어갔다. 하지만 각 도시에서 만나는 기독교 지도자들의 반응은 예루살렘에 대한 불길한 예감을 갖게 했고 그 예감은 점점 커져만

갔다. 성령의 예언을 통역하는 은사가 있는 사람들은 분명하게 경고했다.

빌립보에 도착한 바울은 여행 동료들을 먼저 보낸 후 이 지역의 친구들과 유월절 주간(주후 57년 4월 7~14일)을 보냈다. 그리고 누가와 근처의 네압볼리 항에서 배를 타고 출발했다. 7년 전 밤에 환상을 본 뒤 그를 유럽으로 금세 데려다 줬던 바람은, 이제 마케도니아의 경고를 전해 주는 듯했다. 항해는 이틀이 아니라 닷새가 걸렸다.

바울이 머무는 마지막 날인 토요일 밤, 드로아 중심부 어느 공동 주택 위층에 그리스도인들이 모여 있었다. 배 편을 구했기에 바울 일행은 다음 날 아침에 떠날 예정이었다.

이전에 그가 두 번 잠시 방문한 것과 에베소에서 전해진 복음 전도의 결실로 생겨난 드로아의 작은 교회는 집을 예배 처소로 내놓을 만큼 부유한 교인이 없었던 것 같다. 그들은 공동 주택의 다락을 사용했다. 아래 2층에 있는, 방 두세 칸 크기의 트인 공간에 모든 남녀와 집에 둘 수 없는 아이들이 들어찼다. 실내는 사람들의 땀 냄새로 가득했고 작은 식물성 유지 램프관에서 연기가 피어올랐다. 드로아는 바다를 접하고 산으로 가려진 좁은 평원에 위치해 4월의 밤 기온이 적당했지만, 방 안 공기는 점점 더워지고 탁해졌다.

젊은이 유두고가 창가에 기대앉아 바울이 풀어 주는 신앙의 비밀들을 넋을 잃고 경청하고 있었다. 그들은 아가페라 불리는 가벼운 식사를 이미 했고, 조금 후 주일이 시작되면 성만찬의 떡과

<hr />

*
유대인들은 하루를 저녁 6시부터 다음 날 저녁 6시까지로 계산했다. 따라서 한 주의 첫째 날은 토요일 저녁에 시작되었다.

잔을 나눌 예정이었다.* 바울과 그의 청중은 이 마지막 기회를 최대한 활용하기로 마음먹었다. 하지만 유두고는 안식일을 모르는 이방인 주인 밑에서 하루 종일 힘든 육체노동을 한 터라, 바울의 말에 귀를 기울이다 자신도 모르는 사이 끄덕끄덕 졸기 시작했다.

밤 12시가 지났다. 모든 눈이 바울에게 쏠려 있었기에, 유두고의 머리가 푹 고꾸라질 때 주위의 누구도 알지 못했고 옆구리를 찔러 깨워 줄 수도 없었다. 유두고의 귀에 들리다 안 들리다 하던 바울의 목소리가 마침내 사라져 버렸다.

갑자기 쿵 하는 소리와 함께 소란이 벌어졌다. 유두고는 창밖 아래 좁은 길로 뚝 떨어졌다. 높이는 4.5미터 정도에 불과했지만 떨어질 때의 충격이 심했다. 누가는 유두고가 죽었다고 단언했고, 바울이 괴로워하는 친구들과 친척들을 뒤따라갔다. 사람들은 바울을 위해 물러섰다. 바울은 무릎을 꿇고 유두고를 끌어안았다. 성경을 아는 사람이라면 이것이 엘리야와 엘리사가 죽은 아이들을 놓고 했던 일임을 기억할 것이다. 그러고 나서 바울은 이렇게 말했다.

"걱정하지 마십시오. 이 청년이 아직 살아 있습니다."

바울이 의식적인 인공호흡을 하여 청년이 임상사臨床死에 이르기 전에 심장 박동을 되살렸는지, 아니면 어찌 되는지 모른 채 그저 성령께서 이끄시는 대로 하여 기적이 일어났는지는 알 수 없다. 누가는 두 가지 가능성을 모두 열어 놓고 있다. 사람들이 유두고를 다시 위층으로 데려왔을 때도 여전히 의식이 없었던 것이 거의 확실하다. 하지만 바울이 매우 차분하고 자신만만했기에 청년이 누워 몸을 회복하는 동안 모임은 계속되었다. 바울은 말씀을 계속 전했고 그들은 귀를 기울였다. 그리고 함께 빵과 포도주를 나누었다. 그들은 계속 예수의 도道에 대한 질문을 했고 설교를 들었으며 날이 새자 바울은 쉬지도 않고 길을 떠났다. 사람들은 살아난 청년을 집으로 데리고 가면서 한없는 위로를 받았다. 바울이 아시아 에베소인들에게 보낸 회람 서신에서 인용한 찬양이 어쩌면 이날 밤에 생겨난 것인지도 모른다.

잠자는 자여, 일어나라! 죽음에서 깨어나 일어나라!
그리스도께서 네게 빛을 비추실 것이다.

바울은 에베소에 들르지 않는 배를 골라 탔다. 오순절 전에 예루살렘에 도착하려고 서두르고 있었던 터라, 섣불리 에베소에 들렀다가 견실한 에베소 교회의 소소한 문제에 끼어들게 되거나, 유대인들이나 이방인들을 자극해 또 다른 소요를 일으키고 싶지 않았다. 체포되거나 구금될 위험을 감수할 생각은 더더구나 없었다.

드로아에서 그는 다른 사람들은 배 편으로 보내고 혼자 육로로 걸어갔다. 항해의 첫 번째 기항지는 앗소였는데, 육로로 50킬로미터쯤 떨어져 있었다. 그러나 배는 렉트룸 곶을 돌아가야 했기에 이보다 더 멀었다. 그는 동틀 녘에 혼자 출발했고 그 무렵이면 해가 지기 전에 앗소에 도착할 터였다.

바울은 선택을 내려야 했다. 그는 가는 도시마다 예루살렘에서 박해와 감옥이 기다린다는 경고를 받았다. 이러한 경고들을 진로를 바꿔 곧장 로마로 가라는 하나님의 명령이라고 봐야 할지 망설여졌다. 그리고 유대에서 벌어질 일을 감당할 수 있을지도 고민스러웠다.

그는 해안 평야에서 내려와 낮은 구릉지로 들어서서 남쪽으로 걸었다. 도로의 방향은 어느새 동쪽으로 이어지고 있었다. 정오 무렵, 이 절벽 길에서 그는 소아시아 최고의 전경 가운데 하나를 볼 수 있었다. 그의 오른쪽에는 청옥색의 좁은 바다 너머로 짙푸른 구릉지를 이룬 레스보스 섬이 있었다. 앞쪽에는 봄철의 하얀 구름의 움직임에 따라 태양이 나타났다 사라지기를 반복했다. 그리고 저 멀리 만의 끝자락에 보이는 더 먼 구릉지에는 버가모가 있었다. 그의 마음은 그곳의 그리스도인들에게 향했고, 서머나, 에베소, 그리고 더 멀리 골로새와 라오디게아로 향했다.

　　걸어가는 가운데 바울은 생애 최후의 기로에 섰다. 돌아갈 것인가, 계속 앞으로 갈 것인가. 방울을 딸랑거리는 양 떼와, 양 떼를 향해 짖어 대는 양치기 개들, 나귀들과 낙타 한두 마리를 제외하면 길은 비교적 조용했다. 그 길을 걸으며 그는 마침내 결론을 내릴 수 있었다. 그 결론은 주님의 뜻을 배우고 다가올 소동을 꿋꿋이 감당할 수 있는 힘이 되어 줄 것이었다. 마지막 몇 시간 동안 해가 서서히 기울었고, 바울의 뒤쪽으로 넘어간 햇빛은 앗소의 환상적인 암석을 환히 비추었다. 거대한 화강암 지대에 세워진 도시와 그 주변 지역에서 가장 돋보이는 것은 신전이었다.* 눈에 보이지 않는 절벽 아래에는 방파제를 갖춘 항구가 있었다. 그곳에서 진작 도착한 누가와 다른 일행들이 그를 기다리고 있었다. 그들은 바울이 혼자 있다는 사실 때문에 다소 불안해하고 있었다. 바울이 마침내 그들과 합류하여 배에 올랐다. 그의 얼굴은 마음의 평안을 드러냈다.

　　누가의 항해 일지는 바람이 그친 저녁마다 배가 들른 곳을 표시하고 있다. 그들은 레스보스 섬의 수도이자 '레즈비언'이라는 단어를 생겨나게 한 여류 시인 사포가 살았던 미둘레네로 갔다. 기오 섬까지 무사히 이른 후, 에베소 남서쪽에 위치한 커다란

---

*
바울의 행로를 따라 앗소의 폐허로 다가가는 현대의 여행자는 바위에 세워진 비잔틴 요새의 유물을 보게 된다.

섬이자 500년 전에 살았던 철학자 겸 수학자 피타고라스의
출생지인 사모스 섬의 서쪽에 들렀다. 그리고 4월 28일 목요일 아침
일찍* 에베소만은 못해도 여전히 멋진 항구인 밀레도(밀레투스)에
닿았다. 거대한 대리석 사자 상들이 그들을 맞았다.

배가 밀레도에서 2~3일 정도 머물게 되었음을 알게 된 바울은
에베소 장로들을 한 번 더 만나 볼 기회로 생각했다. 밀레도에
있던 한 그리스도인이 급하게 80킬로미터를 달려갔다. 그날 오후
배 편으로 프리에네로 건너간 후 말 한 필을 빌려 타고 구릉지를
넘어가 한밤중에 에베소에 도착하고, 그곳의 그리스도인들을
깨워서 밀레도까지 함께 어떻게든 40시간 내에 돌아온다는 것은
만만치 않은 여행이었다. 바울의 연락을 받은 에베소 교인들은 그
심부름꾼 못지않게 만사를 제쳐 두고 길을 재촉했다.

그들은 밀레도의 어느 집에 모였다. 누가가 그 자리에서 바울의
설교 내용을 받아 적으며 청중의 반응을 살폈다. 바울이 말을
꺼냈다.

"내가 아시아에 온 첫날부터 여러분과 지내면서 어떻게 생활해
왔는지 여러분은 잘 아실 겁니다. 그동안 나는 유대인들이 지어낸
모함으로 몹시 고통을 당했습니다. 그러나 나는 언제나 겸손히,
때로는 눈물을 흘리며 주님을 섬겼습니다. 나는 여러분에게 유익이
되는 것이라면 무엇이든 주저하지 않고 전파하였습니다."

그는 그들에게 공중 앞에서나 각 집에서, 모든 유대인과
그리스인에게 회개하고 주 예수님을 믿으라고 선포한 것을
상기시켰다.

"그러나 이제 나는 성령의 명령에 따라 예루살렘으로 갑니다.

*
윌리엄 램지 경은 《여행자 사도 바울St. Paul the Traveller》에서 항해 날짜를 정확히 밝히고 있다.

사도 바울

그곳에서 내게 무슨 일이 닥칠지 나는 알지 못합니다. 다만 내가
아는 것은, 어느 도시에 가든지 감옥과 환난이 나를 기다리고
있다고 성령께서 내게 경고해 주셨다는 사실뿐입니다. 그러나 나는
내 목숨을 아깝게 생각하지 않습니다. 예수님께로부터 받은 사명,
곧 사람들에게 하나님의 은혜의 복음을 전하는 일을 다 마칠 수만
있다면 말입니다.

나는 여러분과 함께 있는 동안, 줄곧 하나님 나라를
전했습니다. 이제 내 설교를 들으신 여러분 중에는 내 얼굴을 다시
볼 수 있는 사람이 아무도 없으리라는 것을 나는 압니다. 그러므로
오늘 여러분에게 엄숙히 선언합니다. 여러분 가운데 설령 누군가
구원받지 못하는 사람이 있다고 하더라도 내게는 책임이 없습니다.
그것은 내가 주저하지 않고 하나님의 모든 뜻을 여러분에게 전해
주었기 때문입니다. 여러분은 자신들과 모든 맡겨진 양 떼를
잘 살피고 그들을 잘 돌보십시오. 성령께서 여러분을 감독자로
세우셔서 하나님이 당신 아들의 피로 사신 교회를 돌보게
하셨습니다."

예수님은, 삯군은 양 떼를 아끼지 않기에 이리가 나타나면 양
떼를 내팽개치고 달아나 이리가 양 떼를 흩어 버린다고 말씀하셨다.
바울은 이 말씀을 빌려 그들에게 경고했다.

"내가 떠난 뒤에 어떤 사람들이 사나운 이리처럼 교회에
들어와서 양 떼를 해치려 할 것을 나는 압니다."

심지어 지금 그의 앞에 있는 사람들 중에서도 진리를 왜곡되게
말하고, 제자들을 유혹하여 자기를 따르게 하는 사람들도 나타날
것이라고 말했다.

"그러므로 깨어 있으십시오. 내가 3년 동안을 밤낮으로, 때로는
눈물을 흘리며 여러분 한 사람 한 사람에게 쉬지 않고 교훈한 것을

기억하십시오.

　이제 나는 하나님과 하나님의 은혜의 말씀에 여러분을 맡깁니다. 그 말씀은 여러분을 능히 세울 수 있고 모든 거룩한 백성과 함께 기업을 받을 수 있는 말씀입니다. 나는 그 누구의 금이나 은이나 옷을 탐낸 적이 없습니다. 여러분도 아시듯이 나는 언제나 직접 일을 해서 나와 내 일행에게 필요한 것을 마련했습니다. 나는 모든 일에서 여러분에게 모범을 보였습니다. 여러분은 저처럼 열심히 일해서 약한 사람을 도와야 합니다. 또 '주는 것이 받는 것보다 복이 있다'고 하신 주 예수님의 말씀을 기억해야 합니다."*

　몇 사람의 볼에는 벌써 눈물이 흐르고 있었다. 바울은 무릎을 꿇었다. 그들도 함께 무릎을 꿇었다. 이 기도는 너무 개인적인 내용이라 누가가 기록할 수 없었던 듯하다. 그는 바울이 전하는 내용을 그 자리에서 의료 속기로 적었을 것이다. 바울이 기도를 마치자 에베소 사람들은 큰 소리로 울었다. 그들은 그를 껴안고 입맞춤을 했다. 누가는 그들이 다시는 그의 얼굴을 보지 못할 것이라는 말 때문에 더욱 슬퍼했다고 기록한다.

　그들은 함께 배 타는 곳까지 갔다. 이별은 힘들었다. 누가는 그들이 간신히 헤어졌다고 적고 있다.

---

*
마지막 단락은 《뉴 잉글리시 바이블》에서 인용했다. 연설의 나머지 부분에 담긴 다듬어지지 않은 즉흥성은, 어떤 번역본도 제대로 전달하지 못하고 있기 때문에 내가 그리스어 성경에서 직접 번역했다.

사도 바울

30. 예루살렘의 소요

한 주 후 지중해 반대쪽, 시리아 해안의 두로 어느 바닷가에서
비슷한 광경이 펼쳐졌다.

바울 일행은 에베소를 떠나 로도 섬을 들렀다가 소아시아
남서부의 어느 큰 항구에 이르러 대형 상선으로 옮겨 탔다. 상선은
여름철 서풍을 타고 키프로스 섬 남쪽 바다를 건너 곧장 두로에
도착했다. 선장은 두로에서 짐을 푸는 데 일주일이 걸린다고
했다. 바울과 그의 일행은 도시로 들어가 그리스도인 제자들을
찾았다. 거기서 그는 다시 한 번 예루살렘으로 올라가지 말라는
경고를 받았고, 지역 교회 지도자들이 '성령의 감동으로' 말한다는
것을 알 수 있었다. 그는 아무 말도 하지 않았다. 소규모의 두로
그리스도인들과 아홉 남짓한 여행자들 사이에 뜨거운 애정이
오갔다.

떠나는 날 모든 제자가 아내와 아이들과 그들을 배웅하러
나왔다. 당시 두로는 본토와 방파제로 연결된 근해의 섬이었고
방파제 양쪽으로는 모래 해변이 있었다. 여행자들이 노를 저어
상선으로 가기에 앞서, 그들은 모두 구름 한 점 없는 지중해 하늘
아래 모래사장에 모여 무릎을 꿇고 기도했다.

상선은 32킬로미터를 항해해 돌레마이(아크레)에서 하루 동안 머물렀다. 바울 일행은 다시 지역의 그리스도인들을 방문했다. 다음 날 아침, 57년 5월 14일에 배는 갈멜 산이 있는 갑을 잠시 돌아 유대 속주의 주도이자 주요 항구인 가이사랴에 도착했다. 햇빛이 비취는 공공건물들 중 나중에 바울에게 아주 익숙한 곳이 되는 총독 관저가 배에서 내리는 그의 눈길을 끌었을지도 모른다. 처음에 여기서는 별다른 경고가 없었다. 아프리카의 나일 강까지 영향을 끼친 유명한 복음 전도자이자 한때 순교자 스데반과 집사로 수고한 바 있는 빌립이 바울 일행을 맞았다. 빌립에게는 미혼의 딸 넷이 있었다. 나중에 그의 가족은 골로새 근방 히에라볼리로 이사하는데, 그의 딸들은 그곳에서 초기 기독교에 대한 많은 자료를 남기게 된다. 네 딸 모두 예언의 은사가 있었다. 하지만 그들은 바울의 미래에 대해 아무런 말도 하지 않았다.

며칠 후 유명한 선지자 아가보가 유대 구릉지에서 내려왔다. 전에 그는 안디옥을 방문했다가 기근을 예언했고, 그것은 바울이 숨겨진 세월을 보낸 후 예루살렘으로 돌아가는 직접적인 계기를 준 바 있었다. 아가보가 갑자기 바울의 허리에서 술이 달린 허리띠를 풀어냈다. 여행자들과 빌립의 가족은, 그가 상징적인 행동과 말로 경고의 예언을 전할 거라는 예감을 갖고 지켜보았다. 아가보는 바닥에 쪼그리고 앉았다. 그는 허리띠로 자기 손과 발을 묶고서 말하였다.

"성령께서 예루살렘에 사는 유대인들이 이 허리띠 임자를 이와 같이 묶어서 이방인들에게 넘겨줄 것이라고 말씀하십니다!"

아가보는 어떤 결론이나 교훈을 끌어내지 않았다. 그저 바울의 미래가 어떻게 될지 말해 주었을 따름이다. 누가와 다른 사람들은 더 이상 참을 수 없었다. 그들은 그곳 사람들과 함께,

예루살렘으로 올라가지 말라고 바울에게 간곡히 만류하였다. 그들은 울면서 간청하기까지 했다. 바울은 가이사랴에 그냥 조용히 머물러 있고, 나머지 사람들이 예루살렘에 구제 헌금을 전하고 돌아와서 함께 로마로 출발하면 안 될 이유가 무엇이겠는가. 그들은 바울이 계속되는 경고를 무시하는 것이 잘못이라고 생각했다. 이후 수세기에 걸친 많은 주석가도 이 생각에 동의했다. 바울이 아시아에서 복음을 전하거나 비두니아에 들어가는 것을 성령께서 금하셨을 때 금세 받아들였던 것과 달리 이때는 고집을 부렸다는 것이다.

일행의 요란한 호소는 효과가 있었다. 바울은, 그 자신이 사용한 단어로 표현하면 동양의 빨래하는 여인에게 쥐어 짜이고 두들겨 맞은 빨래가 된 심정이었다. 그들의 간청이 깊은 애정에서, 자신을 보호하려는 마음에서 나온 것인 줄은 그도 알았다. 하지만 그는 예전부터 주 예수님의 더 높은 사랑이 자신을 예루살렘으로 불렀음을 확신하고 있었고 그 확신은 앗소 길에서 더없이 깊어졌다. 그곳에서의 죽음은 어쩌면 스데반의 죽음처럼 그리스도를 위해 중요한 영향력을 끼쳐, 유대인과 이방인이 화해하고 전 세계 유대인들이 그리스도께 돌아오는 데 결정적인 역할을 할지도 몰랐다. 동포를 향한 열렬한 사랑 때문에 그들을 위해서라면 그리스도로부터 끊어질 각오까지 한 바울이니, 죽을 각오도 되어 있었다.

바울이 소리쳤다.

"어찌하여 그렇게 울면서 내 마음을 아프게 하십니까? 나는 예루살렘에서 묶이는 것뿐만 아니라 주 예수님의 이름을 위해 죽는 것까지도 각오하고 있습니다."

누가는 이렇게 적고 있다.

바울이 우리의 만류를 받아들이지 않으므로 우리는 "주의 뜻이
이루어지기를 빕니다" 하고는 더 말하지 않았다.

가이사랴의 그리스도인들은 구제 헌금이 든 자루들을 실을
노새와 바울 일행이 탈 노새를 준비했고 오순절 순례자들로 넘쳐
나는 예루살렘에 숙소를 마련하도록 미리 연락을 보냈다. 그들이
준비한 숙소는 오래전에 제자가 된, 키프로스 사람 나손의 집이었다.
나손은 키프로스 출신인지라 많은 예루살렘 그리스도인들이
멸시하는 이방인 그리스도인들에게 동정적이었다. 유대 구릉지로
올라가는 85킬로미터의 길 내내, 구불구불한 도로의 앞뒤로
순례자들의 행렬이 끊이지 않았다. 오순절에는 로마제국 각
속주에서 유대인이 모여들었던 것이다. 다른 길들도 순례자로
가득했다. 페르시아에서, 아라비아와 남쪽의 향료 국가들에서,
북아프리아와 나일 강 상류 지역에서, 성전과 조상의 율법에 대한
헌신을 표하고 처음 익은 열매를 신께 드리는 초실절 축제에
참여하기를 열망하는 모든 사람이 모여들었다.
　유럽과 소아시아에서 온 그리스도인들은 나손의 집에서
즐거운 환영을 받은 후, 주변 경치를 구경하고 싶어 했다. 바울이
그들에게 예루살렘과 성전 외벽의 아름다움을 보여 주는 동안,
혼잡한 거리에서 그를 알아본 사람들이 있었다. 그의 가장 악랄한
대적들인 소아시아 유대인들이었다. 그들은 에베소의 드로비모도
알아보았다. 하지만 바울이 할례 받지 않은 일행을 이끌고 성전의
'이방인의 뜰'까지 갔을지언정, 미치지 않은 이상 '이방인이 더 이상
들어가서 성전 경내를 더럽힐 경우 사형에 처함'이라는 경고문이
붙은 낮은 장벽 '막힌 담'을 지나 성전 더 깊숙이 들어갔을 리는
없었다.

다음 날, 바울과 이방 교회들의 공인 대표들은 주님의 동생 야고보와 예루살렘 장로들의 공식 영접을 받고 구제 헌금을 전달했다. 이때 베드로와 다른 사도들은 해외에서 복음을 전하고 있었다. 전승에 따르면, 도마는 인도 북부까지 진출해 전도하고 있었다. 금욕적인 야고보는 조상들의 전통을 지키면서도 예수를 메시아로 인정하는 많은 유대인이 유대의 제사장들과 지도자들에게 핍박받지 않게 하려고 조심스러운 정책을 유지하고 있었다. 그런데 장로들은 대부분, 바울이 가는 곳마다 이 정책을 깨뜨리려고 최선을 다했다고 믿고 있었다. 이 사실을 잘 알고 있던 바울은, 혹시라도 그들이 유럽과 아시아의 그리스도인들이 헌신적인 사랑으로 보내온 구제 헌금을 냉담하게 받지는 않을지 몇 달 동안 노심초사했다.

누가는 바울과 각 장로 간의 평화의 입맞춤 사이로 흐르는 긴장에 주목했다. 이어서 대표단이 돈주머니들을 꺼냈다. 이후 바울은 하나님이 당신의 선교로 이방인들에게 행하신 일을 낱낱이 들려주었다. 사실상 그의 선교 보고는 비대해진 예루살렘 교회를 향해 교인들을 독려하여 각처로 나가 바울이 시작한 이방인 선교를 이어 가게 하자는 것이었다. 그리하여 한 목자 아래 유대인과 이방인이 통합된 하나의 양 무리가 생기도록 하자는 촉구를 담고 있었다.

장로들의 반응은 실망스러웠다. 그들은 적당히 하나님을 찬양한 후 보다 시급한 문제를 거론했다.

그들은 바울을 보고 말했다.

"형제님, 아시겠지만 유대인 가운데 신자가 된 사람이 수만 명입니다. 그들은 모세의 율법을 지키는 일에 매우 열성입니다. 그런데 그 유대인들 사이에서는 당신이 이방인들과 어울려 사는 유대인들에게 모세의 율법에서 떠나 자녀에게 할례도 행하지 말고,

유대의 관습도 지키지 말라고 가르쳤다는 소문이 돌고 있습니다."

장로들은 그런 비방을 믿는다고 말하는 것은 아니었고, 이방인들에게 어떤 거부감이 있는 것도 아니었다. 예루살렘 공회가 보낸 편지로 이 문제는 이미 해결되었다. 하지만 그들은 자신들이 입장을 밝히기보다는 바울이 모종의 조치를 취해 오해를 풀어야 한다고 생각했다.

"그러니 어떻게 하면 좋겠습니까? 우리가 일러 주는 대로 하십시오."

그들은 가난한 사람들의 비용을 부담하고 철야기도에 동참하여 율법에 대한 사랑을 표현하던 당시 부자들의 관행을 따르라고 했다. 그들 중에는 나실인 서원을 하고 난 뒤 정결 규례를 어겼지만 제물로 쓸 새나 짐승을 살 형편이 안 되어, 죄를 씻고 서원을 마치지 못하는 사람 넷이 있다고 했다.

"그러면 그들이 그대에 대한 소문이 모두 사실이 아니고, 그대도 율법을 지키며 살고 있다는 것을 알게 될 것입니다."

바울에겐 더없이 당혹스러운 요구였다. 장로들은 그가 돈이 없는 것을 알고 있었으니 그가 가져온 구제 헌금의 일부로 비용을 충당하라는 뜻이었을 것이다. 하지만 유럽과 아시아의 그리스도인들은 자신들이 어렵게 모은 헌금이 의식상의 서원을 행하는 데 쓰일 것이라고는 생각하지 못했을 것이다. 게다가 장로들은 바울에게 본심과 달리 처신하라고 요구하고 있었고 바울의 행동을 근거로 그가 율법을 지키는 자라고 주장하려 했다.

그는 율법을 존중했다. 유대인들에게는 유대인처럼 되고자 했고, 율법 아래 있는 사람들을 대할 때는 비록 자신은 율법 아래 있지 않지만, 그들을 얻기 위해 율법 아래 있는 사람처럼 될 각오가 되어 있었다. 더욱이 그 자신도 나실인 서원을 한 바 있었다. 하지만 율법을 지키는 정통 유대인으로 살지는 않았다. 그러므로 그들의 요구에 따르자면 거짓을 행해야 했다.

그러나 유대인들을 향한 그의 사랑이 매우 컸기에, 그는 더 많은 유대인이 그리스도를 믿는 데 도움이 될까 하여 장로들의 계획에 동의했다. 최근 로마의 교인들에게 쓴 편지에서 이렇게 촉구한 바 있는 그였다.

"사랑은 거짓이 없어야 합니다."

그는 선을 이루기 위해 악을 행해서는 안 된다고 가르치기도 했다. 하지만 이제 그는 자신의 조언을 스스로 거부하고 있었다. 주후 57년 오순절, 예루살렘에서 이루어진 이 판단 착오는 유대인들을 향한 그의 지극한 사랑을 그 무엇보다 분명하게 보여 준 사건이었다.

바울은 바로 나손의 집을 떠나 성전 안뜰 중 한 곳으로 가서 서원 기간이 2~3일 남은 낯선 네 사람의 철야 기도에 합류했다. 그는 그들의 비용을 내고 정결 의식에 합류하며 금식을 했다. 그 모든 과정 내내 그는 자신이 사자의 입 바로 앞에 있음을 느꼈다. 축제일 직후 며칠 동안 성전으로 밀려드는 순례자 무리는 더없이 흥분하기 쉬운 상태에 있었다. 안토니아 요새에서 아래를 내려다보던 한 로마 군인이 지루함을 달래려 음란한 제스처를 취하자 순례자 군중이 분노하여 들고 일어선 것이 그리 오래지 않은 일이었다. 바울의 얼굴이라면 진저리를 내던 아시아와 유럽의 유대인들이, 언제 그를 보고 성전의 거룩한 내부에 있는 모습에 분개할지 모를 일이었다.

정결 의식이 막바지에 이르렀다. 이튿날 아침이면 이름 모를 네 사람이 머리를 깎게 되고, 머리카락을 희생의 불에 태우게 될 것이었다. 바울은 곧 나손의 집으로 돌아가고 로마로 출발할 예정이었다.

성내와 성전을 누비는 순례자의 무리가 민족적·종교적 자부심을 뽐내며 그의 주위로 끊임없이 지나가고 있었다. 그들을 보던 바울은 예언적 경고가 자꾸만 떠올라 계속 경계하지 않을 수 없었다. 위험은 갑자기 찾아왔다. 예루살렘 거리에서 이방인 출신의 에베소 사람 드로비모를 알아본 아시아의 유대인들이, 성전 안뜰에 네 사람과 함께 있는 바울을 멀찍이서 보았다. 그들 네 사람도 드로비모처럼 이방인일 거라 짐작했다.

그들은 소리를 질렀다.

"이스라엘 동포 여러분, 좀 도와주십시오! 이 사람은 가는 곳마다 우리 백성과 모세의 율법과 성전을 거스르는 말로 모든 사람을 가르치는 사람입니다! 더욱이 지금은 그리스 사람들을 성전 안으로 데리고 와서 이 거룩한 곳을 더럽혀 놓았습니다!"

그 소리를 들은 사람들은 달려들어 신앙을 배반하고 성전을 더럽힌 자를 때렸다. 소동이 일자 점점 더 많은 사람이 바울 주위로 모여들었다. 그 다음 그들은 거룩한 성전에서는 피를 흘려서는 안 되었기에 그를 성전 바깥으로 끌어냈다. 바울은 얻어맞고, 찢기고, 사방에서 일어나는 격앙된 외침을 들으며 계단 아래로 끌려갔는데, 움직일 때마다 여기저기에 부딪쳐 상처를 입었다. 성전의 거대한 문들이 쾅 하고 닫히는 소리와, 폭도들의 커져 가는 외침이 들려왔다. 지금이야말로 그가 한 다음의 말을 몸소 입증해야 할 시간이었다.

"주님 안에서 항상 기뻐하십시오. 모든 생각을 뛰어넘는 하나님의 평강이 그리스도 예수 안에서 여러분의 마음과 생각을 지켜 주실 것입니다."

아직까지는 간신히 서 있지만 곧 쓰러질 것만 같았다. 이내 땅바닥에 쓰러져 사지가 찢기리라. 누군가가 그의 한쪽 팔을 잡아 비틀었고 한쪽 귀는 이미 찢어졌다. 양쪽 눈은 멍이 들어 부풀어 올랐다. 얼마 못 버틸 듯했다.

'한마디 말도 못 해 보고 이대로 죽는 걸까?'

유대인들의 소란 너머로 주랑 현관의 평평한 지붕에서 군인들이 금속음을 내며 속보로 다가오는 소리가 들려왔다. 폭동을 감시하기 위해 배치된 로마군 경비병들이 수비대장인 천부장 글라우디오 루시아에게 즉시 상황을 보고했던 것이다. 천부장은 망루에서 모든 예루살렘 사람이 성전으로 모여드는 것을 보았다. 어떤 구체적인 위험에 대한 동양인들의 맹목적 군중 심리가 발휘된 것인지, 원인 모를 분노에 사로잡힌 것인지는 알 수 없었다. 그러나 원인이 무엇이건 심각한 민란이 벌어지고 있었다. 그는 직접 작전을 지휘했다. 성전 북서쪽에 자리 잡은 안토니아 요새에서 달려 나온 200명의 군인이 계단을 내려가, 군사 작전이 용이하도록 설계된 주랑 현관 지붕에서 곧장 사건 현장으로 들이닥쳤다. 오랜 훈련의 결과로 이 모든 과정이 착착 이루어졌다.

군중은 바울 때리기를 멈추고 군인들에게 길을 내어 주었다. 지난번 소요에서 그들은 저항했고, 뒤이은 전투와 혼란으로 수천 명이 밟혀 죽은 바 있었다. 글라우디오 루시아가 나타나 바울을 체포하고 쇠사슬 두 개로 그의 손목을 결박하라고 명령했다. 그리고 그가 어떤 사람이며 무슨 일을 했는지를 물었다. 그러나 무리 속 사람들이 저마다 다른 소리를 질러 대어 도통 진상을 알 수 없었다. 루시아는 부하들에게 바울을 요새 안으로 끌고 가라고 명령하였다. 이 말을 들은 군중은 분개했다. 군인들이 루시아 옆에 선 바울을 데리고 뜰을 가로질러 안토니아 요새의 주요 계단을 향해 가기 시작하자, 군중은 먹이를 놓친 짐승처럼 크게 소리를 질러 댔다.

"없애 버려라! 없애 버려라!"

군중은 고함을 외치면서 창과 방패 주위로 밀려들었다. 마침내
층계에 이르렀을 때 군중이 너무 난폭하게 밀어붙이는 바람에
군인들은 아예 바울을 둘러메고 돌계단을 올라가야 했다. 루시아는
바울이 최근에 비극적인 폭동을 일으킨 무식한 이집트 사람일
거라고 생각했다. 그 사람은 수천 명을 부추겨 단도를 숨기고
다니며 몰래 정적들을 찔러 죽이게 한 후, 감람 산에 진을 치고
성벽이 기적적으로 무너져 로마군이 패배하기를 바랐다. 로마군은
무장한 폭도를 진압했고 살아남은 수백 명을 십자가에 처형하거나
갤리선으로 보냈지만 그 이집트인은 달아났다. 루시아는 그가 이제
되돌아왔고 유대인들이 자신들의 아들들을 속인 외국인에게 분노를
쏟아 내는 것이라 생각했다.

층계를 다 올라가자 고함치는 무리는 아래에 있고 요새 안은
조용하고 평온했다. 바울은 조금 앞에 있는 루시아에게 그리스어로
말했다.

"천부장님께 한 말씀 드려도 되겠습니까?"

루시아는 엉망이 된 인간의 표본과도 같은, 피 흘리는 작은
작자가 헐떡이며 그리스어로 말하는 것을 듣고 깜짝 놀라 이집트
사람이 아니냐고 물었다. 바울은 루시아의 억양을 듣고 이름으로
짐작한 바와 같이 그가 그리스 혈통임을 알고 이렇게 대답했다.

"아닙니다. 저는 길리기아 지방의 다소에서 태어난 유대인이며
'소읍이 아닌 도시'의 시민입니다."

루시아는 더욱 놀랐다. 군중에게 얻어맞은 이 범죄자는
학자이자 지위가 있는 사람이 분명했다. 방금 간신히 죽음을
모면한 사람이 에우리피데스가 쓴 글의 한 구절을 인용할 재치를
갖추었다니 말이다. 바울이 이렇게 요청했다.

사도 바울

"제가 저 사람들에게 말할 수 있게 허락해 주십시오."

그러자 루시아는 허락했다.

바울은 쇠사슬을 찬 멍든 손을 들어 올렸다. 루시아는 더욱더 놀랐다. 바울의 손짓에는 특별한 권위가 서려 있었고 군중은 조용해졌다. 외침은 중얼거림으로 잦아들었다.

바울은 히브리어로 말하기 시작했다. 루시아는 히브리어를 조금은 알았겠지만 연설 내용을 따라갈 정도는 아니었다. 바울이 유대인들을 선동하려는 반역자가 아니라는 증거는 그의 말밖에 없었지만, 루시아는 개입하지 않았다. 루시아는 머리가 지끈거리고 마디마디가 아플 것이 분명한 바울이, 즉석에서 피에 굶주린 군중의 관심을 사로잡는 힘 있는 연설을 펼치는 것을 듣고 놀랐을 것이다. 하지만 그는 바울의 절묘한 단어 선택과 군중의 마음을 달래어 그들의 영혼을 구원하려는 애끓는 마음은 알 수 없었을 것이다. 터진 입술 사이로 피가 떨어지는 가운데, 바울은 비록 성공하지는 못하지만 가장 재치 있는 연설을 하고 있었다.

바울이 외쳤다.

"내 아버지와 형제가 되시는 여러분, 이제 내가 해명할 테니 잘 들어 주시기 바랍니다."

그의 입에서 유서 깊은 정중한 관용 표현과 히브리어가 흘러나오자 군중은 더없이 조용해졌다.

"나는 유대인입니다. 길리기아 지방의 다소에서 태어났지만 이 도시에서 자랐고 가말리엘의 제자로서 그 밑에서 우리 조상의 율법대로 엄격한 교육을 받았습니다. 나는 오늘, 여기 모인 모든 사람처럼 하나님에 대해 열심이 있었습니다. 나는 예수의 '도'를 따르는 사람들을 핍박하여 그들을 죽이기까지 했으며, 남자든 여자든 가리지 않고 그들을 붙잡아 감옥에 넣었습니다. 대제사장과

모든 장로가 내 말이 사실이라는 것을 증언해 줄 것입니다. 나는
그들에게서 다마스쿠스에 있는 형제들에게 보내는 공문서를
받았습니다."

바울은 자신의 회심 이야기를 했다. 그들은 귀를 기울였다.
그는 엄청난 유대인 군중 앞에서 설교하고 있었다. 마침내 기회가
왔고 그는 기회를 잡았다. 통증도 잊은 채 그는 다마스쿠스
길에서의 갑작스런 체험을 묘사했고, 자신을 변화시킨 그분의
말씀을 전했다.

"그분이 내게 '나는 네가 박해하는 나사렛 예수다'라고
대답하셨습니다."

바울은 눈이 멀었던 일, 모세 율법을 따라 사는 경건한
사람이며 그곳에 사는 유대인들에게 존경을 받는 아나니아,
아나니아에게 세례를 받은 일에 대해서도 말했다. 그리고 마침내
군중이 가장 받아들이기 어려울 부분에 이르렀다. 그는 할 말이
많았지만 자신이 이방인들에게 간 이유부터 먼저 설명했다.
예루살렘에서 본 환상에 대해 말하며 예루살렘에서 말씀을 전하지
말라고 하시는 주님에게 따진 일도 이야기했다.

"그래서 나는 대답했습니다. '주님, 이들은 제가 여러 회당을
돌아다니며 주님을 믿는 사람들을 잡아 감옥에 가두고 때리기까지
한 일을 잘 압니다. 그뿐만 아니라 주님의 증인인 스데반이 죽임을
당할 때 제가 그 자리에 있던 것도 알고 있습니다. 저는 그때,
거기 서서 그들이 스데반을 죽이는 일에 찬성했으며 그를 죽이는
사람들의 옷을 맡아 주기까지 했습니다.'

그러나 주님은 내게 말씀하셨습니다. '가거라. 내가 너를 멀리
이방인들에게 보내겠다.'"

그 말은 마른 지푸라기에 던져진 성냥불과도 같았다. 침묵은

갑자기 외침으로 바뀌었다. 연설은 묻혀 버리고 군중의 외침만이 들려왔다.

"죽여라!"

"저자를 없애 버려라!"

"저런 놈은 살려 뒤선 안 된다!"

군중은 계단으로 밀어닥쳤다. 뒤쪽에 있는 사람들은 옷을 벗어 던지며 공중으로 먼지를 일으켰다. 그곳 전체가 흥분의 도가니에 빠져들자 루시아는 바울을 요새 안으로 끌고 들어갔다. 그는 상관들에게 어떻게 보고해야 할지 당황스러웠다. 바울을 존중하던 마음은 폭도들의 폭력 앞에서 이내 사라져 버렸고 그는 백부장에게 명령을 내린 후 재빨리 자기 숙소로 돌아갔다.

31. 고문실

환한 햇살이 비치는 바깥에 비해 요새는 어두웠다. 군인들이 바울을
아래층으로 끌고 가 더 좁은 계단을 따라 내려간 뒤 둥근 천장이
있는 지하 공간으로 들어섰다. 그들은 횃불이 깜빡이는 지하 공간의
낮은 아치 통로를 지나 고문실로 들어갔다. 소음은 더 이상 들리지
않았다.

그들은 먼저 바울의 쇠사슬을 풀어내고 옷을 벗겼다. 양 발목을
막대기에 묶고 머리보다 약간 앞쪽 위에 걸쳐 있는 들보에 긴 가죽
끈을 걸어 그것으로 양 손목을 잡아 맨 뒤 끈을 죽 잡아당겼다.
바울은 머리 위로 양팔을 펼치고 온몸이 앞으로 기울어진 채로
팽팽하게 매달린 상태가 되었다. 그 자체만으로도 고통스러운
자세였지만, 그렇게 팽팽해진 신경과 근육 위로 매질이 가해질
터였다. 바울은 처벌을 받기 위해 채찍 기둥에 몸을 기울인 것이
아니었다. 군인들은 그에게서 모종의 자백을 받아내려 했다. 그가
비명 중간중간에 실토하게 될 범죄 사실을 받아 적기 위해 누군가
근처에 서 있었다.

이제 바울은 상황을 제대로 파악할 수 있었다. 무시무시한
채찍인 플라겔룸이 그를 기다리고 있었다. 날카로운 아연과

철, 뼛조각이 달린 육중한 생가죽 채찍으로 내려치는 잔학한
매질이었다. 노예들이나 지위가 낮은 사람들에게서 강제로 증거를
얻거나, 예수님이 당하셨던 십자가 처형의 예비 행위로 이루어지는
이 육중한 채찍질은 사람을 죽일 수도 있었다. 살아남는다 해도
신경이 찢어지거나 신장이 손상될 것이고, 심지어 미칠 수도 있었다.
그런 채찍질을 당한다면 바울은 다시는 말씀을 전할 수 없을
것이었다.

담당 백부장이 앞으로 나와 준비 상황을 확인할 때 바울이
말했다.

"로마 시민을 유죄 판결도 내리지 않고 매질하는 법이 어디
있소?"

그 말을 듣고 백부장은 황급히 움직였다. 그는 서둘러 밖으로
나가 루시아를 찾았다. 바울은 여전히 들보에 매달려 온몸을 뻗고
있었지만 플라겔룸을 들고 있던 건장한 노예는 그것을 내려놓았고
고통 중에 내뱉은 자백을 적어야 하는 서기는 뒤로 물러섰다.
수비대장은 얼마나 놀랐는지 곧장 고문실로 달려왔다.

하지만 막상 눈앞에 벌거벗은 채로 묶인 조그마한 유대인을
보자 루시아는 잠시 의심스러워졌다. 바울의 등에는 채찍질, 매질,
돌 세례로 생겨난 상처가 있었기 때문이다.

"내게 말하시오. 당신이 로마 시민이오?"

"그렇습니다."

루시아는 로마시민권을 얻기 위해 중개업자들에게 많은 뇌물을
주었던 것을 기억했다.

"나는 돈을 많이 들여서 이 시민권을 얻었소."

바울이 말했다.

"저는 나면서부터 로마 시민입니다."

루시아는 무척 걱정되었다. 바울을 채찍질해서 심문하려고 묶었으니 그의 친척들 중 힘 있는 사람들이 이것을 문제 삼는다면 그의 인생이 망가질 수도 있었다. 건장한 노예와 서기는 금세 사라졌다. 바울이 법적 조치를 취한다면 관계자들이 모두 큰일을 당할 수 있었기 때문이다. 바울은 도움을 받아 옷을 입고 지하 감옥에 들끓는 해충이 없는 감방으로 옮겨졌다. 일반적인 가벼운 쇠사슬 외에는 몸을 묶이지도 않았다.

루시아는 아직도 소요의 원인으로 보고할 내용이 없었다. 그래서 이튿날 그는 무슨 일로 유대 사람이 바울을 고소하는지 진상을 알아볼 작정으로, 예루살렘의 군사 책임자로서 산헤드린 특별 회의 소집권을 행사했다. 그는 바울의 결박을 풀어 주고 유대인이라는 사실보다 로마시민권이 더 명예로운 것임을 강조하려는 듯 직접 그를 법정으로 데려갔다. 그 다음 '깎은 돌로 만든 홀'에서 나와 줄곧 바깥에 머물러 있었다.

바울은 스데반이 섰던 바로 그 자리에 섰고, 일흔한 명의 재판관 중에는 스데반의 재판 때 있었던 사람도 소수 있었다. 의장은 주후 47년부터 대제사장으로 있던 아나니아 벤 네데바우스였다. 그는 대제사장 자리를 치욕스럽게 만들 만큼 지독히 탐욕스러운 인물들 중 하나였다. 그때까지 바울은 그를 직접 본 적이 없었고, 군중에게 얻어맞아 시야가 또렷하지도 않았다. 하지만 눈을 통해 나타나는 그의 카리스마는 선뜩했다. 바울은 오래전 키프로스의 엘루마를 기죽였던 강렬한 눈빛으로 공회를 사로잡았고, 주도권을 놓치지 않고 알아서 변론을 시작했다.

그가 입을 열었다.

"형제 여러분, 나는 이 날까지 하나님 앞에서 선한 양심으로 살아왔습니다. 나는⋯⋯."

그 순간, 의장이 명령을 내렸다. 그러자 법정 시종들 중 한 명이 바울의 입을 매섭게 때렸다. 완전히 불법적인 행동에 바울의 옛 모습이 불끈 튀어나왔다. 저주를 받지만 축복해 주고, 모욕을 당하여도 다정한 말로 대답한다는 본인의 가르침을 잊은 채, 그는 흐릿하게 보이는 의장을 향해 소리를 질렀다.

"하나님이 당신을 치실 것이오! 당신은 겉만 하얗게 회칠한 벽과 같소. 당신은 율법대로 나를 재판한다고 거기에 앉아 있으면서 어떻게 스스로는 율법을 어겨 가며 나를 치라고 말할 수 있소?"

시종들이 깜짝 놀라 말했다.

"어디 감히 하나님의 대제사장을 모욕하느냐?"

바울은 당황했지만 부드럽게 말했다.

"형제들이여, 나는 그가 대제사장인 줄 몰랐습니다. 기록되기를 '네 백성의 지도자를 모욕하지 말라'고 했으니 말입니다."

정연한 논증의 길이 막힌 바울은 어쩌면 무모할 수도 있는 기발한 시도를 했다. 그는 산헤드린이 바리새파와 사두개파로 나뉘어 있음을 알고 있었다. 바리새파는 최후의 심판 날에 있을 부활과 천사들과 영적 존재들이 있음을 믿었지만, 사두개파는 민족주의적이고 유물론적인 견해를 내세웠다. 바울은 자신이 다마스쿠스 길에서 예수님을 본 것처럼 많은 바리새인이 그분을 본다면 그분을 믿게 될 거라고 확신했다. 부활하신 주님을 믿는 것은 참된 바리새인이 내릴 수 있는 유일하게 정직한 결론이었다.

그는 공의회에 모인 사람들에게 큰 소리로 말했다.

"형제 여러분, 나는 바리새파 사람이며 바리새파 사람의 아들입니다. 나는 지금 죽은 사람이 부활할 것이라는 소망 때문에 재판을 받고 있습니다."

바리새파 사람들이 외쳤다.

"우리는 이 사람에게서 아무런 잘못도 찾을 수 없습니다. 어쩌면 천사나 영이 이 사람을 시켜서 말하는 것인지도 모릅니다."

대제사장을 포함한 사두개파 사람들은 성난 목소리로 그런 주장을 부인했고, 결국 재판관들이 서로 주먹질을 하기에 이르렀다. 그들 중 일부는 바울을 붙잡거나 보호하려고 변호인석에 달려들기까지 했다. 요란한 소리를 들은 루시아는, 바울이 그들 사이에서 갈기갈기 찢어질까 봐 걱정되어 병사들에게 들어가서 강제로라도 바울을 빼내어 요새로 데리고 가라고 명령했다.

루시아는 아무 진전을 보지 못했다. 그는 아직도 보고할 것이 없었다. 바울도 좌절감을 느꼈다. 동포들에게 주님을 전하려던 시도들은 실패했고 이제는 아예 로마를 보지 못할지도 몰랐다. 하루가 느릿느릿 지나갔다. 감옥 창살로 내다보이는 6월 하늘이 파란색에서 붉은색으로 바뀌는가 싶더니 이내 별들이 나타났고 바울은 예의 그 우울한 기분에 빠져들었다. 바울의 친구들은 요새 안으로 들어올 수 없었다. 그는 외로웠고 할 수 있는 일이 기도뿐이었다.

한치 앞을 알 수 없던 고린도에서의 일을 비롯해 다른 여러 위급한 상황에서 그랬던 것처럼, 갑자기 그의 앞에 주 예수님이 나타나셨다. 변함없이 함께하시는 분으로 바울이 서신서에서 자주 언급한 성령께서, 잠시 눈에 보이는 모습으로 당신을 드러내셨고 바울 바로 옆에 서서 귀에 들리게 말씀하셨다.

"용기를 내어라. 네가 예루살렘에서 나를 증언한 것같이 로마에서도 나를 증언하여야 한다."

바울은 자신이 예수님을 보았다는 사실과 그분의 말씀이 이루어질 것임을 의심하지 않았다. 하나님의 평강이 그의 마음과 생각 속에 흘러들었다. 그는 자신이 확고한 사실로 가르쳤던 대로,

하나님을 사랑하는 자 곧 그 뜻대로 부르심을 입은 사람들에게는
모든 것이 합력하여 선을 이룬다는 사실을 확신했다.

이튿날 아침, 경비병들이 방문자 한 명을 들이면서 뜻밖의 길이
열렸다. 어릴 때 이후 보지 못한 바울의 조카였다. 어린 시절부터
변절자 외삼촌을 죽은 사람처럼 여겼을 이 젊은이는, 요새에 출입할
수 있는 것으로 보아 상당히 영향력 있는 지위에 오른 듯하다.
바울은 몰랐지만 조카는 '깎은 돌로 만든 홀'에 있었던 것이 거의
확실하다. 층계에서 바울이 채 끝내지 못한 연설을 군중 속에서
들었을 수도 있다. 삼촌의 실제 모습을 본 후 느낀 놀라움과 혈육의
정에 힘입어 그는 오랜 세월 품고 있던 편견을 떨치게 되었다.
조카가 찾아온 것이 가족과 화해하는 첫걸음이 되었던 듯하다.
그리고 가족은 화해의 일환으로 그동안 바울에게 주기를 거부했던
유산을 나눠 주기 시작한 것 같다. 이렇게 생각하는 근거는, 이
시점부터 바울에게 다시 여윳돈이 생겼기 때문이다. 그는 고위
관리가 뇌물을 기대할 정도로 형편이 넉넉해진다.

조카의 개입으로 상황은 당장 달라졌다. 그는 바울에게 살인
음모를 알렸다. 그가 40명의 젊은 열심당원들이 모의하는 자리에
있었는지, 아니면 산헤드린이 비밀 회의에서 그 음모를 승인하는
자리에 있었는지는 모를 일이다. 어느 쪽이건, 조카는 그 음모를
누설함으로써 자신의 장래를 망칠지 모르는, 어쩌면 목숨까지 잃을
수 있는 위험을 감수했다. 그는 바울에게 이튿날 유대인들이 심문할
것이 더 있다는 구실을 대면서 바울을 산헤드린으로 끌어내 달라고
루시아에게 공식 요청을 할 거라고 말했다. 그러나 사람들이 도중에
매복하고 바울을 기다리고 있을 것이었다. 호위대와의 마찰 가운데
열심당원들 중 일부는 죽게 되겠지만, 그들은 모두 바울을 죽이기

전에는 아무것도 먹지도, 마시지도 않겠다는 엄숙한 종교 서약을 한 상태였다. 그들은 바울을 죽임으로 하나님을 섬기게 된다고 생각했다.

바울은 지체하지 않았다. 그는 백부장을 불러 조카를 루시아에게 데려가라고 했다. 백부장들은 바울에게 로마시민권이 있다는 점 외에도 그에게 매력을 느끼고 있었으므로 서둘러 그의 요청대로 했다. 루시아도 친절한 모습으로 그를 맞더니 젊은이의 손을 잡고 아무도 없는 곳으로 데려가 이야기를 들었다. 루시아는 청년에게 고마움을 전한 뒤 이 내용을 아무에게도 알리지 말라고 단단히 주의를 주었다. 그 후 루시아는 즉시 행동에 돌입했다.

그날 밤 9시, 보병과 창을 쓰는 병사 각 200명과 기병대 70명이 신新성벽을 지나 행진해 나갔다. 기병대 중심에는 바울이 말을 타고 있었다. 6월의 차가운 산 공기 때문에 중앙에 있었다기보다는 정체를 숨기려고 대열 중심에 둘러싸여 있었다. 다음 날 아침, 그들은 구릉지 기슭에 있는 안디바드리에 도착했다. 음모자들이 속아 넘어간 것이다. 도로는 대부분 이방인들이 사는 경작된 평야를 지나 죽 이어졌기 때문에, 바울을 가이사랴의 총독 관저로 호송하는 임무를 기병대에게 맡기고 보병대는 예루살렘으로 돌아갈 수 있었다.

가이사랴의 총독 관저에서 바울은 유대의 총독 안토니우스 벨릭스 앞에 서게 되었다. 호송을 책임진 장교가 벨릭스에게 루시아의 편지를 전했다. 편지 내용은 나중에 누가가 서기들 중 한 명에게 받았거나 관보에 실린 것을 보고 적어 두었을 것이다. 누가는 별다른 논평 없이 그 내용을 사도행전에 집어넣었다. 그러나 천부장이 내세우는 주장과 교묘하게 빠뜨린 부분을 보면서 짓궂은 누가는 상당히 재미있어 했을 것이다.

사도 바울

글라우디오 루시아가 총독 벨릭스 각하에게 문안드립니다. 이
사람은 유대인들에게 잡혀 살해당할 뻔한 사람입니다. 그런데
저는 이 사람이 로마 시민이라는 것을 알고는 제 병사들을 데리고
가서 그를 구했습니다. 저는 유대인들이 무슨 일로 이 사람을
고소하는지 알고 싶어 그들의 공의회로 이 사람을 데려갔습니다.
거기서 저는 그들이 이 사람을 고소하는 것이 그들의 율법에 관한
것일 뿐, 이 사람에게는 사형을 당하거나 감옥에 갇힐 만한 죄가
없다는 것을 알았습니다. 그런데 유대인들이 이 사람을 죽이려는
음모를 꾸민다는 정보를 듣고 저는 곧바로 이 사람을 각하께
보내는 것입니다. 그리고 그 유대인들에게도 이 사람에 대해
고소할 말이 있으면 각하께 직접 하라고 일러두었습니다.

벨릭스는 편지를 읽고 나서 바울에게 어느 속주 사람인지를
물었다. 원주민 국가 출신이라면 적절한 관할권으로 넘겨야 하기
때문이었다. 총독은 바울이 길리기아 사람이라는 것을 알고는 헤롯
대왕이 지은 총독 관저에 가둬 두라고 명령했다.

대제사장은 노구를 이끌고 서둘러 가이사랴로 내려갔고,
수행원들 중에 더둘로라는 변호사를 데려갔다. 누가가 법정에서
재판 내용을 들은 것을 보면 바울의 친구들도 따라갔을 것이다.
누가는 기소자 측의 고발 도입부에 등장하는 현란한 아부에
반어적인 재미를 느꼈을 것이다. 주후 52년 벨릭스가 총독으로
임명된 이후, 성전 안에서는 여러 반란이 일어났다. 그의 사주로
이루어진 대제사장 요나단의 암살 이후 늘어난 정치적 암살 때문에
유대 지방에서는 수많은 사람이 피를 흘렸다. 그 사실을 더둘로
역시 잘 알고 있었다. 벨릭스의 탐욕은 악명이 높았다. 그는 노예로

태어났지만 자유민이던 그의 형, 클라우디우스 황제의 총애를 받은
팔라스의 어깨를 딛고 권력을 얻었다. 그의 사람됨은 타키투스가
한마디로 잘 요약해 준다.

그는 노예의 정신으로 왕의 권력을 사용했다.

더둘로는 양 볼을 부풀리고 의복을 거창하게 잡아당겼는데,
이것은 승산이 희박한 사건에서 변호사들이 깊은 인상을 남기기
위해 꾸미는 모양새였다.

더둘로가 입을 열었다.

"벨릭스 각하, 우리는 각하 덕분으로 크게 평안을 누리고
있습니다. 그리고 각하의 선견지명 덕택으로, 이 나라에서는 개혁을
많이 이룰 수 있었습니다. 우리는 어떤 면으로나 또 어디서나
이것을 인정하며, 감사해 마지않습니다. 저는 각하를 오래 방해하지
않겠으니, 너그러우신 마음으로 우리의 고소를 잠깐 들어 주시기
바랍니다."

첫째로 그는, 바울이 온 문명 세계의 모든 유대 사람에게
소란을 일으키는 '전염병 같은 자'라고 말했다. 둘째, 바울을 나사렛
도당의 괴수라 부르며 이 사교邪敎가 로마 당국의 승인을 받지
못했다는 암시를 넌지시 주었다. 셋째, 바울이 성전을 더럽히려는
시도를 함으로써 로마에서 집행을 약속한 유대인 내부 법률을
어겼다고 했다. 하지만 자신들이 그런 바울을 붙잡았노라 말했다.
더둘로는 벨릭스가 죄수를 신문해 보면 그를 고소하는 이유가
얼마나 타당한지 알게 될 거라는 말로 다소 어설프게 고발을
마쳤다.

대제사장을 따르는 사람들은 변호사의 말을 열렬히

지지했지만, 전체 사건의 발단을 제공한 아시아 유대인들의 모습은 보이지 않았다. 벨릭스는 피고인에게 직접 말하라고 했다.

바울은 아주 편안한 모습으로, 아첨이 아닌 적절한 예절을 갖추되 변호사 시절이 수십 년이나 지났음에도 녹슬지 않은 법정 기술로 자기주장을 폈다.

"각하께서 수년 동안 이 민족의 재판장으로 계신 것을 알고 있습니다. 그래서 저와 관련된 일을 각하께 변호하게 된 것을 기쁘게 생각합니다. 제가 예루살렘에 예배드리러 올라간 것은 12일밖에 되지 않습니다. 이것은 각하께서 조사해 보시면 금방 아실 수 있습니다. 그리고 저를 고소하는 사람들은 제가 성전 뜰에서 누구와 논쟁한 것이나, 회당에서나 도시 안에서나 사람들을 선동한 것을 본 적이 없습니다."

바울은 고소의 범위를 '온 문명 세계'에서 '예루살렘'으로 멋지게 옮겨 버렸다. 예루살렘만 놓고 봐도 그들은 자신들의 고소 내용을 입증하지 못했다.

"그러나 저는 각하께 이 사실을 고백합니다. 저는 유대인들이 이른바 이단이라고 하는 예수의 '도'를 따르는 사람으로, 우리 조상의 하나님을 섬기며 모세의 율법과 예언자들의 책에 적힌 것도 다 믿는다는 사실입니다. 저는 이 사람들이 간직하고 있는 것과 똑같이, 하나님께 대한 소망이 있습니다. 그것은 의로운 사람이든 불의한 사람이든 모든 사람이 다시 부활하리라는 소망입니다. 그래서 저는 언제나 하나님과 사람들 앞에서 저의 깨끗한 양심을 간직하려고 힘쓰고 있습니다."

바울은 성전에서 폭동이 벌어질 때까지의 상황을 설명했다. 그는 자기 민족을 위해 구제금을 갖고 왔고 정결 예식을 행했다고 말했다.

"저는 소동을 일으키지도 않았고 제 주위에 군중이 모여 있지도 않았습니다. 그 자리에는 아시아에서 온 유대인들이 있었는데."

바울은 중간에 말을 끊고 법정을 의미심장하게 둘러보았을 것이다.

"저를 고소할 일이 있었다면 그들이 직접 각하 앞에 와서 저를 고소했을 것입니다. 그렇지 않으면, 제가 예루살렘에서 유대인의 공의회 앞에 섰을 때 대제사장과 그의 추종자들이 제게서 무슨 잘못을 찾아냈는지, 여기 서 있는 이들에게 말해 보라고 하십시오. 제가 그들 앞에 섰을 때 한 말은 오직 하나, 곧 '오늘 내가 여러분 앞에서 재판받는 것은 죽은 사람의 부활에 관한 것 때문이다'라고 외친 것뿐입니다."

바울은 변론을 마쳤다.

당시 벨릭스는 기독교의 도에 대해 조사를 이미 마쳤고 갈리오의 판결도 알고 있었을 것이다. 로마법에 따르면 유대인들이 바울을 고소할 수 없으니 그를 무죄 방면해야 한다는 것도 알았다. 하지만 그는 대제사장을 마음 졸이게 하여 말썽의 소지가 줄어드는 당장의 상황이 싫지 않았다. 벨릭스는 타고난 거짓말쟁이였다. 그는 루시아가 올 때까지 판단을 유보하겠다는 얄팍한 구실로 재판을 연기했다.

벨릭스는 바울을 잘 지키되 어느 정도 자유를 주라고 명령했다. 그리고 바울의 친구들이 그를 방문하여 필요한 것을 가져다주는 것을 막지 말라고 했다.

---

32. 왕, 선왕비, 그리고 총독

지중해의 습한 겨울이 물러가고 58년의 더운 여름이 찾아왔다.
병사 한 사람과 가벼운 쇠사슬로 연결하기만 하면, 해변이나
원하는 곳 어디든 가서 이야기를 나눌 수 있다는 허락을 받으면서
바울은 한결 견딜 만했다. 바닷바람도 그를 위로했다. 데살로니가의
아리스다고가 바울을 섬기기 위해 죄수의 지위를 받아들였고,
디모데는 유럽이나 소아시아로 선교 여행을 떠났다.

어느새 서른다섯 살 정도가 된 디모데는 젊은 시절의 소심함이
조금 남아 있긴 했지만 바울처럼 한마음을 품은 사람이었다. 다른
대표들도 모두 아시아와 유럽으로 돌아갔고 누가만 남았다. 누가는
유대에 머무는 시간을 예수님의 생애와 죽음과 부활을 입증하는,
증언과 문헌과 이후의 사건을 철저하게 조사하는 기회로 삼았다.

주님의 어머니 마리아나 아직 살아 있었다면 막달라 마리아,
혹은 삭개오나 한때 눈이 먼 여리고의 거지와 오랜 대화를 나눈
후 누가가 가이사랴로 돌아왔다면 그때마다 바울은 큰 격려를
받았을 것이다. 또 바울을 지키는 병사가 동석한 채로 전도자
빌립이 성령이 오신 이후의 초기 시절에 대해 이야기하거나,
그가 알던 스데반의 모습을 들려줄 때도 격려를 받았다. 이때

바울은 다른 각도에서 빌립의 말을 확인해 줄 수 있었다. 몇몇
사람들은 히브리서가 이 시기에 쓰였다고 주장한다. 히브리서에는
바울의 서명이 없으니 저자가 누구인지 확실히 알 수 없다. 바울
시대에서 150년 정도 지난 후, 알렉산드리아의 클레멘스는 바울이
히브리어로 그 편지를 썼고 누가가 그리스어로 옮긴 번역본이 남아
있다고 말했다. 그러나 현대 학자들은 그 주장을 신뢰하지 못한다.
클레멘스의 후계자 오리게네스는 바울이 집필을 감독했을 뿐이라고
믿었다. 터툴리안은 히브리서가 바나바의 작품이라고 판단했다.
그런가 하면 아볼로의 작품이라고 주장한 학자들도 있었는데, 이
주장은 루터가 처음 내세웠고 점점 더 많은 학자의 지지를 얻고
있다.

　　바울이 이 알려지지 않은 시기에 무슨 일을 했는지는 모르지만,
제한적이나마 자기 동포에게 다가갈 기회를 마침내 얻게 되었다.
그의 바로 옆에는 회심할 기미가 보이는 지체 높은 두 사람도
있었다. 벨릭스 총독은 유대 왕가의 여성을 유혹했다. 헤롯 가문의
공주 드루실라는 그의 유혹을 받아들여 벨릭스의 세 번째 아내가
되었다. 간음을 저지르고 이방인과 결혼하여 율법을 어긴 일로
양심의 가책을 느꼈기 때문인지, 아니면 헤롯 가문 특유의 호기심
때문인지는 알 수 없다. 그러나 드루실라는 벨릭스를 설득해서
바울을 따로 불러 이야기를 들었다.

　　바울은 벨릭스가 얻은 권위를 불쾌하게 여기지 않았다.
바울은 무정부주의자가 아니었다. 그는 네로와 거북할 정도로
가까이 사는 로마의 그리스도인들에게 황제를, 하나님께 권위를
부여받은 하나님의 종으로 여기라고 촉구한 바 있었다. 정부를
변화시키기 위한 바울의 처방은 정치 혁명을 선동하는 것이 아니라
통치자의 마음을 움직이는 것이었다. 그러므로 벨릭스가 기회를

줄 때마다 그는 기꺼이 기회를 활용했다. 바울은 노예의 마음을
가진 이 총독을 두려워하지 않고 예수 그리스도에 대한 신앙을
거침없이 전했다. 벨릭스는 이전의 빌라도처럼 사람을 풀어 주거나
정죄할 권위가 자신에게 있다고 생각했다. 그러나 주님의 견해를
본받은 바울이 볼 때 그가 가진 권위는 모두 위로부터 주어진 것에
불과했다. 정치적 범죄를 많이 저지른 데다 음욕까지 많은 벨릭스는
바울의 설교가 매우 부담스러웠다. 누가는 이렇게 적고 있다.

> 바울이 정의와 절제와 장차 올 심판을 두고 말할 때, 벨릭스는
> 두려워서 "이제 그만하면 되었으니 가시오. 기회가 있으면, 다시
> 당신을 부르겠소" 하고 말하였다.

흥미를 잃은 드루실라와 달리 벨릭스는 바울을 자주 불렀다.
그는 회개로 가는 길을 탐색했지만 바울에게서 은근히 뇌물을
기대하기도 했다. 바울이 뇌물을 주었다면 사건은 그에게 유리하게
해결되었을 것이다. 바울, 누가, 아리스다고, 늙은 빌립과 그의
딸들이 총독의 회심을 위해 기도했지만 결국 벨릭스는 바울의
전도에 별다른 반응을 보이지 않았다.

59년 봄 가이사랴에서 폭동이 일어난 후, 벨릭스는 로마로
소환되는 치욕을 겪었다. 형의 영향력 덕분에 처형이나 자살 명령은
면했지만, 두 번 다시 공직에 임용되지 못했다. 그는 떠나기 전에
쉽게 바울을 풀어 줄 수 있었지만, 유대인 지도자들에게 조금이나마
환심을 사기를 바랐다. 적어도 그 사건을 제대로 처리하지 못했다고
비난할 명분은 주고 싶지 않았다. 끝까지 비열했던 그는 바울을
가둔 채로 내버려 두었다.

4부 오스티아 가도로

유대의 신임 총독은 벨릭스보다 출신 배경이 좀더 낮고 보다 원칙에 충실한 보르기오 베스도였다. 그는 소란이 많은 속주를 다스리는 과정에서 건강을 해쳐 부임 2년 후 재직 도중에 죽었다. 베스도는 59년 7월 초 총독으로 부임하자 곧장 가이사랴를 떠나 예루살렘을 방문했다. 대제사장과 산헤드린은 다른 여러 문제들 중에서도 바울의 문제를 제기했다. 그들은 베스도가 자기들에게 잘 보이고 싶어 할 거라고 짐작하고 바울의 재판을 예루살렘에서 빨리 열어 달라고 요청했다. 바울을 죽이기 전까지는 먹지도 마시지도 않겠다고 성급하게 맹세했다가 특면을 받고 2년 동안이나 돌아다닌 젊은 열심당원들이, 와디나 숲에서 매복하고 그를 기다릴 참이었다. 하지만 베스도는 바울을 예루살렘으로 보내기를 거부하고 유대인 당국자들에게 가이사랴로 오라고 지시했다. 자기 편한 대로 내린 결정이 본의 아니게 그들의 계획을 수포로 돌아가게 만든 셈이었다. 그러나 그는 공판을 신속하게 처리하겠다고 약속했다.

베스도는 예루살렘에서 8~10일 정도 더 머문 뒤 수행원들을 거느리고 가이사랴로 돌아갔다. 이튿날 아침, 베스도는 유대 최고 재판관의 자격으로 법정을 열었다. 첫 번째 사건은 바울의 사건이었다. 바울이 나타나자, 예루살렘에서 온 유대인들은 2년간 쌓인 울분을 토해 내며 그를 에워쌌다. 그러나 총독 면전인지라 어찌하지는 못했다. 처음에 그들은 여러 죄목을 대며 바울을 고발했다. 베스도는 무슨 소리인지 이해하지 못했기에 강한 인상을 받지 못했다. 베스도는 그 장면을 이렇게 묘사하고 있다.

유대인들이 일어나 그를 고발하며 죄목을 늘어놓았지만, 내가 예상했던 것만큼 악한 죄는 없었습니다. 그들이 바울과 논쟁한 것은 간단히 말해, 그들의 종교에 관한 것과 예수라는 어떤

죽은 자에 관한 것이었습니다. 바울은 그자가 살아 있다고
주장했습니다.

나중에 유대인들은 더둘로가 내세운 것과 같은 과장된
죄목들을 베스도 앞에서 나열했지만 증인은 한 명도 부르지 않았던
것 같다. 누가가 구체적으로 증인을 밝히고 있지 않다. 그러나 그의
기록을 보면 각 고발 내용에 대해 베스도가 법적 증거를 요구했고
유대인들은 아무 증거도 내놓지 못한 것으로 짐작된다.
　바울은 고발 사건 자체가 성립되지 않는다고 말했다.
　"저는 유대 사람의 율법이나 성전이나 가이사에게 죄지은 것이
전혀 없습니다."
　베스도는 바울의 변론이 설득력이 있다고 보았다. 하지만
종교적 논쟁이라 난감했고 새로운 속주민들의 환심도 사고
싶었으므로, 바울을 산헤드린에 넘겨 줄 마음도 있었다. 그래서
바울에게 물었다.
　"그대는 예루살렘으로 올라가서 이 여러 가지 고소 문제에 대해
내 앞에서 재판받기를 원하는가?"
　바울은 자신이 예루살렘까지 살아서 간다 해도 그곳에서
쉽사리 제거될 수 있음을 알았다. 하지만 유대인들이 오히려
그에게 빠져나갈 길을 열어 준 셈이 되었다. 그들이 고소 내용을
성전을 모독했다는 지역적인 문제로 제한했다면, 바울은 꼼짝없이
예루살렘으로 가야 했다. 예루살렘의 문제에 대해 예루살렘에서
재판받기를 거부한다는 것은, 바울이 그곳에 가면 베스도가 자신을
보호해 주지 못하거나 가이사랴에서만큼 공정하게 판결하지 않을
거라고 생각한다는 뜻이었기 때문이다.
　그러나 유대인들은 문명 세계 전역에서 소란을 일으켰다는

훨씬 광범위한 죄목으로 그를 고소했다. 종교적·정치적 혐의 모두 유죄로 밝혀진다면 사형이었다. 정치적 고소 내용이 더욱 무거웠지만, 바울은 그 죄목으로 재판받기로 했다. 정치적인 죄목은 로마인들과 직접 연관이 있는 것이었다.

바울은 베스도에게 아주 의도적인 대답을 했다.

"저는 지금 가이사의 법정에 서 있습니다. 저는 여기서 재판을 받아야 합니다. 각하께서도 잘 아시는 대로, 저는 유대 사람에게 조금도 잘못한 것이 없습니다. 만일 제가 나쁜 짓을 저질러서, 사형을 받을 만한 무슨 일을 하였으면, 죽는 것을 마다하지 않겠습니다. 그러나 저를 고발하는 이 사람들의 고발 내용에 아무 근거가 없으면, 어느 누구도 저를 그들에게 넘겨줄 수 없습니다. 저는 가이사에게 상소합니다."

제대로 된 법률 용어로 표현된 상소를 받고, 총독은 상소를 허락해야 할지를 두고 고문들과 상의했다. 그동안 관례에 따라 법정은 잠시 휴정에 들어갔다. 다른 속주민들과 달리, 로마 시민에게는 황제에게 상소할 수 있는 절대 권리가 있었지만, 사건이 황제 법정으로 이관될 만한 충분한 무게가 있는지는 총독이 판단해야 했다.

바울의 상소는 베스도에게 뜻밖이었지만 갑작스러운 결정은 아니었다. 사건이 질질 늘어진 지난 2년 동안 바울은 다음 단계에 대해 골똘히 생각했다. 우선 로마로 가야 하는데 황제에게 상소하면 로마로 가는 길이 열릴 터였다. 게다가 기독교는 제국에서 인정하는 종교라는 갈리오의 판결이 언제 뒤집힐지 모를 일이었다. 다른 속주 총독이 얼마든지 다른 판결을 내릴 수 있었던 것이다. 따라서 미래의 자유를 확실히 보장받기 위해서는 어차피 로마의 최고 법정, 황제의 호의적인 판결을 받아야만 했다.

사도 바울

당시 황제는 네로였다. 하지만 주후 59년의 젊은 네로는 비록 제위에 오른 과정이 의심스럽기는 했지만 갈리오의 형이자 당대 최고의 철학자인 세네카의 바람직한 영향을 받고 있었다. 59년 당시만 해도 이후 네로가 음욕, 잔인함, 잘못된 통치의 대명사로 손꼽히는 독재자로 끔찍하게 전락할 줄은 바울은 물론 다른 누구도 예상하지 못했다. 법에는 '무료'라고 되어 있었지만 실제로 가이사에게 상소하는 데는 막대한 비용이 들었다. 하지만 바울은 그 비용을 고민하지 않았다. 이제까지 하나님은 그의 모든 필요를 적절하게 채워 주셨다. 앞으로도 유산을 받게 되든, 그 외 다른 방식이든 이를 반드시 채워 주실 것이었다.

모든 것은 베스도가 가이사에게 상소하는 바울의 권리를 인정해 줄지의 여부에 달려 있었다. 일단 재판의 바퀴가 돌아가기 시작하면 그 속도가 느리다 해도 결코 되돌릴 수 없을 것이었다.

재판이 다시 열렸다. 베스도는 자리에 앉더니 유서 깊은 법률적 답변을 했다.

"그대가 가이사에게 상소했으니, 가이사에게 가게 될 것이오."

베스도는 이제 곤경에 처했다. 그는 이번 사건이 상소에 합당하다고 판결했지만, 총독 자리에 오른 후 로마로 처음 넘기게 되는 이 죄수에겐 가이사가 분명하게 파악할 만한 죄목이 없었다. 베스도 자신도 무슨 죄목인지 이해할 수 없는 상황이었다. 그러나 다행히 로마에서 팔레스타인 북동부 지역에 세운 원주민 국가의 유대인 왕 헤롯 아그립바 2세가 곧 가이사랴를 예방禮訪하기로 되어 있었다. 헤롯 가문은 유대교 개종자로서 혈통상 온전한 유대인은 아니었지만 아그립바 2세는 고소 내용을 평가하고 조언하는 역할을 할 수 있을 터였다.

그는 서른두 살로 시몬 베드로를 처형하려다 베드로가

탈출한 직후 두로에서 비참하게 죽은 유대 왕 혜롯 아그립바
1세의 아들이었다. 로마에서는 그가 아버지의 대를 이어 유대를
통치하기에는 너무 어리다고 여기고 행정관을 보내 직접 통치했다.
하지만 4년 후 그는 레바논 산맥과 헤르몬 산 사이의 좁은 평원
지대에 있는 손바닥만 한 칼키스 왕국의 왕위를 삼촌에게서
이어받았다. 이 조그마한 왕국은 서서히 확장되어 제법 커졌는데,
왕국의 안위가 로마 당국의 호의에 전적으로 달려 있었다. 아그립바
2세는 미혼이었지만 여동생 버니게와 근친상간을 한다는 소문이
돌고 있었다. 버니게의 남편이던 삼촌이 죽고 그 자리를 아그립바
2세가 이어받았으니 그녀는 선왕의 미망인이었다. 그리고 총독
자리에서 쫓겨난 벨릭스의 아내 드루실라가 그들의 여동생이었다.

베스도는 예방 기간이 끝날 무렵 바울의 소송 문제를 아그립바
2세에게 꺼내 놓았다. 아그립바 2세는 바울의 말을 들어보고 싶다고
했다. 이튿날로 시간이 정해졌다. 바울은 대단히 주의 깊게 연설을
준비했다. 그는 그것을 변론이라기보다는 영향력 있는 고위직 청중
앞에서 복음을 전할 기회로 본 것이다.

이 국가 행사에 군대 지휘관들, 유대인들과 이방인들을 포함해
가이사랴의 모든 주요 인물이 초청되었다. 총독의 가족 중 상당수가
공청실에 자리 잡았고 기둥이 세워진 양쪽으로는 지중해를 향해
부는 부드러운 바람이 지나갔다. 누가도 어렵지 않게 자리 잡을 수
있었을 것이다. 그의 청문회 기록에는 직접 목격한 사람의 특징이
다 나타나 있다. 그는 아그립바 2세와 버니게 선왕비가 요란한
나팔소리와 함께 공작 깃털 부채를 흔들고 군인들의 절도 있는
경례를 받으며 '크게 위엄을 갖추고' 왕좌에 올랐다고 적었다.
누가는 베스도가 손가락 하나만 까딱 하면 쫓아낼 수 있는 왕의
위신을 세워 주기 위해 높은 자리를 내어 주는 모습을 재미있어

했을 것이다.

바울이 끌려 나왔다. 키가 작고 안짱다리에다 등도 구부정했지만 빈틈없고 단호한 모습이었다. 수염은 회색으로 변했고, 돌 세례를 받거나 매질을 당하거나 도시들을 다니며 오랜 여행을 하지 않고 상당히 편안하고 안전하게 몇 년을 보낸 후라 살도 조금 붙고 강인해 보였다. 그러나 쇠사슬에 매인 그를 비교적 공손하게 이끌고 나온 건장한 젊은 병사와 큰 대조를 이루는 약한 모습이었고, 얼굴도 상처투성이였다.

베스도가 개회사를 했다.

"아그립바 왕 전하, 그리고 이 자리에 함께하신 여러분, 이 사람을 보십시오. 이 사람은 이곳과 예루살렘에 있는 모든 유대인이 살려 두어서는 안 된다고 소리치면서 나에게 고소한 사람입니다. 그러나 내가 판단하기에 그는 죽임을 당할 만한 죄를 범하지 않았습니다. 그런데 그가 황제에게 상소하였으므로 그를 로마로 보내기로 했습니다. 하지만 이 사람에 관해 황제께 써 보낼 만한 자료가 내게는 없습니다. 그래서 이 사람을 여러분 앞에, 특별히 아그립바 왕 앞에 불러낸 것입니다. 나는 여러분이 이 사람을 심문하면 황제께 보고할 자료가 생기지 않을까 기대하고 있습니다. 황제께 죄수를 보내면서 그 죄목이 무엇인지 알리지 않는 것은 사리에 맞지 않는 일이라고 생각합니다."

베스도는 다시 자리에 앉았다. 아그립바 2세가 바울에게 말했다.

"너 자신을 위해 변호할 것을 허락하노라."

바울은 조용히 하라는 뜻이 아니라 예의를 표하는 뜻으로 손을 들었다. 그것은 근친상간을 범한 젊은 왕의 향수를 바른 몸 너머에 있는 영혼을 축복하는 듯하기도 했다. 바울이 조용한 목소리로 입을 열었다.

"아그립바 왕이여, 제가 오늘 당신 앞에 서서 유대 사람들의 모든 모함에 대해 저 자신을 변호하게 된 것을 다행으로 여깁니다. 특히 왕께서는 모든 유대 관습과 문제에 대해 잘 알고 계시니 더욱 그렇습니다. 그러니 제 말을 끝까지 들어 주시기를 간절히 바랍니다.

유대 사람들은 제가 어릴 적부터 제 고향과 예루살렘에서 어떻게 살아왔는지 다 알고 있습니다."

마음만 있다면 그들은 바울이 유대교의 가장 엄격한 종파인 바리새파 사람으로서 살아온 이야기를 증언할 수도 있었을 것이다. 바울은 예루살렘 청문회에서 산헤드린을 분열시켰던 요점으로 되돌아가, 자신이 재판을 받게 된 것이 하나님이 그들의 조상들에게 주신 유서 깊은 약속에 대한 소망 때문이라고 강조했다. 표면적으로 바울은 아그립바 2세에게 말하고 있었지만 모든 청중을 염두에 두고 있었다.

"여러분은 어찌하여 하나님이 죽은 사람을 살리시는 것이 믿지 못할 일이라고 생각하십니까? 한때는 저 역시 나사렛 예수의 이름을 반대하는 일에 온 힘을 쏟아야 한다고 확신했던 사람입니다."

바울은 자신이 초기 그리스도인들을 과격하게 핍박했던 일을 이야기했다. 복음을 지상의 귀인들에게 소개하는 가장 확실한 방법인 개인 간증을 통해 그는 문제의 본질로 순조롭게 들어가고 있었다. 그는 다마스쿠스 도상에서 있었던 일을 이야기했다. 아그립바 2세와 버니게에게 이름 모를 유대인은 아무 의미도 없을 것이기에 아나니아 이야기는 하지 않았다. 그는 여러 사건과 예수님의 말씀을 섞어 예수 그리스도가 친히 자신을 유대인과 이방인에게 보내어 그들의 눈을 뜨게 하고, 어둠에서 빛으로, 사탄의

세력에서 하나님께로 돌아오게 하셨다고 분명히 말했다. 바울은
예수님의 말씀을 직접 인용했다.

"'그리하여 그들의 죄를 용서받을 수 있게 하고, 또 나를 믿어
거룩하게 된 백성과 한자리에 들게 하겠다.' 아그립바 왕이시여,
저는 하늘로부터 받은 이 환상에 복종하지 않을 수 없었습니다.
저는 처음에는 다마스커스 사람들에게, 그 다음에는 예루살렘과
유대 지방의 모든 사람에게, 나중에는 이방인들에게까지
회개하고 하나님께 돌아와서 회개한 모습을 행동으로 보이라고
선포했습니다."

바울의 말은 아그립바 2세와 버니게에게 아주 분명하게, 곧장
전해졌다. 그 말의 의미는 그들도 회개하고 하나님께 돌아오고,
회개한 모습을 행동으로 보여야 한다는 것이었다!

지체 높은 청중 상당수는 이 대담한 변론이 점점 더 부담스럽게
느껴졌을 것이다. 그의 주장을 심각하게 받아들인다면 왕과 그의
여동생인 선왕비는 관계를 정리해야 할 터였다.

그러나 바울은 거침없이 할 말을 다하고 있었다.

"이런 일들 때문에 유대인들이 저를 성전에서 붙잡아 죽이려고
했습니다. 그러나 저는 이 날까지 하나님의 도우심을 받아
왔습니다. 그래서 지금 제가 본 것을 이 자리에서 높은 사람이나
낮은 사람이나 모든 사람에게 증언하고 있습니다. 저는 모세와
예언자들이 앞으로 일어나리라고 예언한 것 이외에는 아무것도
말하지 않았습니다. 모세와 예언자들은 그리스도께서 고난을
당하신다는 것과 죽은 자들 가운데서 먼저 부활하실 것과 자기
백성과 이방인들에게 빛을 선포하실 것을 예언……."

"바울아, 네가 미쳤구나! 네가 미쳤어!"

베스도가 왕 앞에서 지켜야 할 예의 따위는 완전히 잊어버리고

외쳤다. 그 순간까지 그는 예수가 유대인들이 말하는 것처럼 죽었는지, 아니면 아직도 살아 있는지의 여부가 쟁점인 줄 알았다. 그런데 지금 그는 바울이 예수가 죽임을 당한 후에 다시 살아났다고 주장하고 있고, 바로 그 사실에 목숨을 걸고 있다는 것을 문득 깨닫게 되었다. 베스도가 볼 때 그것은 터무니없는 주장이었다.

"바울아, 네가 미쳤구나. 너의 많은 학식 때문에 네가 미쳐 버렸다."

"베스도 각하, 저는 미치지 않았습니다."

바울이 조심스럽게 말했다.

"제가 드린 말은 다 사실입니다. 전부 맑은 정신으로 하는 말입니다. 아그립바 왕이 이 사실을 알고 계시므로 제가 거리낌 없이 말씀드릴 수 있었던 것입니다. 이 일은 어느 한구석에서 일어난 일이 아니기 때문에 어느 하나도 왕이 모르실 리가 없다고 저는 확신합니다."

바울은 베스도를 무시했다.

"아그립바 왕이시여, 예언자들의 말을 믿으십니까? 믿으시는 줄 압니다."

그러자 아그립바 왕이 바울에게 말했다.

"그토록 짧은 시간에 나를 설득하여 그리스도인이 되게 할 수 있다고 생각하는가?"

바울이 대답했다.

"짧은 시간이든 긴 시간이든, 왕뿐만 아니라 지금 제 말을 듣고 있는 모든 사람이 이렇게 결박된 것 말고는 저처럼 되기를 하나님께 기도합니다!"

아그립바 2세는 이미 충분히 들었다. 이 장면 부분을 《킹제임스 성경》에서는 이렇게 번역하고 있다.

그대의 설득으로 내가 하마터면 그리스도인이 될 뻔하였구나.

이 번역에 따르면 아그립바 2세가 회심 직전까지 갔다는
인상을 받게 되지만, 이것은 열렬한 관심이라기보다는 나무람과
거절이 담긴 왕의 말을 제대로 번역하지 못한 것이라고 봐야 한다.
아그립바 2세는 왕과 평민의 행복이 예수 그리스도의 사랑에만
놓여 있다는 놀라운 확신이 담긴 바울의 극적인 답변을 듣고
자리에서 일어났다.

청문회는 끝났다. 선왕비와 모든 수행원도 일어섰다. 왕과
총독은 물러났고 둘만의 자리로 가서야 서로 깊은 인상을 받았음을
인정했다. 그들은 바울이 사형을 당하거나 감옥에 갇힐 만한 일은
하나도 하지 않았고, 황제에게 상소하지 않았다면 풀려날 수도
있었을 거라고 말했다.

아그립바 2세와 버니게는 7년 후 대반란이 일어날 때까지
계속 함께 왕국을 다스렸다. 그녀는 반란을 방지하려고 애썼으나
결국 실패했다. 그들은 로마로 떠났고, 그곳에서 버니게는 티투스
황제의 첩이 되었다. 티투스는 유대의 반란 진압을 책임진 장군으로,
예루살렘을 점령하고 그곳의 거주민들을 살육하고 성전과 도시
전체를 먼지 더미로 만든 장본인이다.

33. 난파

베스도는 바울을 황제 부대(아구사도 대)의 백부장 율리오에게
넘겨주었다. 황제 부대 소속 장교들과 병사들은 제국 전역을 다니며
사람들을 호위하거나 호송하는 임무를 맡았는데, 율리오는 10여
명의 병사를 거느렸다. 바울은 유일한 귀족 죄수였고, 그의 개인
노예로 자처한 아리스다고와 의사 누가를 두 명의 시종으로 데려갈
수 있었다. 다른 죄수들은 '로마의 휴일을 보내러' 모진 길을 가는
기결수였을 것이다. 그들 중 일부는 경기장에서 사자 밥이 되고,
몸집이 크고 강한 경우에는 검투사로 훈련받게 된다. 그들은 모두
갑판 아래 있는 목재에 사슬로 묶여 있었지만, 바울은 죄수 신분을
상징하는 가벼운 쇠사슬만 차고 시종들과 자유롭게 돌아다닐 수
있었다.

　　가이사랴 항구에서 율리오는 아시아 속주의 앗소 동쪽,
아드라뭇데노(에드레미트)*에서 온 연안선을 발견했다. 그 배는

*
아드라뭇데노는 내 기억에 또렷이 남아 있다. 차를 타고 그곳을 다니다가 어린 소년이 탄 조랑말이
소 떼에 놀라 달아나는 모습을 보았다. 그 바람에 소년의 털모자가 날아갔다. 나는 모자를 주워 들고
천천히 차를 몰아 말 탄 소년을 따라갔다. 조랑말이 소와 부딪치는 바람에 소년은 말에서 떨어져 숨
을 헐떡이고 있었는데, 내가 모자를 돌려주자 아플 텐데도 귀엽게 인사했다.

레반트에서 화물을 싣고 돌아가는 길이었다. 율리오는 연안선이 기항하는 항구들 중 한 곳에서 로마로 가는 큰 배를 찾을 수 있을 거라 확신하고 배에 올랐다. 연안선이 속도가 너무 느려 일정이 늦어진다 싶으면 아드라뭇데노에서 빌립보 근처의 네압볼리로 건너가 일행을 육로로 호송한 후, 아드리아 해를 건너 브린디시로 갈 수 있을 거라 생각했다. 어느 쪽이건, 그는 10월 말까지는 로마에 도착할 수 있으리라 믿었다.

배는 59년 8월 마지막 주에 가벼운 서풍을 맞으며 가이사랴에서 출항하여 북동쪽으로 107킬로미터 떨어진 시돈에서 하루 동안 머물렀다. 율리오는 바울이 뭍에 내리도록 허락했는데, 이것은 미결수 로마 시민에게 베푼 파격적인 친절이었다. 다른 군인들처럼 율리오도 바울의 매력과 권위 있는 태도에 금세 매료되었다. 누가와 아리스다고도 그랬지만 시돈의 그리스도인들은 바울을 특히 환대했다. 그들은 오랜 항해에 필요한 물품들 중 부족한 것을 채워 주었다.

2년 전 누가가 반대 방향으로 항해하며 지난 키프로스 남쪽 외해로 가면 직항로가 되겠지만 그쪽으로는 지나갈 수가 없었다. 늦여름 지중해 동부에서 주로 부는 서풍 때문이었다. 그들은 키프로스와 길리기아 해변 사이로 가야 했다. 다시 한 번 바울은 어린 시절 살았던 평야 너머로 멀리 푸르게 서 있는 토로스 산맥을 보았다. 산맥이 바다와 좀더 가까워지자, 배는 앞바다의 바람과 서쪽으로 흐르는 해류를 타고 해안 부근에서 항해하다가 저녁이 되면 멈추었다. 누가는 이 모든 것을 적어 놓았다. 그는 뱃사람이 아니지만 자신이 관찰한 바를 풋내기 뱃사람의 언어로 매우 정확하게 묘사했다. 19세기 중엽의 어느 호기심 많은 스코틀랜드 사람은 요트와 상당한 수준의 선박 조종술을 갖추고 바울의 항로를 그대로 따라가 보았다. 그는 파국으로 끝난 이 유명한 항해에 대한 누가의 기록이 바람, 바다, 해안의 사실들과 정확히 일치함을 알 수 있었다.[*]

소아시아 남부 해안을 따라가는 항해는 더디고 힘들었다. 15일 동안 바울과 그의 친구들은 항구에 들어가지 못했다. 지중해의 날씨는 온화하고 쾌적했지만 갑판 아래 사슬에 묶인 기결수들에게는 더위와 비참함을 안겨 주었다. 그리고 이 작은 배에 실린 화물의 대부분을 차지했을 마른 과일 자루 사이에 갇혀 있던 군인들을 초조하게 만들었다. 율리오는 주요 죄수 바울을 알아 갈 기회가 아주 많았다. 그 과정에서 율리오가 회심을 했더라도, 누가처럼 신중한 사람이 그 일에 대해 언급했을 리 없다. 하지만 율리오의 이후 행동을 보면 회심했을 가능성이 높다.

그들은 오래전 바울이 바나바와 첫 번째 선교 여행을 다닐 때 들어갔던 앗달리아 만을 지났다. 루기아 지방의 산악지대가 앞에 놓여 있었다. 9월 중순이라 날씨는 언제라도 바뀔 수 있었다. 구름에 가려진 산꼭대기와 좁아지면서 곶을 이루는 저지低地가, 서쪽으로 보이는 맑은 저녁 하늘에 선명하게 모습을 드러냈다. 바울은 그 산악지대에 들어간 적이 없지만 기독교 신앙은 그가 세운 교회들에서 출발해 북쪽과 동쪽으로, 이미 골짜기에까지 퍼지고 있었을 것이다. 거대한 골짜기의 입구에 있는 무라 시市에서 3.2킬로미터 떨어진 거대한 무라 항에 배가 마침내 들어섰다. 당시 그곳에는 이미 교회가 하나 있었을 가능성이 있다. 지금은 황폐하지만 당시 무라는 중요한 주교 관할 도시로 성장하고 있었다.

---

[*]
조던힐 지방의 제임스 스미스가 쓴 《사도 바울의 여행과 난파The Voyage and Shipwreck of St. Paul》(1848, 개정 4판, 초판 1880)를 보라.

무라의 역사와 민속이 기이하게 왜곡되면서 무라의 주교 성
니콜라스가 산타클로스의 기원이 되었다.

　　노예들이 노를 젓는 해군 갤리선들과 연안선들이 있는 만에서,
율리오는 이집트에서 곡물을 싣고 온 멋진 대형 선박 한 척을
발견했다. 로마의 생명줄에 해당하는 이런 배들은 개인 소유였지만
제국을 위한 공적 의무를 진다는 계약하에서 밀을 수입하고 있었다.
알렉산드리아의 정북에 위치한 무라는, 바람 때문에 로마로 직항할
수 없는 여름철의 중요한 기항지였다.
　　율리오는 병사들과 죄수들을 옮겨 태웠다. 다른 장교가
타고 있지 않았으므로, 로마의 관행에 따라 선장이나 선주 또는
화물 관리인이 아니라 율리오가 곡물선의 최종 책임자가 되었다.
긴급 상황이 닥치면 율리오가 최종 결정권을 갖는다는 의미였다.
그의 일행이 합류하자 배의 정원은 276명으로 늘어났다. 배에는
이탈리아와 이집트의 상인들, 인도인이나 중국인 한 명, 나일 강
북부에서 잡혀 온 듯한 아프리카 노예 한 무리, 은퇴하고 집으로
돌아가는 퇴역 군인들, 이시스 여신의 사제들, 광대와 명문
알렉산드리아 대학의 학자들 그리고 여자들과 아이들이 있었다. 이
모든 사람에다가 엄청난 양의 밀을 더하면 배의 무게는 500톤이
넘었을 것이다. 당시 알려진 가장 큰 배는 아니지만, 넬슨 제독이
활약하던 시기와 '항해의 시대'에 지중해를 오가던 많은 상선보다
결코 작지 않았다.
　　하지만 바울이 탄 배는 19세기의 배와 몇 가지 점에서
결정적으로 달랐다. 바울의 배는 거대한 돛이 달린 돛대가
하나뿐이어서 선재船材에 부담을 많이 주었다. 이물과 고물은 양쪽
모두 현대의 뱃머리와 비슷한 모양이었다. 그리고 거대한 노와

비슷하게 생긴 분리 가능한 키로 방향을 잡았다. 선장은 나침반이나 크로노미터(항해 중인 배가 위치를 산출할 때 사용하는 정밀한 시계)는 물론 조잡한 해도조차 없어서 원시적인 형태의 사분의(망원경 이전의 천체 관측기)로 해나 별을 보고 배의 위치를 파악했다.

무라를 떠날 때 배의 예정 항로는 로도 섬을 지나 군도를 통과한 후 그리스 남부의 끝 부분, 즉 현재의 마타판 곶을 돌아 메시나 해협으로 이탈리아에 도착하는 것이었다. 거기서 로마의 항구 오스티아로 가면 될 터였다.

하지만 9월 16일, 배가 무라 만에서 빠져나왔을 때 바람이 여전히 북서쪽으로 강하게 불어서 항해가 여의치 않았다. 선장은 잔잔한 물길을 따라 해안의 미풍을 받기 위해 로도 섬 위쪽으로 해서 본토와 그 곳에 바싹 붙어 가야 했다. 누가의 기억에 따르면, 그들은 여러 날 동안 천천히 항해하여 겨우 니도 앞 바다에 이르렀다. 니도는 소아시아 남부 해안의 서쪽 끝, 좁고 산이 많은 반도의 끝에 있는 넓은 항구다. 니도는 맞바람을 어느 정도 막아 줄 수 있는 마지막 지점이었는데도, 그들은 맞바람 때문에 더 이상 나아갈 수 없었다. 니도에는 정박지가 많았지만 선장은 항구에 들어가려 하지 않았고 남쪽으로 달려 도데카네세를 통해 크레타 산맥으로 향했다. 그는 북쪽으로 배를 틀기 전에 바람의 방향이 바뀌기를 바라며 살모네 갑을 돌아 크레타 남부 아래쪽으로 항해하기 시작했다. 그리고 크레타 남쪽 해안을 따라 겨우 항해하여 '미항(아름다운 항구)'이라는 곳에 닿았다. 미항은 라새아 성에서 가까운 곳이다.

그들은 산맥과 섬들이 바람을 잘 막아 주는 정박지에 도착했다. 이곳을 지나면 더 이상 북서풍을 맞으며 항해하지 않아도 될 것이었다. 미항을 벗어나면 바로 마탈라 곶이 나타나는데, 곶을

이루는 바위투성이 해안이 32킬로미터쯤 북쪽으로 뻗어 가다가
다시 서쪽으로 방향을 튼다. 휜히 트인 그 만을 지나가려 하다가는
바람이 불어 가는 쪽 해안에서 난파될 수도 있었다. 선장은 바람
때문에 항해할 수가 없어 닻을 내렸다.

　며칠이 지나갔다. 미항은 유쾌한 곳이지만 항구 도시는 없었다.
소규모 인원이라면 해안에 내려 라새아를 방문할 수 있지만 배의
전체 인원이 겨울을 나려면 배 위에서 지내야 할 것이었다. 10월
5일이 지났다. 이 날은 그해 유대인의 속죄일이었다. 항해는 할 수
있지만 모험을 감수해야 하는 '위험한 시기'가 지나가고 있었다.
그러다 11월 11일에 이르면 외해에서의 항해가 전면 중지될 터였다.
해와 달이 며칠씩 구름에 가려 배의 위치를 파악할 길이 없어지기
때문이다. 피할 수 없는 폭풍의 위험이 아니라, 이것이 바로
겨울철에 해상 교통을 멈추게 하는 결정적인 원인이었다.

　그들은 그해 항해철 안에 이탈리아에 도착할 가망이 없었다.
율리오는 최선의 계획을 세우고자 회의를 소집했고 그 자리에
바울도 초대했다. 이제 율리오는 바울의 항해 경험뿐 아니라 그의
판단력까지 존중하고 있었던 것이다.

　선장은 기회가 나는 대로 마탈라 곶을 돌아 그리 멀지 않은
뵈닉스 항으로 가야 한다고 주장했다. 그는 미항에서 고립된 채
겨울을 나면 승객들과 선원들의 불만이 커질 것이 두려웠다. 더욱이
미항은 정박지로서 사면의 거의 절반 정도가 바다에 노출되어
있으므로 강한 돌풍이 불면 배가 닻에 붙들린 채 요동치다 좌초할
수도 있었다. 바람이 남풍으로 바뀌면 뵈닉스까지 갈 수 있었다.
나중에 직접 보여 주듯, 그는 숙련된 뱃사람이었고 가을철 이
바다에서는 남풍에 뒤이어 강한 북동풍인 레반테가 불 수 있다는
것도 알았다. 그는 바다 전문가로서 그 정도 위험은 감수해야

한다고 조언했다. 선주도 그를 지지했는데, 배가 미항에 머무는 동안 배에 탄 사람들을 먹일 책임이 선주에게 있었기 때문이다. 그러나 뵈닉스에 도착만 하면 승객들이 배에서 내릴 것이므로 선주의 책임은 가벼워질 터였다.

율리오가 바울을 바라보았다. 바울은 그들에게 이렇게 충고하였다.

"여러분, 내가 보기에 지금 항해하다가는 재난을 당할 것 같습니다. 짐과 배의 손실만이 아니라, 생명까지도 잃을지 모릅니다."

그러나 율리오는 선장과 선주의 말을 따르기로 했다.

10월 10일경, 선장은 바람의 방향이 바뀌었음을 알았다. 누가는 선원들의 반응에 대해 완전히 남의 일처럼 냉담하게 적고 있다.

때마침 남풍이 순하게 불어왔으므로, 그들은 뜻을 이룬 것이나 다름없다고 생각하고, 닻을 올리고서 크레타 해안에 바싹 붙어 항해하였다.

그들은 곶을 돌아 기분 좋게 만을 지나가기 시작했다. 뒤에서는 거룻배가 고물에 매달려 따라왔는데, 해안가에서 짧은 거리를 항해할 때 흔히 그렇게 하는 것이었다. 해가 환히 비치고 있었지만 크레타 섬의 최고봉이자 이제 우현 뱃머리 쪽의 시야에 들어찬 이다 산에는 불길한 구름이 짙게 드리워 있었다. 그리고 갑자기 바람이 바뀌었다. 이다 산에서 엄청난 돌풍이 불어와 배를 강타했다. 누가가 '태풍'이라고 부를 정도로 강한 돌풍이었다. 바람이 휘감아 돌며 소용돌이쳤고, 억수 같은 빗줄기에 해안이 깜깜해졌다. 돛을 활짝 편 돛대는 갑작스러운 돌풍에 심하게 요동치며 외돛대 배로 항해하는 고대인들의 무지를 드러냈다. 진동이 어찌나 심한지 선체에 물이 스며들기 시작했다.

잠시 후 선장은 이 북동풍을 뚫고 가지 못한다는 판단을 내렸다. 레반테가 불어닥쳤으니 그에 따라 움직여야 했다. 그들은 체념하고, 떠밀려 가기 시작하다가 바람 부는 방향으로 64킬로미터 지점에 위치한 작은 섬 가우다(가브도스)에 이르렀다. 그들은 반대쪽에 있는 섬의 작은 항구에 가기는커녕 당장 닻을 내릴 엄두도 내지 못했다. 그러나 상대적으로 잔잔한 물살과 일시적이고 위험하기는 해도 섬의 절벽들을 바람막이 삼아 앞으로 닥칠 상황에 최선을 다해 대비할 수는 있었다. 우선 물에 잠겨 있는 거룻배를 끌어올려 단단히 묶었다. 누가는 승객들도 도와서 간신히 일을 마쳤다고 실감나게 적고 있다. 이어서 배를 튼튼히 하기 위해 밧줄로 선체를 동여맸다. 바람과 거센 물결에 배가 부서지지 않게 하려고 고대에 많이 쓰던 예방책이었는데, 넬슨 제독의 시대에도 이 방법을 가끔 사용했다. 배에 탄 사람들이 모두 무엇보다 배가 부서지거나 물이 스며들어 잠겨 버릴까 봐 두려워했다. 고대의 배들을 가장 많이 앗아간 원인이 침수였기 때문이다.

그들은 돛과 함께 활대를 내렸다. 이런 바람에 돛을 활짝 펴고 달리다간 결국 도중에 가라앉거나 북아프리카의 모래톱과 유사流砂, 즉 악명 높은 리비아 근해의 스르티스에 빠질 게 분명했다. 그들 입장에서는, 돛을 내린 채 우현을 맞바람에 두고 오른쪽에 바람을 받으며 천천히 떠내려가다 폭풍에서 벗어나길 바라는 수밖에 없었다.

바람과 파도를 피해 머물러 있던 가우다 섬을 벗어나자, 그들은 이내 거친 바다의 공격을 정면으로 받게 되었다. 돛이 바람을 덜 받는 상황에서 폭풍에 몹시 시달리고 있었는데, 배가 코르크 마개처럼 이리저리 흔들리며 물보라와 비가 쏟아져 불이 모두 꺼져 버렸다. 그리고 물자, 옷, 갑판 위아래에 있는 모든 것이 흠뻑 젖었다. 그나마 조금 먹은 음식은 속이 울렁거려 다 토하고 말았을 것이다. 미끄러운 바닥이 상하로 요동을 치니 조금이라도 움직이려면 그야말로 고역이었다. 바울, 누가, 기결수들은 이제 사슬에서 풀려났고 몸이 성한 사람들은 모두 달려들어 교대로 물을 퍼냈다. 그러나 선체로 물이 스며들면서 배 밑바닥의 수위는 위태롭게 높아지고 배는 더 깊이 잠겼다. 둘째 날에는 배의 무게를 줄이기 위해 선장이 짐을 바다에 던지라고 명령했다. 모든 가축과 많은 짐이 내던져졌다. 셋째 날에는 여분의 장비, 즉 밧줄과 예비 돛대 등도 전부 배 밖으로 던져 버렸다.

비참한 낮과 무시무시한 밤을 차례로 맞으며 그들은 며칠 동안 산더미 같은 파도를 타고 오르내렸다. 두껍게 하늘을 덮은 구름으로 위치 측정을 할 수 없어, 선장은 배가 어디에 있는지 알지 못했다. 그러나 누가의 눈에는 자신들이 제멋대로 들까부르는 듯 보였을지라도, 사실 그들은 서쪽에서 북쪽으로 8도 정도의 방향과 평균 시속 2.4킬로미터의 속도로 아주 꾸준히 떠내려가고 있었다. 그들에게 해도나 추측항법 장치가 있었다면 많은 염려를 덜 수 있었을 것이다. 중간에 침수만 당하지 않는다면, 그야말로 최적의 항로를 달리고 있었기 때문이다. 주화물인 밀은 완전히 물에 젖어 버렸고 밀을 담은 자루들이 너무 무거워져서 앞뒤로 흔들리는 배에서는 옮길 수가 없었다. 시간이 갈수록 그것들은 더 무거워지고 있었다.

물이 점점 더 높이 차오르고 배는 점점 더 가라앉으면서 마침내 폭풍이 불어온 지 열하루나 열이틀째가 되었다. 그들은 살아남으리라는 희망을 점점 잃었다. 이제 침수는 피할 수 없는 상황이었다. 폭풍이 가라앉는다 해도 배는 고작 2~3일도 떠 있지 못할 것 같았고, 그때 가서 배를 버리면 모두가 목숨을 잃게 될 판국이었다.

누가는 바울을 주목하지 않고 있었다. 고대 배의 내부 구조에 대해서는 알려진 바가 거의 없지만, 모든 승객은 서로 어려움을 숨김없이 다 나누어 서로를 아주 잘 알게 되었을 것이다. 하지만 누가는 바울이 본 것을 보지 못했다. 그날 아침, 선장과 많은 선원이 낙담한 채로 모여 있는 자리에 바울이 나타났다. 그가 바람 소리보다 크게 목소리를 내자 사람들이 주위에 모였다.

그의 첫마디에는 자기변호를 하는 예전의 경향이 고스란히 드러났지만, 청중은 그를 매우 존경했기에 그런 것에 주목하지 않았다.

"여러분, 내가 크레타 섬을 떠나지 말자고 한 말을 들었어야 했습니다. 그랬다면 이런 손해를 입지 않았을 것이고 물건을 잃어버리지도 않았을 것입니다. 하지만 여러분, 이제 내가 권합니다. 용기를 내십시오. 이 배만 잃을 뿐 여러분 중에는 한 사람도 목숨을 잃지 않을 것입니다. 지난밤에 나의 주님이요, 내가 섬기는 하나님의 천사가 내 곁에 나타나 이렇게 말해 주었습니다. '바울아, 두려워하지 마라. 너는 반드시 황제 가이사 앞에 서야 한다. 하나님이 너와 함께 항해하는 모든 사람의 목숨을 너에게 맡겨 주셨다.' 그러니 여러분, 용기를 내십시오. 나는 하나님을 믿습니다. 모든 일이 하나님의 천사가 내게 말씀하신 대로 이루어질 것입니다. 우리는 반드시 어떤 섬에 밀려가 닿게 될 것입니다."

그들이 크레타 섬을 떠난 지 열나흘째 밤이 되었다. 돌풍은 전혀 약해지지 않았지만 선원들은 갑자기 바람이 불어 가는 쪽에서 부서지는 파도 소리를 들었다. 아무것도 보이지 않았지만 그들은 소리만 듣고도 바위투성이 해안 가까이로 떠내려가고 있음을 알 수 있었다. 물 깊이를 재어 보니, 스무 길이었다. 좀더 가서 재니, 열다섯 길이었다. 이런 비율로 계속 간다면 곧 암초에 부딪쳐 난파될 것이었다. 이어서 암초들이 보이기 시작했지만 해안은 보이지 않았다. 사실 그들은 지금은 '성 바울 만灣'이 된 곳의 입구에 있는 쿠라 곶의 끝 부분에 와 있었다. 조던힐 지방의 제임스 스미스는 이곳이 바로 표류하던 배가 열나흘째 밤에 도착했을 정확한 지점이고 물 깊이도 정확하다는 것을 발견했다.

선장은 평소에는 뱃머리에 내리던 닻을 네 개나 후미로 옮겨, 고대의 배에 만들어져 있던 고물의 닻줄 구멍을 통해 바다에 내렸다. 뱃사람다운 노련한 그의 조처로, 배는 밤에 암초에 부딪치는 것을 면하게 되었다. 그리고 날이 밝아 선택의 여지가 생길 때 해안에 닿기에도 좋은 위치에 자리를 잡았다. 그 다음 그들은 날이 새기를 고대하였다.

그런데 선원들은 딴생각을 품고 있었다. 빈틈없는 바울은 그들이 무슨 일을 꾀하는지 포착했다. 군인들과 승객들의 안전을 책임져야 할 사람들이 배가 깨어지기 전에 배를 버리고 달아날 작정으로, 이물에서 닻을 내리는 척하면서 바다에 거루를 풀어 내렸다. 바울이 백부장과 병사들에게 말했다.

"만일 이 사람들이 배에 그대로 남아 있지 않으면, 당신들은 무사할 수 없습니다."

그러자 병사들이 밧줄을 끊어 버렸고 거루는 바다로 떨어져 떠내려가 버렸다.

날이 밝을 무렵, 바울은 또 다른 제안을 했다. 선장은 위기 상황에 정신이 팔려서 생각도 못하던 문제였다.

바울은 고급 선원들과 듣고 있는 모든 사람에게 말했다.

사도 바울

"지금까지 14일 동안 여러분은 마음을 졸이며 아무것도 먹지 않고 지냈습니다. 하지만 이제는 음식을 드십시오. 그래야 살아남을 수 있습니다. 여러분 모두 머리카락 한 올도 잃지 않을 것입니다."

바울은 젖어 곰팡내 나는 빵을 들어 하나님께 감사를 드리고 모든 사람 앞에서 기도했다. 그리고 빵을 떼어서 보란 듯이 먹기 시작했다. 그러자 사람들도 용기를 내었고 전체 식사가 준비되었다. 지난 14일에 비하면 배의 움직임이 상당히 진정되었기에 276명 모두 어려움 없이 음식을 먹었다. 사람들은 새 힘을 얻어 남은 밀을 바다에 던져 버렸다.

이제 날이 완전히 밝았다. 배는 만의 입구에 있었다. 그곳이 어디인지는 아무도 몰랐다. 그들은 떠 내려온 속도나 방향을 전혀 몰랐다. 어쩌면 시칠리아나 튀니지 부근 어디일 수도 있었다. 전방에 바위투성이 해안과 모래사장이 보였다.

선장은 복잡한 작전을 실행에 옮겼다. 누가의 기록에 따르면, 선원들은 닻을 끊어서 바다에 버리고, 키를 묶은 밧줄을 늦추었다. 그리고 앞 돛을 올려서 바람을 타고 해안으로 들어갔다. 배는 선장의 뜻대로 착착 움직였고 800미터 정도만 이동하면 되었다. 얼마 후 배가 바닷가에 닿고 그들은 얕은 물을 건너 뭍에 오르게 될 터였다.

하지만 선장이 명령을 내리면서도 알지 못하던 사실이 있었다. 우현 갑판에 가깝던 조그만 바위투성이 작은 섬이 살모네타라는 사실이었다. 그곳 살모네타는, 누가의 말처럼 '두 물살이 합치는 곳'인 모래톱을 사이에 두고 본토와 연결되어 있었다. 이런 형국이어서 배는 두 물살이 만나는 곳에 끼어들어 모래톱 안으로 밀고 들어가게 되었다. 그러다 결국 뱃머리가 진흙과 진창 바닥에 꽉 박혀 움직이지 못했고 배 뒤쪽은 거센 파도에 부서지기 시작했다.

사람들이 배에서 서둘러 뛰어내렸다. 병사들은 본능적으로 반응했다. 유죄가 확정된 중죄인들이나 바울이 헤엄쳐서 달아날 우려가 있었기 때문이다. 복무 규정에 따라, 그들은 백부장에게 죄수들을 죽일 수 있도록 허락을 구했다. 그러나 백부장은 바울을 구하려고 병사들의 의도를 저지하고, 헤엄칠 수 있는 사람들은 먼저 뛰어내려서 뭍으로 올라가라고 명령했다. 그리고 그 밖의 사람들은 널빤지나 부서진 배 조각을 타고 뭍으로 나가라고 명령했다. 이렇게 해서 모두 뭍으로 무사히 나올 수 있었다.

34. 세계의 중심 도시

파선 광경을 본 원주민들이 해안가로 달려왔다. 그들은 콘월 지방의
난파선 약탈자들과 달리, 난파자들을 돕기 위해 최선을 다했다.
다시 비가 내리기 시작했다. 모든 사람이 바닷물로 흠뻑 젖어서
원주민들은 해변에 커다란 모닥불을 피웠다. 배에서 내린 사람들의
옷이 차츰 마르기 시작했다.

그제야 선원들은 이곳이 몰타(멜리데) 섬이라는 것을 알았다.
많은 선원이 잘 알고 있는 커다란 발레타 항구가 멀지 않은 곳에
있었다. 그런데 물에 빠진 생쥐 꼴을 하고도 누가는 평소에 볼 수
없던 그리스인 특유의 잘난 체하는 모습을 드러낸다. 그리고 특별한
친절을 베풀어 준 몰타 섬 사람들의 방언과 억센 억양을 트집 잡아
그들을 야만인 취급한다. 하지만 몰타는 몇 세기 전부터 로마의
영향을 받은 곳이었다.

누가는 그 다음에 벌어진 사건에 대한 그들의 반응을
재미있다는 듯 적고 있다. 바울은 어지간히 몸이 녹아 사슬에
묶인 채로도 이리저리 땔감을 찾아다녔다. 바울이 나뭇가지를 한
아름 모아다가 불에 넣으니, 막대기 하나가 튀어나와 그의 손에
달라붙었다. 그가 동면 중인 독사 한 마리를 집었던 것이다.

섬사람들이 그 뱀이 바울의 손에 매달려 있는 것을 보고 서로
말했다.

"이 사람은 틀림없이 살인자다. 바다에서는 살아 나왔지만,
정의의 여신이 그를 그대로 살려 두지 않을 것이다."

바울은 그 뱀을 불 속에 떨어 버렸고, 아무런 해도 입지 않았다.
섬사람들은, 그가 살이 부어오르거나 당장 쓰러져 죽을 거라고
생각하면서 기다렸다. 그러나 한참을 기다려도 그에게 아무런
이상이 생기지 않자 그들은 생각을 바꾸어 그를 신이라고 하였다.

뱀을 보고도 기겁하지 않은 바울은 그 다음번 사명도 넉넉히
감당했다. 파선된 곳 근처에 그 섬의 추장인 보블리오의 땅이
있었다. 그는 즉시 그들을 위해 임시 거처를 마련해 주었다.
선원들과 승객들은 대부분 주민들의 오두막이나 작은 집에 나눠
수용되었을 것이다. 그러나 율리오, 바울과 그의 시종들은 추장의
저택으로 초대를 받았다. 그곳에서 그들은 보블리오의 아버지가
열병과 이질에 걸려 병석에 누워 있는 것을 보았다. 그를 치료해 준
것은 의사 누가가 아니라 바울이었다. 누가는 그 사건을 담담하게
기록하고 있다.

바울은 들어가서 기도하고, 그에게 손을 얹어서 낫게 해 주었다.
이런 일이 일어나자, 그 섬에서 병을 앓고 있는 다른 사람도
찾아와서 고침을 받았다.

바울과 누가는 추장의 저택에 불과 며칠밖에 머물지 않았다.
율리오는 발레타에 집을 한 채 빌렸을 것이다. 그곳에서 바울과
누가와 아리스다고는 그해 겨울 내내 치유와 복음 전도를 계속했다.
사람들이 그들을 크게 사랑하여 많은 선물을 주었다. 그리고 그들이

사도 바울

떠나려 할 때 필요한 물건들을 배에 실어 주었다. 몰타 섬의 전승에 따르면, 바울의 체류 기간에 기독교가 시작되고 이후에도 끊어지지 않았다. 몰타 사람들은 이후 18세기가 지나는 동안에도 난파 위치를 기억하고 있었고, 마침내 조던힐 지방에 살던 제임스 스미스가 와서 그들의 기억이 옳았음을 밝혀 주었다.

알렉산드리아에서 출발하여 발레타 항에서 겨울을 보낸 또 다른 대형 곡물선이 있었다. 그 배의 앞부분에는 쌍둥이 신 캐스터와 폴룩스의 조각상이 있었다.

60년 2월 초, 아직 항해철이 시작되지 않았지만 선장은 맑은 날씨를 틈타 짧은 거리를 항해하기로 했다. 율리오는 자리를 예약했다. 그 항해 도중에는 아무 일도 일어나지 않았다. 마침내 배는 나폴리 만으로 들어갔고, 바울은 연기가 모락모락 피어오르는 베수비오 화산과 폼페이 시를 보았다. 물론 19년 뒤 그곳이 잿더미가 될 줄은 알지 못했다.

곡물선은 당시 나폴리 만의 주요 항구인 보디올(푸테올리)에 닿았다. 그곳에서 그들은 그리스도인들을 발견했다. 율리오는 바울 일행이 손님으로 일주일 동안 그들을 방문하는 걸 허락했다. 아직 로마 당국에서 그를 찾지 않으니 바울에게 마지막으로 자유를 주고 싶었던 것인지, 로마의 명령을 받고 이미 사람을 보낸 상태였는지는 모른다. 아니면 바울과 함께할 날이 얼마 남지 않은 것이 섭섭했기 때문일 수도 있다.

마침내 그들은 길을 떠나 아피아 가도에 들어섰다. 바울은 앞으로 닥칠 일 때문에 다소 긴장하고 우울했다. 네로 앞에 설 일이 신경이 쓰였다. 그리고 한때 그토록 기쁨과 박력에 넘치는 편지를 써 보냈는데 자신의 전도로 믿게 된 사람들이 아닌, 로마의 그리스도인들 앞에 설 일도 신경이 쓰였다. 로마에서 69킬로미터

4부 오스티아 가도로

떨어진 '아피온 광장(압비오 광장)'이 있는 마을에서 그는, 보디올에서
소식을 듣고 자신을 환영하러 급히 달려온 그리스도인들을 만났다.
로마에서 53킬로미터 떨어진 '트레스 마을(삼관)'에서도 다른
그리스도인 무리가 그를 맞았다. 그들을 본 바울은 하나님께 감사를
드렸고, 용기를 얻었다.

로마는 바울이 이제껏 본 도시들 중에 가장 컸다. 100만
명이 넘는 자유 시민과 100만 명 정도의 노예가 일곱 개의 언덕
위와 그 사이에서 살았는데, 그들 중 일부는 넓은 정원과 화려한
저택이 있었다. 팔라틴 언덕에 있는 네로의 궁전 아래에는, 오늘날
콜로세움이 있는 자리에 관상용 호수를 파고 있었다. 단순히 네로의
즐거움을 위해 호수를 만들고 있었다. 바울은 로마의 광장이나
거대한 공공건물을 볼 기회가 별로 없었다. 율리오에게서 죄수들을
넘겨받은 상관은 유죄 판결을 받은 중죄인들을 이런저런 방법으로
사형당하도록 처리한 후, 바울을 자신이 자비로 빌린 집에 가두었다.
그곳은 폭도들이 정기적으로 소요를 일으키는 좁은 도로와
변변찮은 주거지가 복잡하게 얽혀 있는 빈민가가 아니었다. 그는
로마의 북부 카엘리안 언덕에 있는 근위 부대 근처의 성벽 바로
안에 있는 제법 넓은 집이나, 작아도 정원은 널찍한 집을 구했을
것이다.
　　그러나 그곳은 편안함이나 안락함과는 거리가 멀었다. 시골
농부들이 수레로 농산물을 시장으로 운반하는 것이 허락되는
밤에는, 좁은 자갈 포장도로를 덜컹거리며 지나가는 소리가 도시를
울렸다. 그리고 낮에는 서로 밀치고 지나가는 행인들의 요란한
말소리와, 전차 경기나 검투사 경기가 벌어지는 대원형 경기장에서
들려오는 흥분한 관중의 외침이 그의 정신을 빼놓았다. 바울이

도착한 겨울에도 여전히 대도시의 악취가 코를 찔렀다. 여름철에는 말라리아가 그를 위협했다. 또 규정에 따라 그의 곁에는 그와 사슬로 연결된 병사 한 명이 늘 있어야 했다. 하지만 그는 감옥에 있는 것이 아니니 친구들이 곁에 머물 수 있었고, 원하는 사람은 누구나 초청할 수도 있었다.

사흘 뒤 바울은 유대인 지도자들을 불렀고 그들이 모였다.

바울이 그들에게 말했다.

"동포 여러분, 나는 우리 백성이나 조상들의 관습을 거스르는 일을 한 적이 없습니다. 그런데도 나는 예루살렘에서 붙잡혀 로마 사람들의 손에 넘겨졌습니다. 로마 사람들이 나를 심문했으나 내게는 사형을 당할 만한 죄가 없다는 것을 알고, 나를 풀어 주려 했습니다. 그런데 그곳의 유대인들이 반대해서 나는 로마에 와서 황제에게 상소할 수밖에 없었습니다. 그렇다고 해서 내 백성을 고발하려는 것은 아닙니다. 이런 이유로 여러분을 뵙고 말씀하고자 오시라고 한 것입니다. 내가 이렇게 사슬에 매인 것은 이스라엘의 소망 때문입니다."

유대인 지도자들은 바울이 황제의 총애와 보호를 받을지 알 수 없었다. 그들은 당시 네로 치하에서 궁전에 아무런 영향력도 행사할 수 없었으므로 이렇게 대답했다.

"우리는 아직 유대로부터 당신에 관한 어떤 편지도 받은 적이 없습니다. 또 유대로부터 온 우리 형제들 중에서 당신에 관한 나쁜 소식을 전하거나 당신을 나쁘게 말한 사람도 없습니다. 우리는 다만 당신 생각을 듣고 싶습니다. 우리는 어디를 가도 당신 종파에 대해 반대하는 사람이 많다고 알고 있습니다."

로마의 그리스도인들 중 상당수가 혈통적 유대인이었다. 그래서 유대인 지도자들은 스스로 생각하는 것보다 성경 말씀을 많이 알고 있었다. 그러나 바울은 어떤 도시건 도착하는 대로 '유대인들에게 먼저' 말씀을 전하는 예의 습관대로 행했다.

정해진 날이 되자 상당수 사람들이 그의 숙소로 찾아왔다. 바울은 이른 아침부터 저녁까지, 하나님 나라를 잘 설명하여 증언했다. 그리고 모세의 율법과 예언자의 글을 들어서 예수에 관하여 그들을 설득하려고 힘썼다. 그의 말을 믿는 사람들도 있었고 회의적인 반응을 보이는 사람들도 있었다. 그들이 자리를 뜰 때 바울은 이사야서 말씀을 인용했다. 스스로 눈감아 버린 이스라엘의 태도를 꾸짖으신 하나님의 말씀을 예수님이 인용하신 바 있다.

"이 백성의 마음이 무디어졌고, 귀로는 듣지 못하며 눈은 감겼다. 이는 그들이 눈으로 보고 귀로 듣고 마음으로 깨닫고 내게 돌아와 고침을 받지 못하게 하려는 것이다."

바울은 이렇게 덧붙였다.

"그러므로 여러분은 하나님의 이 구원이 이방인들에게도 전파되었다는 것을 알아야 합니다. 그들은 들을 것입니다!"

유대인들은 서로 많은 토론을 하면서 돌아갔다.

60세가 넘은 나이에도 바울은 어떤 시절 못지않게 열심히 일했다. 누가는 사도행전의 마지막 부분에 이렇게 적고 있다.

바울은 자기가 얻은 셋집에서 꼭 두 해 동안 지내면서, 자기를 찾아오는 모든 사람을 맞아들였다. 그는 아무런 방해도 받지 않고 아주 담대하게 하나님 나라를 전하고, 주 예수 그리스도에 관한 일들을 가르쳤다.

누가의 말이 옳다는 것은 바울의 글에서도 직접 확인할 수 있다. 그는 로마에서 이렇게 썼다.

하나님의 말씀을 전파하기 위해 내게 주신 하나님의 경륜을 따라 내가 여러분을 위해 교회의 일꾼이 됐습니다. 하나님의 말씀은 모든 시대와 세대에 걸쳐 감춰져 온 비밀이었는데 이제는 성도들에게 나타났습니다. 하나님은 이 비밀의 영광이 얼마나 풍성한지 성도들에게 알리고자 하셨습니다. 이 비밀은 여러분 안에 계시는 그리스도, 곧 영광의 소망이십니다. 우리는 그리스도를 전파해서 모든 사람을 권하고 지혜를 다해 모든 사람을 가르칩니다. 이는 그리스도 안에서 모든 사람을 온전한 사람들로 세우기 위함입니다. 이 일을 위해 나도 내 안에서 능력으로 활동하시는 분의 역사를 따라 열심히 수고하고 있습니다.

마지막 문장은 이렇게 번역할 수도 있다.

하나님이 내 안에 힘차게 불러일으키시는 바를, 나도 온 힘을 다해 애쓰고 있습니다.

바울은 고린도나 에베소에서와 똑같은 일을 하며 시간을 보냈다. 회심자들을 얻고, 교사들과 복음 전도자들을 세워 그들이 나가서 또 다른 회심자들을 얻고 다른 사람들을 가르칠 수 있도록 키웠다. 로마의 교회는 바울이 오기 전에도 교인이 많고 그들의 신앙심이 견고했는데, 베드로가 그곳에 있었는지는 오랜 연구에도 확실히 밝혀지지 않고 있다.

이탈리아 남부의 많은 언덕 꼭대기에 세워진 고대 도시들이 복음 전도자들을 기다리고 있었다. 북부 평야 지방의 대도시들과 아페니네스의 마을들도 마찬가지였다. 로마는 지중해 지역과 그 너머에 있는 온갖 인종들, 즉 피부색이 다양한 수많은 사람들이 머물다 가는 곳이었다. 그래서 바울은 누가 자기를 만나러 올지, 와서 믿게 된 사람들이 얼마나 먼 곳까지 이르러 복음을 전하게 될지 알 수 없었다. 유명 인사에서 평범한 시민에 이르는 로마인들이 그를 찾아왔다. 전승에 따르면, 당시의 정치가이자 철학자로서 여전히 강력한 영향력을 행사하던 세네카도 바울과 서신을 교환했다. 그러나 그들이 주고받은 '편지들'은 3세기의 위작으로 밝혀져 아무 증거도 되지 못한다.

바울의 셋집에 들른 사람들은 누구나 어떤 식으로든 영향을 받았다. 하다못해 '열띤 토론'이라도 하였다. 그곳에는 찬송과 노래가 있는 행복한 분위기가 넘쳤다. 바울은 거기서 쓴 주요 편지 두 통 모두에 이 분위기를 언급했다. 어려운 일들을 겪으면서도 그의 성품은 심술궂거나 완고해지지 않았다. 그가 중요하게 여긴 덕목에 따라 판단하면 그는 친절하고 너그러웠고, 그리스도께서 자신을 용서하신 것처럼 다른 사람들을 용서했다. 그는 사랑으로 행했는데, 사랑이야말로 그의 모든 특성을 한데 묶는 요소였다. 그는 늘 사람들을 크게 격려했고 믿음이 약한 사람들을 받아 주었으며 부차적인 문제로 말다툼을 벌이기를 거부했다. 로마인들은 그가 3년 전에 보낸 편지에서 가르친 대로 살고 있음을 알 수 있었다.

강한 우리는 약한 사람들의 약점을 돌보아 주고, 우리 자신을 기쁘게 하지 말아야 합니다. ……다른 사람을 사랑하는 빚 이외에는 아무 사람에게, 아무런 빚도 지지 마십시오.

그는 주님과 마찬가지로 사람의 약점보다는 잠재력을 강조했다. 그가 다른 사람들을 꾸짖을 때는 그들이 공공연한 죄로 주님을 배신하는 경우뿐이었다. 그것도 오로지 그들을 회복시키고 굳건히 세워 주기 위해서 꾸짖었다.

로마의 그 집에서 원한을 품은 사람들이 누그러들었고 화와 노여움과 불평이 사라졌다. 바울은 측량할 수 없는 그리스도의 풍성함을 전하게 하시는 놀라운 사명을 받기에, 자신이 너무나 작고 무가치하며 모든 성도 중에 지극히 작은 자보다 더 작은 자라는 사실을 그 어느 때보다 분명히 인식하고 있었다. 그는 메시지의 위대함과 그것을 전하는 자의 보잘것없음, 이 둘 사이의 엄청난 격차를 도리어 기뻐하는 듯했다. 그는 참으로 겸손하고 온유한 작은 사람이 되었지만 여전히 강철 같은 의지와 힘의 소유자였다.

순번을 돌아가며 그를 감시하는 병사들은, 바울의 그런 힘이 무한과 접촉하여 생겨난다는 것과 언제 그 일이 일어나는지를 알았다. 이른 아침, 바울과 사슬로 연결된 감시병은 좋건 싫건 바울이 무릎을 꿇고 기도하는 시간에 함께했고, 감사하고 중보하는 내용들을 들었다. 바울의 마음은 저 멀리 그리스나 소아시아까지 나아갔다. 그 병사는, 바울이 에베소 교인들과 골로새 교인들과 그밖에 얼굴을 보지 못한 사람들을 위해 기도하는 소리를 들었다.

"우리 주 예수 그리스도의 하나님, 영광의 아버지께서 지혜와 계시의 영을 여러분에게 주셔서, 아버지를 알게 하시고, 여러분의 마음의 눈을 밝혀 주시기를 빕니다. 그리하여 하나님이 여러분을 부르셔서 여러분에게 주신 그 소망이 무엇인지, 하나님이 성도들에게 주신 상속의 영광이 얼마나 풍성한지, 우리 믿는 사람에게 강한 힘으로 활동하시는 하나님의 능력이 얼마나 큰지를 여러분이 알게 되기를 바랍니다. ……여러분이 주님께 합당하게 살아감으로써, 모든 일에서 그를 기쁘시게 하고, 모든 선한 일에서 열매를 맺고, 하나님을 점점 더 알기를 바랍니다. ……아버지는

하늘과 땅에 있는 각 족속에게 이름을 주신 분이십니다. 그분의
풍성한 영광으로, 그분의 성령을 시켜 여러분의 속사람을 능력으로
강건하게 해 주시고, 믿음으로 말미암아 그리스도를 여러분의
마음속에 머물러 계시게 해 주시기를 빕니다. 여러분이 사랑 속에
뿌리를 박고 터를 잡아서, 모든 성도와 함께 그리스도의 사랑의
넓이와 길이와 높이와 깊이가 어떠함을 깨달을 수 있게 되고,
지식을 초월하는 그리스도의 사랑을 알게 되기를 빕니다. 그리하여
하나님의 모든 충만함으로 여러분이 충만해지기를 바랍니다."

　　바울은 많은 사람들의 이름을 부르며 그들의 필요와 문제를
아는 대로 구체적으로 아뢰고 기도했다. 기도하는 그의 곁에는
지키는 병사 외에 아무도 없을 때도 있었고, 아리스다고와 누가
혹은 다른 형제가 있을 때도 있었다. 그의 기도에는 언제나 찬양이
들어 있었다. 아래 기도는 로마를 비롯해 아시아와 전 세계로 울려
퍼졌다. 이 감사 기도를 처음 들은 사람은 이후 그리스도인이
되었건 아니건, 그를 지키고 있던 병사였을 것이다.

　　"우리 가운데서 역사하시는 능력을 따라, 우리가 구하거나
생각하는 것 이상으로 더욱 넘치게 주실 수 있는 분에게, 교회
안에서와 그리스도 예수 안에서, 영광이 영원무궁하도록 있기를
빕니다. 아멘."

　　오래 우정을 쌓아 온 동료들이 바울을 찾아와 아리스다고와
'사랑하는 의사' 누가와 합류했다. 그중 한 사람은 오래전
밤빌리아에서 선교 팀을 버리고 떠나 바울과 바나바를 갈라지게
한 요한 마가였다. 마가가 시몬 베드로와 로마에 있었는지, 아니면
키프로스나 알렉산드리아에서 찾아온 것인지는 몰라도 바울은
그와 완전히 화해했다. 그리고 얼마 후 그를 '나의 일에 요긴한

사람'이라고 부르게 된다. 디모데는 주후 61년 바울의 곁에
돌아왔고, 예루살렘 여행 때 아시아 대표로 합류했던 두기고도 곁에
있었다. 데살로니가 출신의 마케도니아인으로 보이는 또 다른 동행
데마는 향후 유감스러운 모습을 보여 주게 된다.

바울의 집에는 도망 노예도 한 사람 있었다.

어느 날 바울은 절친한 친구의 잃어버린 소유물을 만났다. '쓸모
있는'이라는 뜻의 오네시모는 아시아의 골로새에서 도망쳐 왔는데,
그의 주인은 골로새 교회의 주요 인물인 빌레몬이었다. 다른 많은
도망 노예들처럼 오네시모도 로마까지 흘러 들어왔다. 에베소를
비롯해 아시아의 다른 대도시에서는 금세 발각되어 도로 끌려가,
도망 노예들이 으레 당하는 끔찍한 운명을 맞이하기 십상이기
때문이었다. 오네시모가 가난이나 빚에 쪼들리다 바울을 찾아온
것인지, 아니면 바울의 동료들 중 한 사람이 그를 발견했는지는
알 수 없다. 그러나 이후 바울은 그를 '투옥되어 있는 동안 얻은
아들'로 여겼다. 그는 바울의 하인으로 일했고 바울에게 매우 소중한
존재가 되었으며 바울은 그를 '나의 심장'이라 불렀다. 그뿐 아니라
오네시모는 선교 팀의 일원이자 '사랑하는 형제'이기도 했다.

바울이 가 보지 못한 골로새에 첫 번째 선교사로 갔던
에바브라가 로마에 도착했다. 그는 그리스도에 대한 골로새
교인들의 믿음과, 동료 그리스도인들을 향한 사랑이 크다는 좋은
소식을 전해 주어 바울을 기쁘게 했다. 하지만 한 이단이 그들을
괴롭혀 혼란스럽게 하고 있었다. 골로새 교인들이 성숙해지고
하나님의 모든 뜻에 확신을 가지고 서기를 갈망했던 에바브라는, 이
이단에 대해 바울과 장시간 대화를 나누었다. 위대한 기도의 사람인
에바브라는 마음을 다해 기도했고 다른 사람들에게도 골로새를
위해 기도해 달라고 요청했다. 바울은 그를 자신과 함께 감옥에

간혀 있는 사람이라고 했다. 그런데 에바브라가 자발적으로 그와 함께 갇히는 신세를 택했는지, 아니면 다른 일로 비슷하게도 수감자 신세가 되었는지는 모르겠다. 단, 에바브라가 아시아로 돌아가지 못한 형편에 처한 것은 분명했다.

바울은 골로새 교인들에게 편지를 써서 두기고 편으로 보내기로 마음먹었다. 이 편지는 특별히 골로새 교회의 문제를 다루게 될 것이었다. 이때 바울은 에베소 교인들에게 보내는 다른 편지도 함께 썼다. 이 편지는 에베소 교인들뿐 아니라 바울이 방문하지 못한 도시들과 아시아의 다른 교회들도 돌려 읽게 하려고 썼다. 그 편지도 두기고 편으로 보낼 터였다.

골로새에 대해 생각하던 바울은 오네시모를 주인에게 돌려보내야겠다고 마음먹는다. 당시 도망쳤다가 주인에게 발각된 노예는 엄청난 시련을 당했다. 오네시모 역시 도망친 노예인 자신에게 어떤 일이 벌어질지 잘 알았지만 가야 한다는 걸 깨달았다.

골로새 교인들에게 보낸 편지와 에베소서로 알려진 또 다른 편지는 내용이 비슷하지만 스타일은 분명히 다르다. 바울이 많이 했던 생각을 두 편지에서 모두 찾아볼 수 있으며, 똑같은 구절도 몇 개 있다. 따라서 한 편지의 일부를 구술하고 다시 다른 편지의 일부를 구술하는 식으로, 두 편지를 번갈아 가며 같이 썼을 수도 있다. 한 교회를 염두에 두고 쓴 골로새서에는 개인적인 메시지를 포함시킨 반면, 에베소 교인들에게 보낸 메시지는 보다 공식적이다. 그러나 자신을 본 적이 없는 사람들을 생각하며 쓰는 부분에서는 자신의 모습을 기꺼이 드러내고 있다.

바울의 매우 깊은 영적 체험에서 우러나온 에베소서는, 교회를 향한 그리스도의 사랑을 아내를 향한 남편의 사랑에 견주어 설명한 부분이 있다. 이러한 에베소서는 기독교 신비가들의 금광이며 이 광맥은 어떤 세대에도 끊어지지 않았다. 골로새서와 에베소서 모두 이전의 글과 일관성이 있지만 같은 주제를 다른 각도에서 보여 주고 새로운 특징을 갖추고 있다. 더욱이 두 편지는 하나님의 사랑과 그 목적을 강조하고 있다. 그는 에베소 교인들에게 이렇게 말했다.

"하나님의 기뻐하시는 뜻대로, 예수 그리스도로 말미암아 우리를 하나님의 자녀로 예정하셔서, 하나님의 사랑하시는 아들 안에서 우리에게 거저 주신 하나님의 영광스러운 은혜를 찬미하게 하셨습니다. 우리는 하나님이 사랑하시는 아들 안에서, 하나님의 풍성한 은혜를 따라서, 그분의 피로 구속 곧 죄의 용서를 받게 되었습니다. ……하나님은 자비가 넘치는 분이셔서, 우리를 사랑하신 그 큰 사랑으로, 범죄로 죽었던 우리를 그리스도와 함께 살려 주셨습니다. 여러분은 은혜로 구원을 받았습니다."

바울은 되풀이해서 이렇게 말했다.

"여러분은 믿음으로 말미암아 은혜로 구원을 받았습니다. 이것은 여러분에게서 난 것이 아니요, 하나님의 선물입니다. 구원이 행위에서 난 것이 아님은, 아무도 그것을 자랑할 수 없게 하려고 하시는 것입니다. 우리는 하나님의 작품입니다. 선한 일을 하게 하시려고, 하나님이 그리스도 예수 안에서 우리를 만드셨습니다. 하나님이 이렇게 준비하신 것은, 우리가 선한 일을 하면서 살아가게 하시려는 것입니다."

골로새 교인들에게는 같은 주제를 풀어내면서도 그들의 특별한 문제에 답하는 식으로 가르쳐야 했다. 골로새에서 번성하고 있는 이단자들은 예수 그리스도를 통해서만 하나님을 알 수 있는 것이 아니라, 당대 사상의 조명 아래에서 복음의 메시지를 고치고 확장해야 한다고 말하고 있었다. 그들은 그리스도께서 친히 알려

주신 하나님의 형상을 바꾸고, 하나님을 표현하기 위해 참신한 용어들을 만들어 내고, 보다 합리적으로 보이는 수단으로 하나님께 다가가고 싶어 했다. 그들의 이론은 세부 내용은 다를지 몰라도 20세기 후반 신학계에서 벌어지는 소동과 본질적으로 유사하다.

바울은 골로새의 그리스도인들을 이끌어 제자리에 굳건히 세웠다.

"그러므로 여러분이 그리스도 예수를 주님으로 받아들였으니, 그의 안에서 살아가십시오. 여러분은 그의 안에 뿌리를 박고 세우심을 입어서, 가르침을 받은 대로 믿음을 굳게 하여 감사의 마음이 넘치게 하십시오. 누가 철학이나 헛된 속임수로, 여러분을 노획물로 삼을까 조심하십시오. 그런 것은 사람들의 전통을……따른 것이요, 그리스도를 따른 것이 아닙니다. 그리스도 안에서는 하나님의 모든 신성이 몸이 되어서 충만하게 머물러 있습니다. 여러분도 그의 안에서 충만함을 받았습니다."

위의 마지막 문장은 이렇게 번역할 수도 있다.

하나님의 모든 성품은 이 땅에서 사람의 모습으로 사신 그리스도께 완전히 나타난 바 되었습니다.

바울은 분명히 확신하고 있었다.

"그리스도는 보이지 않는 하나님의 형상이시요, 모든 피조물보다 먼저 나신 분이십니다. ……모든 것이 그로 말미암아 창조되었고, 그를 위하여 창조되었습니다. 그는 만물보다 먼저 계시고, 만물은 그 안에 존속합니다. 그는 그의 몸인 교회의 머리이십니다. 그는 근원이시요, 죽은 사람 가운데서 맨 먼저 살아나신 분이십니다. 이렇게 살아나심은, 그가 만물 가운데서 으뜸이 되시려고 하심입니다."

땅에서도 아무리 먼 우주 공간에서도 하나님에 대한 유일한 지식, 하나님께로 가는 유일한 길은 예수님을 통하는 것뿐이다.

"하나님은 그리스도 안에 모든 충만함을 머물게 하시기를 기뻐하시고, 그리스도의 십자가의 피로 평화를 이루셔서, 그리스도로 말미암아 만물, 곧 땅에 있는 것들이나 하늘에 있는 것들이나 다, 기쁘게 자기와 화해시키셨습니다."

이 지식을 토대로 바울은 훈계와 격려를 쌓아 나가며 에베소 교인들에게 이렇게 촉구했다.

"그리스도께서 우리를 사랑하셔서, 우리를 위하여…… 자기 몸을 내주신 것같이, 여러분도 사랑 안에서 살아가십시오. ……여러분이 그리스도와 함께 살려 주심을 받았으니, 위에 있는 것들을 추구하십시오. ……새사람을 입으십시오. 이 새사람은 자기를 창조하신 분의 형상을 따라 끊임없이 새로워져서, 지식에 이르게 됩니다. ……하나님의 택하심을 받은 거룩하고 사랑받는 사람답게, 동정심과 친절과 겸손과 온유와 오래 참음을 옷 입듯이 입으십시오."

두 편지 모두 교회가 어떻게 인도함을 받고 자라나야 하는지를 말하고 있다. 주인과 종, 남편과 아내, 부모와 자녀 등 교회의 다양한 구성원들이 어떻게 하나님을 기쁘시게 할 수 있는지를 분명한 영적 가르침에 근거해 조언하고 지도하고 있다.

골로새서의 경우, 바울은 특정한 사람들에게 보내는 개별 전갈과 로마에 있는 친구들의 소식을 전하면서 끝을 맺었다. 에베소서는 여러 교회가 회람할 것이어서 그런 식으로 끝맺을 수가 없었다. 그는 에베소서를 마무리하면서 특유의 천재성을 유감없이 발휘했다.

그를 지키던 병사들 중 한 사람의 제안이 있었는지는 모르지만, 평소 바울 자신이 군인들에게 관심이 있었기에 나올 수 있었던 대목임에는 분명하다. 그는 셋집 바로 옆, 근위 부대 근처의 성벽 바깥 들판에서 훈련하는 군인들의 모습을 자주 보았을 것이다. 그리고 로마로 오는 항해 기간에 이미 군인들의 장비에 익숙해져 있었을 것이다. 이제 그는 당시 군인의 무기를 하나씩 예로 들어가면서 유명한 구절을 창조해 낸다. 그는 '그리스도인의 전신 갑주'가 싸움이 치열할 때 물러서지 않고, 불화살을 막아 내고, 믿을 만한 무기를 휘두르며 전진할 힘을 준다고 말한다. 그런 후 허리띠, 강철 흉배, 신발, 방패, 투구, 검을 하나씩 예로 들어 설명한다.

"하나님의 전신 갑주가 필요한 이유가 여기 있습니다. 그것은 악한 날에 쓰러지지 않고 싸움이 끝난 후에도 굳건히 서기 위해서입니다. 이제 여러분은 굳게 서서 진리의 허리띠를 띠고, 가슴에 의의 흉배를 붙이십시오. 발에는 평화의 복음을 전할 신을 신으십시오. 손에는 악한 자의 불화살을 막아 낼 믿음의 방패를 드십시오. 머리에는 구원의 투구를 쓰고, 하나님의 말씀인 성령의 칼을 쥐십시오. 성령 안에서 늘 기도하고 필요한 모든 것을 위해 간구하십시오. 언제나 준비된 마음으로 좌절하지 말고, 다른 그리스도인들을 위해서도 기도하십시오."

35. 자유로운 세월

두기고가 아시아로 떠나기 전에 써야 할 세 번째 편지가 남아 있었다. 오네시모가 자신의 주인에게 건넬 편지였다.

바울의 서신들 중에서 유일하게 개인의 문제만을 다룬 이 편지는 아주 매력적인 그의 모습을 보여 준다. 이 편지 없이는 그의 성품에 대한 어떤 평가도 균형 잡힌 것이 될 수 없다. 지금까지 '그분의 거룩한 사도들과 선지자들에게 성령으로 계시하신 그리스도의 비밀'을 권위 있게 선포하던 바울이 이제 재치 있고 조심스럽고 친절한 면, 심지어 유머러스한 면까지 드러낸다. '쓸모 있는' 또는 '유용한'을 뜻하는 오네시모라는 이름으로 말놀이도 한다.

빌레몬서는 바울이 노예제를 기독교 사회에서 복음과 양립할 수 없는 제도로 인식하고 그것을 철저히 거부하고 있음을 암암리에 보여 준다. 바울은 노예들에게 반란을 촉구한 스파르타쿠스가 아니었다. 노예제가 갑자기 무너지면 로마제국은 혼란에 휘말릴 것이 분명했다. 바울은 자신이 살아 있는 동안 노예제 폐지를 주장하는 것은, 기독교가 법과 질서를 위협하는 세력으로 탄압받는 결과를 초래하는 분별없는 처사임을 충분히 인식한

현실주의자였다. 그러나 그는 그리스도 안에는 종도 자유인도
없다고 일관되게 가르쳤다. 그들의 주님이신 그리스도 앞에서는
모든 이가 평등하기 때문이다. 에베소서와 골로새서 모두 종과
자유인이 서로를 형제로 봐야 하는 새로운 관계가 되었음을
강조한다. 이 부분을 쓸 때 바울은 오네시모와 빌레몬을 염두에
두었을 것이다. 이제 바울이 빌레몬에게 보내는 오네시모는
잃어버린 소유물이 아니라 형제 그리스도인이요, 소중한 동료
일꾼이었다.

빌레몬은 오네시모를 죽이거나, 채찍질하거나, 낙인을 찍거나,
종신토록 중노동을 시킬 수 있는 법적 권리가 있었다. 바울은
빌레몬이 그런 일을 저지르지 않도록 돕고 싶었다. 바울은 이 개인
편지가 회람될 거라고 생각하지 못했을 것이다. 그러나 이 편지
및 다른 편지들에서 노예제를 다룬 부분들은 막강한 영향력을
발휘해 결국 노예제를 너무나 혐오스러운 것으로 만들었다. 그리고
기독교가 사회 전반에 스며듦에 따라 노예제는 서서히 쇠퇴해
갔으며 결국 기독교권에서 완전히 사라졌다.

하지만 무슬림 정복자들이 많은 기독교인을 노예로 팔았다.
노예제는 완전히 사라졌다가 신대륙에서 교황의 정죄를 무시한
스페인과 포르투갈의 로마 가톨릭 신자들, 영국의 개신교 신자들의
손에 의해 되살아났고 이와 더불어 온갖 불행과 문제들이 뒤따랐다.

빌레몬서는 주후 62년 바울이 살던 로마의 셋집을 들여다보게
해 주는 창이다. 빌레몬서를 쓸 당시 두기고는 자리에 없었으므로
디모데가 편지를 받아썼을 것이다. 에바브라, 마가, 아리스다고,
데마와 누가, 그리고 빠질 수 없는 감시병이 둘러앉은 가운데
바울은 빌레몬과 그의 가족에게 보낼 편지를 구술하기 시작했다.
도입은 다른 두 편지와 마찬가지로 따뜻한 감사와 확신의 기도였다.

사도 바울

"나의 형제여, 나는 그대의 사랑으로 큰 기쁨과 위로를 받았습니다. 성도들이 그대로 말미암아 마음에 생기를 얻었기 때문입니다.

그러므로 나는 그리스도 안에서, 그대가 마땅히 해야 할 일을 아주 담대하게 그대에게 명령할 수도 있지만, 우리 사이의 사랑 때문에 오히려 간청을 하려고 합니다. 나 바울은 이렇게 나이를 많이 먹은 사람이요, 그리스도 예수의 사신이요, 이제는 갇힌 몸입니다. 내가 갇혀 있는 동안에 얻은 아들 오네시모를 두고, 그대에게 간청합니다."

여기서 바울은 오네시모의 이름으로 말장난을 약간 한다.

"그가 전에는 그대에게 쓸모없는 사람이었으나, 이제는 그대와 나에게 쓸모 있는 사람이 되었습니다. 나는 그를 그대에게 돌려보냅니다. 그는 나의 마음입니다. 나는 그를 내 곁에 두어서, 내가 복음 때문에 갇혀 있는 동안에 그대를 대신하여 나에게 시중들게 하고 싶었으나, 그대의 승낙 없이는 아무것도 하고 싶지 않았습니다. 이것은, 그대로 하여금 선한 일을 마지못해 하지 않고, 자진해서 하게 하려는 것입니다.

그가 잠시 동안 그대를 떠난 것은, 아마 그대로 하여금 영원히 그를 데리고 있게 하려는 것이었는지도 모릅니다. 이제부터 그는 종으로서가 아니라, 종 이상으로, 곧 사랑받는 형제로 그대 곁에 있을 것입니다. 특히 그가 나에게 그렇다면, 그대에게는 육신으로나 주 안에서나, 더욱 그렇지 않겠습니까? 그러므로 그대가 나를 동지로 생각하면, 나를 맞이하는 것과 같이 그를 맞아 주십시오. 그가 그대에게 잘못한 것이 있거나 빚진 것이 있거든, 그것을 내 앞으로 달아 놓아 주십시오."

그 후 바울은 펜을 받아들고 휘갈겨 썼다.

나 바울이 친필로 이것을 씁니다. 내가 그것을 갚아 주겠습니다.

그는 파피루스를 돌려주고 이렇게 덧붙여 구술했다.

"그대가 내게 빚을 지고 있다는 것을 나는 말하지 않겠습니다.
형제여, 나는 주님 안에서 그대의 호의(오니네미, 오네시모는 헬라어
'오니네미'에서 파생한 이름이다)를 바랍니다. 그리스도 안에서 내 마음에
생기를 불어넣어 주십시오.

나는 그대의 순종을 확신하고 이 글을 씁니다. 나는 그대가,
내가 말한 것 이상으로 해 주리라는 것을 압니다."

바울은 자유의 공기를 예감했다. 빌레몬에게 보내는 작별
인사 직전의 마지막 말에는 자신감이 넘쳐흘렀다. 그는 결국에는
골로새 교인들을 보게 될 것이라 믿었다. 그리고 자신을 위하여
숙소를 마련해 주기를 요청했다. 또 골로새 교인들의 기도로 자신이
그들에게 갈 수 있기를 바란다고 했다. 그는 이미 써 둔 두 편지에,
다가올 재판에 관한 말을 덧붙였다. 에베소 교인들에게는 이렇게
요청했다.

"그리고 내가 입을 열 때에 하나님이 말씀을 주셔서 담대하게
복음의 비밀을 알릴 수 있도록, 나를 위하여 기도해 주십시오.
나는 사슬에 매여 있으나, 이 복음을 전하는 사신입니다. 이런
형편에서도, 내가 마땅히 하여야 할 말을 담대하게 말할 수 있게
기도해 주십시오."

가이사가 재판을 진행하건 아니건, 바울은 자신의 재판을 복음
증거의 기회로 삼을 생각이었다. 스물다섯이 될 때까지의 통치
초기 7년 동안 네로는 재판의 책임을 근위대장에게 위임하였다.
무뚝뚝하고 강직한 부루스와 그의 뒤를 이은 냉혈한 티겔리누스가

그 일을 맡았다. 하지만 주후 62년, 그는 재판을 진행하는 데 재미를 붙이기 시작했다. 네로는 팔라틴 궁전의 화려한 둥근 지붕의 재판정에서, 바울이 펼친 '정의와 절제와 장차 올 심판'에 대한 변론을 들었을 수도 있다. 빨간 머리의 네로는 점점 사치와 방탕에 빠져들고 있었다. 그는 클라우디우스 카이사르의 딸과 이혼하고 포파이아와 결혼했다. 유대교 개종자인 포파이아는 네로의 친한 친구의 아내였고 그가 악덕과 독재에 빠지도록 부추겼다. 바울의 재판이 조금만 더 지체되었더라면, 그녀의 영향력으로 사법 정의는 무시되고 그는 처형되고 말았을 것이다.

배석 판사로 자리한 저명한 집정관들과 원로원 의원들이 바울의 분명한 변론에 대해 개인적으로 어떻게 생각했는지는 모른다. 그러나 그들은 다수결로 그에게 무죄 평결을 내렸다. 네로는 배석 판사의 견해를 무시할 때가 많았지만 이번에는 그들을 존중하여 바울을 무죄 방면했다.* 이 평결은 갈리오의 이전 판결을 지지하여 기독교는 불법 사교가 아니라는 점을 분명히 했다. 그리스도가 십자가에 못박힌 지 30년 정도 지났지만, 복음은 로마 전역에 자유롭게 전파될 수 있었다. 하지만 당시에는 이런 관용이 얼마나 공허한 것인지 누구도 알지 못했다.

바울의 차꼬가 깨어졌다. 그는 자유인의 몸으로 팔라틴 궁전을 떠났다. 아마 5년쯤 될, 이후 그의 생애는 전설과 후기 전승이 남아 있을 뿐 잘 알려져 있지 않다. 그 증거 역시 파편적이다. 세 통의 편지가 남아 있지만 그중 두 통은 출처, 즉 집필 장소와 순서가

---

* 사실상 무죄 방면의 증거는 빈약하다. 많은 학자가 바울이 유죄 판결을 받고 나서 주후 62년에 처형 당했다고 주장한다. 하지만 개연성을 따져 볼 때 바울이 무죄 방면되었을 가능성이 높다.

불확실하다. 더욱이 그의 활동에 대한 정보도 빈약하다.

그는 로마서를 쓸 때 계획했던 대로 스페인에 갔을 수도 있다. 로마의 클레멘스(30~101)는 30년 후 고린도 교인들에게 보낸 편지에 이렇게 썼다.

바울은 서쪽의 가장 먼 경계까지 이르렀다.

클레멘스는 바울을 알고 있었던 것이 분명하지만 이 구절의 의미는 모호하다. '서쪽 대문'으로 알려진 스페인의 카디스까지 가서 복음을 전하고 대서양 너머를 바라보았다는 뜻일 수도 있고, 켈트 족에게 복음을 전했다는 뜻일 수도 있다. 기독교는 아주 일찍부터 갈리아 지방 깊숙한 곳, 론 강 골짜기 위에까지 퍼졌다. 그러나 해당 지역의 전승에는 바울의 이름이 등장하지 않는다. 바울이 브리튼에 발을 내딛는 멋진 장면을 뒷받침할 만한 증거는 하나도 없다.

초기 교부 몇몇은 바울이 스페인으로 갔다는 믿음을 굳게 견지했지만, 역시 해당 지역에서 전하는 바가 없다. 그가 계획대로 갈라디아와 그리스와 아시아 속주에서 한 방식으로 스페인에 복음을 전했다면 그곳에서 2년쯤 머물렀을 것이다. 그리고 지중해 동부로 돌아와서 크레타 섬에서 디도와, 에베소(앞서 바울은 에베소의 장로들을 다시는 보지 못할 거라고 확신했지만)에서 디모데와 함께 머물렀을 것이다. 또 상황이 허락했다면, 그는 메안데르 강과 루고 강의 골짜기들을 찾아가 골로새의 빌레몬이 마련해 준 숙소에서 묵으며 기쁨에 겨워하는 오네시모의 시중을 받았을 것이다.

바울은 디모데와 디도에게 보낸 편지들에서 자신이 밀레도에 있다고 이야기했다. 이어서 그리스 서부의 에피루스에 있는 니고볼리에서 겨울을 보낼 계획임을 밝혔다. 이곳에서 그는 정착해서 일하는 대신 끊임없이 움직였다. 물론 뼈가 노쇠해짐에 따라 류머티즘과 관절염도 찾아왔는지 이전보다 움직임은 느려졌다. 그것은 편지의 문체에서도 느낄 수 있다.

절박감은 여전히 줄어들지 않았다. 그의 사역이 사방에서 공격받고 있었기 때문이다.

64년, 바울의 재판 때 내려진 호의적인 법적 판결이 네로의 변덕으로 조롱거리가 되었다. 네로는 로마의 대화재 이후 자신을 향하는 민중의 분노를 피하기 위해, 그리스도인들이 방화를 저질렀다며 그들에게 책임을 돌렸다. 대화재 당시 열 살의 어린아이였던 타키투스는 50년 후에 쓴 유명한 글에서 이렇게 밝히고 있다.

수많은 사람들이 죽임을 당했다. 그냥 죽음이 아니라 모욕을 받으며 죽었다. 그들은 짐승 가죽을 뒤집어쓰고 있다가 개들에게 물려 죽었고, 십자가에 매달려 있다가 해가 지고나면 불을 붙여 어둠을 밝히는 산 횃불이 되었다. 네로는 그런 구경거리를 위해 자신의 정원들을 제공했고, 서커스 공연을 개최했으며, 기수복 차림으로 사람들과 어울리거나 전차를 타고 다녔다.

원래 그리스도인들은 다른 신을 거부한다고 해서 사람들에게 인기가 없었지만, 네로의 지나친 만행은 오히려 그들에 대한 동정을 유발했다. 사람들은 그리스도인들이 국가 이익을 위해서가 아니라 '한 개인의 잔학함을 만족시키기 위해' 고통을 당하고 있음을 알아본 것이다.

바울을 아끼게 된 근위대 병사들도 그리스도인들을 고문하라는 명령을 받았다. 이전에 바울을 감시하던 병사들이 이제 그리스도인이 되어 고통 가운데 죽어 가고 있었다. 그리스도인들이 죽어 가는 모습은 그 자체가 하나의 간증이었다. 세네카는 이렇게 썼다.

> 나는 불꽃과 고문대 한가운데 있는 사람들을 보았다. 그들은 신음하지 않았고, 불평하지 않았고, 말대꾸도 하지 않았다. 하지만 그들이 미소 짓는 모습에 비하면 그런 건 아무것도 아니었다. 그들은 즐거운 마음으로 미소를 짓고 있었다.

박해를 피한 생존자들은 카타콤으로 피신했다. 카타콤은 로마의 외곽 땅 지하 깊숙한 곳에 있는 미로 같은 동굴과 매장지였다. 황제의 새로운 정책이 여러 속주에서 위세를 떨쳤으므로 동유럽에서는 바울도 여행을 다니거나 설교할 때 '지하로 들어가야' 했을 것이다.

64년의 무시무시한 상황이, 바울이 이 시기에 디모데에게 쓴 편지에 반영되어 있다.

> 나는 무엇보다도 먼저, 모든 사람을 위해 하나님께 간구와 기도와 중보의 기도와 감사를 드리라고 그대에게 권합니다. 왕들과 높은 지위에 있는 모든 사람을 위해서도 기도하십시오. 그래야 우리가 아주 경건하고 품위 있는 삶과, 조용하고 평화로운 삶을 살아갈 수 있을 것입니다.

그가 전도한 사람들이나 믿은 장로들 중 일부는 믿음의 파선을 했다. 로마에서는 박해가 일어나고 유대에서는 메시아들에 대한 어수선한 소문이 나돌았다. 그리고 주후 66년에 결국 대반란으로

폭발하게 되는 사회 불안이 들끓고 있었다. 그 혼란한 상황에서
온갖 새로운 생각과 오래된 생각이 일어났다. 바울은 마케도니아로
떠나면서 에베소에 있는 디모데에게 이렇게 권했다.

"거기에 있는 어떤 사람들이 다른 교훈을 가르치지 못하게
하고, 신화와 끝없는 족보에 정신을 팔지 못하게 하십시오. 그러한
것들은 믿음 위에 세우신 하나님의 경륜을 이루기보다는, 도리어
쓸데없는 변론을 일으킬 뿐입니다."

크레타 섬에 있는 디도에게는 이렇게 당부했다.

"복종하지 않으며 헛된 말을 하며 속이는 사람이 많은데,
특히 할례 받은 사람 가운데 많이 있습니다. 그들의 입을 막아야
합니다. 그들은 부정한 이득을 얻으려고, 가르쳐서는 안 되는 것을
가르치면서 가정들을 온통 뒤엎습니다."

바울은 그 점을 강조하려다 옛 혈기가 순간 되살아나 크레타
시인 크노소스의 에피메니데스의 정선된 시구를 인용해서 이렇게
말한다.

"크레타 사람 가운데서, 그들의 예언자라는 어떤 사람이
말하기를 '크레타 사람은 예나 지금이나 거짓말쟁이요, 악한
짐승이요, 먹는 것밖에 모르는 게으름뱅이다' 하였습니다. 이 증언은
참말입니다!"

바울은 디모데에게 혼인을 금하는 금욕주의자들에 대해
경고했다. 자만심에 빠져 논쟁을 즐기는 자들도 조심하라고 말했다.
그들은 '열정적으로 모든 것에 의문을 제기하고 말에 대해 논쟁을
벌이며' 결국 시기와 분쟁과 불신만 일으킨다는 것이다. 바울은
기독교 사역으로 돈을 벌려는 자들을 비난하며 다음과 같은 유명한
구절을 읊었다.

"돈을 사랑하는 것이 모든 악의 뿌리입니다."

그리고 바울은 이렇게 덧붙였다.

"돈을 좇다가, 믿음에서 떠나 헤매기도 하고, 많은 고통을
겪기도 한 사람이 더러 있습니다. 하나님의 사람이여."

바울은 디모데가 흔들리지 않게 하려고 신신당부했다.

"그대는 이 악한 것들을 피하십시오. 의와 경건과 믿음과
사랑과 인내와 온유를 좇으십시오. 믿음의 선한 싸움을 하십시오.
영원한 생명을 얻으십시오. 하나님은 영생을 얻게 하시려고
그대를 부르셨고, 또 그대는 많은 증인들 앞에서 훌륭하게 신앙을
고백하였습니다."

바울은 디모데를 격려하고 지침을 주었다. 디도도 조언이
필요했다. 그러나 바울의 눈에는 여전히 소심하고 섬세하면서도
가끔은 고집을 부리는 디모데가 매우 어리게 보였고, 그를 격려하고
보살펴야 한다고 생각했다. 심지어 건강 문제에서도 그러했다.

"이제부터는 물만 마시지 말고, 위장과 잦은 병을 생각해서
포도주를 조금씩 쓰십시오."

바울은 이렇게 권했다.

"아무도, 그대가 젊다고 해서 그대를 업신여기지 못하게
하십시오. 도리어 그대는 말과 행실과 사랑과 믿음과 순결에서,
믿는 이들의 본이 되십시오. 내가 갈 때까지, 성경을 회중 앞에서
낭독하는 일과 권면하는 일과 가르치는 일에 전념하십시오."

바울은 '자주 여행을' 다녔다. 디모데와 디도는 바울에 비하면
한곳에 오래 머무는 편이었다. 그러나 그들도 바울의 부탁을 받고
자주 다니면서 지독한 시련을 받고 있는 그리스도인들을 격려하고,
거짓 가르침을 반박하고 타락한 자들을 회복시켰다. 바울은,
사람들에게 존경받으며 반박 없이 명예를 누리는 평온한 노년을
보내지 못하고 끝까지 싸워야 하는 처지를 노여워하지 않았다. 그가

예상한 어려움이었기 때문이다. 그는 이렇게 경고했다.

"성령께서 밝히 말씀하십니다. 마지막 때에, 몇몇 사람들은 믿음에서 떠나, 속이는 영과 악마의 교훈을 따를 것입니다."

바울은 디모데에게 간청했다.

"디모데여, 그대에게 맡긴 것을 잘 지키십시오. 속된 잡담을 피하고 거짓된 지식에서 나오는 반대 이론을 물리치십시오. 이 반대 이론을 내세우다가 믿음을 잃은 사람도 더러 있습니다. 은혜가 여러분과 함께 있기를 바랍니다."

지역 교인들을 지도자로 삼아 건강하게 성장하는 교회들을 세우는 일이 필수적이었다. 하나님은 모든 사람이 다 구원을 얻고 진리를 알게 되기를 원하시기 때문이다. 이 시기에 쓴 두 편지, 디모데전서와 디도서는 기독교가 전파되는 모든 곳에서 목회의 지혜가 담긴 고전으로 자리 잡았다.

바울은 아시아에 있는 디모데와 크레타 섬에 있는 디도에게 장로들을 뽑아서 훈련하는 법을 가르쳤고, 교회의 징계와 예배에 대해 지시했으며, 과부 및 어려움이나 곤경에 처한 사람들을 도울 방법을 조언했다. 젊은이들과 노예들과 다른 모든 신자에게는 네로나 이웃 사람들이 어떤 비방이나 학대를 일삼아도, 그리스도인은 모든 일에 우리의 구주이신 하나님의 교훈을 빛낼 수 있도록 살아야 한다고 가르쳤다. 그 이유는 모든 사람에게 하나님의 구원의 은혜가 나타나기 때문이다. 노령의 바울은 그 어느 때보다 복되신 하나님의 영광스러운 복음을 확신했다. 그는 디모데에게 이렇게 썼다.

나는 이 복음을 선포할 임무를 맡았습니다. 나는, 나에게 능력을 주셔서 내가 맡은 일을 하게 하시는 그리스도 예수 우리 주님께

감사합니다. 그것은 주께서 나를 신실하게 여기셔서, 그분을
섬기는 이 직분을 맡겨 주셨기 때문입니다. 내가 전에는 훼방자요,
박해자요, 폭행자였습니다. 그러나 그러한 행동은, 내가 믿지
않을 때 알지 못하고 한 것이므로, 하나님이 나에게 자비를
베푸셨습니다. 우리 주께서 나에게 은혜를 넘치게 부어 주셔서,
그리스도 예수 안에서 얻는 믿음과 사랑을 누리게 하셨습니다.
그리스도 예수께서 죄인을 구원하시려고 세상에 오셨다고
하는 이 말씀은 믿음직한 말씀이고, 모든 사람이 받아들일 만한
말씀입니다. 나는 죄인의 괴수입니다. 그러나 하나님은 나에게
자비를 베푸셨습니다. 그것은 그리스도 예수께서 먼저 나에게
끝없이 참아 주심을 보이셔서, 앞으로 예수를 믿고 영원한 생명을
얻으려고 하는 사람들의 본보기로 삼으려 하신 것입니다.
영원하신 왕, 곧 없어지지 않고 보이지 않는, 오직 한 분이신
하나님께 존귀와 영광이 영원무궁하도록 있기를 빕니다. 아멘.

사도 바울

36. 아주 특별한 죽음

바울이 마지막으로 체포된 시점은 주후 66년 여름이었을 것이다.
그리고 체포된 장소는 소아시아 북서부나 마케도니아 동부였을
것이다. 그의 소지품이 드로아에 남겨져 있었기 때문이다.
골로새산墓 최고 양모로 만든 겨울용 외투는 빌레몬에게 받은
선물이었을 것이고, 파피루스 두루마리들에는 주 예수님의 말씀과
자신의 서신서 내용, 누가 저작들의 사본 내용이 적혀 있었을
것이다. 젊은 시절부터 소중히 여긴 벨룸 양피지에는 율법서와
선지서가 적혀 있었을 것이다.

　　직접적인 체포 원인은 체포 이후 바울이 쓴 글에서 추론할 수
있다.

　　구리 세공 알렉산더가 나에게 해를 많이 입혔습니다.

　　로마서에서 스스로 원수를 갚지 말라고 가르친 그는 시편
말씀을 인용해 이렇게 말했다.
　　"주께서 그의 행위대로 그에게 갚으실 것입니다."
　　동시에 디모데에게는 그 사람을 조심하라고 경고했다. 그가

자신의 말에 몹시 반대했기 때문이다. 게다가 바울은 자신의 곤경에 대해 이렇게 덧붙였다.

"아시아에 있는 모든 사람이 나를 버린 것을 그대가 알고 있습니다. 그들 가운데는 부겔로와 허모게네가 있습니다."

여기서 바울의 말은 통계적인 진술이라기보다는 과장법으로 보인다. 문맥에 따르면 많은 사람이 그의 가르침을 체계적으로 거부했다기보다는 닥칠 위험을 생각하고 그를 버린 듯하기 때문이다. 예수님도 십자가를 앞두고 겟세마네 동산에서 괴로워하지 않으셨던가.

반대에 부딪치고 버림받은 바울은 체포되어 에그나티아 가도와 아드리아 해를 지나 로마에 도착한 후 감옥에 던져졌을 것이다. 아니면 로마에 돌아가 있던 중 그곳에서 체포되었을 수도 있다. 일행과 서쪽으로 여행하고 있었던 것처럼 드로비모는 밀레도에, 에라스도는 고린도에 남겨 두었다고 말하기 때문이다. 만약 그렇다면, 바울은 큰 타격을 입은 로마의 그리스도인 공동체를 격려하기 위해 잠시 방문했을 것이다. 그리고 로마에서 낮에는 보통 때처럼 살아가다가 밤이 되면 지하로 내려가 말씀을 듣고 기도하기 위해 카타콤에 모인 그리스도인들을 만났을 것이다. 카타콤의 벽에는 바울의 초상화가 몇 점 있다. 길쭉한 얼굴과 코, 차분하지만 열정이 가득한 표정, 하얀 수염과 거의 벗겨진 머리. 2세기의 그림들이니 그린 사람들이 바울을 직접 보았다고 하기에는 시기적으로 너무 늦다. 아마도 그들은 어린 시절에 노인들이 설명해 준 바울의 모습을 들었을 것이다.

바울은 다시 한 번 쇠고랑을 찼다. 이번에는 로마의 혹독한 감금 시설을 경험하게 되었다. 그는 재구금된 명예로운 로마 시민으로서가 아니라 죄수처럼 매여 있었다. 그러나 하나님의 말씀은 매여 있지 않다고 말했다. 그는 다른 중죄인들과 함께 마메르티네 감옥이나 그에 못지않게 악명 높은 지하 감옥에 갇혔을 것이다. 그곳은 지면에 뚫린 구멍으로 달아 내린 밧줄이나 사다리를 통해서만 내려갈 수 있었다. 바울은 지친 몸을 거친 돌바닥에 뉘어야 했다. 악취가 코를 찔렀고 위생이란 개념조차 찾아볼 수 없었다.

바울은 대화재를 일으킨 사람들 중 한 명으로 재판을 받았다. 유죄 판결이 난다면, 경기장에 끌려 나가 사자들에게 갈가리 찢겨 죽을 것이었다. 에베소에서 유죄 판결을 받았더라면 벌써 그런 처지가 되었을 것이다. 이미 많은 로마의 그리스도인이 그렇게 최후를 맞이했다. 로마 시민의 재판은 약식으로 진행될 수 없었다. 바울은 공회용 광장의 거대한 바실리카에서 카이사르 앞에 서야 했다. 그곳에는 좌석에 앉아 있는 원로원 의원들과 집정관들, 이제 로마 전체의 미움을 받는 부패한 네로, 그리고 수많은 구경꾼이 회랑을 가득 채우고 있었다. 바울은 그리스도인들이 자신을 위해 증언해 줄 것을 확신하고 주위를 둘러보았다. 그러나 허사였다. 그들은 두려워서 아예 그 자리에 나타나지도 않았다. 바울은 디모데에게 이렇게 썼다.

내가 처음 나를 변론할 때, 내 편에 서서 나를 도와준 사람이 하나도 없고, 모두 나를 버리고 갔습니다. 그러나 그들에게 허물이 돌아가지 않기를 빕니다. 주께서 내 곁에 계셔서, 나에게 힘을 주셨습니다. 그것은, 나를 통하여 전도의 말씀이 완전히 전파되게 하시고, 모든 이방 사람이 그것을 들을 수 있게 하시려는 것입니다. 주께서 나를 사자의 입에서 건져 내셨습니다.

바울은 이 청문회를 복음을 전파하는 또 하나의 기회로 삼았고, 그의 음성은 회랑 끝까지 울려 퍼졌다.

방화 혐의는 벗었지만 바울은 다른 혐의로 다시 갇혔다. 금지된 사교를 퍼뜨린다는, 보다 가벼운 범죄 혐의였다. 하지만 그것은 신성 황제에 대한 반역을 함축하기 때문에 사형에 처할 수 있는 죄목이었다. 감옥에 돌아온 그는 혼자였다. 그리고 다른 곳으로 옮겨졌을 가능성이 높다. 믿고 있던 친구 한 명은 그를 버렸고, 로마에 남아 그를 방문하고 위로할 만한 사람들은 복음을 전하도록 바울이 다른 곳으로 보냈다. 데마는 이 세상을 사랑하여 그를 버리고 데살로니가로 갔고, 그레스게는 갈라디아로 갔다. 디도도 달마디아로 갔고, 누가만 그와 함께 있었다.

그때 당국자들의 눈에 상당한 자산가로 비친 아시아의 한 그리스도인이 이탈리아로 왔다. 그가 섣불리 범죄자와 얽혔다가는 많은 것을 잃을 수도 있는 상황이었다. 에베소의 오네시보로는 바울이 쇠사슬에 매인 것을 부끄러워하지 않고, 로마에 와서는 더욱 열심히 바울을 찾아 만나 주었다. 그는 여러 번 바울을 찾아가 용기를 북돋아 주었다.

바울은 비로소 디모데에게 편지를 쓸 수 있었는데, 누가가 받아쓰고 오네시보로가 전해 주는 형식이었을 것이다. 바울은 디모데에게 겨울이 되기 전에 서둘러 오라고 했고 올 때 마가를 찾아서 데리고 오라고 했다. 마가가 바울 자신의 일에 요긴한 사람이었기 때문이다. 그의 일은 감옥 안에서도 계속된 것이다. 그는 디모데에게 무엇보다 이렇게 촉구했다.

"우리 주님을 증언하는 일이나, 주님을 위하여 갇힌 몸이 된 나를 부끄러워하지 말고, 하나님의 능력을 힘입어, 복음을 위하여 고난에 참여하십시오. 하나님이 우리를 구원하여 주시고, 거룩한

부르심으로 불러 주셨습니다. 그것은 우리의 행실을 따라 하신
것이 아니요, 오직 하나님의 계획과 은혜를 따라 하신 것입니다.
이 은혜는 영원 전에 그리스도 예수 안에서 우리에게 주신
것인데, 이제는 우리 구주 그리스도 예수의 나타나심으로 밝히
드러났습니다. 그리스도께서는 죽음을 폐하시고, 복음으로 생명과
썩지 않음을 밝히 보이셨습니다. 나는 이 복음을 전하는, 선포자와
사도와 교사로 임명을 받았습니다.

그러므로 나는 이런 고난을 당하면서도 부끄러워하지
않습니다. 나는 내가 믿는 분을 잘 알고 있고, 또 내가 맡은 것을
그분이 그날까지 지켜 주실 수 있음을 확신합니다."

바울은 첫 번째 선교 여행 중 갈라디아에서 함께 사역하고 고통
당하던 때를 떠올리며 디모데를 격려했다.

"그러므로 나의 아들이여, 그리스도 예수 안에 있는 은혜로
굳세어지십시오. 그대가 많은 증인 앞에서 나에게서 들은 것을
믿음직한 사람들에게 전하십시오. 그러면 그들이 다른 사람들을
또 가르칠 수 있을 것입니다. ……그대는 말씀을 선포하십시오.
기회가 좋든 나쁘든 꾸준하게 힘쓰십시오. 끝까지 참고 가르치면서
책망하고 경계하고 권하십시오."

바울은 디모데에게 마음에 드는 말만 하는 스승들을 찾는
이들에게 흔들리지 말라고 했다. 그리고 언제나 모든 경우에 정신을
차려 고난을 받으며 전도자의 일을 하며 자신의 소명을 다하라고
조언했다.

바울은 주위에서 자신을 압박하는 스트레스에 풀이 죽거나
낙심하지 않았다. 기독교가 불과 칼로 멸절되거나 다른 복음으로
왜곡되는 과정에 있는 듯 보였지만, 그는 더없는 확신을 갖고
하나님의 기초는 이미 튼튼히 서 있다고 확언할 수 있었다.

유대에서 벌어졌던 무시무시한 전쟁은 주님이 다시 오실 첫 번째
전조일 수도 있었다. 만약 그렇다면, 그것은 모든 이스라엘이 마침내
주 예수님을 인정하고 교회에 들어오게 된다는 뜻일 것이었다.
그렇지 않고 주님의 오심이 지체된다면, 복음은 계속 전파될
것이었다.

　　주님의 오심은 지체되었고, 바울의 사역은 시간의 시험대를
이겨 냈다. 늘 어려움이 있었지만 고린도는 중요한 중심지가
되었다. 거의 30년 후 요한계시록에서, 단서가 늘 붙은 칭찬을
받은 에베소는 커다란 주교 관할구가 되었다. 주후 313년에
로마제국이 마침내 기독교를 완전히 승인했을 때, 바울이 세운
교회들은 사라지지 않고 모두 남아 있었다. 하지만 언제나 그렇듯
바울이 경고한 대로 불순물 때문에 믿음의 정금에 흠이 났다.
그리고 기독교 제국이라고 뽐내던 소아시아의 체제가 싸움과 정치
야심으로 쇠퇴를 거듭한 끝에 바울이 죽은 지 1,400년 후에는
이슬람에 의해 멸망을 당했다. 그의 교회들 상당수가 그리스도의
신성을 부인하는 정복자들의 손에 넘어갔지만, 바울의 저작들은
그것들의 신뢰성을 떨어뜨리거나 훼손하려는 모든 시도를 이겨
냈다. 위대한 사상가이자 그리스도의 해석자인 바울은 그의 생각을
고쳐 쓰려는 자들이나, 주님의 말씀과 의도를 왜곡하고 폄하했다며
그를 비난하는 자들보다 훨씬 뛰어났다. 바울은 그 모든 일을
예상하고 있었다.

　　"그들은 진리를 듣지 않고, 허탄한 이야기에 귀를 기울일
것입니다."

　　디모데후서에는 그의 소명이 여전히 매우 단순명료하게
등장한다.

내가 전하는 복음대로 다윗의 자손으로 나시고, 죽은 사람 가운데서 살아나신 예수 그리스도를 기억하십시오.
나는 이미 부어 드리는 제물처럼 바쳐질 때가 되었고, 세상을 떠날 때가 되었습니다. 나는 선한 싸움을 다 싸우고, 달려갈 길을 마치고, 믿음을 지켰습니다. 이제는 나를 위하여 의의 월계관이 마련되어 있으므로, 의로운 재판장이신 주께서 그날에 그것을 나에게 주실 것이며, 나만이 아니라 주께서 나타나실 것을 사모하는 모든 사람에게도 주실 것입니다.

바울의 마지막 재판에 대해서는 신성 황제에 대한 반역 혐의에 원로원이 유죄를 선언했다는 전승 외에는 알려진 바가 전혀 없다. 초기 그리스도인들은 시몬 베드로와 바울이 함께 감옥에 있다가 같은 날 처형당했다고 굳게 믿었다. 두 사람이 정확히 얼마나 같이 있었는지는 알 수 없지만, 길게는 9개월에 이르렀을 수도 있다. 그들의 순교를 기리는 로마의 기념일은 67년 6월 29일인데, 이날 베드로는 바티칸 광장에 있는 네로의 경기장에서 구경거리가 되어 자신의 요청대로 십자가에 거꾸로 못박혔다. 로마 시민이던 바울은 보다 사람들이 적은 곳에서 참수형을 당했다.

고대의 전통이 밝히는 바울의 처형 장소는 거의 확실하지만 세세한 내용은 확실치 않다. 그리스도의 '수난의 길'은 한 걸음 한 걸음 따라갈 수 있을 정도로 잘 알려져 있지만, 바울의 길은 지금도 여전히 모호하다. 그도 그렇게 되기를 바랐을 것이다. 그리스도께서 이전에 이미 그 길을 걸으셨기 때문에 바울의 길은 수난의 길이 아니었다. 누군가와 함께 걸어가는 길이었기 때문이다.

"우리 주 예수 그리스도로 말미암아 우리에게 승리를 주시는 하나님께 감사합니다. 나에게는, 사는 것이 그리스도이시니, 죽는 것도 유익합니다."

군인들은 그를 데리고 성벽을 통과했고, 지금까지 서 있는 케스티우스의 피라미드를 지나 바다로 이어지는 오스티아 가도로 들어섰다. 오스티아를 오가는 군중은 처형 부대를 알아보았을 것이다. 릭토르들이 막대기와 도끼로 만든 권표를 쥐고 있었고, 사형 집행자는 네로 치하에서 도끼 대신 처형 도구로 자리 잡은 칼을 들고 있었다. 그 뒤를 호송부대가 따라갔다. 그리고 사슬에 매인 범죄자가 감옥에서 더러워진 몸에 누더기를 걸치고 안짱다리로 뻣뻣하게 걸어가고 있었던 것이다. 그러나 범죄자는 부끄러워하지도 품위를 잃지도 않았다. 그는 지금까지 목적지로 삼고 달려온 축제일, 개선식, 면류관을 쓰는 날을 향해 한 발 한 발 나아가고 있었다. 하나님이 주신, 예수님 안에 있는 영생의 약속을 품은 그였기에 두려움은 없었다. 그는 자신이 전한 말을 믿고 있었다.

"하나님의 모든 약속은 그리스도 안에서 '예'가 됩니다."

어떤 사형 집행인도 그에게서 예수님의 분명한 임재를 앗아 갈 수 없었다. 그의 동행은 달라지지 않을 것이며, 동행을 누리는 장소만이 변하게 될 것이었다. 게다가 더욱 좋은 소식이 있었다. 이제 그는 예수님을 보게 될 것이었다. 다마스쿠스 길에서, 예루살렘에서, 고린도에서, 침몰해 가는 배 안에서 그분을 얼핏 보았다. 그러나 이제는 얼굴과 얼굴을 맞대고 그분을 볼 것이며, 그분이 그를 아신 것처럼 온전히 그분을 알게 될 것이었다.

그들은 바울을 오스티아 가도의 세 번째 이정표가 있는 빈터의 작은 솔숲으로 데려갔다. 이곳은 당시 '아쿠아이 살비아이(치유의 못)'으로 알려진 묘지인 듯하며, 지금은 그를 기념한 수도원이 서 있고 '트레 폰타네'로 지명이 바뀌었다. 그는 작은 감방에서 그날

밤을 보낸 것으로 추정된다. 흔히 그곳이 처형 장소로 쓰였기
때문이다. 누가가 그곳 창문 곁에 머물도록 허락을 받았다면,
디모데나 마가가 제때 로마에 도착했더라면 그들은 그곳에서 철야
기도를 했을 것이다. 그리고 그 소리는 울음이 아니라 다음과 같이
노래하는 찬양이었을 것이다.

　　근심하는 사람 같으나 항상 기뻐하고⋯⋯
　　죽은 사람 같으나 보십시오! 살아 있습니다.

　　동이 트자마자 병사들이 바울을 기둥으로 데려갔다. 사형
집행인은 발가벗은 채 준비를 하고 서 있었다. 병사들이 바울의
옷을 허리까지 벗기고 무릎을 꿇게 한 후 목을 제외한 나머지 몸을
낮은 기둥에 묶었다. 어떤 기록에는 릭토르들이 막대기로 그를
때렸다고 나와 있다. 그 무렵에는 사정이 좀 달라졌지만, 이전까지는
참수형을 앞두고 흔히 매질을 했던 것이다. 만약 그들이 곧 죽을
몸에 마지막까지 몰상식한 고통을 가했다 해도, 바울이 고백한
내용은 달라지지 않았을 것이다.
　　"누가 우리를 그리스도의 사랑에서 끊으리오? 환난이나⋯⋯
칼이랴? 생각건대 현재의 고난은 장차 우리에게 나타날 영광과
족히 비교할 수 없도다."
　　칼이 번득였다.

옮긴이의 말

아이를 기르면서 어느 시점이 되니 전기를 읽혀야 한다는 부담이
생겼다. 그래서 도서관에서 책을 빌려 보면서 오히려 내가 여러
위인들을 새롭게 알게 되었다. 사람 이야기만큼 재미있는 게 어디
있던가.

　　그런데 나뿐 아니라 많은 부모들이 자녀에게 전기를 읽혀야
한다는 부담을 갖는 모양이다. 그렇지 않다면 내로라하는
출판사마다 한결같이 위인전 시리즈를 낼 리가 없지 않겠는가.
나는 위인전 시리즈에 단골로 등장하는 사람들의 면면을 보면서,
이 사람들에 대해 읽어야 한다고 생각하는 이유가 무엇일까 문득
궁금해졌다.

　　예를 들어 화가 고흐는 대표적인 예술가의 대열에 거의 빠지지
않고 등장하는 사람이다. 재능이 탁월하고 예술에 대한 열정도
뜨거웠던 사람인 것은 알겠는데, 솔직히 내 아이가 그의 삶을 닮길
바라는 마음은 눈곱만큼도 들지 않는다. 다른 부모들도 마찬가지가
아닐까. 그렇다면 내가 아이에게 그런 전기를 추천하면서 기대하는
바는 무엇일까. 그런 유명인의 이름 정도는 알아 둬야 무식하다는
소리를 듣지 않기 때문일까. 아니면 유명하다는 점에서만은 그들을
본받기를 바라는 마음에서일까.

　　나는 전기를 읽으면서 얻은 유익을 정리하는 것으로 답변을
갈무리해 보았다.

첫째, 재미있으니까 본다. 그렇지 않아도 관심 있던 사람들인데, 그들의 자세한 이야기와 각 상황을 들여다보는 일은 연예프로에 소개되는 유명인 이야기 못지않게 재미있다.

둘째, 그들이 삶의 여정에서 당한 숱한 어려움을 어떻게 이겨 냈고, 기회들을 어떻게 활용했는지 살펴보는 일은 지금의 내 삶의 모습과 견주어 볼 교사 내지 반면교사가 되어 준다. 위인전에서 실질적인 지침 내지 가이드를 발견하고, 그 위인을 삶의 지표로 삼는 경우도 적지 않다.

셋째, 인생 전반을 바라보며 각 단계를 상대화하게 해 준다. 살아 있는 사람에 대한 전기도 사실 크게 다르지 않다. 아무리 어려웠던 시절이나 힘든 상황도 짧으면 몇 장, 길어도 몇십 장만 넘기면 지나간다. 그렇기 때문에 전기를 읽으며 자신이 처한 상황을 대입하면 '이것 또한 지나가리라'는 달관의 경지를 잠시나마 경험할 수 있다.

넷째, 위인들은 대개 뜨겁고 치열하게 살다 간 사람들이다. 그래서 성공도 하고 실패도 하지만, 자신의 자리에 쉽게 안주하거나 자포자기하는 사람들은 아니다. 무기력하게 앉아 있거나 졸고 있는 사람의 모습을 보면 덩달아 처지지 않는가. 재래시장에 가면 느끼는 활력이랄까. 위인들의 이야기에는 그런 역동적인 활력이 넘쳐 난다.

내 경우, 네 번째가 전기를 볼 때의 가장 큰 관심사다. 위인들은 무엇에서 인생을 살아갈 힘을 얻었을까? 무엇이 그들의 삶을 이끌었을까? 무엇이 그들의 심장을 끓게 했을까? 이 모두는 결국 같은 질문이다. 이 부분에 대한 전기의 답변은 부모를 비롯해 그가 영향을 받거나 만났던 수많은 사람들에 대한 이야기와 그가 받은 교육 및 처한 상황에 대한 기술이 대부분을 차지한다. 아니면 어릴 때부터 어떤 일이 좋았다거나, 그 일을 접하게 되자

이상하게 마음이 끌려 계속하게 되었다는 식이다. 외부 상황을 통해
내적인 소양이 자극받고 싹트고 꽃피웠다는 것인데, 이 부분은
늘 속 시원하게 밝혀지지 않는다. 그래서 나는 그것은 궁극적으로
신비가 아닐지 생각하게 되었다. 전기에서 드러나는 요소만으로는
설명되지 않는 무엇이 늘 남아 있다. 그것이야말로 그들을 위인으로
만드는 핵심이 아닐까.

　　바울 전기에서도 같은 유익을 기대할 수 있다. 이 책은
재미있다. 그의 삶의 궤적을 따라가다 보면 자신의 삶에 대해서도
여러 가지를 생각하고 반성하고 돌아보게 된다. 또 바울의 생애에
있었던 좌절과 승리, 슬픔과 기쁨을 보면서 인생의 특정 시점에
일희일비—喜—悲해서는 안 됨을 배운다. 그러나 그의 삶이 보여 주는
열정과 치열함은 좀 다른 반응을 불러일으킨다. 그것은 활력을
준다기보다는 그저 경이로울 따름이다. 그래서 다시 묻게 된다.
바울을 이끌어 간 동력은 무엇인가? 무엇이 그를 그렇게 살게 했나?
이것은 바울 전기를 읽고 번역하면서 내내 염두에 둔 질문이다.
그리스도인들은 정답을 분명히 알고 있다.
　　"그러나 나의 나 된 것은 하나님의 은혜로 된 것이니 내게
주신 그의 은혜가 헛되지 아니하여 내가 모든 사도보다 더
많이 수고하였으나 내가 아니요 오직 나와 함께하신 하나님의
은혜로라(고전 15:10).
　　솔직히 말해 이 말은 바울의 신앙고백으로 들릴 뿐, 그의 삶의
비결로 다가오지는 않았다.
　　사도 바울이 누구던가. 신약성경을 절반 가까이 쓴 사람,
기독교 교리를 체계적으로 제시한 최고의 신학자, 로마제국에까지
복음을 전한 슈퍼 전도자, 수많은 기적을 베푼 능력의 사도. 이런

사실들은 성경에 실린 바울의 말을 단지 사람의 말이 아니라 하나님의 말씀으로 다가오게 하는 데 도움이 된다. 그의 말에 권위가 서리게 되는 것이다. 하지만 그렇기 때문에 오히려 바울의 말은 '그저' 성경 말씀으로, 다시 말해 교과서적인 정답으로만 다가오고 멀게만 느껴져 '에이, 말이야 좋지만 어디 그렇게 되나'라고 반응하게 되는 것도 사실이다.

이 책은 어떤 면에서 그의 위대함의 그늘 아래 다소 가려져 있던, 자신의 가르침을 삶의 자리에서 스스로 실증해 나가야 했던 살과 피를 가진 한 사람의 신자로서의 면모를 잘 드러낸다. 바울이 회심한 후 집안에서 받은 핍박을 그린 장면이 대표적인 예다. 능력의 사도가 집안에서 인정받지 못하고 구박을 받다 끝내 채찍질과 함께 내쫓기는 모습은 참으로 절절한 아픔과 답답함으로 다가왔다. (가족 가운데 신앙생활의 어려움을 겪는 많은 신자들에게 위로가 되지 않을까.)

사도행전을 보면 하나님이 바울에게 나타나 격려하시는 장면이 몇 번 나온다. 이전에는 바울이니 수시로 하나님을 만나 늘 힘이 넘쳤으리라 막연히 생각했다. 그런데 이 책은 하나님이 나타나 격려하시는 순간이 그분의 절대적인 격려가 필요한, 한마디로 바울에게 절체절명의 위기의 순간이었음을 잘 보여 준다.

바울 전기는 하나님의 일하심에 대해서도 다시 생각하게 해 준다. 바울이 하나님의 부르심을 받아 열심히 말씀을 전하겠다고 나서는데, 진짜 심하게 안 도와주신다 싶은 순간이 참 많다. 오히려 막으시고, 꺾으시고, 버려두시는 것 같기까지 하다. 팍팍 도와주셔도 아쉬울 판에 말이다. 그러나 이것은 신자들이 끊임없이 경험하는 일이기도 하다. 하나님은 그분을 따르고 섬기는 이들을 분명히 도우시나, 그들이 기대하는 방식으로 돕지는 않으시지 않던가.

두 달 가까이 번역을 하면서 대부분의 시간을 바울과 함께 보냈다. 번역자로서 만난 바울은 어떤 사람이었던가?

그는 정답을 갖고 출발한 사람이 아니었다. 아니, 자신이 계시로 받은 것이 정답임을 자기 삶에서 경험하고 검증해야 할 또한 사람의 신앙인이었다. 자신이 다른 교인들에게 가르친 내용에서 본인도 힘을 얻어야 했고, 실제로도 그러했다. 그것은 그가 믿은 내용이자, 그가 의지하며 산 가르침이었다. 이것은 다른 사람에게 성경의 진리를 권면하고 가르치는 사람들이 반드시 실감하게 되는 사실이다. 내 입에서 나오나 내 것이 아니니……. 바울이 말한 대로, 신자는 보화를 담은 질그릇과도 같은 이들이니…….

무엇보다, 바울 전기를 보고 나니 바울 서신서가 이전과 사뭇 다르게 다가왔다. 어떻게 달라지는지, 독자들이 이 책을 읽고 바울 서신서를 보게 되면 알리라.

2009년 1월
홍종락

사도 바울: 존 폴락의
Paul: The Apostle

지은이 존 폴락
옮긴이 홍종락
펴낸곳 주식회사 홍성사
펴낸이 정애주
국효숙 김의연 김준표 박혜란 손상범
송민규 오민택 임영주 차길환 허은

2009. 2. 27. 초판 1쇄 발행 2019. 1. 16. 초판 11쇄 발행
2022. 2. 25. 개정판 1쇄 인쇄 2022. 3. 10. 개정판 1쇄 발행

등록번호 제1-499호 1977. 8. 1.
주소 (04084) 서울시 마포구 양화진4길 3 전화 02) 333-5161 팩스 02) 333-5165
홈페이지 hongsungsa.com 이메일 hsbooks@hongsungsa.com 페이스북 facebook.com/hongsungsa
양화진책방 02) 333-5163

ISBN 978-89-365-1520-1 (03230)